N.C.E.R.T. के नवीनतम पाठ्यक्रम पर आधारित

भौतिक, जीव एवं रसायन विज्ञान

(संघ लोक सेवा आयोग, राज्य लोक सेवा आयोग, कर्मचारी चयन आयोग (SSC), रेलवे भर्ती बोर्ड (RRB), संयुक्त रक्षा सेवा (CDS), राष्ट्रीय ग्रामीण छात्रवृत्ति, राष्ट्रीय प्रतिभा खोज एवं सभी प्रतियोगी परीक्षाओं के लिए एक उपयोगी पुस्तक)

डी.एस. तिवारी

वी एण्ड एस पब्लिशर्स

प्रकाशक

वी एण्ड एस पब्लिशर्स

F-2/16, अंसारी रोड, दरियागंज, नई दिल्ली-110002
☎ 23240026, 23240027 • *फ़ैक्स:* 011-23240028
E-mail: info@vspublishers.com • *Website:* www.vspublishers.com

क्षेत्रीय कार्यालय : हैदराबाद
5-1-707/1, ब्रिज भवन (सेन्ट्रल बैंक ऑफ इण्डिया लेन के पास)
बैंक स्ट्रीट, कोटी, हैदराबाद-500 095
☎ 040-24737290
E-mail: vspublishershyd@gmail.com

शाखा : मुम्बई
जयवंत इंडस्ट्रिअल इस्टेट, 1st फ्लोर-108, तारदेव रोड
अपोजिट सोबो सेन्ट्रल, मुम्बई - 400 034
☎ 022-23510736
E-mail: vspublishersmum@gmail.com

फ़ॉलो करें:

© **कॉपीराइट:** वी एण्ड एस पब्लिशर्स

ISBN 978-93-579415-3-2

संस्करण 2018

DISCLAIMER

इस पुस्तक में सटीक समय पर जानकारी उपलब्ध कराने का हर संभव प्रयास किया गया है। पुस्तक में संभावित त्रुटियों के लिए लेखक और प्रकाशक किसी भी प्रकार से जिम्मेदार नहीं होंगे। पुस्तक में प्रदान की गयी पाठ्य सामग्रियों की व्यापकता या सम्पूर्णता के लिए लेखक या प्रकाशक किसी प्रकार की वारंटी नहीं देते हैं।
पुस्तक में प्रदान की गयी सभी सामग्रियों को व्यावसायिक मार्गदर्शन के तहत सरल बनाया गया है। किसी भी प्रकार के उद्धरण या अतिरिक्त जानकारी के स्रोत के रूप में किसी संगठन या वेबसाइट के उल्लेखों का लेखक या प्रकाशक समर्थन नहीं करता है। यह भी संभव है कि पुस्तक के प्रकाशन के दौरान उद्धृत बेवसाइट हटा दी गयी हो।
इस पुस्तक में उल्लिखित विशेषज्ञ के राय का उपयोग करने का परिणाम लेखक और प्रकाशक के नियंत्रण से हटकर पाठक की परिस्थितियों और कारकों पर पूरी तरह निर्भर करेगा।
पुस्तक में दिये गये विचारों को आजमाने से पूर्व किसी विशेषज्ञ से सलाह लेना आवश्यक है। पाठक पुस्तक को पढ़ने से उत्पन्न कारकों के लिए पाठक स्वयं पूर्ण रूप से जिम्मेदार समझा जायेगा।
उचित मार्गदर्शन के लिए पुस्तक को माता-पिता एवं अभिभावक की निगरानी में पढ़ने की सलाह दी जाती है। इस पुस्तक के खरीददार स्वयं इसमें दिये गये सामग्रियों और जानकारी के उपयोग के लिए सम्पूर्ण जिम्मेदारी स्वीकार करते हैं।
इस पुस्तक की सम्पूर्ण सामग्री का कॉपीराइट लेखक/प्रकाशक के पास रहेगा। कवर डिजाइन, टेक्स्ट या चित्रों का किसी भी प्रकार का उल्लंघन किसी इकाई द्वारा किसी भी रूप में कानूनी कार्रवाई को आमंत्रित करेगा और इसके परिणामों के लिए जिम्मेदार समझा जायेगा।

मुद्रक: रेप्रो नॉलेजकास्ट लिमीटेड, ठाणे

प्रकाशकीय

वी एण्ड एस पब्लिशर्स पिछले अनेकों वर्षों से जनरुचि एवं शिक्षा सम्बन्धी पुस्तकें प्रकाशित करते आ रहे हैं। जनमानस सम्बन्धी पुस्तकों में पाठकों द्वारा भरपूर सराहना पाने के पश्चात हमारे संपादक मंडल द्वारा बाजार में सामान्य ज्ञान के प्रत्येक विषय के अलग-अलग खण्डों पर एक उत्कृष्ट पुस्तक की कमी महसूस की गई। इसकी पूर्ति हेतु हम अपनी नवीनतम पुस्तक **भौतिक, रसायन एवं जीव विज्ञान** आपके समक्ष प्रस्तुत करते हैं।

पुस्तक को अधिक से अधिक उपयोगी बनाने के लिए सामान्य ज्ञान के विज्ञान विषय के अंतर्गत आने वाले तीनों विषयों, भौतिकी, रसायन एवं जीव विज्ञान का सावधानीपूर्वक चयन किया गया है। पुस्तक में सम्मिलित प्रत्येक विषय को अलग-अलग खण्डों में विभाजित किया गया है। संपादक मंडल ने पुस्तक के संकलन के दौरान इस बात का विशेष ध्यान रखा है कि प्रतियोगिता में शामिल होने जा रहे परीक्षार्थियों को इस विषय के अध्ययन के दौरान किसी दूसरी पुस्तक की आवश्यकता महसूस न हो। उनकी सुविधा हेतु प्रत्येक विषय से सम्बन्धित आँकड़ों को दर्शाने हेतु तालिकाओं का उपयोग किया गया है, जिससे छात्रों को इसे आत्मसात करने में आसानी हो।

प्रस्तुत पुस्तक भौतिक, रसायन एवं जीव विज्ञान में कहीं भी त्रुटि शेष न रहे इसका पूरा ध्यान रखा गया है। सभी छात्रों से अनुरोध है, यदि पुस्तक पठन या पाठन के दौरान कहीं भी कोई त्रुटि मिले, तो वे हमें इससे पत्र या इमेल द्वारा अवश्य अवगत करायें।

हमें पूर्ण विश्वास है कि हमारी अन्य पुस्तकों की भाँति इस पुस्तक में भी आपका सहयोग निरंतर मिलता रहेगा।

विषय-सूची

भौतिक विज्ञान—मात्रक ♦ गति ♦ कार्य, ऊर्जा एवं शक्ति ♦ गुरुत्वाकर्षण ♦ दाब ♦ प्लवन ♦ पृष्ठ तनाव ♦ श्यानता ♦ प्रत्यास्थता ♦ तरंग ♦ ध्वनि तरंग ♦ ऊष्मा ♦ प्रकाश ♦ विद्युत ♦ चुम्बकत्व ♦ परमाणु भौतिकी ♦ नाभिकीय विखंडन तथा संलयन ♦ वैज्ञानिक यंत्र एवं उनके उपयोग ♦ विभिन्न यंत्रों एवं उपकरणों के आविष्कारक ♦ भौतिकी सम्बन्धी महत्त्वपूर्ण खोज ♦ माप-तौल के विभिन्न मात्रक ♦ मात्रकों का एक पद्धति से दूसरी पद्धति में परिवर्तन ♦ मापने की इकाइयाँ।

रसायन विज्ञान—पदार्थ एवं उसकी उत्पत्ति ♦ परमाणु संरचना ♦ तत्त्वों की आवर्त सारणी ♦ रासायनिक बंधन ♦ विलयन ♦ उत्प्रेरण ♦ धातुएँ ♦ मिश्रधातु ♦ अधातुएँ ♦ धातुएँ, अधातुएँ और उनके यौगिकों का उपयोग ♦ कार्बन तथा उसके यौगिक ♦ बहुलकीकरण एवं प्लास्टिक ♦ पेट्रोलियम उद्योग ♦ ईंधन ♦ जल की कठोरता ♦ अम्ल, क्षार एवं लवण ♦ मनुष्य द्वारा निर्मित पदार्थ ♦ रासायनिक विज्ञान के महत्त्वपूर्ण तथ्य ♦ रासायनिक पदार्थों के व्यापारिक तथा रासायनिक नाम एवं सूत्र।

जीव विज्ञान—जीवधारियों का वर्गीकरण ♦ कोशिका विज्ञान ♦ आनुवंशिकी ♦ जैव-विकास ♦ वनस्पति विज्ञान ♦ आर्थिक वनस्पति विज्ञान ♦ वनस्पति शास्त्र से सम्बद्ध महत्त्वपूर्ण तथ्य ♦ जन्तु विज्ञान ♦ मानव शरीर के प्रमुख तंत्र ♦ पोषण एवं स्वास्थ्य ♦ प्रमुख रोगों द्वारा प्रभावित शरीर के अंग ♦ महत्त्वपूर्ण तंत्र एवं सम्बद्ध रोग ♦ मानव रोग ♦ विज्ञान की प्रमुख शाखाएँ ♦ विविध तथ्य।

विज्ञान एवं प्रौद्योगिकी—भारत अंतरिक्ष अनुसंधान ♦ भारतीय परमाणु अनुसंधान ♦ भारतीय रक्षा प्रौद्योगिकी।

भौतिक, जीव एवं रसायन विज्ञान

भौतिक विज्ञान

विज्ञान की वह शाखा जिसके अन्तर्गत द्रव्य (Matter), ऊर्जा (Energy) एवं इनकी पारस्परिक क्रियाओं का अध्ययन किया जाता है, उसे भौतिक विज्ञान कहते हैं। भौतिकी प्राकृतिक जगत् का मूल विज्ञान है, क्योंकि विज्ञान की अन्य शाखाओं का विकास भौतिकी के ज्ञान पर बहुत हद तक निर्भर करता है।

1. मात्रक

- किसी भौतिक राशि को व्यक्त करने के लिए उसी प्रकार की राशि के मात्रक की आवश्यकता होती है। प्रत्येक राशि की माप के लिए उसी राशि का कोई मानक (Standard) मान चुन लिया जाता है। इस मानक को मात्रक (Unit) कहा जाता है।
- मात्रक दो प्रकार के होते हैं- 1. मूल मात्रक (Fundamental Units) 2. व्युत्पन्न मात्रक (Derived Units)।

1. मूल मात्रक (Fundamental Units)

- मूल मात्रक वे मात्रक हैं, जो अन्य मात्रकों से स्वतंत्र होते हैं अर्थात् उनको एक-दूसरे से सम्बन्धित अथवा आपस में बदला नहीं जा सकता है। अन्तरराष्ट्रीय मात्रक पद्धति (International System of Units या SI पद्धति) के मात्रकों को मूल मात्रक (Fundamental Units) कहते हैं। SI पद्धति में मूल मात्रक की संख्या सात है, जो नीचे दिये गये सारणी में वर्णित है-

क्र. स.	भौतिक राशि	SI के मूल मात्रक	संकेत
1.	लंबाई	मीटर (Metre)	m (मी)
2.	द्रव्यमान	किलोग्राम (Kilogram)	kg (किग्रा)
3.	समय	सेकंड (Second)	s (से)
4.	ताप	केल्विन (Kelvin)	K (के)
5.	विद्युत धारा	ऐम्पियर (Ampere)	A (ऐ)
6.	ज्योति-तीव्रता	कैण्डेला (CVandela)	cd (कैण्ड)
7.	पदार्थ का परिमाण	मोल (Mole)	mol (मोल)

SI के कुछ पुराने मात्रकों के नये नाम व संकेत			
क्र. स.	भौतिक राशि	पुराना नाम व संकेत	नया नाम व संकेत
1.	ताप	डिग्री सेंटीग्रेड, °C	डिग्री सेल्सियस, °C
2.	आवृत्ति	कंपन प्रति सेकंड, CPS	हर्टज, Hz
3.	ज्योति तीव्रता	कैण्डिल शक्ति, CP	कैण्डेला, Cd

SI के संपूरक मूल मात्रक			
क्र. स.	भौतिक राशि	मात्रक	संकेत
1.	समतल कोण	रेडियन (Radian)	rad (रेड)
2.	घनकोण (Solid Angle)	स्टेरेडियन (Steradian)	sr

2. व्युत्पन्न मात्रक (Derived Units)

- वे सभी मात्रक जो मूल मात्रकों पर निर्भर करते हैं, अर्थात् जिनको मूल मात्रकों की सहायता से व्यक्त किया जा सकता है, व्युत्पन्न मात्रक कहलाते हैं।
- बहुत लंबी दूरियाँ मापने के लिए लंबाई के मात्रक **'प्रकाश-वर्ष'** का प्रयोग किया जाता है। एक प्रकाश-वर्ष वह दूरी है, जिसे प्रकाश एक वर्ष में तय करता है, अर्थात् प्रकाश-वर्ष दूरी का मात्रक है।

$$1 \text{ प्रकाश वर्ष} = 9.46 \times 10^{15} \text{ मीटर}$$

- दूरी मापने की सबसे बड़ी इकाई **'पारसेक'** है।

$$1 \text{ पारसेक} = 3.26 \text{ प्रकाश-वर्ष} = 3.08 \times 10^{16} \text{ मीटर}$$

- CGS पद्धति में बल का मात्रक **'डाइन'** है जबकि SI पद्धति में बल का मात्रक **'न्यूटन'** है।
- CGS पद्धति में कार्य का मात्रक **'अर्ग'** है, जबकि SI पद्धति में कार्य का मात्रक **'जूल'** है।

2. गति

- यदि किसी वस्तु की स्थिति, किसी स्थिर वस्तु के सापेक्ष (Relative) एक समान रूप से बदलती रही हो तो वह वस्तु गति (Motion) में कही जाती है।
- **अदिश राशि (Scalar Quantity) :** जिन भौतिक राशियों को निरूपित करने के लिए केवल परिमाण (Magnitude) की आवश्यकता होती है, दिशा (Direction) की नहीं, उन्हें अदिश राशि कहते हैं। जैसे- समय, चाल, द्रव्यमान, कार्य, ऊर्जा आदि।
- **सदिश राशि (Vector Quantity) :** जिन भौतिक राशियों को पूर्णतया निरूपित करने के लिए परिमाण (Magnitude) के साथ-साथ दिशा की भी आवश्यकता पड़ती है, उन्हें सदिश राशि कहते हैं। जैसे- वेग, विस्थापन, बल, त्वरण आदि।

गति के प्रकार

- गति को मुख्यत: तीन भागों में बाँटा जा सकता है-
  1. **स्थानान्तरीय गति (Translatory Motion) :** जब कोई वस्तु एक सीधी रेखा में गति करती है तो ऐसी गति को स्थानान्तरीय गति कहते हैं। स्थानान्तरीय गति को रेखीय गति भी कहते हैं।

     उदाहरणार्थ - सीधी पटरियों पर चलती रेलगाड़ी।
  2. **घूर्णन गति (Rotatory Motion) :** जब कोई पिण्ड किसी अक्ष के परित: घूमता है तो ऐसी गति को घूर्णन गति कहते हैं।

     उदाहरणार्थ - पृथ्वी का अपने अक्ष पर घूमना।
  3. **कंपनीय गति (Vibratory Motion) :** जब कोई वस्तु किसी निश्चित बिन्दु के इधर-उधर गति करती है तो उसे कंपनीय गति कहते हैं।

     उदाहरणार्थ - घड़ी के लोलक का अपनी मध्यमान स्थिति के दोनों ओर दोलन करना।
- **दूरी (Distance) :** किसी दिये गये समयान्तराल में वस्तु द्वारा तय किये गये मार्ग की लंबाई को दूरी कहते हैं। यह एक अदिश राशि है व सदैव धनात्मक होती है।
- **विस्थापन (Displacement) :** किसी विशेष दिशा में गतिशील वस्तु के स्थिति परिवर्तन को उसका विस्थापन कहते हैं। यह एक सदिश राशि है तथा इसका SI मात्रक मीटर है। विस्थापन धनात्मक, ऋणात्मक और शुन्य कुछ भी हो सकता है।
- **वेग (Velocity) :** गतिशील वस्तु के विस्थापन की दर अर्थात् एक सेकंड में हुए विस्थापन को वस्तु का वेग कहते हैं। वेग एक सदिश राशि है। इसका SI मात्रक मी/से होता है। वस्तु का वेग धनात्मक व ऋणात्मक दोनों हो सकता है। वेग को निम्न सूत्र से व्यक्त करते हैं-

$$\text{वेग} = \frac{\text{विस्थापन}}{\text{समय}}$$

➪ **चाल** (Speed) : किसी गतिमान वस्तु के स्थिति में पविर्तन की दर अर्थात् एक सेकंड में चली गयी दूरी को उस वस्तु की चाल कहते हैं। चाल एक अदिश राशि है और यह सदैव धनात्मक होती है। चाल को निम्नलिखित सूत्रों से व्यक्त करते हैं-

$$\text{चाल} = \frac{\text{चली गयी दूरी}}{\text{समय}}$$

➪ **त्वरण (Acceleration)** : किसी वस्तु के वेग में परिवर्तन की दर को **'त्वरण'** कहते हैं। यह एक सदिश राशि है। इसका SI मात्रक मी/से^{2} है। यदि समय के साथ वस्तु का वेग घटता है तो त्वरण ऋणात्मक होता है, जिसे **मंदन (Retardation)** कहते हैं।

➪ **न्यूटन के गति विषयक नियम (Newton's Law of Motion)** : गति विषयक हमारा ज्ञान तीन मूल नियमों पर आधारित है। इन्हें सर्वप्रथम महान वैज्ञानिक आइजक न्यूटन ने सन् 1687 ई. में अपनी पुस्तक **'प्रिंसिपिया (Principia)** में प्रतिपादित किया था।

➪ **न्यूटन का प्रथम गति नियम (Newton's First Law of Motion)** : इस नियम के अनुसार, यदि कोई वस्तु विरामावस्था में है या एक सरल रेखा में समान वेग से गतिशील रहती है, तो उसकी विरामावस्था या समान गति की अवस्था में परिवर्तन तभी होता है, जब उस पर कोई बाह्य बल लगाया जाता है। **इस नियम को गैलिलियो का नियम या जड़त्व का नियम भी कहते हैं।** इस तरह प्रथम नियम से बल की परिभाषा मिलती है।

➪ **न्यूटन का द्वितीय गति नियम (Newton's Second Law of Motion)** : इस नियम के अनुसार किसी वस्तु के संवेग में परिवर्तन की दर उस वस्तु पर आरोपित बल के समानुपाती होता है तथा संवेग परिवर्तन बल की दिशा में होता है। अब यदि आरोपित बल F, बल की दिशा में उत्पन्न त्वरण a एवं वस्तु का द्रव्यमान m हो, तो न्यूटन के गति के दूसरे नियम से $F = ma$ अर्थात् न्यूटन के दूसरे नियम से बल का व्यंजक प्राप्त है।

➪ **न्यूटन का तृतीय नियम (Newton's Third Law of Motion)** : इस नियम के अनुसार, प्रत्येक क्रिया की उसके समान परंतु विपरीत दिशा में प्रतिक्रिया होती है। इस नियम को क्रिया-प्रतिक्रिया सूत्र नियम भी कहते हैं। इस नियम के कुछ उदाहरण हैं- 1. बंदूक से गोली चलाने पर चलाने वाले को पीछे की ओर धक्का लगना 2. नाव से कूदने पर नाव का पीछे की ओर हट जाना 3. कुँओं से पानी खींचते समय रस्सी टूट जाने पर व्यक्ति का पीछे की ओर गिर पड़ना 4. ऊँचाई से कूदने पर चोट लगना 5. रॉकेट का आगे बढ़ना आदि।

➪ **संवेग संरक्षण का सिद्धान्त (Theory of Conservation of Momentum)** : यदि कणों के किसी समूह या निकाय पर कोई बाह्य बल नहीं लग रहा हो, तो उस निकाय का कुल संवेग नियत रहता है। अर्थात् टक्कर के पहले और बाद का संवेग बराबर होता है।

➪ **आवेग (Impulse)** : जब कोई बड़ा बल किसी वस्तु पर थोड़े समय के लिए कार्य करता है, तो बल तथा समय अंतराल के गुणनफल को उस बल का आवेग कहते हैं। आवेग एक सदिश राशि है, जिसका मात्रक न्यूटन सेकंड (Ns) है तथा इसकी दशा वही होती है जो बल की होती है। आवेग को निम्न सूत्र से व्यक्त करते हैं-

$$\text{आवेग} = \text{बल} \times \text{समय अंतराल} = \text{संवेग में परिवर्तन}$$

➪ **अभिकेन्द्रीय बल (Centripetal Force)** : जब कोई वस्तु किसी वृत्ताकार मार्ग पर चलती है, तो उस पर एक बल वृत्त के केन्द्र की ओर कार्य करता है। इस बल को अभिकेन्द्रीय बल कहते हैं। इस बल के अभाव में वस्तु वृत्ताकार मार्ग पर नहीं चल सकती है। यदि कोई m द्रव्यमान का पिण्ड v चाल से r त्रिज्या के वृत्तीय मार्ग पर चल रहा है तो उस पर कार्यकारी वृत्त के केन्द्र की ओर आवश्यक अभिकेन्द्रीय बल $F = \frac{mv^2}{r}$ होता है।

- **अपकेन्द्रीय बल (Centrifugal Force)** : जब कोई पिण्ड किसी वृत्तीय मार्ग पर चलता है, तो उस पर मार्ग के केन्द्र की ओर एक बल लगता है, जिसे अभिकेन्द्रीय बल कहते हैं। न्यूटन के तीसरे नियम के अनुसार इस बल का एक प्रतिक्रिया बल जो कि परिमाण में अभिकेन्द्रीय बल के बराबर परंतु इसकी दिशा अभिकेन्द्रीय बल के विपरीत अर्थात् केन्द्र के बाहर की ओर होती है, लगता है। इस प्रतिक्रिया बल को ही अपकेन्द्रीय बल कहते हैं। कपड़ा सुखाने की मशीन, दूध से मक्खन निकालने की मशीन आदि अपकेन्द्रीय बल के सिद्धान्त पर कार्य करती है।

- **बल आघूर्ण (Moment of Force)** : बल द्वारा एक पिण्ड को एक अक्ष के परित: घुमाने की प्रवृत्ति को बल-आघूर्ण कहते हैं। किसी अक्ष के परित: एक बल का बल-आघूर्ण उस बल के परिमाण तथा अक्ष से बल की क्रिया रेखा के बीच लंबवत् दूरी के गुणनफल के बराबर होता है। यह एक सदिश राशि है तथा इसका मात्रक न्यूटन मीटर होता है। बल-आघूर्ण को निम्नलिखित सूत्र से व्यक्त करते हैं–

    बल – आघूर्ण (T) = बल × आघूर्ण भुजा

- **सरल मशीन (Simple Machines)** : यह बल-आघूर्ण के सिद्धान्त पर कार्य करती है। सरल मशीन एक ऐसी युक्ति है जिसमें किसी सुविधाजनक बिन्दु पर बल लगाकर, किसी अन्य बिन्दु पर रखे हुए भार को उठाया जाता है। जैस- उत्तोलक, घिरनी, आनत तल, स्क्रू जैक आदि।

- **गुरुत्व केन्द्र (Centre of Gravity)** : किसी वस्तु का गुरुत्व केन्द्र वह बिन्दु है, जहाँ वस्तु का समस्त भार कार्य करता है। किसी वस्तु का भार गुरुत्व केन्द्र से ठीक नीचे की ओर कार्यरत रहता है। किसी पिण्ड का गुरुत्व केन्द्र तब तक स्थिर रहता है जब तक उसका आकार नहीं बदलता।

- **संतुलन (Equilibrium)** : जब किसी वस्तु पर कई बल इस प्रकार कार्य कर रहे हों कि वस्तु न तो रेखीय गति करे और न ही घूर्णन गति, तो हम कहते हैं कि वस्तु संतुलन की अवस्था में हैं। संतुलन तीन प्रकार के होते हैं– स्थायी संतुलन, अस्थायी संतुलन एवं उदासीन संतुलन।

    (i) **स्थायी संतुलन (Stable Equilibrium)** : यदि किसी वस्तु को उसकी संतुलनावस्था से थोड़ा-सा विस्थापित करके छोड़ने पर यदि वस्तु पुन: संतुलन की अवस्था प्राप्त कर लेती है तो कहा जाता है कि वस्तु स्थायी संतुलन में है। जैसे- चौड़े मुँह पर रखा हुआ शंकु।

    (ii) **अस्थायी संतुलन (Unstable Equilibrium)** : यदि किसी वस्तु को उसकी संतुलनावस्था से थोड़ा-सा विस्थापित करके छोड़ने पर वह पुन: संतुलन की अवस्था में न आये तो इसे अस्थायी संतुलन कहते हैं। जैसे- शीर्ष पर खड़ा हुआ शंकु।

    (iii) **उदासीन संतुलन (Neutral Equilibrium)** : यदि किसी वस्तु को उसकी संतुलन स्थिति से थोड़ा-सा विस्थापित करके छोड़ने पर वह वस्तु अपनी पूर्व अवस्था में आने का प्रयास न करे, बल्कि अपनी नई स्थिति में ही रहे, तो हम कहते हैं कि वस्तु उदासीन संतुलन में है। जैसे- गोलाकार वस्तुएँ, किसी तल पर पड़ा शंकु आदि।

3. कार्य, ऊर्जा एवं शक्ति

- **कार्य (Work)** : कार्य की माप लगाये गये बल तथा बल की दिशा में वस्तु के विस्थापन के गुणनफल के बराबर होती है। कार्य एक अदिश राशि है तथा इसका SI मात्रक **'जूल'** होता है। कार्य को निम्न सूत्र से व्यक्त करते हैं–

    कार्य = बल × बल की दिशा में विस्थापन

- **ऊर्जा (Energy)** : किसी वस्तु के कार्य करने की क्षमता को उस वस्तु की ऊर्जा कहते हैं। ऊर्जा एक अदिश राशि है तथा इसका भी SI मात्रक **'जूल'** होता है। कार्य द्वारा प्राप्त ऊर्जा यांत्रिक ऊर्जा कहलाती है, जो दो प्रकार की होती है– गतिज ऊर्जा एवं स्थितिज ऊर्जा।

(i) **गतिज ऊर्जा (Kinetic Energy) :** किसी वस्तु में उसकी गति के कारण कार्य करने की जो क्षमता आ जाती है, उसे उस वस्तु को गतिज ऊर्जा कहते हैं। गतिज ऊर्जा सदैव धनात्मक होती है। यदि m द्रव्यमान की वस्तु v वेग से चल रही हो तो गतिज ऊर्जा (KE) होगी–

$$KE = \frac{1}{2}mv^2$$

(ii) **स्थितिज ऊर्जा (Potential Energy) :** यदि किसी वस्तु की विशेष अवस्था (State) अथवा स्थिति के कारण उसमें कार्य करने की जो क्षमता होती है, उसे वस्तु की स्थितिज ऊर्जा कहते हैं। जैसे- दबी हुई स्प्रिंग, घड़ी में चाबी भरना, पृथ्वी से कुछ ऊँचाई पर स्थित वस्तु, बाँध बनाकर इकट्ठा किये गये पानी की ऊर्जा। गुरुत्व बल के विरुद्ध संचित स्थितिज ऊर्जा का व्यंजक है–

$PE = mgh$ जहाँ m = द्रव्यमान, g = गुरुत्वजनित त्वरण, h = ऊँचाई

- **ऊर्जा संरक्षण का नियम (Law of Conservation of Energy) :** ऊर्जा न तो उत्पन्न की जा सकती है और न नष्ट की जा सकती है। ऊर्जा केवल एक रूप से दूसरे रूप में परिवर्तित की जा सकती है। जब भी ऊर्जा किसी रूप में लुप्त होती है तब ठीक उतनी ही ऊर्जा अन्य रूपों में प्रकट होती है। अतः विश्व की सम्पूर्ण ऊर्जा का परिमाण स्थिर रहता है। यह ऊर्जा-संरक्षण का नियम कहलाता है।

विभिन्न उपकरण व उनसे होने वाले ऊर्जा का रूपांतरण		
क्र. स.	**उपकरण**	**ऊर्जा का रूपांतरण**
1.	विद्युत बल	विद्युत ऊर्जा से ऊष्मा एवं प्रकाश ऊर्जा
2.	विद्युत सेल	रासायनिक ऊर्जा से विद्युत ऊर्जा
3.	मोमबत्ती	रासायनिक ऊर्जा से प्रकाश व ऊष्मा ऊर्जा
4.	फोटो इलेक्ट्रिक सेल	प्रकाश ऊर्जा से विद्युत ऊर्जा
5.	डायनेमो	यांत्रिक ऊर्जा से विद्युत ऊर्जा
6.	मोटर	विद्युत ऊर्जा से यांत्रिक ऊर्जा
7.	लाउडस्पीकर	विद्युत ऊर्जा से ध्वनि ऊर्जा
8.	माइक्रोफोन	ध्वनि ऊर्जा से विद्युत ऊर्जा
9.	सितार	यांत्रिक ऊर्जा से ध्वनि ऊर्जा
10.	इंजन	ऊष्मा ऊर्जा से यांत्रिक ऊर्जा

- **शक्ति (Power) :** कार्य करने की दर को शक्ति कहते हैं। यदि किसी कर्त्ता द्वारा W कार्य t समय में किया जाता है तो कर्त्ता की शक्ति W/t होगी। शक्ति का SI मात्रक वाट (W) है, जिसे वैज्ञानिक जेम्स वाट के नाम पर रखा गया है। शक्ति को निम्न सूत्र से व्यक्त करते हैं–

$$\text{शक्ति} \quad \frac{\text{कार्य}}{\text{समय}}$$

- 1KW = 1000W, 1MW=10^6W
- शक्ति (Power) की एक और मात्रक अश्वशक्ति (HP) है।
- 1 अश्वशक्ति (HP) = 746 W होता है।

4. गुरुत्वाकर्षण

◆ **न्यूटन का गुरुत्वाकर्षण का नियम (Newton's Law of Gravitation)** : इस नियम के अनुसार 'पदार्थ के दो कणों के बीच कार्य करने वाला आकर्षण बल कणों के द्रव्यमानों के गुणनफल के अनुक्रमानुपाती तथा उनके बीच की दूरी के वर्ग के व्युत्क्रमानुपाती होता है।'
माना दो कण जिनके द्रव्यमान M_1 व M_2 है, एक दूसरे से R दूरी पर स्थित हैं, तो न्यूटन के नियम के अनुसार उनके बीच लगने वाला आकर्षण बल, $F = G\dfrac{M_1 M_2}{R^2}$ होता है। जहाँ G एक नियतांक है, जिसे सार्वत्रिक नियतांक (Universal Constant) कहते हैं।

इसका मान $6.67 \: 10^{-11} \dfrac{\text{न्यूटन मीटर}^2}{\text{किग्रा}^2}$ होता है।

◆ **गुरुत्व (Gravity)** : न्यूटन के गुरुत्वाकर्षण के अनुसार दो पिण्डों के बीच एक आकर्षण बल कार्य करता है। यदि इनमें से एक पिण्ड हो तो इस आकर्षण बल को '**गुरुत्व**' कहते हैं। अर्थात् गुरुत्व वह आकर्षण बल है जिससे पृथ्वी किसी वस्तु को अपने केन्द्र की ओर खींचती है। इस बल के कारण जो त्वरण उत्पन्न होता है, उसे गुरुत्वजनित त्वरण (g) कहते हैं, जिसका मान 9.8m./s^2 होता है। गुरुत्वजनित त्वरण (g) वस्तु के रूप, आकार, द्रव्यमान आदि पर निर्भर नहीं करता है।

भिन्न-भिन्न स्थानों पर 'g' का मान
(i) पृथ्वी की सतह से ऊपर या नीचे जाने पर 'g' का मान घटता है।
(ii) भूमध्य रेखा (Equator) पर 'g' का मान सबसे कम होता है।
(iii) ध्रुवों (Pols) पर 'g' का मान सबसे अधिक होता है।
(iv) पृथ्वी के घूर्णन गति बढ़ने पर 'g' का मान कम हो जाता है।
(v) पृथ्वी के घूर्णन गति घटने पर 'g' का मान बढ़ जाता है।
(vi) पृथ्वी के केन्द्र पर 'g' का मान शून्य होता है।

◆ **गुरुत्व केन्द्र (Centre of Gravity)** : किसी वस्तु का गुरुत्व केन्द्र वह बिन्दु है, जहाँ वस्तु का समस्त भार कार्य करता है। किसी वस्तु का भार गुरुत्व केन्द्र से ठीक नीचे की ओर कार्यरत रहता है। किसी पिण्ड का गुरुत्व केन्द्र तब तक स्थिर रहता है। जब तक उसका आकार नहीं बदलता है।

◆ **लिफ्ट में पिंड का भार (Weight of a Body in Lift)** :
(i) जब लिफ्ट ऊपर की ओर जाती है तो लिफ्ट में स्थित पिण्ड का भार बढ़ा हुआ प्रतीत होता है।
(ii) जब लिफ्ट नीचे की ओर जाती है तो लिफ्ट में स्थित पिण्ड का भार घटा हुआ प्रतीत होता है।
(iii) जब लिफ्ट एक समान वेग से ऊपर या नीचे गति करती है तो लिफ्ट पिण्ड के भार में कोई परिवर्तन प्रतीत नहीं होता है।
(iv) यदि नीचे उतरते समय लिफ्ट की डोर टूट जाये तो वह मुक्त पिंड की भाँति नीचे गिरती है। ऐसी स्थिति में लिफ्ट में स्थित पिंड का भार शून्य होता है। यही भारहीनता की स्थिति होती है।
(v) यदि लिफ्ट के नीचे उतरते समय लिफ्ट का त्वरण गुरुत्वीय त्वरण से अधिक हो तो लिफ्ट में स्थित पिंड उसकी फर्श से उठकर उसकी छत से जा लगेगा।

ग्रहों की गति से सम्बद्ध केप्लर का नियम
(i) प्रत्येक ग्रह सूर्य के चारों ओर दीर्घवृत्ताकार (Elliptical) कक्षा में परिक्रमा करता है तथा सूर्य ग्रह की कक्षा के एक फोकस बिन्दु पर स्थित होता है।

(ii) प्रत्येक ग्रह का क्षेत्रीय वेग (Areal Velocity) नियम रहता है। इसका प्रभाव यह होता है कि जब ग्रह सूर्य के निकट होता है तो उसका वेग बढ़ जाता है और जब वह दूर होता है तो उसका वेग कम हो जाता है।

(iii) सूर्य के चारों ओर ग्रह एक चक्कर जितने समय में लगाता है, उसे उसका परिक्रमण काल (T) कहते हैं। परिक्रमण काल का वर्ग (T^2) ग्रह की सूर्य से औसत दूर (r) के धन (r^3) के अनुक्रमानुपाती होता है, अर्थात् $T^2 \propto r^3$।

उपग्रह (Satellite)

➩ वे आकाशकीय पिंड जो ग्रहों के चारों ओर परिक्रमा करते हैं, उपग्रह कहलाते हैं। जैसे- चन्द्रमा पृथ्वी का उपग्रह है।

उपग्रह का कक्षीय चाल (Orbital Speed of a Satellite)

(i) उपग्रह की कक्षीय चाल उसकी पृथ्वी तल से ऊँचाई पर निर्भर करती है। उपग्रह पृथ्वी तल से जितना अधिक दूर होगा, उतनी ही उसकी चाल कम होगी।

(ii) उपग्रह की कक्षीय चाल उसके द्रव्यमान पर निर्भर नहीं करती है। एक ही त्रिज्या के कक्षा में भिन्न-भिन्न द्रव्यमानों के उपग्रहों की चाल समान होगी।

(iii) पृथ्वी तल के अति निकट चक्कर लगाने वाले उपग्रह की कक्षीय चाल लगभग 8 किमी/सेकंड होता है।

उपग्रह का परिक्रमण काल (Period of Revolution of Satellite)

➩ उपग्रह अपनी कक्षा में पृथ्वी का एक चक्कर जितने समय में लगाता है, उसे उसका परिक्रमण काल कहते हैं। परिक्रमण काल से संबद्ध मुख्य बातें निम्न हैं-

(i) उपग्रह का परिक्रमण काल भी केवल उसकी पृथ्वी तल से ऊँचाई पर निर्भर करता है और उपग्रह जितना अधिक दूर होता है, उसका परिक्रमण काल उतना ही अधिक होता है।

(ii) उपग्रह का परिक्रमण काल उसके द्रव्यमान पर निर्भर नहीं करता है।

(iii) पृथ्वी के अति निकट चक्कर लगाने वाले उपग्रह का परिक्रमण काल 1 घंटा 24 मिनट होता है।

(iv) परिक्रमण काल को निम्न सूत्र से व्यक्त करते हैं-

$$\text{परिक्रमण काल} = \frac{\text{कक्षा की परिधि}}{\text{कक्षीय चाल}}$$

कृत्रिम उपग्रह (Artificial Satellite)

➩ ये उपग्रह मानव निर्मित होते हैं। यदि हम किसी पिंड को पृथ्वी तल के कुछ सौ किलोमीटर ऊपर आकाश में भेजकर उसे लगभग 8 किलोमीटर/सेकंड का क्षैतिज वेग दे दें तो वह पिंड पृथ्वी के चारो ओर एक निश्चित कक्षा में परिक्रमण करता रहता है तथा इसका परिक्रमण काल लगभग 84 मिनट होता है। इसे ही हम कृत्रिम उपग्रह कहते हैं। कृत्रिम उपग्रह दो प्रकार के होते हैं- कक्षीय उपग्रह एवं भू-स्थिर उपग्रह।

(i) **कक्षीय उपग्रह (Orbital Satellite) :** पृथ्वी के चारों ओर परिक्रमा करते रहने वाले उपग्रह कक्षीय उपग्रह कहलाते हैं।

(ii) **भू-स्थिर उपग्रह (Geo-Stationary Satellite) :** ये उपग्रह पृथ्वी के किसी स्थान के सापेक्ष स्थिर रहते हैं, इसीलिए इन्हें भू-स्थिर उपग्रह कहा जाता है। भू-स्थिर उपग्रहों की कक्षा पृथ्वी के विषुवतीय तल (Equatrial Line) में होती है तथा इनका पृथ्वी के चारों ओर परिक्रमण काल पृथ्वी के अपने अक्ष के परितः घूर्णन काल के बराबर अर्थात् 24 घंटे होता है। ऐसे उपग्रहों की पृथ्वी तल से ऊँचाई लगभग 36000 किमी होती है। भू-स्थिर

उपग्रह संचार व्यवस्था के लिए अत्यधिक उपयोगी होते हैं, इसीलिए इन्हें संचार उपग्रह भी कहा जाता है। इन उपग्रहों का उपयोग टेलीफोन, टेलीग्राफ एवं टेलीविजन सिग्नलों के संचार में किया जाता है।

पलायन वेग (Escape Velocity)

➪ पलायन वेग वह न्यूनतम वेग है जिससे किसी पिंड को पृथ्वी की सतह से ऊपर की ओर फेंके जाने पर वह पृथ्वी के गुरुत्वीय क्षेत्र को पार कर जाता है व वापस पृथ्वी पर नहीं आता। पृथ्वी के लिए पलायन वेग का मान 11.2Km/s है अर्थात् पृथ्वी तल से किसी वस्तु को 11.2Km/s या इससे अधिक वेग से ऊपर किसी भी दिशा में फेंक दिया जाये तो वस्तु फिर पृथ्वी तल पर वापस नहीं आयेगी।

5. दाब (Pressure)

दाब (Pressure)

➪ किसी सतह के एकांक क्षेत्रफल पर लगने वाले बल को दाब कहते हैं। दाब एक अदिश राशि है तथा इसका SI मात्रक न्यूटन/मीटर^2 (N/m^2) होता है जिसे पास्कल (Pa) भी कहते हैं। दाब को निम्नलिखित सूत्र से व्यक्त करते हैं–

$$\text{दाब (P)} = \frac{F}{A} = \frac{\text{पृष्ठ के लंबवत् बल}}{\text{पृष्ठ का क्षेत्रफल}}$$

वायुमंडलीय दाब (Atmospheric Pressure)

➪ पृथ्वी के चारों ओर उपस्थित वायु एवं विभिन्न गैसों को वायुमंडल कहा जाता है। अतः वायुमंडल में उपस्थित वायु भी हम सभी पर अत्यधिक दाब डालती है, जिसे वायुमंडलीय दाब कहा जाता है।

➪ सामान्यतः वायुमंडलीय दाब वह दाब होता है जो पारे के 76 सेंटीमीटर वाले एक कलम द्वारा 0°C पर 45° के अक्षांश पर समुद्र तल पर लगाया जाता है। यह एक वर्ग सेमी. अनुप्रस्थ काट वाले पारे के 76 सेमी. लंबे कॉलम के भार के बराबर होता है। वायुमंडलीय दाब का SI मात्रक **बार** (Bar) होता है।

➪ वायुमंडलीय दाब 10^5 न्यूटन/मीटर^2 अर्थात् एक बार (bar) के बराबर होता है।

➪ पृथ्वी की सतह से ऊपर जाने पर वायुमंडलीय दाब कम होता जाता है, जिसके कारण- (i) पहाड़ों पर खाना बनाने में कठिनाई होती है, (ii) वायुयान में बैठे यात्री के फाउंटेन पेन से स्याही रिस जाती है (iii) उच्च रक्त चाप वाले व्यक्ति को वायुयान में यात्रा न करने की सलाह दी जाती है।

➪ वायुमंडलीय दाब को **बैरोमीटर** (Barometer) से मापा जाता है। इसकी सहायता से मौसम सम्बन्धी पूर्वानुमान भी लगाया जाता है।

➪ बैरोमीटर का पाठ्यांक अर्थात् पारा जब एकाएक नीचे गिरता है, तो आंधी आने की संभावना होती है।

➪ बैरोमीटर का पाठ्यांक अर्थात् पारा जब धीरे-धीरे ऊपर चढ़ता है तो दिन साफ रहने की संभावना होती है।

द्रव में दाब (Pressure in Liquid)

➪ द्रव की अणुओं के द्वारा बर्तन की दीवार अथवा तली के प्रति एकांक क्षेत्रफल पर लगने वाले बल को द्रव का दाब कहते हैं। द्रव के अंदर किसी बिन्दु पर द्रव के कारण दाब द्रव की सतह से उस बिन्दु की गहराई (h) द्रव के घनत्व (d) तथा गुरुत्वीय त्वरण (g) के गुणनफल

के बराबर होता है अर्थात्-
$$P (\text{दाब}) = h \times d \times h$$

द्रवों में दाब के नियम
(i) स्थिर द्रव में एक क्षैतिज तल में स्थित सभी बिन्दुओं पर दाब समान होता है।
(ii) स्थिर द्रव के भीतर किसी बिन्दु पर दाब प्रत्येक दिशा में बराबर होता है।
(iii) द्रव के भीतर किसी बिन्दु पर दाब स्वतन्त्र तल से बिन्दु की गहराई के अनुक्रमानुपाती होता है।
(iv) किसी बिन्दु पर द्रव का दाब द्रव के घनत्व पर निर्भर करता है। घनत्व अधिक होने पर दाब भी अधिक होता है।

द्रव – दाब सम्बन्धी पास्कल का नियम
- **पास्कल के नियम का प्रथम कथन :** यदि गुरुत्वीय प्रभाव को नगण्य माना जाय तो संतुलन की अवस्था में द्रव के भीतर प्रत्येक बिन्दु पर दबाव समान होता है।
- **पास्कल के नियम का द्वितीय कथन :** किसी बर्तन में बंद द्रव के किसी भाग पर आरोपित बल, द्रव द्वारा सभी दिशाओं में समान परिमाण में संचारित कर दिया जाता है।
- **पास्कल के नियम पर आधारित कुछ यंत्र :** हाइड्रोलिक लिफ्ट, हाइड्रोलिक प्रेस, हाइड्रोलिक ब्रेक आदि।
- द्रव का दाब उस पात्र के आकार या आकृति पर निर्भर नहीं करता जिसमें द्रव रखा जाता है।

गलनांक व क्वथनांक पर दाब का प्रभाव (Effect of Pressure on Melting Pointing and Boiling Point)

गलनांक पर प्रभाव
(i) वे पदार्थ जो पिघलने पर प्रसारित (Expands) होते हैं उन पर दाब बढ़ाने से उनका गलनांक बढ़ जाता है। उदाहरणार्थ- मोम एवं घी आदि।
(ii) वे पदार्थ जो पिघलने पर संकुचित (Contract) होते हैं, उन पर दाब बढ़ाने से उनका गलनांक कम हो जाता है। उदाहरणार्थ- बर्फ।

क्वथनांक पर प्रभाव
- सभी द्रवों का क्वथनांक दाब बढ़ाने पर बढ़ जाता है।

6. प्लवन

उत्प्लावक बल (Buoyant Force)
- द्रव का वह गुण जिसके कारण वह वस्तुओं पर ऊपर की ओर एक बल लगाता है, उसे उत्क्षेप या उत्प्लावक बल कहते हैं। यह बल वस्तुओं द्वारा हटाये गये द्रव के गुरुत्व-केन्द्र पर कार्य करता है जिसे उत्प्लावन केन्द्र (Centre of Buoyancy) कहते हैं। सर्वप्रथम आर्किमिडीज ने इसका अध्ययन किया था।

आर्किमिडीज का सिद्धान्त
- जब कोई वस्तु किसी द्रव में पूरी अथवा आंशिक रूप से डुबोई जाती है, तो उसके भार में कमी का आभास होता है। भार में यह आभासी कमी वस्तु द्वारा हटाये गये द्रव के भार के बराबर होता है।

प्लवन का नियम
(i) संतुलित अवस्था में तैरने पर वस्तु अपने भार के बराबर द्रव विस्थापित करती है।
(ii) ठोस का गुरुत्व-केन्द्र तथा हटाये गये द्रव का गुरुत्व-केन्द्र दोनों एक ही उर्ध्वाधर रेखा में होने चाहिए।

- आपेक्षिक घनत्व (Relative Density) एक अनुपात है। इसका कोई मात्रक नहीं होता है। आपेक्षिक घनत्व को **हाइड्रोमीटर** (Hydrometer) से मापा जाता है।
- सामान्य जल की अपेक्षा समुद्री जल का घनत्व (Density) अधिक होता है, इसीलिए इसमें तैरना आसान होता है।
- जब बर्फ पानी में तैरती है, तो उसके आयतन का 1/10 भाग पानी के ऊपर रहता है।
- किसी बर्तन में पानी भरा है और उस पर बर्फ का टुकड़ा तैर रहा है, जब बर्फ पूरी तरह पिघल जाती है तब भी, पात्र में पानी का तल नहीं बढ़ता है, पहले के समान ही रहता है।
- दूध की शुद्धता दुग्धमापी (Lactometer) से मापी जाती है।

मित केन्द्र (Meta Centre)

- तैरती हुई वस्तु द्वारा विस्थापित द्रव के गुरुत्व-केन्द्र को उत्प्लावन-केन्द्र कहते हैं। उत्प्लावन केन्द्र से जाने वाली ऊर्ध्व रेखा जिस बिन्दु पर वस्तु के गुरुत्व केन्द्र से जाने वाली प्रारंभिक ऊर्ध्व रेखा को काटती है, उसे मित केन्द्र कहते हैं।

तैरने वाली वस्तु के स्थायी संतुलन के लिए शर्तें

(i) मित केन्द्र गुरुत्व केन्द्र के ऊपर होना चाहिए।

(ii) वस्तु का गुरुत्व केन्द्र तथा हटाये गये द्रव का गुरुत्व केन्द्र अर्थात् उत्प्लावन केन्द्र दोनों को एक ही ऊर्ध्वाधर रेखा में होना चाहिए।

7. पृष्ठ तनाव

पृष्ठ तनाव (Surface Tension)

- द्रव अपने पृष्ठीय क्षेत्रफल को न्यूनतम करने की प्रवृत्ति रखता है, जिसके कारण उसका पृष्ठ सदैव तनाव की स्थिति में रहती है। इसे ही पृष्ठ तनाव कहते हैं। किसी द्रव का पृष्ठ तनाव वह बल है, जो द्रव के पृष्ठ पर खींची गयी काल्पनिक रेखा की इकाई लंबाई पर रेखा के लंबवत् कार्य करता है। पृष्ठ तनाव का SI मात्रक न्यूटन/मीटर होता है। यदि रेखा की लंबाई (l) पर F बल कार्य करता है, तो पृष्ठ तनाव होगा, $T = F/l$।
- द्रव के पृष्ठ के क्षेत्रफल में एकांक वृद्धि करने के लिए किया गया कार्य द्रव के पृष्ठ तनाव के बराबर होता है। इसके अनुसार पृष्ठ तनाव का मात्रक जूल/मीटर^2 होगा।
- द्रव का ताप बढ़ाने पर पृष्ठ तनाव कम हो जाता है और क्रांतिक ताप (Critical Temperature) पर यह शून्य हो जाता है।

पृष्ठ तनाव के कुछ उदाहरण

(i) जल की सतह पर हल्के से पिन रखे जाने पर पिन तैरता है। जल की वह सतह दब जाती है और तानित कला (Stretched Membrance) के रूप में कार्य करने लगती है। पिन को अँगुली से दबा देने पर पृष्ठ तनाव की तह टूट जाती है और पिन जल में डूब जाता है।

(ii) शेविंग ब्रश को जल से निकाले जाने पर इसके केश आपस में सटे रहते हैं।

(iii) पतली नली के सिरे से पिघला सीसा गिराये जाने पर सीसे की बूँद पृष्ठ तनाव के कारण गोलाकार रूप ले लेती है। कारखाने में सीसे की गोली इसी तरह बनायी जाती है।

(iv) पानी भरे गड्ढे में मिट्टी का तेल छिड़क देने से मच्छर मर जाते हैं क्योंकि, मिट्टी का तेल छिड़कने से पानी का पृष्ठ तनाव कम हो जाता है। पृष्ठ तनाव कम होने से उसकी सतह पर जो तनाव झिल्ली होती है वह टूट जाती है, जिससे मच्छर बैठते ही डूबकर मर जाते हैं।

(v) समुद्र की लहरों को शांत करने के लिए तेल गिराया जाता है। पृष्ठ तनाव में कमी आने पर लहरों की ऊँचाई कम हो जाती है।

(vi) साबुन के घोल के बुलबुले बड़े इसलिए बनते हैं क्योंकि जल में साबुन घोलने पर उसका पृष्ठ तनाव कम हो जाता है।

ससंजक बल (Cohesive Force)
- एक ही पदार्थ के अणुओं के बीच कार्यकारी आकर्षण बलों को ससंजक बल कहते हैं। ठोसों में ससंजक बल का मान अधिक होता है, फलत: उनके आकार निश्चित होते हैं। गैसों में ससंजक बल का मान नगण्य होता है। पृष्ठ तनाव का कारण ससंजक बलों का होना है।

आसंजक बल (Adhesive Force)
- भिन्न-भिन्न पदार्थों के अणुओं के बीच कार्यकारी बल को आसंजक बल कहते हैं। आसंजक बल के कारण ही एक वस्तु दूसरे से चिपकती है।

केशिकत्व (Capillarity)
- केशनली (Capillary Tube) एक ऐसी नली होती है जिसकी त्रिज्या बहुत कम तथा एक समान होती है।
- केशनली में द्रव के ऊपर चढ़ने या नीचे उतरने की घटना को केशिकत्व (Capillarity) कहते हैं।
- केशनली में द्रव किस सीमा तक चढ़ता या उतरता है, यह केशनली की त्रिज्या पर निर्भर करता है। संकीर्ण नली में द्रव का चढ़ाव अधिक तथा चौड़ी नली में द्रव का चढ़ाव कम होता है।
- सामान्यत: जो द्रव काँच को भिंगोता है, वह केशनली में ऊपर चढ़ जाता है और जो द्रव काँच को नहीं भिंगोता है वह नीचे दब जाता है, जैसे- जब केशनली को पानी में डुबाया जाता है तो पानी ऊपर चढ़ जाता है और पानी का सतह केशनली के अंदर धँसा हुआ रहता है। इसके विपरीत जब केशनली को पारे में डुबाया जाता है, तो पारा केशनली में बर्तन में रखे पारे की सतह से नीचे ही रहता है और केशनली में पारा की सतह उभरा हुआ रहता है।

केशिकत्व के कुछ उदाहरण
(i) ब्लॉटिंग पेपर स्याही को शीघ्र सोख लेता है, क्योंकि इसमें बने छोटे-छोटे छिद्र केशनली की तरह कार्य करती है।
(ii) लालटेन या लैंप की बत्ती में केशिकत्व के कारण ही तेल ऊपर चढ़ता है।
(iii) पेड़-पौधों की शाखाओं, तनों एवं पत्तियों तक जल और आवश्यक लवण केशिकत्व की क्रिया के द्वारा ही पहुँचते हैं।
(iv) कृत्रिम उपग्रह के अंदर (भारहीनता की अवस्था) यदि किसी केशनली को जल में खड़ा किया जाये तो नली में चढ़ने वाले जल स्तंभ का प्रभावी भार शून्य होने के कारण जल नली के दूसरे सिरे तक पहुँच जायेगा चाहे केशनली कितनी लंबी क्यों न हो।
(v) वर्षा के बाद किसान अपने खेतों की जुताई कर देते हैं ताकि मिट्टी में बनी केशनलियाँ टूट जाये और पानी ऊपर न आ सके व मिट्टी में नमी बनी रहे।

8. श्यानता

श्यान बल (Viscous Force)
- किसी द्रव या गैस की दो क्रमागत परतों (Layers) के बीच उनकी आपेक्षिक गति का विरोध करने वाले घर्षण बल को श्यान बल कहते हैं।

श्यानता (Viscosity)
- तरल का वह गुण जिसके कारण तरल की विभिन्न परतों के मध्य आपेक्षिक गति का विरोध होता है, श्यानता कहलाता है।
- श्यानता केवल द्रवों तथा गैसों का गुण है।
- द्रवों में श्यानता, अणुओं के मध्य लगने वाले ससंजक बलों (Cohesive Forces) के कारण होती है।

- गैसों में श्यानता इसकी एक परत से दूसरी परत में अणुओं के स्थानांतरण के कारण होती है।
- गैसों में श्यानता द्रवों की तुलना में बहुत कम होती है। ठोसों में श्यानता नहीं होती है।
- एक आदर्श तरल की श्यानता शून्य होती है।
- ताप बढ़ने पर द्रवों की श्यानता घट जाती है, परन्तु गैसों की बढ़ जाती है।
- किसी तरलता की श्यानता को श्यानता गुणांक (Coefficient of Viscosity) द्वारा मापा जाता है। इसका SI मात्रक डेकाप्वॉइज या प्वॉजली (PI) या पास्कल सेकंड (Pas) है। इसे प्राय: 'η' (ईटा) द्वारा सूचित किया जाता है।

श्यानता के कुछ उदाहरण

(i) जितनी तेजी से हम वायु में दौड़ सकते हे, उतनी तेजी से जल में नहीं दौड़ सकते। इसका कारण है कि जल की श्यानता वायु से अधिक होती है जो हमारे दौड़ने का विरोध करती है।

(ii) यदि हम किसी द्रव को किसी बर्तन में घुमाकर छोड़ दें तो घूमता हुआ द्रव थोड़ी देर बाद स्थिर हो जाता है। इसका कारण भी श्यानता ही है।

(iii) यदि हम कम श्यान द्रव जैसे जल तथा अधिक श्यान द्रव जैसे शहद व ग्लिसरीन आदि को फर्श पर गिरा दें तो शहद व ग्लिसरीन अधिक श्यान होने के कारण जल्दी ठहर जाते हैं तथा जल अधिक दूर तक बहता जाता है।

सीमांत वेग (Terminal Velocity)

- जब कोई वस्तु किसी श्यान द्रव में गिरती है तो प्रारंभ में उसका वेग बढ़ता जाता है, किन्तु कुछ समय के पश्चात् व नियत वेग से गिरने लगती है। इस नियत वेग को ही वस्तु का सीमांत वेग कहते हैं। इस अवस्था में वस्तु का भार, श्यान बल और उत्प्लावन बल के योग के बराबर होते हैं। अर्थात् वस्तु पर कार्य करने वाले सभी बलों का योग शून्य होता है।
- सीमांत वेग वस्तु की त्रिज्या के वर्ग के अनुक्रमानुपाती होता है। अर्थात् बड़ी वस्तु अधिक वेग से और छोटी वस्तु कम वेग से गिरती है।

धारा रेखीय प्रवाह (Stream Line Flow)

- द्रव का ऐसा प्रवाह जिसमें द्रव का प्रत्येक कण उसी बिन्दु से गुजरता है, जिससे पहले उससे पहले वाला कण गुजरा था, धारा रेखीय प्रवाह कहलाता है। इसमें किसी नियत बिन्दु पर प्रवाह की चाल व उसकी दिशा निश्चित बनी रहती है।

क्रांतिक वेग (Critical Velocity)

- धारा रेखीय प्रवाह के महत्तम वेग को क्रांतिक वेग कहते हैं। अर्थात् धारा रेखीय प्रवाह की वह उच्च सीमा जिसके बाद द्रव का प्रवाह धारा रेखीय न होकर विक्षुब्ध (Turbulent) हो जाये, क्रांतिक वेग कहलाता है। क्रांतिक वेग में द्रव की गति अनियमित व टेढ़ी-मेढ़ी (Zig-Zag) हो जाती है। इस प्रकार की गति से भँवर धाराएँ (Eddy-Current) उत्पन्न होने लगती है, जैसे- बरसात के दिनों में नदियों-नालों की गति आदि।
- यदि द्रव प्रवाह का वेग क्रांतिक वेग से कम होता है, तो उसका प्रवाह उसकी श्यानता (Viscosity) पर निर्भर करता है, यदि द्रव प्रवाह का वेग उसके क्रांतिक वेग से अधिक होता है, तो उसका प्रवाह मुख्यत: उसके घनत्व पर निर्भर करता है। जैसे- ज्वालामुखी से निकलने वाला लावा बहुत गाढ़ा होने पर भी तेजी से बहता है, क्योंकि उसका घनत्व अपेक्षाकृत कम होता है और घनत्व ही उसके वेग को निर्धारित करता है।

बरनौली का प्रमेय (Vernoulli's Theorem)

- जब कोई आदर्श द्रव अथवा गैस एक स्थान से दूसरे स्थान तक धारा रेखीय प्रवाह में बहता है तो उसके मार्ग के प्रत्येक बिन्दु पर उसके एकांक आयतन की कुल ऊर्जा अर्थात् दाब ऊर्जा, गतिज ऊर्जा तथा स्थितिज ऊर्जा का योग नियत रहता है।

यदि द्रव के एकांक आयतन की दाब ऊर्जा P, द्रव का घनत्व p, तथा वेग u है और द्रव का प्रवाह क्षैतिज तल में होता है, तो बरनौली के प्रमेय के अनुसार-

$$P + \frac{1}{2} pu^2 = \text{नियतांक}$$

बरनौली के सूत्र से स्पष्ट है कि जिस स्थान पर द्रव का वेग कम होता है, वहाँ दाब अधिक होता है तथा जिस स्थान पर वेग अधिक होता है, वहाँ दाब कम होता है।

बरनौली प्रमेय के कुछ उदाहरण

(i) आँधी आने पर घरों के छप्पर व टीन का उड़ जाना। ऐसा इसलिए होता है कि जब हवा टीन के ऊपर बहुत अधिक वेग से बहती है तो टीन के ऊपर वायुदाब बहुत कम रह जाता है। जबकि टीन के नीचे का दाब पहले जैसा रहता है इस दाबांतर के कारण ही टीन व छप्पर आँधी में उड़ जाते हैं।

(ii) फुहारे के ऊपर गेंद का नाचना। ऐसा इसलिए होता है कि जब जल की धारा तेजी से निकलती है तो उसके आसपास वायुदाब घट जाता है, जबकि बाहर का वायुदाब वही बना रहता है। अत: जब भी गेंद बाहर निकलने की कोशिश करती है बाहर का दाब उसे पुन: अंदर की ओर कम दाब वाले क्षत्र की ओर ढकेल देती है, जिससे गेंद फुहारे के ऊपर नाचती रहती है।

(iii) प्लेटफार्म पर खड़े रहने पर तेजी से रेलगाड़ी आने पर हमें गाड़ी की ओर गिर जाने का खतरा। ऐसा इसलिए होता है कि जब रेलगाड़ी अधिक वेग से आती है तो हमारे व रेलगाड़ी के बीच दाब कम हो जाता है, परन्तु हमारे पीछे की वायु जो अधिक दाब पर है, वह हमें गाड़ी की ओर धक्का देती है।

9. प्रत्यास्थता

प्रत्यास्थता (Elasticity)

- प्रत्यास्थता पदार्थ का वह गुण है, जिसके कारण वस्तु उस वस्तु पर लगाये गये बाह्य बल से उत्पन्न किसी भी प्रकार के परिवर्तन का विरोध करती है तथा जैसे ही बल हटा लिया जाता है, वह अपनी पूर्व अवस्था में वापस आ जाती है।

प्रत्यास्थता की सीमा (Elastic Limit)

- विरूपक बल के परिणाम की वह सीमा जिसमें कम बल लगाने पर पदार्थ में प्रत्यास्थता का गुण बना रहता है तथा जिससे अधिक बल लगाने पर पदार्थ का प्रत्यास्थता का गुण समाप्त हो जाता है, प्रत्यास्थता की सीमा कहलाती है।

विकृति (Strain)

- किसी तार पर विरूपक बल लगाने पर उसकी प्रारंभिक लंबाई L में वृद्धि l होती है, तो $\frac{l}{L}$ को विकृति कहते हैं।

प्रतिबल (Stress)

- प्रति एकांक क्षेत्रफल पर लगाये गये बल को प्रतिबल कहते हैं।

प्रत्यास्थता का यंग मापांक (Young's Modulus of Elasticity)

- प्रतिबल और विकृति के अनुपात को तार के पदार्थ की प्रत्यास्थता का यंग मापांक कहते हैं।

हुक का नियम (Hook's Law)

- प्रत्यास्थता की सीमा में किसी वस्तु में उत्पन्न विकृति उस पर लगाये गये प्रतिबल के अनुक्रमानुपाती होती है। इसे निम्न सूत्र से व्यक्त किया जाता है-

$$\text{प्रतिबल} \propto \text{विकृति या } \frac{\text{प्रतिबल}}{\text{विकृति}} \times E \text{ (एक नियतांक)} = \text{प्रत्यास्थता गुणांक}$$

प्रत्यास्थता गुणांक (E) का मान भिन्न-भिन्न पदार्थों के लिए भिन्न-भिन्न होता है। इसका SI मात्रक न्यूटन मीटर$^{-2}$ होता है, जिसे पास्कल कहते हैं।

➩ यंग का प्रत्यास्थता गुणांक, $Y = \dfrac{\text{अनुदैर्ध्य प्रतिबल}}{\text{अनुदैर्ध्य विकृति}}$

यदि विकृति आयतन में हो, तो उसे आयतन प्रत्यास्थता गुणांक (K) कहते हैं। अपरूपण विकृति (shear) के लिए इसे दृढ़ता गुणांक (η) कहते हैं।

10. तरंग

तरंग (Wave)

➩ तरंगों के द्वारा ऊर्जा का एक स्थान से दूसरे स्थान तक स्थानांतरण होता है। तरंगे कई प्रकार की होती है, जैस- पानी की तरंगें, ध्वनि की तरंगे तथा रेडियो तरंगें। इन सभी द्वारा ऊर्जा का एक स्थान से दूसरे स्थान तक संचरण होता है।

➩ पानी की तरंगों व ध्वनि की तरंगों के लिए एक माध्यम (Medium) की आवश्यकता होती है तथा ये तरंगें माध्यम को बिना नुकसान पहुँचाये आगे बढ़ती हैं। जबकि प्रकाश तरंगों और रेडियो तरंगों के संचरण के लिए किसी माध्यम की आवश्यकता नहीं पड़ती तथा ये तरंगें निर्वात् (Vaccum) में चलती है।

तरंगों के प्रकार (Types of Waves)

➩ तरंगों को मुख्यत: दो भागों में बाँटा जा सकता है-

1. यांत्रिक तरंगें (Mechanical Waves)
2. अयांत्रिक तरंगें (Non-Mechanical Waves) या विद्युत चुम्बकीय तरंगें (Electro-Magnatic Waves)

1. यांत्रिक तरंगें (Mechanical Waves)

➩ यदि किसी शांत नदी या तालाब के जल में कोई पत्थर का टुकड़ा फेंका जाये तो जहाँ पत्थर गिरता है, उस स्थान पर एक विक्षोभ (Disturbance) उत्पन्न हो जाता है। यह विक्षोभ बगैर कोई अपना रूप बदले बाहर की ओर बढ़ने लगता है तथा किनारे तक पहुँच जाता है। इस प्रकार किसी माध्यम (Medium) में उठे विक्षोभ को यांत्रिक तरंगें कहते हैं। यांत्रिक तरंगों के किसी माध्यम में संचरण के लिए यह आवश्यक है कि माध्यम में प्रत्यास्थता (Elasticity) व जड़त्व (Insetia) के गुण मौजूद हों। ये तरंगें ठोस, द्रव अथवा गैस में संचरित होती हैं।

यांत्रिक तरंगों के प्रकार (Types of Machanical Waves)

➩ यांत्रिक तरंगें दो प्रकार की होती हैं- (i) अनुप्रस्थ तरंगें (Transverse Waves) (ii) अनुदैर्ध्य तरंगें (Longitudinal Waves)।

(i) **अनुप्रस्थ तरंगें (Transverse Wave) :** जब किसी माध्यम में यांत्रिक तरंग के संचरित होने पर माध्यम के कण तरंग के चलने की दिशा में लंबवत् (Perpendicular) कंपन करते हैं, उसे अनुप्रस्थ तरंगें कहते हैं। अनुप्रस्थ तरंगें केवल ठोस में उत्पन्न की जा सकती है। द्रवों के भीतर ये तरंगें उत्पन्न नहीं की जा सकती है, लेकिन उनकी सतह पर उत्पन्न की जा सकती हैं। गैसों में अनुप्रस्थ तरंगें उत्पन्न नहीं की जा सकती। अनुप्रस्थ तरंगें शृंग (Crest) व गर्त (Trough) के रूप में संचरति होती है।

(ii) **अनुदैर्ध्य तरंगें (Longitudinal Waves) :** जब किसी माध्यम में यांत्रिक तरंगें इस प्रकार चलती हैं कि माध्यम के कण तरंग के संचरण की दिशा में समांतर (अनुदिशा) कंपन करते हैं तो ऐसी तरंगों को अनुदैर्ध्य तरंगें कहते हैं। अनुदैर्ध्य तरंगें सभी माध्यमों (ठोस,

द्रव, गैस) में उत्पन्न की जा सकती हैं। ये तरंगें संपीड़न (Compression) व विरलन (Rarefaction) के रूप में संचरित होती हैं। वायु में उत्पन्न तरंगें अनुदैर्ध्य तरंगें होती हैं। **भूकंप तरंगें, स्प्रिंग में उत्पन्न तरंगें भी अनुदैर्ध्य तरंगों के उदाहरण हैं।**

2. विद्युत चुम्बकीय तरंगें (Electromagnetic Waves)

- वैसी तरंगें जिसके संचरण के लिए किसी माध्यम की आवश्यकता नहीं होती है, अर्थात् तरंगें निर्वात (Space) में भी संचरित हो सकती है, उन्हें विद्युत चुम्बकीय या अयांत्रिक तरंगें (Electromagnetic or Non-Mechanical Wave) कहते हैं। सभी विद्युत चुम्बकीय तरंगें एक ही चाल से चलती हैं जो प्रकाश की चाल के बराबर होती हैं।
- सभी विद्युत चुम्बकीय तरंगें **फोटॉन** की बनी होती हैं।
- विद्युत चुम्बकीय तरंगों का तरंगदैर्ध्य परिसर (Wave Length Range) 10^{-14} मी. से लेकर 10^4 मीटर तक होता है।

विद्युत चुम्बकीय तरंगों के गुण

(i) यह उदासीन होती है।
(ii) यह अनुप्रस्थ होती है।
(iii) यह प्रकाश के वेग से गमन करती है।
(iv) इसके पास ऊर्जा एवं संवेग होती है।
(v) इसकी अवधारणा मैक्सवेल (Maxwell) के द्वारा प्रतिपादित किया गया।

प्रमुख विद्युत चुम्बकीय तरंगें					
क्र. सं.	**विद्युत चुम्बकीय तरंगें**	**खोजकर्ता**	**तरंगदैर्ध्य परिसर**	**आवृत्ति**	**उपयोग**
1.	गामा-किरणें	बैकुरल	10^{-14} m से 10^{-10} m तक	10^{20} से 10^{18} तक	इसकी वेधन क्षमता अत्यधिक होती है, इसका उपयोग नाभिकीय अभिक्रिया तथा कृत्रिम रेडियोध र्मिता में की जाती है।
2.	एक्स किरणें	रॉन्जन	10^{-10} m से 10^{-8} m तक	10^{18} से 10^{16} तक	चिकित्सा एवं औद्योगिक क्षेत्र में इसका उपयोग किया जाता है।
3.	पराबैंगनी किरणें	रिटर	10^{-8} m से 10^{-7} m तक	10^{16} से 10^{16} तक	सेंकाई करने, प्रकाश-विद्युत प्रभाव को उत्पन्न करने, बैक्टीरिया को नष्ट करने में किया जाता है।
4.	दृश्य विकिरण	न्यूटन	3.9×10^{-7} m से 7.8×10^{-7} m तक	10^{14} से 10^{12} तक	इससे हमें वस्तुएँ दिखलाई पड़ती हैं।
5.	अवरक्त विकिरण	हरशैल	7.8×10^{-7} से 10^{-7} m तक	10^{12} से 10^{10} तक	ये किरणें ऊष्मीय विकिरण हैं। ये जिस वस्तु पर पड़ती हैं, उसका ताप बढ़ जाता है। इसका उपयोग कुहरे में फोटो ग्राफी करने एवं रोगियों की सेंकाई करने में किया जाता है।

6.	लघु रेडियो तरंगें या हर्ट्जियन तरंगें	हेनरिक हर्ट्ज	10^{-3} m से 1 m तक	10^{10} से 10^{8} तक	रेडियो, टेलीविजन एवं टेलीफोन में इसका उपयोग होता है।
7.	दीर्घ रेडियो तरंगें	मारकोनी	1 m से 10^{4} m तक	10^{6} से 10^{4} तक	रेडियो एवं टेलीविजन में उपयोग होता है।
नोट : 10^{-3} m से 10^{-2} m की तरंगें सूक्ष्म तरंगें कहलाती हैं।					

तरंग गति (Wave Motion)

- किसी कारक द्वारा उत्पन्न विक्षोभ (Disturbance) के आगे बढ़ने की प्रक्रिया को तरंग गति कहते हैं।
- आवर्त्त गति में कंपन करते हुए किसी कण की किसी कण पर स्थिति तथा गति की दिशा को जिस राशि द्वारा निरूपित किया जाता है, उसे उस कण पर के **कंपन की कला** (Phase of Vibration) कहते हैं।
- निम्न तरंगें विद्युत चुम्बकीय नहीं हैं-
  (a) कैथोड किरणें (b) कैनाल किरणें (c) अल्फा-किरणें
  (d) बीटा-किरणें (e) ध्वनि तरंगें (f) पराश्रव्य किरणें
- **आवृत्ति (Frequency) :** माध्यम का कंपन करता हुआ कोई कण एक सेकंड में जितने कंपन करता है, उसे आवृत्ति कहते हैं।
- **आवर्त्त काल (Time Period) :** माध्यम का कंपन करता हुआ कोई कण एक कंपन पूरा करने में जितना समय लेता है, उसे आवर्त्त काल कहते हैं। इसे प्राय: T से प्रदर्शित करते हैं।
- **आयाम (Amplitude) :** दोलन करने वाली वस्तु अपनी साम्यावस्था (Equilibrum Position) की किसी भी ओर जितनी अधिक से अधिक दूरी तक जाती है, उस दूरी को दोलन का **आयाम** कहते हैं।
- **तरंगदैर्ध्य (Wave-Length) :** माध्यम के किसी कण के एक कंपन पूरा किये जाने पर तरंग जितनी दूरी तय करती है, उसे तरंगदैर्ध्य कहते हैं। इसे λ (लैम्डा) से व्यक्त किया जाता है। अनुप्रस्थ तरंगों में दो पास-पास के श्रृंगों अथवा गर्तों के बीच की दूरी तथा अनुदैर्ध्य तरंगों में क्रमागत दो संपीड़नों या विरलनों के बीच की दूरी तरंगदैर्ध्य कहलाती है।
- सभी प्रकार की तरंगों में तरंग की चाल, तरंगदैर्ध्य एवं आवृत्ति के बीच निम्न सम्बन्ध होता है-

  तरंग चाल = आवृत्ति × तरंगदैर्ध्य या $v = n\lambda$

11. ध्वनि तरंग

- ध्वनि तरंगें अनुदैर्ध्य यांत्रिक तरंगें होती हैं। जिन तरंगों की आवृत्ति (Frequency) 20Hz से 20,000Hz के बीच होती है, उनकी अनुभूति हमें अपने कानों द्वारा होती है और उन्हें हम ध्वनि के नाम से पुकारते हैं।
- **ध्वनि तरंगों का आवृत्ति परिसर (Frequency Rang of Sound Waves) :** यांत्रिक तरंगों को उनके आवृत्ति परिसर के आधार पर मुख्यत: तीन भागों में विभाजित किया जा सकता है-
  (i) **श्रव्य तरंगें (Audible Waves) :** श्रव्य तरंगें वे यांत्रिक तरंगें हैं जिनकी आवृत्ति परिसर 20Hz से लेकर 20,000Hz तक होता है। इन तरंगों को हमारा कान सुन सकता है।
  (ii) **अवश्रव्य तरंगें (Infrasonic Waves) :** जिन तरंगों की आवृत्ति परिसर 20Hz से कम

होती है उन्हें अवश्रव्य तरंगें कहा जाता है। ये तरंगें हमें सुनायी नहीं देती हैं। ये तरंगें भूकंप के समय पृथ्वी के अंदर उत्पन्न होती है। हमारे हृदय के धड़कन की आवृत्ति अवश्रव्य तरंगों के समान होती है। इस प्रकार की तरंगों को बहुत बड़े आकार के स्रोतों से उत्पन्न किया जा सकता है।

(iii) **पराश्रव्य तरंगें (Ultrasonic Waves) :** 20,000Hz से ऊपर की तरंगों को पराश्रव्य तरंगें कहा जाता है। मनुष्य के कान इसे नहीं सुन सकते हैं, परन्तु कुछ जानवर जैसे- कुत्ता, बिल्ली, चमगादड़ आदि इस ध्वनि को सुन सकते हैं। इन तरंगों को सबसे पहले गाल्टन (Galton) ने एक सीटी द्वारा उत्पन्न किया था। पराश्रव्य तरंगों को गाल्टन की सीटी के द्वारा तथा दाब वैद्युत प्रभाव की विधि द्वारा क्वार्ट्ज के क्रिस्टल के कंपनों से उत्पन्न करते हैं। तरंगों की आवृत्ति बहुत ऊँची होने के कारण इसमें बहुत अधिक ऊर्जा होती है। साथ ही इनका तरंगदैर्ध्य छोटी होने के कारण इन्हें एक पतले किरण-पुंज के रूप में बहुत दूर तक भेजा जा सकता है।

पराश्रव्य तरंगों के उपयोग

(i) चिकित्सा जगत् में रुधिर रहित ऑपरेशन, गठिया व तंत्रिका सम्बन्धी रोगों, मस्तिष्क के ट्यूमर का पता लगाने तथा दाँतों को निकालने में किया जाता है।

(ii) कीमती कपड़ों, वायुयान तथा घड़ियों के पुर्जों को साफ करने में किया जाता है।

(iii) फैक्ट्रियों की चिमनियों से कालिख हटाने में।

(iv) दूध के अंदर के हानिकारक जीवाणुओं को नष्ट करने में किया जाता है।

(v) धुंध व कुहरा वाले दिनों में हवाई अड्डों पर धुंध को समाप्त करने में प्रयोग किया जाता है।

(vi) समुद्र की गहराई, समुद्र के अंदर की बड़ी-बड़ी चट्टानों, हिमशैलों, विशाल मछलियों का पता लगानें में। **सोनार** (SONAR- Sound Navigation Ranging) एक ऐसी विधि है जिसके द्वारा समुद्र में डुबी हुई वस्तुओं का पता लगाया जाता है।

(vii) संकेत भेजने में।

ध्वनि की चाल (Speed of Sound)

- ध्वनि तरंगें अनुदैर्ध्य यांत्रिक तरंगें होती हैं। अत: इनके संचरण के लिए किसी न किसी माध्यम की आवश्यकता पड़ती है। निर्वात (Sapce) में ध्वनि तरंगों का संचरण नहीं होता है।
- किसी माध्यम में ध्वनि की चाल मुख्यत: माध्यम की प्रत्यास्थता (Elasticity) तथा घनत्व पर निर्भर करती है। कोई माध्यम जितना अधिक प्रत्यास्थ होगा उसमें ध्वनि की चाल उतनी ही अधिक होगी। इसके विपरीत अधिक घनत्व वाले माध्यमों में ध्वनि की चाल कम होती है।
- ध्वनि की चाल ठोस में **सबसे अधिक**, द्रव में **उससे कम** तथा गैस में **सबसे कम** होती है।
- जल में ध्वनि की चाल 1483 मीटर/सेकंड, लोहे में 5130 मीटर/सेकंड, वायु में 332 मीटर/सेकंड होती है।
- जब ध्वनि एक माध्यम से दूसरे माध्यम में जाती है, तो ध्वनि की चाल एवं तरंगदैर्ध्य बदल जाती है, जबकि आवृत्ति नहीं बदलती है।
- किसी माध्यम में ध्वनि की चाल आवत्ति पर निर्भर नहीं करती है।
- **ध्वनि की चाल पर दाब का प्रभाव :** ध्वनि की चाल पर दाब का कोई प्रभाव नहीं पड़ता है। अर्थात् दाब घटाने या बढ़ाने पर ध्वनि की चाल अपरिवर्तित रहती है।
- **ध्वनि की चाल पर ताप का प्रभाव :** माध्यम का ताप बढ़ाने पर उसमें ध्वनि की चाल बढ़ जाती है। वायु में प्रति 1°C ताप बढ़ने पर ध्वनि की चाल 0.61 मीटर/सेकंड बढ़ जाती है।

➪ **ध्वनि की चाल पर आर्द्रता का प्रभाव :** नमीयुक्त वायु का घनत्व, शुष्क वायु के घनत्व से कम होता है। अतः शुष्क वायु की अपेक्षा नमीयुक्त वायु में ध्वनि की चाल अधिक होती है। यही कारण है कि बरसात के दिनों में रेल के इंजन, सायरन आदि की आवाज गर्मी के दिनों की अपेक्षा अधिक दूर तक सुनायी देती है।

	विभिन्न माध्यमों में ध्वनि की चाल	
क्र. स.	**माध्यम**	**ध्वनि की चाल (मीटर/सेकंड 0°C पर)**
1.	वायु	332
2.	लोहा	5130
3.	जल	1483
4.	हाइड्रोजन	1269
5.	कार्बन डाई-ऑक्साइड	260
6.	भाप 100°C	405
7.	अल्कोहल	1213
8.	समुद्री जल	1533
9.	पारा	1450
10.	काँच	5640
11.	एल्युमिनियम	6420

➪ **ध्वनि के लक्षण (Characteristics of Sound) :** ध्वनि के मुख्यतः तीन लक्षण होते हैं- (i) तीव्रता (ii) तारत्व तथा (iii) गुणता।

(i) **तीव्रता (Intensity) :** तीव्रता ध्वनि का वह लक्षण है, जिसके कारण हमें कोई ध्वनि धीमी अथवा तेज सुनाई देती है। तीव्रता, ध्वनि उत्पन्न करने वाली कंपनशील वस्तु के कंपन के आयाम पर निर्भर करती है। कंपन का आयाम जितना अधिक होगा, ध्वनि की तीव्रता उतनी ही अधिक होगी तथा वह ध्वनि हमें उतनी ही तेज सुनायी देगी। ध्वनि की तीव्रता व्यक्त करने का मात्रक **बेल** (Bel) है। ध्वनि की निरपेक्ष तीव्रता (Absolute Intensity) को वाट मीटर$^{-2}$ (Wm^{-2}) में व्यक्त किया जाता है। बेल एक बड़ा मात्रक है, अतः व्यवहार में इससे छोटा मात्रक **डेसीबल** (dB) प्रयुक्त होता है।

	स्रोत के आधार पर ध्वनि की तीव्रता	
क्र. सं.	**ध्वनि के स्रोत**	**तीव्रता (डेसीबल में)**
1.	साधारण बातचीत	40-30 डेसीबल
2.	जोर से बातचीत	50-60 डेसीबल
3.	ट्रक-ट्रैक्टर	90-100 डेसीबल
4.	आरकेस्ट्रा	100 डेसीबल
5.	मोटर साइकिल, विद्युत मोटर	110 डेसीबल
6.	साइरन	110-120 डेसीबल
7.	जेट विमान	140-150 डेसीबल

8.	मशीनगन	170 डेसीबल
9.	मिसाइल	180 डेसीबल

(ii) **तारत्व (Pitch) :** तारत्व ध्वनि का वह लक्षण है, जिसके कारण हम ध्वनि को मोटी (Grave) या पतली (Shrill) कहते हैं। यदि तारत्व अधिक होता हैं तो ध्वनि को पतली या तीक्ष्ण ध्वनि कहते हैं तथा यदि तारत्व कम होता है तो ध्वनि को मोटी या सपाट (Flat) ध्वनि कहा जाता है। ध्वनि का तारत्व उसकी आवृत्ति पर निर्भर करता है।

(iii) **गुणता (Quality) :** गुणता ध्वनि का वह लक्षण है जो समान तीव्रता व समान आवृत्तियों की ध्वनियों में अंतर स्पष्ट करता है। गुणता के कारण ही हम अपने विभिन्न परिचितों को बगैर देखे उनकी आवाज सुनकर पहचान लेते हैं।

- **ध्वनि का परावर्तन (Reflection of Sound) :** जब ध्वनि तरंगें एक माध्यम से चलकर दूसरे माध्यम के पृष्ठ से टकराती हैं तो टकराने के पश्चात् पहले माध्यम में लौट आती हैं। इसे ध्वनि का परावर्तन कहते हैं। उदाहरणार्थ- यदि कुँए में झाँककर बोलें तो हमें अपनी आवाज पानी से परावर्तित होकर पुनः सुनायी देती है।
- **प्रतिध्वनि (Echo) :** जब ध्वनि तरंगें दूर स्थित किसी दृढ़ टॉवर या पहाड़ से टकराकर परावर्तित होती है तो इस परावर्तित ध्वनि को प्रतिध्वनि कहते हैं। प्रतिध्वनि सुनने के लिए श्रोता व परावर्तक सतह के बीच की दूरी कम-से-कम 17 मीटर (16.6 मीटर) होनी चाहिए।
- **ध्वनि का अपवर्तन (Refraction of Sound) :** ध्वनि तरंगें जब एक माध्यम से दूसरे माध्यम में जाती हैं तो वे अपने पथ से विचलित हो जाती हैं। ध्वनि तरंगों का अपने पथ से विचलन ही ध्वनि अपवर्तन कहलाता है। ध्वनि तरंगों का अपवर्तन वायु की भिन्न-भिन्न पर्तों का ताप भिन्न-भिन्न होने के कारण होता है। ध्वनि के अपवर्तन के कारण ध्वनि दिन की अपेक्षा रात में अधिक दूरी तक सुनायी पड़ती है।
- **ध्वनि का विवर्तन (Diffraction of Sound) :** ध्वनि का तरंगदैर्ध्य 1 मीटर की कोटि का होता है। अतः जब इसी कोटि का कोई अवरोध ध्वनि के मार्ग में आता है, तो ध्वनि अवरोध के किनारे से मुड़कर आगे बढ़ जाती है। इस घटना को ध्वनि का विवर्तन कहते हैं। दूसरे शब्दों में विवर्तन के लिए जरूरी है कि अवरोधों का आकार (Shape) ध्वनि की तंरगदैर्ध्य के तुलनीय होना चाहिए। चूँकि ध्वनि की तरंगदैर्ध्य 1 मीटर होती है।
- **ध्वनि का व्यतिकरण (Interference of Sound) :** जब समान आवृत्ति व आयाम की दो ध्वनि तरंगें एक साथ किसी बिन्दु पर पहुँचती हैं तो उस बिन्दु पर ध्वनि ऊर्जा का पुनर्वितरण (Re-distribution) हो जाता है। इसे ही ध्वनि का व्यतिकरण कहते हैं।
- **अनुनाद (Resonance) :** जब किसी वस्तु के कंपनों की स्वाभाविक आवृत्ति किसी चालक बल के कंपनों की आवृत्ति के बराबर होती है, तो वह वस्तु बहुत अधिक आयाम से कंपन करने लगती है। इस घटना को अनुनाद कहते हैं।
- **अनुरणन (Reverberation) :** किसी हॉल में ध्वनि स्रोतों को बंद करने के बाद भी ध्वनि का कुछ देर तक सुनायी देना **अनुरणन** कहलाता है तथा वह समय जिसके दौरान वह ध्वनि सुनायी देती है। **अनुरणन काल (Reverberation Time)** कहलाता है।
- **मैक संख्या (Mach-Number) :** किसी माध्यम में किसी पिंड की चाल तथा उसी माध्यम में ताप एवं दाब की उन्हीं परिस्थितियों में ध्वनि की चाल के अनुपात को उस वस्तु की उस माध्यम में मैक संख्या कहते हैं।

- यदि मैक संख्या 1 से अधिक है, तो पिंड की चाल पराध्वनिक (Supersonic) कहलाती है। यदि मैक संख्या 5 से अधिक है, तो ध्वनि की चाल अति-पराध्वनिक (Hypersonic) कहलाती है।
- **डॉप्लर का प्रभाव (Doppler's Effect) :** जब किसी ध्वनि स्रोत (Source) व श्रोता (Observer) के बीच आपेक्षिक गति (Relative Motion) होती है तो श्रोता को ध्वनि की आवृत्ति उसकी वास्तविक आवृत्ति से अलग (Defferent) सुनायी देती है। ध्वनि में आवृत्ति परिवर्तन के इस प्रभाव को सर्वप्रथम जॉन डॉपलर ने 1842 में प्रतिपादित किया था, जिसके कारण उन्हीं के नाम पर इसे डॉप्लर प्रभाव कहते हैं।
- **पराध्वनिक तरंगें (Supersonic Waves) :** जब किसी पिंड की किसी गैस में चाल, उसी गैस में ध्वनि की चाल से अधिक हो जाती है, तो पिंड की चाल को पराध्वनिक (Supersonic) कहते हैं। इसका वेग 1200 किमी/घंटा से अधिक होता है।
- **प्रघाती तरंगें (Shock Waves) :** जब पिंड की वायु में चाल ध्वनि की चाल से अधिक हो जाती है, तो वह अपने पीछे वायु में एक शंक्वाकार (Conical) हलचल छोड़ता जाता है। जैसे-जैसे पिंड दूर जाता है, ये हलचल आकार में फैलती जाती हैं। इस प्रकार की हलचल को प्रघाती तरंग कहते हैं।

12. ऊष्मा

ऊष्मा (Heat)

- ऊष्मा वह ऊर्जा (Energy) है, जो एक वस्तु से दूसरी वस्तु में केवल तापांतर (Temperature Difference) के कारण स्थानांतरित होती है। किसी वस्तु में निहित ऊष्मा उस द्रव्य के द्रव्यमान पर निर्भर करती है।
- जब कभी कार्य W ऊष्मा Q में बदलता है, या ऊष्मा कार्य में बदलती है, तो किये गये कार्य व उत्पन्न ऊष्मा का अनुपात एक स्थिरांक होता है, जिसे ऊष्मा का यांत्रिक तुल्यांक (Mechanical Equivalent of Heat) कहते हैं तथा इसको J से प्रदर्शित करते हैं। यदि W कार्य करने से उत्पन्न ऊष्मा की मात्रा Q हो तो-

$$\frac{W}{Q} = J \quad \text{या } W = JQ$$

J का मान 4186 जूल/किलो कैलोरी या 4.186 जूल/कैलोरी या 4.186×10^7 अर्ग/कैलोरी होता है। इसका तात्पर्य हुआ कि यदि 4186 जूल का यांत्रिक कार्य किया जाये तो उत्पन्न ऊष्मा की मात्रा 1 किलो कैलोरी होगी।

ऊष्मा के मात्रक (Units of Heat)

- ऊष्मा का SI मात्रक जूल है। इसके लिए निम्न मात्रक का भी प्रयोग किया जाता है-
  (i) **कैलोरी (Calorie) :** एक ग्राम जल का ताप 1° बढ़ाने के लिए आवश्यक ऊष्मा की मात्रा को अन्तरराष्ट्रीय कैलोरी कहते हैं। इसी प्रकार एक किग्रा. पानी का ताप 14.5°C से 15.5°C तक बढ़ाने के लिए आवश्यक ऊष्मा की मात्रा को किलोकैलोरी कहते हैं।
  (ii) **अन्तरराष्ट्रीय कैलोरी (International Calorie) :** एक ग्राम शुद्ध जल का ताप 14. 5°C से 15.5°C तक बढ़ाने के लिए आवश्यक ऊष्मा की मात्रा को अन्तरराष्ट्रीय कैलोरी कहते हैं। इसी प्रकार एक किग्रा. पानी का ताप 14.5°C से 15.5°C तक बढ़ाने के लिए आवश्यक ऊष्मा की मात्रा को किलोकैलोरी कहते हैं।
  (iii) **ब्रिटिश थर्मल यूनिट (B.Th.U.) :** एक पौंड जल का ताप 1°F बढ़ाने के लिए आवश्यक ऊष्मा की मात्रा को 1B.Th.U कहते हैं।

विभिन्न मात्रकों में सम्बन्ध :

1B.Th.U = 252 कैलोरी

1 कैलोरी = 4.186 जूल

1 किलोकैलोरी = 4186 जूल = 1000 कैलोरी

ताप (Temperature)

- ताप वह भौतिक कारक है, जो एक वस्तु से दूसरी वस्तु में ऊष्मीय ऊर्जा के प्रवाह की दिशा निश्चित करता है। अर्थात् जिस कारण से ऊर्जा स्थानांतरण होती है, उसे ताप कहते हैं।

  ताप मापने (Measurement) के लिए जिस उपकरण को प्रयोग में लाया जाता है, उसे तापमापी (Thermometer) कहते हैं।

ताप मापने के पैमाने (Scales of Temperature Measurement)

- निम्न प्रकार के ताप पैमाने प्रचलित हैं-

  (i) **सेल्सियस पैमाना (Celsius Scale) :** इस पैमाने का आविष्कार स्वीडेन के वैज्ञानिक सेल्सियस ने किया था। इस पैमान में हिमांक बिन्दु या निचले बिन्दु को 0°C व भाप बिन्दु या ऊपरी बिन्दु को 100°C में अंकित किया जाता है तथा इनके बीच की दूरी को 100 बराबर भागों में बाँट दिया जाता है। प्रत्येक भाग को 1°C कहते हैं। **इस पैमाने का उपयोग अधिक वैज्ञानिक कारणों के लिए किया जाता है।**

  (ii) **फारेनहाइट पैमाना (Fahrenheit Scale) :** इस पैमाने का आविष्कार जर्मन वैज्ञानिक फारेनहाइट ने किया था। इस पैमाने में ताप को अंग्रेजी के बड़े अक्षर **F** से प्रदर्शित करते हैं। इस पैमाने में हिमांक बिन्दु या निचले बिन्दु को 32°F तथा भाप बिन्दु या ऊपरी बिन्दु को 212°F पर अंकित किया जाता है तथा इनके बीच की दूरी को 180 बराबर भागों में बाँट दिया जाता है। एक भाग का मान 1°F होता है।

  (iii) **र्यूमर पैमाना (Reamur Scale) :** इस पैमाने पर हिमांक बिन्दु या निचले बिन्दु को 0°R तथा भाप बिन्दु या ऊपरी बिन्दु को 80°R पर अंकित किया जाता है। इन दोनों बिन्दुओं के बीच की दूरी को 80 बराबर भागों में बाँट दिया जाता है। इस पैमाने पर ताप को **R** से प्रदर्शित करते हैं।

  (iv) **केल्विन पैमाना (Kelvin Scale) :** इस पैमाने पर हिमांक बिन्दु या निचले बिन्दु को 273K तथा भाप बिन्दु या ऊपरी बिन्दु को 373K पर अंकित किया जाता है। इन दोनों बिन्दुओं के बीच की दूरी को समान 100 भागों में बाँट दिया जाता है। इस पैमाने पर ताप को केल्विन (K) से व्यक्त किया जाता है।

  उपरोक्त चारों पैमाने में सम्बन्ध

$$\frac{C}{100} = \frac{F - 32}{180} = \frac{R - 0}{8 - 0} = \frac{K - 273}{100}$$

- पहले सेल्सियस पैमाने को सेंटीग्रेड पैमाना कहा जाता था।
- केल्विन में व्यक्त ताप में डिग्री (°) नहीं लिखा जाता है।
- पारा–39°C पर जमता है, अतः इससे निम्न ताप ज्ञात करने के लिए अल्कोहल तापमापी का प्रयोग किया जाता है। अल्कोहल –115°C पर जमता है।

तापमापी (Thermometers)

- तापमापी एक ऐसा यंत्र है, जिससे ताप मापा जाता है। मुख्य रूप से अल्कोहल व पारा ही ऐसे द्रव हैं, जो थर्मामीटर में प्रयोग किये जाते हैं। विभिन्न परिसरों का ताप मापने के लिए निम्नलिखित प्रकार के तापमापी प्रयोग में लाये जाते हैं-

(i) **द्रव तापमापी :** इस प्रकार के तापमापी का उदाहरण पारे का तापमापी है। पारा तापमापी लगभग –30°C से 350°C तक के ताप मापने के लिए प्रयुक्त होता है।

(ii) **गैस तापमापी :** इस प्रकार के तापमापियों में स्थिर आयतन हाइड्रोजन गैस तापमापी से 500°C तक के ताप को मापा जा सकता है। हाइड्रोजन की जगह नाइट्रोजन गैस लेने पर 1500°C तक के ताप का मापन किया जाता सकता है।

(iii) **प्लेटिनम प्रतिरोध तापमापी :** ताप बढ़ाने से धातु के तार के विद्युत प्रतिरोध में परिवर्तन होता है। इसी सिद्धान्त पर प्लेटिनम प्रतिरोध तापमापी कार्य करता है। इसके द्वारा –200°C से 1200°C तक के ताप को मापा जाता है।

(iv) **ताप-युग्म तापमापी :** ताप-युग्म तापमापी (Theromo-couple Thermometer) का उपयोग –200°C से 1600°C तक के तापों के मापन के लिए किया जाता है।

(v) **पूर्ण विकिरण उत्तापमापी :** पूर्ण विकिरण उत्तापमापी (Total Radiation Pyrometer) से दूर स्थित वस्तु के ताप को मापा जाता है, जैसे- सूर्य का ताप। इसके द्वारा प्राय: 800°C से ऊँचे ताप ही मापे जा सकते हैं। इससे नीचे का ताप नहीं, क्योंकि इससे कम ताप की वस्तुएँ ऊष्मीय विकिरण उत्सर्जित नहीं करती हैं। यह तापमापी स्टीफेन के नियम (Stefan's Law) पर आधारित है, जिसके अनुसार उच्च ताप पर किसी वस्तु से उत्सर्जित विकिरण की मात्रा इसके परमताप (Absolute Temperature) के चतुर्थघात के अनुक्रमानुपाती होती है।

- **परमशून्य (Absolute Zero) :** सिद्धान्त रूप में अधिकतम ताप की कोई सीमा नहीं है परन्तु निम्नतम ताप की सीमा है। किसी भी वस्तु का ताप –273.15°C से कम नहीं हो सकता है। इसे परमशून्य ताप कहते हैं। केल्विन पैमाने पर OK लिखते हैं। अर्थात्

  OK = 273.15°C एवं 273.16K = 0°C

विशिष्ट ऊष्मा (Specific Heat)

- किसी पदार्थ की विशिष्ट ऊष्मा, ऊष्मा की वह मात्रा है जो उस पदार्थ की विशिष्ट द्रव्यमान में एकांक ताप वृद्धि उत्पन्न करती है। इसे प्राय: **'C'** द्वारा व्यक्त किया जाता है। विशिष्ट ऊष्मा का SI मात्रक जूल किलोग्रम$^{-1}$ केल्विन$^{-1}$ ($JKg^{-1}K^{-1}$) होता है।
- एक ग्राम जल का ताप 1°C बढ़ाने के लिए एक कैलोरी ऊष्मा की जरूरत होती है। अत: जल की विशिष्ट ऊष्मा धारिता एक कैलोरी/ग्राम°C होता है। **जल की विशिष्ट ऊष्मा धारिता अन्य पदार्थों की तुलना में सबसे अधिक होती है।**

कुछ पदार्थों की विशिष्ट ऊष्मा		
क्र. सं.	**पदार्थ के नाम**	**विशिष्ट ऊष्मा**
1.	पानी	1.0
2.	लोहा	0.11
3.	एल्युमिनियम	0.21
4.	मैग्नीशियम	0.25
5.	सीसा	0.03
6.	कार्बन	0.17
7.	जिंक	0.092
8.	संगमरमर	0.21
9.	बर्फ	0.50
10.	बालू	0.50
11.	एल्कोहल	0.60
12.	पीतल	0.09
13.	तारपीन	0.42

गुप्त ऊष्मा (Latent Heat)

- जब पदार्थ की अवस्था में परिवर्तन होता है, तो उसका ताप स्थिर रहता है। अवस्था परिवर्तन के समय स्थिर ताप पर पदार्थ के एकांक द्रव्यमान को दी गयी आवश्यक ऊष्मा की मात्रा को गुप्त ऊष्मा कहते हैं। गुप्त ऊष्मा का SI मात्रक जूल/किग्रा है।

गलन की गुप्त ऊष्मा (Latent Heat of Fusion)

- नियत ताप पर ठोस के एकांक द्रव्यमान को द्रव में बदलने के लिए आवश्यक ऊष्मा की मात्रा को ठोस के गलन की गुप्त ऊष्मा कहते हैं। बर्फ के लिए गलन की गुप्त ऊष्मा का मान 80 कैलोरी/ग्राम होता है।

वाष्पन की गुप्त ऊष्मा (Latent Heat of Vaporisation)

- नियत ताप पर द्रव के एकांक द्रव्यमान को वाष्प में बदलने के लिए आवश्यक ऊष्मा की मात्रा को द्रव की वाष्पन की गुप्त ऊष्मा कहते हैं। जल के लिए वाष्पन के गुप्त ऊष्मा का मान 540 कैलोरी/ग्राम होता है।
- यदि पदार्थ की गुप्त ऊष्मा L है, तो पदार्थ के m द्रव्यमान की अवस्था परिवर्तन के लिए आवश्यक ऊष्मा $Q=mL$।
- उबलते जल की अपेक्षा भाप से जलने पर अधिक कष्ट होता है, क्योंकि जल की अपेक्षा भाप की गुप्त ऊष्मा अधिक होती है।
- 0°C पर पिघलती बर्फ में कुछ नमक, शोरा मिलाने से बर्फ का गलनांक 0°C से घटकर –22°C तक कम हो जाता है। ऐसे मिश्रण को हिम-मिश्रण (Freezing Mixture) कहते हैं। इस मिश्रण का उपयोग कुल्फी, आईसक्रीम आदि बनाने में किया जाता है।

अवस्था परिवर्तन तथा गुप्त ऊष्मा (Change of State and Latent Heat)

- निश्चित ताप पर पदार्थ का एक अवस्था से दूसरी अवस्था में परिवर्तित होना अवस्था परिवर्तन कहलाता है। अवस्था परिवर्तन में पदार्थ का ताप नहीं बदलता है।
- **त्रिक बिन्दु :** वह बिन्दु जिस पर तीनों अवस्थाएँ ठोस, तरल (द्रव) एवं गैस एक साथ पायी जाती है।

गलनांक (Melting Point)

- निश्चित ताप पर ठोस का द्रव में बदलना गलन कहलाता है तथा इस निश्चित ताप को ठोस का गलनांक कहते हैं।
- जो पदार्थ ठोस से द्रव में बदलने पर सिकुड़ते हैं, (जैसे- बर्फ) उनका गलनांक दाब बढ़ाने पर घटता है तथा जो पदार्थ ठोस से द्रव में बदलने पर फैलते हैं, उनका गलनांक दाब बढ़ाने पर बढ़ता है।
- अपद्रव्यों (Impurities) को मिलाने से गलनांक सामान्यतः घटता है। उदाहरणार्थ- 0°C पर पिघलती बर्फ में कुछ नमक तथा शोरा आदि मिलाने से बर्फ का गलनांक 0°C से घटकर –22°C तक कम हो जाता है। ऐसे मिश्रण को हिम-मिश्रण (Freezing Mixture) कहते हैं। इस मिश्रण का उपयोग कुल्फी तथा आइसक्रीम आदि बनाने में किया जाता है।

हिमांक (Freezing Poing)

- निश्चित ताप पर द्रव के ठोस में बदलने को हिमीकरण कहते हैं यह निश्चित ताप द्रव का हिमांक कहते हैं।
- प्रायः गलनांक एवं हिमांक बराबर होते हैं।

क्वथनांक (Boiling Point)

- निश्चित ताप पर द्रव का वाष्प में बदलना वाष्पन कहलाता है तथा इस निश्चित ताप को द्रव का क्वथनांक कहते हैं। दाब बढ़ाने पर क्वथनांक बढ़ता है। अशुद्धियों (Impurities) को मिलाने से भी क्वथनांक बढ़ता है।

संघनन (Condensation)

- निश्चित ताप पर वाष्प का द्रव में बदलना संघनन कहलाता है।
- प्रायः क्वथनांक एवं संघनन का ताप समान होता है।

ऊष्मा ग्राहिता (Thermal Capacity)

- ऊष्मा का वह परिमाण जो वस्तु के तापमान को 1°C बढ़ाने के लिए आवश्यक होता है, वस्तु की ऊष्मा-ग्राहिता (Thermal Capacity) कहलाता है।

वाष्पीकरण (Evaporation)

- द्रव के खुली सतह से प्रत्येक ताप पर धीरे-धीरे द्रव का अपने वाष्प में बदलना वाष्पीकरण कहलाता है।

प्रशीतक (Refrigerator)

- प्रशीतक में वाष्पीकरण द्वारा ठंडक (Cooling) उत्पन्न की जाती है। तांबे की एक वाष्प कुंडली में द्रव फ्रीऑन भरा रहता है जो वाष्पीकृत होकर ठंडक उत्पन्न करता है।

आपेक्षिक आर्द्रता (Relative Humidity)

- किसी दिये हुए ताप पर वायु के किसी आयतन में उपस्थित जलवाष्प की मात्रा तथा उसी ताप पर, उसी आयतन की वायु को संतृप्त करने के लिए आवश्यक जलवाष्प की मात्रा के अनुपात को सापेक्षिक आर्द्रता कहते हैं। इस अनुपात को 100 से गुणा करते हैं, क्योंकि आपेक्षिक आर्द्रता को प्रतिशत में व्यक्त किया जाता है।
- समाचारों में मौसम सम्बन्धी जानकारी आपेक्षिक आर्द्रता को प्रतिशत में व्यक्त करते हैं। आपेक्षिक आर्दता को मापने के लिए **हाइग्रोमीटर (Hygrometer)** नामक यंत्र का प्रयोग करते हैं।
- ताप बढ़ाने पर आपेक्षिक आर्द्रता (Relative Humidity) बढ़ जाती है।

वातानुकूलन (Air-Conditioning)

सामान्यतः मनुष्य के स्वास्थ्य व अनुकूल जलवायु के लिए निम्नलिखित परिस्थितियाँ होनी चाहिए-

(i) **ताप** : 23°C से 25°C

(ii) **आपेक्षिक आर्द्रता** : 60 प्रतिशत से 65 प्रतिशत के मध्य

(iii) **वायु की गति** : 0.75 मी/मिनट से 2.5मी/मिनट तक

यदि किसी स्थान की जलवायु उपर्युक्त परिस्थितियों के अनुसार नहीं होती है तो वह जलवायु मनुष्य के लिए आरामदेह व स्वस्थ्यकर नहीं होती है। अतः इसको अनुकूल बनाने के लिए इन बाह्य परिस्थितियों को कृत्रिम रूप से निर्धारित व नियंत्रित करने की प्रक्रिया को ही **वातानुकूलन** कहते हैं।

उष्मा का संचरण (Transmission of Heat)

- पदार्थ में तापांतर के कारण ऊष्मा का एक स्थान से दूसरे स्थान तक स्थानांतरण होता है। जिस प्रकार कोई द्रव सदैव ऊँचे तल से नीचे तल की ओर बहता है, ठीक उसी प्रकार से ऊष्मा भी ऊँचे ताप की वस्तु से नीचे ताप की वस्तु की ओर जाती है। ऊष्मा के इस स्थानांतरण को ही ऊष्मा का संचरण कहते हैं। ऊष्मा का संचरण निम्नलिखित तीन विधियों से होता है- 1. चालन 2. संवहन और 3. विकिरण।

1. चालन (Conduction)

- चालन के द्वारा ऊष्मा पदार्थ के एक स्थान से दूसरे स्थान तक पदार्थ के कणों को अपने स्थान का परित्याग किये बिना पहुँचती है। ठोस पदार्थ में ऊष्मा का संचरण चालन विधि द्वारा होता है। पदार्थ में चालन द्वारा ऊष्मा का संचरण **उष्मा चालकता** कहलाती है। ऊष्मा चालकता के आधार पर हम पदार्थों का वर्गीकरण तीन वर्गों में कर सकते हैं-

(i) **चालक (Conductor)** : जिन पदार्थों से होकर ऊष्मा का चालन सरलता से हो जाता है, उन्हें चालक कहते हैं। ऐसे पदार्थों की ऊष्मा चालकता अधिक होती है। सभी धातु, अम्लीय जल, मानव शरीर आदि ऊष्मा के अच्छे चालक हैं।

(ii) **कुचालक (Bad Conductor) :** जिन पदार्थों में ऊष्मा का चालन सरलता से नहीं होता या बहुत कम होता है, उन्हें कुचालक कहते हैं। जैसे – लकड़ी, काँच, सिलिका, वायु, गैसें, रबर आदि।

(iii) **ऊष्मारोधी (Heat Resistence) :** जिन पदार्थों में ऊष्मा का चालन एकदम नहीं होता उन्हें ऊष्मारोधी पदार्थ कहते हैं। ऐसे पदार्थों की ऊष्मा चालकता शून्य होती है। जैसे – ऐस्बेस्टस व एवोनाइट ऊष्मारोधी पदार्थ हैं।

2. संवहन (Convection)

➪ इस विधि में ऊष्मा का चालन पदार्थ के कणों के स्थानांतरण के द्वारा होता है। इस प्रकार पदार्थ के कणों के स्थानांतरण से धाराएँ बहती हैं, जिन्हें संवहन धाराएँ कहते हैं। गैसों एवं द्रवों में ऊष्मा का संचरण संवहन द्वारा ही होता है। वायुमंडल संवहन विधि द्वारा ही गर्म होता है।

3. विकिरण (Radiation)

➪ इस विधि में ऊष्मा गर्म वस्तु से ठंडी वस्तु की ओर बिना किसी माध्यम को गर्म किये प्रकाश की चाल से सीधी रेखा में संचरित होती है। सूर्य से हम तक ऊष्मा विकिरण के द्वारा ही आती है।

उत्सर्जन (Emission)

➪ प्रत्येक वस्तुएँ सभी ताप पर विकिरण द्वारा ऊर्जा का उत्सर्जन करती है। इस ऊर्जा को विकिरण ऊर्जा या ऊष्मीय विकिरण कहते हैं। यह ऊर्जा विद्युत चुम्बकीय तरंगों के रूप में प्रकाश की चाल से चलती है, जो पिंड अपने सतह से सभी प्रकार के ऊष्मीय विकिरण का पूर्णतया उत्सर्जन करता है उसे 'कृष्ण पिंड' (Black Body) कहते हैं।

अवशोषण (Absorption)

➪ जब ऊष्मीय विकिरण किसी पृष्ठ पर गिरता है, तो उसका कुछ भाग तो परावर्तित हो जाता है, कुछ भाग पृष्ठ द्वारा अवशोषित कर लिया जाता है। इस अवशोषित विकिरण द्वारा पृष्ठ का ताप बढ़ जाता है। पिंड द्वारा इस प्रकार ऊष्मीय विकिरण के अवशोषित होने की क्रिया को अवशोषण तथा इस प्रकार के पिंड को अवशोषक पिंड कहते हैं।

किरचौफ का नियम (Kirchhoff's Law)

➪ इस नियम के अनुसार, अच्छे अवशोषक ही अच्छे उत्सर्जक होते हैं। अर्थात् जो पिंड किसी ताप पर अधिक ऊष्मा का उत्सर्जन करते हैं, वही कम ताप पर ऊष्मा का अच्छा अवशोषण भी करते हैं तथा अच्छे अवशोषक अच्छे उत्सर्जक भी होते हैं इसके विपरीत बुरे अवशोषक बुरे उत्सर्जक भी होते हैं। अंधेरे कमरे में यदि एक काली और एक सफेद वस्तु को समान ताप पर गर्म करके रखा जाये जो काली वस्तु अधिक विकिरण उत्सर्जित करेगी। अतः काली वस्तु अंधेरे में अधिक चमकेगी।

न्यूटन का शीतलन नियम (Newton's Law of Cooling)

➪ इस नियम के अनुसार किसी वस्तु के ठंडे होने की दर वस्तु तथा उसके चारों ओर के माध्यम के तापांतर के अनुक्रमानुपाती होती है। अतः वस्तु जैसे-जैसे ठंडी होती जायेगी उसके ठंडे होने की दर कम होती जायेगी। उदाहरणार्थ- गर्म पानी को 80°C से 70°C तक ठंडा होने में लिया गया समय, 40°C से 30°C तक ठंडा होने में लिए गये समय की अपेक्षा बहुत कम होता है।

ऊष्मागतिकी (Thermodynamic)

➪ इसके अन्तर्गत ऊष्मीय ऊर्जा का यान्त्रिक ऊर्जा, रासायनिक ऊर्जा, वैद्युत ऊर्जा आदि के साथ सम्बन्ध ज्ञात किया जाता है। यह सम्बन्ध ज्ञात करने के लिए ऊष्मागतिकी के दो नियम हैं-

1. ऊष्मागतिकी का प्रथम नियम : यह नियम मुख्यतः ऊर्जा संरक्षण को प्रदर्शित करता है। इस नियम के अनुसार किसी निकाय (System) को दी जाने वाली ऊष्मा दो प्रकार के कार्यों में होती है-

(i) निकाय की आंतरिक ऊर्जा में वृद्धि करने में, जिससे निकाय का ताप बढ़ता है।

(ii) बाह्य कार्य करने में।

- **समतापी प्रक्रम (Isothermal Process) :** जब किसी निकाय (System) में कोई परिवर्तन इस प्रकार हो कि निकाय का ताप पूरी क्रिया में स्थिर रहे तो उस परिवर्तन को समतापी परिवर्तन कहते हैं।
- **रूद्धोष्म प्रक्रम (Adiabatic Process) :** यदि किसी निकाय में कोई परिवर्तन इस प्रकार हो कि पूरी प्रक्रिया के दौरान निकाय न तो बाहरी माध्यम को ऊष्मा दे और न उससे कोई ऊष्मा ले तो इस परिवर्तन को रूद्धोष्म परिवर्तन कहते हैं। कार्बन डाई-ऑक्साइड का अचानक प्रसार होने पर शुष्क बर्फ (Dry Ice) के रूप में बदलना रूद्धोष्म परिवर्तन का उदाहरण है।

2. ऊष्मागतिकी का दूसरा नियम : ऊष्मागतिकी का प्रथम नियम ऊष्मा के प्रवाहित होने की दिशा नहीं बताता, जबकि ऊष्मागतिकी का दूसरा नियम ऊष्मा के प्रवाहित होने की दिशा को व्यक्त करता है। ऊष्मागतिकी का दूसरा नियम दो कथनों (Statement) के रूप में व्यक्त किया जाता है जो निम्नलिखित है-

(i) **केल्विन का कथन :** इस कथन के अनुसार ऊष्मा का पूर्णतया कार्य में परिवर्तन असंभव है।

(ii) **क्लासियस कथन :** इस कथन के अनुसार ऊष्मा अपने कम ताप की वस्तु से अधिक ताप के वस्तु की ओर प्रवाहित नहीं हो सकती है।

13. प्रकाश

- प्रकाश एक प्रकार की ऊर्जा है, जो विद्युत चुम्बकीय तरंगों के रूप में संचारित होती है। इसका ज्ञान हमें आँखों द्वारा प्राप्त होता है। इसक तरंगदैर्ध्य 3900Å से 7800Å के मध्य होता है।
- प्रकाश का विद्युत चुम्बकीय तरंग-सिद्धान्त प्रकाश के केवल कुछ गुणों की व्याख्या कर पाता है, जैसे- प्रकाश का परावर्तन, प्रकाश का अपवर्तन, प्रकाश का सीधी रेखा में गमन, प्रकाश का विवर्तन, प्रकाश का व्यतिकरण एवं प्रकाश का ध्रुवण।
- विद्युत चुम्बकीय तरंग अनुप्रस्थ (Transverse) होती है। अतः प्रकाश भी अनुप्रस्थ तरंग है।
- प्रकाश के कुछ गुण ऐसे हैं जिनकी व्याख्या तरंग सिद्धान्त नहीं कर पाता है, जैसे- प्रकाश विद्युत प्रभाव तथा क्रॉम्पटन सिद्धान्त।
- प्रकाश-विद्युत प्रभाव एवं क्रॉम्पटन सिद्धान्त की व्याख्या आइंसटीन द्वारा प्रतिपादित प्रकाश के फोटॉन सिद्धान्त द्वारा की जाती है। वास्तव में यह दोनों प्रभाव प्रकाश की कण प्रकृति को प्रकट करते हैं।

प्रकाश का फोटॉन सिद्धान्त : इसके अनुसार प्रकाश ऊर्जा के छोटे-छोटे बण्डलों या फैकटों के रूप में चलता है, जिन्हें फोटॉन कहते हैं।

- आज प्रकाश को कुछ घटनाओं में तरंग और कुछ में कण माना जाता है। इसी को प्रकाश की दोहरी प्रकृति (Dualistic Nature of Light) कहते हैं।
- प्रकाश के वेग की गणना **सबसे पहले** रोमर ने की थी।
- प्रकाश की चाल (Velocity of Light) माध्यम के अपवर्तनांक (μ) पर निर्भर करता है। जिस माध्यम का अपवर्तनांक जितना अधिक होता है, उसमें प्रकाश की चाल उतनी ही कम होती है।
- प्रकाश को सूर्य से पृथ्वी तक आने में औसतन 499 सेकंड अर्थात् 8 मिनट का समय लगता है।
- चन्द्रमा से परावर्तित प्रकाश को पृथ्वी तक आने में 1.28 सेकंड का समय लगता है।

विभिन्न माध्यमों में प्रकाश की चाल			
क्र. सं.	माध्यम	अपवर्तनांक (μ)	प्रकाश की चाल (मीटर/सेकंड)
1.	निर्वात्/वायु	1.0	$3.00 X 10^8$

2.	पानी	1.33	$2.25X10^8$
3.	काँच	1.5	$2.00X10^8$
4.	तारपीन तेल	1.47	$2.04X10^8$
5.	नॉयलन	1.53	$1.96X10^8$

प्रकाश के स्रोत के आधार पर वस्तुओं का वर्गीकरण

(i) **प्रदीप्त वस्तुएँ (Luminous Bodies)** : प्रदीप्त वस्तुएँ वे वस्तुएँ हैं, जो अपने स्वयं के प्रकाश से प्रकाशित होती हैं। जैसे- सूर्य, विद्युत बल्ब आदि।

(ii) **अप्रदीप्त वस्तुएँ (Non-luminous Bodies)** : अप्रदीप्त वस्तुएँ वे वस्तुएँ हैं, जिनका अपना स्वयं का प्रकाश नहीं होता, लेकिन उन पर प्रकाश डालने पर वे दिखाई देने लगती हैं। जैसे- मेज, किताब, कुर्सी आदि।

(iii) **पारदर्शक वस्तुएँ (Transparent Bodies)** : पारदर्शक वस्तुएँ वे वस्तुएँ हैं, जिनमें होकर प्रकाश की किरणें निकल जाती हैं। जैसे- काँच आदि।

(iv) **अर्धपारदर्शक वस्तएँ (Translucent Bodies)** : कुछ वस्तुएँ ऐसी होती हैं, जिन पर प्रकाश की किरणें पड़ने से उनका कुछ भाग तो अवशोषित हो जाता है तथा कुछ भाग बाहर निकल जाता है। ऐसी वस्तुओं को अर्धपारदर्शक वस्तुएँ कहते हैं। जैसे- तेल लगा हुए कागज।

(v) **अपारदर्शक वस्तुएँ (Opaque Bodies)** : अपारदर्शक वस्तुएँ वे वस्तुएँ हैं, जिनमें होकर प्रकाश की किरणें बाहर नहीं निकल पाती हैं। जैसे- धातुएँ आदि।

सूर्यग्रहण (Solar Eclipse) : जब चन्द्रमा सूर्य तथा पृथ्वी के बीच आ जाता है, तो सूर्य ग्रहण दिखलायी पड़ता है।

चन्द्रग्रहण (Lunar Eclipse) : जब पृथ्वी सूर्य तथा चन्द्रमा के बीच आ जाती है, तो चन्द्रग्रहण दिखलायी पड़ता है।

प्रकाश का परावर्तन (Reflection of Light)

- जब प्रकाश किसी चिकने व चमकदार पृष्ठ पर पड़ता है, तो इसका विभिन्न दिशाओं में अधिकांश भाग वापस लौट जाता है। इस प्रकार प्रकाश के चिकने पृष्ठ से टकराकर वापस लौटने की घटना को प्रकाश का परावर्तन कहते हैं। समतल दर्पण प्रकाश का सबसे अच्छा परावर्तक माना जाता है। प्रकाश का परावर्तन निम्नलिखित दो नियमों के अनुसार होता है-

(i) आपाती किरण, अभिलंब व परावर्तित किरण एक ही समतल में होते हैं।

(ii) आपतन कोण का मान परावर्तन कोण के बराबर होता है।

समतल दर्पण (Plan Mirror) से परावर्तन

- समतल दर्पण किसी वस्तु का प्रतिबिम्ब दर्पण के पीछे उतनी दूरी पर बनाता है, जितनी दूरी पर वस्तु दर्पण के समाने रखी होती है। यह प्रतिबिम्ब काल्पनिक वस्तु के बराबर एवं पार्श्व उल्टा (Lateral Inverse) होता है।
- यदि कोई व्यक्ति v चाल से दर्पण की ओर चलता है, तो उसे दर्पण में अपना प्रतिबिम्ब $2v$ चाल से अपनी ओर आता हुआ प्रतीत होगा।
- यदि आपतित/आपाती किरण (Incident Ray) को नियत रखते हुए दर्पण को $\theta°$ कोण से घुमा दिया जाये तो परावर्तित किरण $2\theta°$ से घूम जाती है।
- समतल दर्पण में वस्तु का पूर्ण प्रतिबिम्ब देखने के लिए दर्पण की लंबाई वस्तु की लंबाई की कम से कम आधी होनी चाहिए।
- यदि दो समतल दर्पण $\theta°$ कोण पर झुके हों तो उनके बीच रखी वस्तु के प्रतिबिम्बों की संख्या

भौतिक विज्ञान 27

$\dfrac{360°}{\theta} - 1$ होगी।

जैसे- 90° पर झुके दो समतल दर्पणों के बीच $\dfrac{360°}{90°} - 1 = 4 - 1 = 3$ प्रतिबिम्ब बनेंगे।

↳ यदि $\dfrac{360°}{\theta}$ का मान विषम संख्या यानि 3,5,7, ..., हो तो प्रतिबिम्ब की संख्या में से एक को नहीं घटाते हैं।

जैसे- 40° कोण पर झुके दो समतल दर्पण के बीच $\dfrac{360°}{40°} = 9$ प्रतिबिम्ब बनेंगे।

गोलीय दर्पण से परावर्तन (Reflection from Spherical Mirror)

गोलीय दर्पण दो प्रकार के होते हैं-
  (i) अवतल दर्पण (Concave Mirror)
  (ii) उत्तल दर्पण (Convex Mirror)

अवतल दर्पण के उपयोग:
  (a) आकाशीय पिंडों, तारे आदि की फोटोग्राफी करने के लिए परावर्तक दूरदर्शी में।
  (b) चिकित्सकों द्वारा कान, आँख एवं नाक के आंतरिक भागों की जाँच के लिए।
  (c) गाड़ियों की सर्चलाइट (Search Light) तथा हेडलाइट (Head Light) में
  (d) दाढ़ी बनाने वाले दर्पण के रूप में।
  (e) सोलर कुकर (Solar Cooker) में।

उत्तल दर्पण के उपयोग:
  (a) कार व बस आदि में चालक के बगल में (Side Mirror) पीछे का दृश्य देखने के लिए।
  (b) सड़क में लगे परावर्तक लैंपों में सोडियम परावर्तक लैंप में।

प्रकाश का विवर्तन (Diffraction of Light)

↳ यदि किसी प्रकाश स्रोत व पर्दे के बीच कोई अपारदर्शी अवरोध (Obstacle) रख दिया जाये तो हमें पर्दे पर अवरोध की स्पष्ट छाया दिखलाई पड़ती है। इससे प्रतीत होता है कि प्रकाश का संचरण सीधी रेखा में होता है, लेकिन यदि अवरोध का आकार बहुत छोटा हो तो प्रकाश अपने सरल रेखीय संचरण से हट जाता है व अवरोध के किनारों पर मुड़कर छाया में प्रवेश कर जाता है। प्रकाश के इस प्रकार अवरोध के किनारों पर मुड़ने की घटना को प्रकाश का विवर्तन कहते हैं।

प्रकाश का प्रकीर्णन (Scattering of Light)

↳ जब प्रकाश किसी ऐसे माध्यम से गुजरता है, जिसमें धूल तथा अन्य पदार्थों के अत्यंत सूक्ष्म कण होते हैं, तो इनके द्वारा प्रकाश सभी दिशाओं में प्रसारित हो जाता है। इस घटना को प्रकाश का प्रकीर्णन कहा जाता है। बैंगनी रंग के प्रकाश का प्रकीर्णन सबसे अधिक तथा लाल रंग के प्रकाश का प्रकीर्णन सबसे कम होता है। प्रकाश के प्रकीर्णन के कुछ उदाहरण निम्नलिखित प्रकार से हैं-
  (a) आकाश का रंग नीला दिखायी देना।
  (b) उगते व डूबते समय सूर्य का लाल दिखायी देना।
  (c) समुद्र के पानी का नीला दिखायी देना।
  (d) चन्द्रमा तल पर खड़े अंतरिक्षयात्री को आकाश काला दिखायी देना।

प्रकाश का अपवर्तन (Refraction of Light)

- किसी समांग (Homogenous) माध्यम में प्रकाश किरणें एक सीध में संचरित होती है, लेकिन जब प्रकाश विभिन्न घनत्व वाले एक माध्यम से दूसरे माध्यम में प्रवेश करता है तो यह अपने एक रेखीय पथ से विचलित हो जाता है। प्रकाश का इस प्रकार एक माध्यम से दूसरे माध्यम में प्रवेश करते समय उनकी सीमा (Boundry) पर अपने रेखीय पथ से विचलित होना ही प्रकाश का अपवर्तन कहलाता है। जब प्रकाश की कोई किरण विरल माध्यम (Rarer Medium) से सघन माध्यम (Densor Medium) (जैसे- हवा से पानी) में प्रवेश करती है, तो वह दोनों माध्यमों के पृष्ठ पर खींचे गये अभिलंब की ओर झुक जाती है तथा जब किरण सघन माध्यम (पानी से हवा) में प्रवेश करती है, तो वह अभिलंब से दूर हट जाती है, लेकिन जो किरण अभिलंब के समांतर प्रवेश करती है, उनके पथ में कोई परिवर्तन नहीं होता एवं वे बिना झुके सीधी निकल जाती हैं। प्रकाश के अपवर्तन का कारण प्रकाश का भिन्न-भिन्न माध्यमों में वेग का भिन्न-भिन्न होना है। प्रकाश का अपवर्तन निम्न दो नियमों के अनुसार होता है-

(i) आपतित किरण, अभिलंब तथा अपवर्तित किरण तीनों एक ही समतल में स्थित होते हैं।

(ii) किन्हीं दो माध्यमों के लिए आपतन कोण के sine तथा अपवर्तन कोण के sine का अनुपात एक नियतांक होता है।

$$\frac{\text{sine}\,i}{\text{sine}\,r} = \text{नियतांक} = \mu$$

नियतांक (μ) को पहले माध्यम के सापेक्ष दूसरे माध्यम का अपवर्तनांक कहते हैं। इस नियम को **स्नेल का नियम** कहते हैं।

- किसी माध्यम का अपवर्तनांक भिन्न-भिन्न रंग के प्रकाश के लिए भिन्न-भिन्न होता है। तरंगदैर्ध्य बढ़ने के साथ अपवर्तनांक का मान कम हो जाता है। अतः लाल रंग का अपवर्तनांक सबसे कम तथा बैगनी रंग का अपवर्तनांक सबसे अधिक होता है।
- ताप बढ़ने पर भी सामान्यतः अपवर्तनांक घटता है, लेकिन यह परिवर्तन बहुत ही कम होता है।
- किसी माध्यम का निरपेक्ष अपवर्तनांक निर्वात् में प्रकाश की चाल तथा उस माध्यम में प्रकाश की चाल के अनुपात के बराबर होती है।

$$\text{अर्थात्, निरपेक्ष अपवर्तनांक } (\mu) = \frac{\text{निर्वात में प्रकाश की चाल}}{\text{माध्यम में प्रकाश की चाल}}$$

प्रकाश के अपवर्तन से सम्बद्ध घटनाएँ:

(i) पानी में अंशतः पड़ी हुई कोई लकड़ी, छड़ या चम्मच का टेढ़ा दिखायी देना।

(ii) रात्रि के समय तारों का टिमटिमाते (Twinkling of Stars) हुए दिखायी देना।

(iii) उगते एवं डुबते समय सूर्य का क्षितिज के नीचे होने पर भी दिखायी देना।

(iv) पानी से भरे किसी बर्तन की तली में पड़ा हुआ सिक्का का ऊपर उठा हुआ दिखायी पड़ना।

(v) जल के अंदर पड़ी हुई मछली का वास्तविक गहराई से कुछ ऊपर उठा हुआ दिखायी पड़ना।

प्रकाश का पूर्ण आंतरिक परावर्तन (Total Internal Reflection of Light)

- **क्रांतिक कोण (Critical Angle):** क्रांतिक कोण सघन माध्यम में बना वह आपतन कोण होता है, जिसके लिए विरल माध्यम में अपवर्तन कोण का मान 90° होता है।
- आपतन कोण का मान क्रांतिक कोण से थोड़ा-सा अधिक कर दें तो प्रकाश विरल माध्यम में बिल्कुल ही नहीं जाता, बल्कि सम्पूर्ण प्रकाश परावर्तित होकर सघन माध्यम में ही लौट आता है। इस घटना को प्रकाश का पूर्ण आंतरिक परार्वतन कहते हैं। इसमें प्रकाश का अपवर्तन बिल्कुल नहीं होता, सम्पूर्ण आपतित प्रकाश परावर्तित हो जाता है। किसी पृष्ठ के जिस भाग में पूर्ण आंतरिक परावर्तन होता है, वह चमकने लगता है।

⮞ प्रकाश के पूर्ण आंतरिक परावर्तन के लिए निम्न दो शर्तों का पूरा होना अनिवार्य है-
  (i) प्रकाश की किरण सघन माध्यम से विरल माध्यम में जा रही हो।
  (ii) आपतन कोण क्रांतिक कोण से बड़ा हो।

पूर्ण आंतरिक परावर्तन से सम्बद्ध घटनाएँ:
  (i) हीरों का चमकना।
  (ii) गर्मियों के मौसम में रेगिस्तान में मरीचिका (Mirage) का बनना।
  (iii) जल में रखी हुई परखनली का चमकना।
  (iv) काँच में आयी दरार का चमकना।

प्रकाशित तंतु (Optical Fibres)
⮞ प्रकाश सरल रेखा में गमन करता है, लेकिन पूर्ण आंतरिक परावर्तन का उपयोग करके प्रकाश को एक वक्रीय मार्ग में चलाया जा सकता है। प्रकाशित तंतु पूर्ण आंतरिक परावर्तन के सिद्धांत पर आधारित एक ऐसी युक्ति है जिसके द्वारा प्रकाश सिग्नल को इसकी तीव्रता में बिना क्षय के एक स्थान से दूसरे स्थान तक स्थानांतरित किया जा सकता है, चाहे मार्ग कितना भी टेढ़ा-मेढ़ा हो। जब कभी प्रकाश को अधिक दूरी तक भेजना होता है, तो प्रकाशित तंतु का उपयोग किया जाता है, क्योंकि इसमें प्रकाश का अवशोषण (Absorption) बहुत कम होता है।

प्रकाशित तंतु के उपयोग:
  (i) प्रकाशकीय सिग्नलों के संचरण के लिए।
  (ii) मनुष्य के शरीर के आंतरिक भागों का परीक्षण करने के लिए।
  (iii) विद्युत सिग्नलों को प्रकाश सिग्नल में बदलकर भेजने एवं प्राप्त करने में।
  (iv) शरीर के अंदर लेसर किरणों को भेजने में।

प्रकाश का वर्ण-विक्षेपण (Dispersion of Light)
⮞ जब सूर्य का प्रकाश किसी प्रिज्म से गुजरता है, तो यह अपवर्तन के पश्चात् प्रिज्म के आधार की ओर झुकने के साथ-साथ विभिन्न रंगों के प्रकाश में बँट जाता है। इस प्रकार से प्राप्त रंगों के समूह को वर्ण-क्रम (Spectrum) कहते हैं तथा प्रकाश के इस प्रकार अवयवी रंगों में विभक्त होने की प्रक्रिया को वर्ण-विक्षेपण कहते हैं।

⮞ सूर्य के प्रकाश से प्राप्त रंगों में बैंगनी रंग आधार की ओर सबसे नीचे व लाल रंग सबसे ऊपर होता है अर्थात् बैंगनी रंग का विक्षेपण सबसे अधिक एवं लाल रंग का विक्षेपण सबसे कम होता है।

⮞ विभिन्न रंगों का आधार से ऊपर की ओर क्रम इस प्रकार है- बैंगनी (Violet), जामुनी (Indigo), नीला (Blue), हरा (Green), पीला (Yellow), नारंगी (Orange) तथा लाल (Red)।

⮞ 1666 ई. में न्यूटन ने पाया कि भिन्न-भिन्न रंग भिन्न-भिन्न कोणों से विक्षेपित होते हैं। वर्ण-विक्षेपण किसी पारदर्शी पदार्थ में भिन्न-भिन्न रंगों के प्रकाश के भिन्न-भिन्न वेग होने के कारण होता है। हालाँकि निर्वात् या वायु में सभी रंगों का प्रकाश एक ही वेग (3×10^8 मीटर/सेकंड) से चलता है। अतः किसी पदार्थ का अपवर्तनांक भिन्न-भिन्न रंगों के लिए भिन्न-भिन्न होता है।

⮞ पारदर्शी पदार्थ में जैसे-जैसे प्रकाश के रंगों का अपवर्तनांक बढ़ता जाता है, वैसे-वैसे उस पदार्थ में उसकी चाल कम होती जाती है। जैसे- काँच में बैंगनी रंग के प्रकाश का वेग सबसे कम तथा अपवर्तनांक सबसे अधिक होता है तथा लाल रंग में प्रकाश का वेग सबसे अधिक एवं अपवर्तनांक सबसे कम होता है।

इन्द्रधनुष (Rainbow)
⮞ परावर्तन पूर्ण, आंतरिक परावर्तन तथा अपवर्तन द्वारा वर्ण-विक्षेपण (Dispersion) का सबसे अच्छा उदाहरण आकाश में वर्षा के बाद दिखायी देने वाला इन्द्रधनुष है। जब सूर्य की किरणें वायुमंडल में उपस्थित वर्षा की छोटी-छोटी बूँदों पर पड़ती है तो इन्द्रधनुष दिखायी देता है। इन्द्रधनुष मुख्यतः दो प्रकार के होते हैं- (i) प्राथमिक इन्द्रधनुष व (ii) द्वितीयक इन्द्रधनुष।

(i) **प्राथमिक इन्द्रधनुष (Primary Rainbow)** : जब वर्षा की बूँदों पर आपतित होने वाली सूर्य की किरणों का दो बार अपवर्तन एवं एक बार परावर्तन होता है, तो प्राथमिक इन्द्रधनुष बनता है। प्राथमिक इन्द्रधनुष में लाल रंग बाहर की ओर और बैंगनी रंग अंदर की ओर होता है तथा शेष रंग इन दोनों रंगों के बीच होते हैं। प्राथमिक इन्द्रधनुष में अंदर वाली बैंगनी किरण आँख पर 40.8° तथा बाहर वाली लाल किरण आँख पर 42.8° का कोण बनाती है।

(ii) **द्वितीयक इन्द्रधनुष (Secondary Rainbow)** : जब वर्षा की बूँदों पर आपतित होने वाली सूर्य की किरणों का दो बार अपवर्तन व दो बार परावर्तन हो तो द्वितीयक इन्द्रधनुष दिखाई देता है। इसमें बाहर की ओर बैंगनी रंग और अंदर की ओर लाल रंग होता है। द्वितीयक इन्द्रधनुष में बाहर वाली बैंगनी किरण आँख पर 54.52° तथा अंदर वाली लाल किरण 50.8° का कोण बनाती है। द्वितीयक इन्द्रधनुष प्राथमिक इन्द्रधनुष की अपेक्षा कुछ धुँधला दिखलाई पड़ता है।

वस्तुओं के रंग (Colour of Objects)

- जब प्रकाश किरणें वस्तुओं पर आपतित होती हैं, तो वे उनसे परावर्तित होकर हमारी आँखों पर पड़ती हैं और वस्तुएँ हमें दिखायी देने लगती हैं। वस्तुएँ प्रकाश का कुछ भाग परावर्तित करती हैं तथा कुछ भाग अवशोषित (Absorb) भी करती हैं। प्रकाश का परावर्तित भाग ही वस्तुओं का रंग निर्धारित करता है। जैसे- जब हम किसी गुलाब के फूल को सफेद प्रकाश में देखते हैं, तो इसकी पंखुड़ियाँ लाल व पत्तियाँ हरी दिखायी देती हैं। पंखुड़ियाँ सफेद प्रकाश का लाल भाग परावर्तित करती हैं तथा हरे रंग की पत्तियाँ सफेद प्रकाश का हरा भाग परावर्तित करती हैं, शेष रंग अवशोषित हो जाते हैं। लेकिन यदि वही गुलाब का फूल हरे प्रकाश में देखा जाये, तो उसकी पत्तियाँ हरी दिखायी देगी, लेकिन पंखुड़ियाँ अब काली दिखायी देग। इस प्रकार कोई वस्तु जिस रंग की दिखायी देती है, वह उसको परावर्तित करती है तथा शेष रंगों को अवशोषित कर लेती है।

रंगों का मिश्रण (Mixing of Colours)

- नीले, हरे व लाल रंगों को परस्पर उपयुक्त मात्रा में मिलाकर अन्य रंग प्राप्त किये जा सकते हैं तथा इनको बराबर-बराबर मात्रा में मिलने से श्वेत प्रकाश प्राप्त होते हैं। रंगों के मिश्रण के आधार पर ये तीन तरह के होते हैं-

(i) **प्राथमिक रंग (Primary Colour)** : नीले, हरे व लाल रंगों को प्राथमिक रंग कहते हैं। रंगीन टेलीविजन में प्राथमिक रंग का उपयोग किया जाता है।

(ii) **द्वितीयक रंग (Secondary Colour)** : पीला, मैजेंटा और पीकॉक-ब्लू को द्वितीयक रंग कहते हैं। यह दो प्राथमिक रंगों को मिलाने से प्राप्त होता है। **जैसे-**

लाल + नीला → मैजेंटा, हरा + नीला → पीकॉक-ब्लू, लाल + हरा → पीला

(iii) **पूरक रंग (Complementry Colours)** : जब दो रंग परस्पर मिलाने से सफेद प्रकाश उत्पन्न करते हैं तो उन्हें पूरक रंग कहते हैं। **जैसे-**

लाल + पीकॉक-ब्लू → सफेद, नीला + पीला → सफेद, हरा + मैजेंटा → सफेद

लाल + हरा + नीला → सफेद

प्रकाश तरंगों का व्यतिकरण (Interference of Light Waves)

- प्रकाश तरंगों के व्यतिकरण का सिद्धान्त प्रकाश के 'तरंग-प्रकृति' की पुष्टि करता है। सर्वप्रथम 1802 ई. में 'थामस यंग' ने प्रकाश के व्यतिकरण को प्रयोगात्मक रूप में दर्शाया। जब समान आवृत्ति व समान आयाम की दो प्रकाश तरंगें जो मूलतः एक ही प्रकाश स्रोत से एक ही दिशा में संचारित होती हैं, तो माध्यम के कुछ बिन्दुओं पर प्रकाश की तीव्रता अधिकतम व कुछ बिन्दुओं पर तीव्रता न्यूनतम या शून्य पायी जाती है अर्थात् कुछ बिन्दुओं पर प्रकाश अधिकतम होता है व कुछ बिन्दुओं पर अंधेरा होता है। इस घटना को ही प्रकाश तरंगों का व्यतिकरण कहते हैं। व्यतिकरण दो प्रकार के होते हैं-

(i) संपोषी व्यतिकरण (Constructive Interference)
(ii) विनाशी व्यतिकरण (Destructive Interference)
- **संपोषी व्यतिकरण :** जिन बिन्दुओं पर प्रकाश की तीव्रता अधिकतम होती है, उन बिन्दुओं पर हुए व्यतिकरण को संपोषी व्यतिकरण कहा जाता है।
- **विनाशी व्यतिकरण :** जिन बिन्दुओं पर प्रकाश की तीव्रता न्यूनतम होती है, उन बिन्दुओं पर हुए व्यतिकरण को विनाशी व्यतिकरण कहते हैं।
- दो स्वतंत्र प्रकाश स्रोतों से निकली प्रकाश तरंगों में व्यतिकरण की घटना नहीं पायी जाती है।

प्रकाश के व्यतिकरण से सम्बद्ध घटनाएँ
(i) जल की सतह पर फैली हुई मिट्टी के तेल की परत का सूर्य के प्रकाश में रंगीन दिखायी देना।
(ii) साबुन के बुलबुलों का रंगीन दिखायी देना।

प्रकाश तरंगों का ध्रुवण (Polarisation of Waves of Light)
ध्रुवण प्रकाश सम्बन्धी ऐसी घटना है, जो अनुदैर्ध्य तरंग (Longitudinal Wave) व अनुप्रस्थ तरंग (Transverse Wave) में अंतर स्पष्ट करती है। अनुदैर्ध्य तरंग में ध्रुवण की घटना नहीं होती, जबकि अनुप्रस्थ तरंग में ध्रुवण की घटना होती है। यदि प्रकाश तरंग के कंपन प्रकाश संचरण की दिशा के लम्बवत् तल में एक ही दिशा में हो, प्रत्येक दिशा में समान न हो, तो इस प्रकाश को समतल ध्रुवित प्रकाश (Polarised Light) कहते हैं। प्रकाश सम्बन्धी यह घटना ध्रुवण कहलाती है। साधारण प्रकाश में विद्युत क्षेत्र के कंपन प्रकाश संचरण की दिशा में लम्बवत् तल में प्रत्येक दिशा में समान रूप से होते हैं, ऐसे प्रकाश को अध्रुवित प्रकाश (Unpolarised Light) कहते हैं। प्रकाश स्रोतों, जैसे- विद्युत बल्ब, मोमबत्ती, ट्यूब लाइट आदि से उत्सर्जित प्रकाश अध्रुवित प्रकाश होते हैं।
- प्रकाश तरंगों का प्रकाशकीय प्रभाव केवल विद्युत क्षेत्र के कारण होता है।

मानव नेत्र (Human Eye)
- नेत्र के सामने वह निकटतम दूरी जहाँ पर रखी वस्तु नेत्र को स्पष्ट दिखायी देती है, नेत्र की स्पष्ट दृष्टि की न्यूनतम दूरी कहलाती है। सामान्य आँख के लिए यह दूरी 25 सेंटीमीटर होती है। इस दूरी को आँख का निकट बिन्दु (Near Point) की कहते हैं।

दृष्टि दोष (Defects of Vision)
- मनुष्य की आँख में दृष्टि सम्बन्धी दोष निम्नलिखित प्रकार के होते हैं-
(i) **निकट दृष्टि दोष (Myopia) :** इस रोग से पीड़ित व्यक्ति अपने पास की वस्तुओं को स्पष्ट देख लेना है, लेकिन एक निश्चित दूरी से अधिक दूरी पर रखी वस्तुओं को स्पष्ट नहीं देख पाता है।
कारण :
(a) लेंस की गोलाई बढ़ जाती है। (b) लेंस की फोकस दूरी घट जाती है।
(c) लेंस की क्षमता बढ़ जाती है।
इस दृष्टि दोष में वस्तु का प्रतिबिम्ब रेटिना पर न बनकर रेटिना के आगे बन जाता है।
- **रोग का निदान :** निकट दृष्टि दोष के निवारण के लिए उपयुक्त फोकस दूरी के अवतल लेंस (Cancave Lens) का प्रयोग किया जाता है, क्योंकि यह लेंस अपसारी (Divergent) प्रकृति का होने के कारण किरणों को फैलाकर रेटिना पर केन्द्रित कर देता है।
(ii) **दूर दृष्टि दोष (Hypermetropia) :** इस रोग से पीड़ित व्यक्ति दूर की वस्तु को तो स्पष्ट देख लेता है, किन्तु पास की वस्तुएँ स्पष्ट नहीं देख पाता है।
कारण :
(a) लेंस की गोलाई कम हो जाती है।

(b) लेंस की फोकस दूरी बढ़ जाती है।
(c) लेंस की क्षमता घट जाती है।
इस दृष्टि दोष में निकट की वस्तु का प्रतिबिम्ब रेटिना के पीछे बनता है।

➪ **रोग का निदान :** दूर दृष्टि दोष के निवारण के लिए व्यक्ति के चश्मे में उत्तल लेंस (Convex Lens) का प्रयोग किया जाता है, क्योंकि यह अभिसारी (Convergent) प्रकृति का होने के कारण किरणों को सिकोड़कर पुन: रेटिना पर ला देता है।

(iii) **जरा दृष्टि दोष (Prebyopia) :** वृद्धावस्था के कारण आँख की सामंजस्य क्षमता घट जाती है या समाप्त हो जाती है, जिसके कारण व्यक्ति न तो दूर की वस्तु और न ही निकट की वस्तु देख पाता है।

➪ **रोग का निदान :** इस दृष्टि के दोष के निवारण के लिए द्विफोकसी लेंस (Bifocal Lens) या उभयावत्तल लेंस (Biconcave Lens) का उपयोग किया जाता है।

(iv) **दृष्टि वैषम्य/अबिन्दुकता (Astigmatism) :** इसमें नेत्र क्षैतिज दिशा में ठीक देख पाता है, परन्तु उर्ध्व दिशा में नहीं देख पाता है। इसके निवारण के लिए बेलनाकार लेंस (Cylindrical Lens) का प्रयोग किया जाता है।

कारण :
(a) रेटिना की शंकु (Cones) कोशिका से रंग का एवं छड़ (Rods) कोशिका से प्रकाश की तीव्रता का आभास होता है।
(b) जब आँख में धूल जाती है तो उसका नेत्र श्लेष्मता (Conjunctiva) अंग सूज जाता है और लाल हो जाता है।
(c) आँख के रंग से मतलब आइरिस के रंग से होता है।

सूक्ष्मदर्शी (Microscope)
सूक्ष्मदर्शी मुख्यत: दो प्रकार के होते है–

1. सरल सूक्ष्मदर्शी (Simple Microscope)
यह एक ऐसा यंत्र होता है, जिसकी सहायता से हम अत्यंत सूक्ष्म चीज को देखते हैं। इस सूक्ष्मदर्शी में छोटी फोकस दूरी का एक उत्तल लेंस होता है। इस लेंस को आवर्धक (Magnifying) लेंस भी कहते हैं। इस सूक्ष्मदर्शी में वस्तु का आकार वस्तु द्वारा नेत्र पर बनाये गये दर्शन कोण पर निर्भर करता है। दर्शन कोण जितना छोटा होता है, वस्तु उतनी ही छोटी दिखायी पड़ती है। इस सूक्ष्मदर्शी का उपयोग स्केल (Scale) के बने छोटे-छोटे खानों के बीच की दूरी पढ़ने, फिंगरप्रिंट की जाँच करने, सूक्ष्म जीवाणुओं को देखने आदि के काम आता है।

2. संयुक्त सूक्ष्मदर्शी (Compound Microcope)
इससे हम वस्तुओं के आकार को लगभग दस गुना बड़ा करके देख सकते हैं। इस सूक्ष्मदर्शी में दो उत्तल लेंस होते हैं। इनमें से एक को अभिदृश्यक लेंस (Objective Lens) व दूसरे को अभिनेत्र लेंस (Eye Lens) कहते हैं। जो लेंस वस्तु की ओर होता है, उसे अभिदृश्यक लेंस (Objective Lens) और जो आँख के समीप होता है, उसे अभिनेत्र लेंस (Eye Lens) कहते हैं।

➪ अभिदृश्यक लेंस का द्वारक (Aperture) अभिनेत्र लेंस की अपेक्षा छोटा होता है।
➪ नेत्रिका तथा अभिदृश्यक में जितनी ही कम फोकस दूरी के लेंसों का उपयोग होता है, उसकी आवर्धन क्षमता उतनी ही अधिक होती है।
➪ इस सूक्ष्मदर्शी का उपयोग प्रयोगशालाओं में सूक्ष्म जंतुओं, वनस्पतियों आदि के आकार को बड़ा करके देखने में होता है। इसके द्वारा खून तथा बलगम आदि की भी जाँच की जाती है।

दूरदर्शी (Telescope)
➪ इसमें दो उत्तल लेंस होते हैं– एक को अभिदृश्यक (Objective) व दूसरे को नेत्रिका (Eye Piece) कहते हैं। अभिदृश्यक की फोकस दूरी नेत्रिका से अधिक होती है।

- अभिदृश्यक लेंस अधिक द्वारक (Aperture) का होता है, जिससे यह दूर से आने वाले प्रकाश की अधिक मात्रा को एकत्रित करता है।
- अभिदृश्यक लेंस एक बेलनाकार नली के एक किनारे पर लगा होता है। नेत्रिका लेंस भी दूसरी बेलनाकार नली के एक किनारे पर लगा होता है।
- दूरदर्शी का उपयोग आकाशीय पिंडों, जैसे- चन्द्रमा, तारे व पृथ्वी की सतह पर दूर स्थित वस्तुओं को देखने में किया जाता है।

14. विद्युत

- पदार्थों को परस्पर रगड़ने से उस पर जो आवेश की मात्रा संचित रहती है, उसे स्थिर विद्युत (Static-electricity) कहते हैं। स्थिर विद्युत में आवेश स्थिर रहता है। जब आवेश किसी तार या चालक पदार्थ में बहता है तो उसे धारा-विद्युत (Current-Electricity) कहते हैं।
- आवेश (Charge) द्रव्य का एक मूल गुण है, इसे द्रव्य से अलग करना असंभव है। बेंजामिन फ्रैंकलिन (Benjamin Franklin) ने दो प्रकार के आवेशों को धनात्मक आवेश (+) व ऋणात्मक आवेश (–) नाम दिया है।
- वस्तुओं का निर्माण अनेक छोटी-छोटी इकाइयों से होता है, जिन्हें परमाणु (Atom) कहा जाता है। परमाणु के केन्द्र में एक नाभिक (Nucles) होता है जिसमें धनात्मक कण प्रोटॉन (Proton) व उदासीन कण न्यूट्रॉन (Neutron) होते हैं तथा नाभिक के बाहर ऋणात्मक कण इलेक्ट्रॉन (Electron) नाभिक के चारों ओर चक्कर लगाते हैं। एक प्रोट्रॉन पर जितना धनात्मक आवेश होता है उतना ही ऋणात्मक आवेश एक इलेक्ट्रॉन पर होता है तथा इस आवेश का मान $1.6X10^{-19}$ कूलॉम होता है।
- वस्तुओं का आवेशन इलेक्ट्रॉनों के स्थानांतरण के फलस्वरूप होता है। इस प्रक्रिया में प्रोट्रॉन भाग नहीं लेता है। जब किसी वस्तु पर इलेक्ट्रॉनों की कमी होती है तो उस पर धनात्मक आवेश होता है तथा यदि इलेक्ट्रॉनों की अधिकता होती है तो उस पर ऋणात्मक आवेश होता है।
- **चालक (Conductor) :** जिन पदार्थों से होकर विद्युत आवेश सरलता से प्रवाहित होता है, उन्हें चालक कहते हैं। जैसे- सभी धातुएँ, अम्ल, क्षार, लवणों के जलीय विलयन मानव शरीर आदि।
- चाँदी विद्युत का सबसे अच्छा चालक है जबकि दूसरा स्थान ताँबा का है।
- **अचालक (Non-Conductor) :** जिन पदार्थों से होकर आवेश का प्रवाह नहीं होता है, उन्हें अचालक कहते हैं। जैसे- लकड़ी, रबर, कागज, अभ्रक, शुद्ध आसुत जल आदि।
- शुद्ध आसुत जल विद्युत का अचालक होता है, परन्तु इसमें थोड़ा-सा अम्ल, क्षार या लवण मिलाने पर यह विद्युत चालक की भाँति कार्य करता है।
- **अर्द्ध-चालक (Semi-Conductor) :** चालक तथा अचालक पदार्थों के अतिरिक्त कुछ पदार्थ ऐसे होते हैं जिनकी विद्युत चालकता चालक एवं अचालक पदार्थों के बीच होती है, उन्हें अर्द्ध-चालक कहते हैं। अर्द्ध-चालक पदार्थों के उदाहरण हैं- कार्बन, सिलिकॉन, जर्मेनियम, सेलीनियम, गैलियम-आरसेनाइट आदि।
- **आवेश का पृष्ठ घनत्व (Surface Density of Charge) :** किसी चालक के इकाई क्षेत्रफल पर आवेश की मात्रा को आवेश का पृष्ठ घनत्व कहते हैं। चालक का पृष्ठ घनत्व चालक के आकार व चालक के समीप स्थित अन्य चालक या विद्युत-रोधी पदार्थों पर निर्भर करता है। किसी चालक के पृष्ठ के विभिन्न स्थानों पर आवेश का वितरण उन स्थानों के आकार पर निर्भर करता है। चालक के नुकीले भाग पर आवेश का पृष्ठ घनत्व सबसे अधिक होता है, क्योंकि नुकीले भाग का क्षेत्रफल सबसे कम होता है।
- **तड़ित चालक (Lightning Conductor) :** तड़ित के द्वारा अत्यधिक विद्युत-आवेशन होता है। यह दो आवेशित बादलों के बीच या आवेशित बादलों व पृथ्वी के बीच होता है। तड़ित

चालक का प्रयोग तड़ित के दौरान भवनों की सुरक्षा के लिए किया जाता है। तड़ित चालक एक मोटी ताँवे की पट्टी है, जिसके ऊपरी सिरे पर कई नुकीले सिरे बने होते हैं। इस नुकीले सिरे को भवनों के सबसे ऊपर लगा दिया जाता है तथा दूसरे सिरे को ताँबे की पट्टी के साथ जमीन में दबा दिया जाता है। जब आवेशित बादल भवन के ऊपर से गुजरते हैं तो उनका आवेश तड़ित चालक के द्वारा ग्रहण कर लिया जाता है तथा यह आवेश बिना किसी नुकसान के जमीन में स्थानांतरित हो जाता है। इस प्रकार भवनों की सुरक्षा हो जाती है।

- **विद्युत-धारा (Electric Current) :** आवेश के प्रवाह को विद्युत-धारा कहते हैं। ठोस चालकों में आवेश का प्रवाह इलेक्ट्रॉनों के एक स्थान से दूसरे स्थान तक स्थानांतरण के कारण होता है। जबकि द्रवों जैसे- अम्लों, क्षारों व लवणों के जलीय विलयनों तथा गैसों में यह प्रवाह आयनों की गति के कारण होता है। साधारणत: विद्युत-धारा की दिशा धन आवेश के गति की दिशा की ओर तथा ऋण आवेश के गति की विपरीत दिशा में मानी जाती है।
- यदि किसी परिपथ में धारा एक ही दिशा में बहती है तो उसे **दिष्ट धारा** (Direct Current-DC) कहते हैं तथा यदि धारा की दिशा लगातार बदलती रहती है, तो उसे **प्रत्यावर्ती धारा** (Alternating Current-AC) कहते हैं।
- विद्युत धारा का SI पद्धति में मात्रक एम्पीयर होता है।
- **विद्युत विभव (Electric Potential) :** किसी धनात्मक आवेश को अनंत से विद्युत क्षेत्र के किसी बिन्दु तक लाने में किये गये कार्य (W) एवं आवेश के मान (qo) के अनुपात (Ratio) को उस बिन्दु का विद्युत विभव कहा जाता है।
- विद्युत विभव का SI मात्रक **वोल्ट** (Volt) होता है। यह एक अदिश राशि है।
- **विभवांतर (Potential Difference) :** एक कूलॉम (Coulomb) धनात्मक आवेश को विद्युत क्षेत्र में एक बिन्दु से दूसरे बिन्दु तक ले जाने में किये गये कार्य को उन बिन्दुओं के मध्य विभवांतर कहते हैं। इसका मात्रक भी **वोल्ट** (Volt) होता है। यह एक अदिश राशि है।
- **विद्युत सेल (Electric Cell) :** विद्युत सेल में विभिन्न रासायनिक क्रियाओं से रासायनिक ऊर्जा को विद्युत ऊर्जा में परिवर्तित किया जाता है। विद्युत सेल में धातु की दो छड़ें होती हैं जिन्हें इलेक्ट्रोड (Electrod) कहते हैं। इन छड़ों पर विपरीत प्रकार के आवेश होते हैं। वह छड़ जो धनावेशित (+) होती है एनोड (Anode) कहलाती है तथा ऋणावेशित-छड़ कैथोड (Cathode) कहलाती है। ये छड़ें विभिन्न प्रकार के विलयनों में पड़ी रहती है। इन विलयनों को विद्युत अपघट्य (Electrolyle) कहते हैं। विद्युत सेल मुख्यत: दो प्रकार के होते हैं- (i) प्राथमिक सेल (ii) द्वितीयक सेल।

  (i) **प्राथमिक सेल (Primary Cell) :** इसमें रासायनिक ऊर्जा को सीधे विद्युत ऊर्जा में परिवर्तित किया जाता है। एक बार प्रयुक्त कर लेने के बाद प्राथमिक सेल बेकार हो जाते हैं। टार्च में भी प्राथमिक सेल प्रयुक्त किया जाता है। वोल्टीय सेल (Voltaic Cell), लेकलांशे सेल (Leclanche Cell), डेनियल सेल (Deniell Cell) आदि प्राथमिक सेलों के उदाहरण हैं।

  (ii) **द्वितीयक सेल (Secondary Cell) :** इसमें पहले विद्युत ऊर्जा को रासायनिक ऊर्जा फिर रासायनिक ऊर्जा को विद्युत ऊर्जा में परावर्तित किया जाता है। द्वितीयक सेल में रासायनिक ऊर्जा को विद्युत ऊर्जा में बदलने के साथ-साथ इसमें व्यय हुई रासायनिक ऊर्जा को किसी बाह्य विद्युत स्रोत से प्राप्त किया जाता है। इसे सेलों का आवेशन (Charging) कहते हैं। आवेशन द्वारा द्वितीयक सेल को बार-बार प्रयोग में लाया जा सकता है। द्वितीयक सेलों का उपयोग मोटरकारों, ट्रकों, ट्रैक्टरों आदि में इंजनों को स्टार्ट करने में किया जाता है।
- **वोल्टीय सेल (Voltaic Cell) :** इसका आविष्कार 1799 ई. में प्रो. एलिजाण्डों वोल्टा ने किया था। इस सेल में एक जस्ते की छड़ कैथोड (Cathode) के रूप में एवं ताँबे की छड़ एनोड

(Anode) के रूप में प्रयोग की जाती है। इन छड़ों को काँच के बर्तन में रखे सल्फ्यूरिक अम्ल (H_2SO_4) में रखा जाता है।

- लेकलांशे सेल में एनोड के रूप में कार्बन की छड़ एवं कैथोड के रूप में जस्ते की छड़ का प्रयोग किया जाता है। इन छड़ों को काँच के बर्तन में रखे अमोनिया क्लोराइड (नौसादर) में रखा जाता है।
- लेकलांशे सेल में एनोड के रूप में प्रयुक्त कार्बन की छड़ मैगनीज डाइऑक्साइड व कार्बन के मिश्रण के बीच रखी जाती है।
- लेकलांशे सेल का प्रयोग वहाँ किया जाता है जहाँ रुक-रुक कर थोड़े समय के लिए विद्युत धारा की आवश्यकता होती है। जैसे-विद्युत घंटी एवं टेलीफोन आदि। लेकलांशे सेल का विद्युत वाहक बल 1.5 वोल्ट होता है।
- शुष्क सेल (Dry Cell) में जस्ते के बर्तन में मैंगजीन डाइऑक्साइड, अमोनिया क्लोराइड (नौसादर) एवं कार्बन की एक छड़ रखी रहती है। इसमें कार्बन की छड़ एनोड के रूप में एवं जस्ते की बर्तन कैथोड के रूप में कार्य करती है। इस सेल का विद्युत वाहक बल यानी विभव लगभग 1.5 होता है। इसका प्रयोग टार्च, ट्रांजिस्टर एवं रेडियो आदि उपकरणों में किया जाता है।
- **विद्युत धारा के प्रभाव (Effect of Electric Current)** : सामान्यत: विद्युत धारा के तीन प्रभाव देखने को मिलते हैं- (i) ऊष्मीय प्रभाव (ii) रासायनिक प्रभाव और (iii) चुम्बकीय प्रभाव।

(i) **ऊष्मीय प्रभाव (Thermal Effect) :** जब किसी चालक में विद्युत धारा प्रवाहित की जाती है तो उसमें गतिशील इलेक्ट्रॉन निरंतर चालक के परमाणुओं से टकराते रहते हैं तथा इस प्रक्रिया में अपनी ऊर्जा चालक के परमाणुओं को स्थानांतरित करते हैं। इससे चालक का ताप बढ़ जाता है। चालक के ताप के बढ़ने की घटना को ही विद्युत धारा का ऊष्मीय प्रभाव (Thermal Effect of Electric Current) कहते हैं। विद्युत धारा का ऊष्मीय प्रभाव घरेलू उपकरणों जैसे- विद्युत हीटर, विद्युत प्रेस, बल्ब, ट्यूब लाइट आदि में देखने को मिलता है।

(ii) **रासायनिक प्रभाव (Chemical Effect) :** जब किसी लवण के जलीय विलयन में विद्युत धारा प्रवाहित की जाती है तो उसका विद्युत अपघटन (Electrolysis) होता है। इस घटना को विद्युत धारा का रासायनिक प्रभाव (Chemical Effect of Electric Current) कहते हैं। जिस उपकरण में लवणों के जलीय विलयनों का विद्युत अपघटन होता है उसे वोल्टमीटर कहते हैं। जब किसी विद्युत अपघट्य लवण का जलीय विलयन बनाते हैं तो लवण दो प्रकार के आयनों में टूट जाता है। इन आयनों पर विपरीत प्रकार के आवेश होते हैं। जिन आयनों पर धन आवेश होता है, उन्हें धनायन (calion) कहते हैं तथा ऋणावेश वाले आयनों को ऋणायन (anion) कहते हैं। जब इस आयन युक्त विलयन में विद्युत धारा प्रवाहित की जाती है तो ध नायन कैथोड की ओर एवं ऋणायन एनोड की ओर चलने लगते हैं और उन पर जाकर जमा हो जाते हैं। विद्युत अपघटन के अनुप्रयोग- विद्युत लेपन (Electroplating) में विद्युत मुद्रण (Electrotyping) में एवं धातु का वैद्युत परिष्करण (Electro-Refining of Metal) में।

(iii) **चुम्बकीय प्रभाव (Magnetic Effect) :** जब किसी उपकरण में विद्युत धारा प्रवाहित की जाती है, तो उसके चारों ओर एक चुम्बकीय क्षेत्र उत्पन्न हो जाता है। इस घटना को विद्युत धारा का चुम्बकीय प्रभाव (Magnetic Effect of Electric Current) कहते हैं। विद्युत धारा के चुम्बकीय प्रभाव पर आधारित उपकरण हैं- टेलीफोन, टेलीग्राफ, विद्युत घंटी, पंखा एवं मोटर आदि।

- **कूलॉम का नियम (Coulomb's Law)** : दो स्थिर आवेशों के बीच लगने वाला बल, उनकी मात्राओं के गुणनफल के अनुक्रमानुपाती व उनकी बीच की दूरी के वर्ग के व्युत्क्रमानुपाती होता है।

- **प्रतिरोध (Resistence) :** जब किसी चालक में विद्युत धारा प्रवाहित की जाती है तो चालक में गतिशील इलेक्ट्रॉन अपने मार्ग में आने वाले परमाणुओं से निरंतर टकराते रहते हैं, जिससे उनकी ऊर्जा में ह्रास होता है। परमाणुओं व अन्य कारकों द्वारा उत्पन्न किये गये इस व्यवधान को ही चालक का प्रतिरोध कहते हैं। इसका मात्रक **ओम** होता है।
- **ओम का नियम (Ohm's Law) :** यदि किसी चालक की भौतिक अवस्था जैसे- ताप आदि में कोई परिवर्तन न हो तो चालक के सिरों पर लगाया गया विभवांतर उसमें प्रवाहित धारा के अनुक्रमानुपाती होता है। यदि किसी चालक के दो बिन्दुओं के बीच विभवांतर V वोल्ट हो तथा उसमें प्रवाहित धारा I एम्पियर हो तो ओम के अनुसार- $V \propto I$

  या $V = IR$, जहाँ R एक नियतांक है, जिसे चालक का प्रतिरोध कहते हैं।
- **ओमीय प्रतिरोध (Ohmic Resistance) :** जो चालक ओम के नियम का पालन करते हैं, उसके प्रतिरोध को ओमीय प्रतिरोध कहते हैं। जैसे- मैंगनीज का तार।
- **विशिष्ट प्रतिरोध (Specific Resistence) :** किसी चालक का प्रतिरोध उसकी कुल लंबाई के अनुक्रमानुपाती तथा उसके अनुप्रस्थ काट के क्षेत्रफल के व्युत्क्रमानुपाती होता है, अर्थात् यदि चालक की लंबाई l है और उसकी अनुप्रस्थ काट का क्षेत्रफल A है तो

$$R \propto \frac{l}{A}$$

या $$R = \rho \frac{l}{A}$$

  जहाँ ρ एक नियतांक है, जिसे चालक का **विशिष्ट प्रतिरोध** कहते हैं। अत: एक ही पदार्थ के बने मोटे तार का प्रतिरोध कम तथा पतले तार का प्रतिरोध अधिक होता है। विशिष्ट प्रतिरोध का मात्रक **ओम मीटर** होता है।
- **प्रतिरोधों का संयोजन (Combination of Resistence) :** सामान्यत: प्रतिरोधों को परिपथ में दो प्रकार से संयोजित किया जा सकता है- (i) श्रेणी क्रम (Series Combination) में, (ii) समानांतर क्रम (Parallel Combination) में।
- श्रेणी क्रम में संयोजित प्रतिरोधों का तुल्य प्रतिरोध समस्त प्रतिरोधों के योग के बराबर होता है।
- समानांतर क्रम में संयोजित प्रतिरोधों के समतुल्य प्रतिरोध का व्युत्क्रम (Inverse) उनके प्रतिरोधों के व्युत्क्रमों के योग के बराबर होता है।
- **विद्युत सामार्थ्य (Electric Power) :** कार्य करने की दर को सामर्थ्य कहते हैं। किसी चालक में विद्युत ऊर्जा के व्यय की दर किये गये कार्य के बराबर होती है।

$$\text{विद्युत सामर्थ्य} = \frac{\text{व्यय ऊर्जा}}{\text{लगा समय}}$$

- विद्युत सामर्थ्य का मात्रक **वाट** होता है। इसके अन्य बड़े मात्रक किलोवाट (KW) व मेगावाट (MW) होते हैं।
- घरों में प्रयुक्त विद्युत उपकरणों द्वारा खर्च की गयी कुल ऊर्जा के मापन की आवश्यकता पड़ती है। इसके लिए किलोवाट-घंटा-मीटर या मीटर नामक यंत्र प्रयोग में लाया जाता है।
- व्यय ऊर्जा को वाट-घंटा या **किलोवाट घंटा** में मापते हैं।
- **अमीटर (Ammeter) :** विद्युत धारा को एम्पियर में मापने के लिए अमीटर नामक यंत्र का प्रयोग किया जाता है। अमीटर को परिपथ में सदैव श्रेणी क्रम (Series Combination) में लगाया जाता है।
- **वोल्ट मीटर (Voltmeter) :** वोल्ट मीटर का प्रयोग परिपथ के किन्हीं दो बिन्दुओं के बीच विभवांतर मापने में किया जाता है। इसे परिपथ में सदैव समानांतर क्रम (Parallel Combination) में लगाते हैं। एक आदर्श वोल्टमीटर का प्रतिरोध अनंत होना चाहिए।

➩ **घरेलू विद्युत का वितरण :** घरों में विद्युत का वितरण एक मीटर के द्वारा किया जाता है, जो कि विद्युत ऊर्जा को **किलोवाट घंटा** में मापता है।

➩ घरों में पंखा, बल्ब आदि उपकरण समानांतर क्रम (Parallel Combination) में लगे रहते हैं। हर उपकरण के साथ एक-एक स्विच श्रेणी क्रम (Series Combination) में जुड़े होते हैं।

➩ **रेगुलेटर (Regulator) :** रेगुलेटर परिपथ में सामान्यतः एक धारा नियंत्रक (Current Controller) का कार्य करता है।

➩ **विद्युत फ्यूज (Electric Fuse) :** विद्युत फ्यूज का प्रयोग परिपथ में लगे उपकरणों की सुरक्षा के लिए किया जाता है। यह ताँबा, टिन एवं सीसा की मिश्र धातु से बना होता है एवं इसका गलनांक (Melting Point) कम होता है। यह परिपथ के साथ श्रेणी क्रम (Series Combination) में जोड़ा जाता है।

➩ **गैल्वेनोमीटर (Galvanometer) :** विद्युत परिपथ में विद्युत धारा की उपस्थिति बनाने वाला एक यंत्र है। इसकी सहायता से 10^{-6} ऐम्पियर तक की विद्युत धारा को मापा जा सकता है।

➩ **ट्रांसफॉर्मर (Transformer) :** यह एक ऐसा विद्युत उपकरण है जिसकी सहायता से प्रत्यावर्ती धारा (Alternating Current-AC) को कम या अधिक किया जाता है। इसका प्रयोग **केवल** प्रत्यावर्ती धारा (AC) के लिए किया जाता है। ट्रांसफॉर्मर विद्युत चुम्बकीय प्रेरण सिद्धान्त (Electro Magnetic Induction Theory) पर कार्य करता है।

➩ **माइक्रोफोन (Mrcrophone) :** इसके द्वारा ध्वनि ऊर्जा को विद्युत ऊर्जा में परिवर्तित किया जाता है। इससे ध्वनि को एक स्थान से दूसरे स्थान तक भेजा जाता है। यह भी विद्युत चुम्बकीय प्रेरण सिद्धान्त (Electro Magnetic Induction Theroy) पर कार्य करता है।

➩ **विद्युत जनरेटर (Electric Generator) :** इसके द्वारा यांत्रिक ऊर्जा (Mechanical Energy) को विद्युत ऊर्जा (Electric Energy) में परिवर्तित किया जाता है। यह भी विद्युत चुम्बकीय प्रेरण सिद्धान्त (Electro Magnetic Induction Therory) पर कार्य करता है।

15. चुम्बकत्व

➩ प्रकृति में स्वतंत्र रूप से पाये जाने वाले चुम्बकों को प्राकृतिक चुम्बक (Natural Magnet) कहते हैं। यह लोहे का ऑक्साइड (Fe_3O_4) है। प्राकृतिक चुम्बक की आकर्षण शक्ति बहुत कम होती है तथा उनकी कोई निश्चित आकृति नहीं होती है।

➩ कृत्रिम विधियों द्वारा बनाये गये चुम्बक को कृत्रिम चुम्बक (Artificial Magnet) कहते हैं। ये मुख्यतः लोहे, इस्पात एवं कोबाल्ट आदि से बनाये जाते हैं। इनकी आकर्षण शक्ति अधिक होती है। कृत्रिम चुंबक तीन प्रकार के होते हैं- (i) छड़ चुम्बक (Bar Magnet) (ii) नाल चुम्बक (Horse-Shoe Magnet) (iii) सूई चुम्बक (Needle Magnet) इनके इन रूपों का नामकरण आकार के अनुसार किया गया है।

चुम्बक के गुण (Properties of Magnet)

(i) **आकर्षण (Attraction) :** चुम्बक में लोहे, इस्पात आदि धातुओं के टुकड़े को अपनी ओर आकर्षित करने की क्षमता होती है। इन धातुओं की टुकड़े की मात्रा चुम्बक के दोनों सिरों पर सबसे अधिक एवं मध्य में सबसे कम होती है। इससे यह निष्कर्ष निकलता है कि आकर्षण शक्ति उसके दोनों किनारों पर सबसे अधिक एवं मध्य में सबसे कम होती है। चुम्बक के किनारे के दोनों सिरों को चुम्बक का ध्रुव (Poles) कहते हैं।

(ii) **दिशात्मक गुण (Directional Property) :** यदि किसी चुम्बक को धागे से बाँधकर स्वतंत्रतापूर्वक लटका दिया जाये तो उसके दोनों सिरे सदैव उत्तर-दक्षिण दिशा की ओर संकेतित होते हैं। चुम्बक का जो सिरा उत्तर की ओर होता है उसे उत्तरी ध्रुव (North Pole) और जो

सिरा दक्षिण की ओर होता है उसे दक्षिण ध्रुव (South Pole) कहते हैं। चुम्बक के उत्तरी ध्रुव को N से एवं दक्षिणी ध्रुव को S से प्रदर्शित करते हैं।

(iii) **ध्रुवों में आकर्षण-प्रतिकर्षण (Attraction and De-attraction in Poles) :** चुम्बक के समान ध्रुवों के बीच प्रतिकर्षण व विपरीत ध्रुवों के बीच आकर्षण होता है।

- चुम्बक के उत्तरी ध्रुव व दक्षिणी ध्रुव को मिलाने वाली रेखा को चुम्बकीय अक्ष (Magnetic Axis) कहा जाता है।
- चुम्बक चुम्बकीय पदार्थों में प्रेरण (Induction) द्वारा चुम्बकत्व उत्पन्न कर देता है।

- **चुम्बकीय क्षेत्र (Magnetic Field) :** चुम्बक के चारों ओर का वह क्षेत्र, जिसमें चुम्बक के प्रभाव का अनुभव किया जा सकता है। चुम्बकीय क्षेत्र कहलाता है। चुम्बकीय क्षेत्र की दिशा, चुम्बकीय सुई (Magnetic Needle) से निर्धारित की जाती है। चुम्बकीय क्षेत्र का मात्रक **गौस (Gauss)** होता है।
- **चुम्बकीय सुई (Magnetic Needle) :** चुम्बकीय सुई का उपयोग दिशा ज्ञात करने में किया जाता है। यह सदैव उत्तर-दक्षिण दिशा में ठहरती है। यदि हम चुम्बकीय सुई को लेकर पृथ्वी का पूरा चक्कर लगायें तो सुई पृथ्वी तल के दो स्थानों पर, तल के लंबवत् हो जाती है, इन स्थानों को पृथ्वी का चुम्बकीय ध्रुव (Magnetic Poles) कहते हैं।
- **चुम्बकीय क्षेत्र की तीव्रता (Intensity of Magnetic Field) :** चुम्बकीय क्षेत्र में क्षेत्र के लंबवत् एकांक लंबाई का ऐसा चालक तार रखा जाये जिसमें एकांक प्रबलता की धारा प्रवाहित हो रही हो तो चालक पर लगने वाला बल ही चुम्बकीय क्षेत्र की तीव्रता की माप होगी। चुम्बकीय क्षेत्र की तीव्रता एक सदिश राशि है। इसका मात्रक **न्यूटन/ऐम्पीयर मीटर अथवा वेबर/मी^{2} या टेसला (T)** होता है।
- **चुम्बकीय बल रेखाएँ (Magnetic Lines of Force) :** चुम्बकीय क्षेत्र में बल रेखाएँ वे काल्पनिक रेखाएँ हैं, जो उस स्थान में चुम्बकीय क्षेत्र की दिशा को अविरत प्रदर्शन करती है। चुम्बकीय बल रेखा के किसी भी बिन्दु पर खींची गयी स्पर्श रेखा उस बिन्दु पर चुम्बकीय क्षेत्र की दिशा को प्रदर्शित करती है।

चुम्बकीय बल रेखाओं के गुण

(i) चुम्बकीय बल रेखाएँ सदैव चुम्बक के उत्तरी ध्रुव से निकलती हैं तथा वक्र बनाती हुई दक्षिणी ध्रुव में प्रवेश कर जाती हैं और चुम्बक के अंदर से होती हुई पुनः उत्तरी ध्रव पर वापस आती हैं।

(ii) दो बल-रेखाएँ एक-दूसरे को कभी नहीं काटती।

(iii) चुम्बकीय क्षेत्र जहाँ प्रबल होता है, वहाँ बल-रेखाएँ पास-पास होती हैं।

(iv) एक समान चुम्बकीय क्षेत्र की बल-रेखाएँ परस्पर समांतर एवं बराबर-बराबर दूरियों पर होती हैं।

चुम्बकीय पदार्थ (Magnetic Substances)

(i) **प्रति-चुम्बकीय पदार्थ (Dia-Magnetic Substance) :** वे पदार्थ जो चुम्बकीय क्षेत्र में रखे जाने पर क्षेत्र के विपरीत दिशा में चुंबकित हो जाते हैं, प्रति-चुम्बकीय पदार्थ कहलाते हैं। उदाहरणार्थ- जस्ता, विस्मथ, ताँबा, चाँदी, सोना, हीरा, नमक, जल आदि।

(ii) **अनु-चुम्बकीय पदार्थ (Para-Magnetic Substance) :** वे पदार्थ जो चुम्बकीय क्षेत्र की दिशा में मामूली रूप से चुम्बकीय होते हैं, अनु-चुम्बकीय पदार्थ कहलाते हैं। उदाहरणार्थ- सोडियम, एल्युमिनियम, मैंगनीज, कॉपर, प्लैटिनम, ऑक्सीजन, पोटैशियम आदि।

(iii) **लौह-चुम्बकीय पदार्थ (Ferromagnetic Substances) :** वे पदार्थ जो चुम्बकीय क्षेत्र में रखने पर क्षेत्र की दिशा में प्रबल रूप से चुंबकित हो जाते हैं, लौह-चुम्बकीय पदार्थ कहलाते हैं। उदाहरणार्थ- लोहा, इस्पात, निकिल, मिश्रधातु, कोबाल्ट आदि।

- **चुम्बकीय प्रेरण (Magnetic Induction) :** किसी चुम्बकीय पदार्थ में चुम्बक के प्रभाव से चुम्बकत्व उत्पन्न करने की क्रिया को चुम्बकीय प्रेरण कहा जाता है।

➩ **डोमेन (Domains) :** लौह चुम्बकीय पदार्थों के भीतर परमाणुओं की असंख्य, अतिसूक्ष्म संरचनाओं को डोमेन कहा जाता है। एक डोमेन में 10^{18} से लेकर 10^{21} तक परमाणु होते हैं। लौह चुम्बकीय पदार्थों का चुम्बकीय गुण इन्हीं डोमेनों के परस्पर प्रतिस्थापन व घूर्णन के फलस्वरूप होता है।

➩ **क्यूरी ताप (Curie Temperature) :** क्यूरी ताप वह ताप है जिसके ऊपर पदार्थ अनु-चुम्बकीय (Para-Magnetic) व जिसके नीचे लौह-चुम्बकीय (Ferro-Magnetic) होता है। लोहा एवं निकिल के लिए क्यूरी ताप का मान क्रमशः 770°C तथा 358°C होता है।

➩ **क्यूरी बिन्दु (Curie Point) :** वह तापक्रम (690°C से 970°C) जिस पर चुम्बक अपना चुम्बकत्व खो देता है, क्यूरी बिन्दु कहलाता है।

➩ स्थायी चुम्बक (Permanent Magnet) बनाने के लिए इस्पात (Steel) का प्रयोग किया जाता है। लाउडस्पीकर एवं विद्युत मापक यन्त्रों के चुम्बक इस्पात के बने होते हैं।

➩ नर्म लोहे से निर्मित चुम्बक का चुम्बकन और विचुम्बकन दोनों ही सरलता से हो जाते हैं। इसके विपरीत इस्पात से चुम्बक का चुम्बकन और विचुम्बकन दोनों की कठिन है।

➩ **भू-चुम्बकत्व (Earth Magnetism) :** किसी स्थान पर पृथ्वी के चुम्बकीय क्षेत्र को तीन तत्त्वों द्वारा व्यक्त किया जाता है- (i) दिक्पात कोण (ii) नमन/नति कोण (iii) चुम्बकीय क्षेत्र का क्षैतिज घटक।

(i) **दिक्पात कोण (Angle of Declination) :** किसी स्थान पर भौगोलिक याम्योत्तर और चुम्बकीय याम्योत्तर के बीच जो कोण बनता है, उसे दिक्पात कोण कहा जाता है।

(ii) **नमन/नति कोण (Angle of Dip or Inclination) :** किसी स्थान पर पृथ्वी का सम्पूर्ण चुम्बकीय क्षेत्र क्षैतिज तल के साथ जितना कोण बनाता है, उसे उस स्थान का नमन/नति कोण कहते हैं। पृथ्वी के ध्रुव पर नमन कोण का मान 90° तथा विषुवत् रेखा पर 0° होता है।

(iii) **चुम्बकीय क्षेत्र के क्षैतिज घटक (Horizontal Component of Magnefic Field) :** पृथ्वी के सम्पूर्ण का चुम्बकीय क्षेत्र के क्षैतिज घटक (H) अलग-अलग स्थानों पर अलग-अलग होता है, परन्तु इसका मान लगभग 0.4 **गौस** (Gauss) या $0.4X10^{-4}$ **टेसला** होता है।

16. परमाणु भौतिकी

➩ परमाणु वे सूक्ष्तम कण हैं जो रासायनिक क्रिया में भाग ले सकते हैं, परन्तु स्वतंत्र अवस्था में नहीं रह सकते। पदार्थ के अणुओं का निर्माण परमाणुओं से होता है। परमाणु मुख्यतः तीन मूल कणों- इलेक्ट्रॉन, प्रोटॉन एवं न्यूट्रॉन से मिलकर बना होता है। इसके केन्द्र में एक नाभिक (Nucleus) होता है जिसमें प्रोटॉन व न्यूट्रॉन स्थिर होते हैं जबकि इलेक्ट्रॉन नाभिक के चारों ओर चक्कर लगाते हैं।

➩ परमाणु में प्रोटॉन एवं इलेक्ट्रॉन की संख्या समान एवं आवेश विपरीत होते हैं, जिसके कारण यह उदासीन होता है।

मूल कणों की विशेषताएँ			
कण	**द्रव्यमान (किग्रा)**	**आवेश (कूलॉम)**	**खोजकर्ता**
प्रोटॉन	$1.672X10^{-27}$	$+1.6X10^{-19}$	रदरफोर्ड
न्यूट्रॉन	$1.675X10^{-27}$	0	चैडविक
इलेक्ट्रॉन	$9.108X10^{-31}$	$-1.6X10^{-19}$	जे.जे. थॉमसन

➩ आज मूल कणों की संख्या 30 से ऊपर पहुँच चुकी है, कुछ प्रमुख कणों का विवरण निम्नलिखित है-

कण	द्रव्यमान	आवेश	खोजकर्ता	विशेष
पॉजिट्रॉन	$9.108X10^{-31}$	$+1.6X10^{-19}$	एंडरसन	इलेक्ट्रॉन का एंटिकण
न्यूट्रिनो	0	0	पाऊली	
पाई-मैसोन	इलेक्ट्रॉन का 274 गुणा	धनात्मक एवं ऋणात्मक दोनों	युकावा	अस्थायी, जीवनकाल 10^{-8} सेकंड
फोटॉन	0	0	आइंस्टीन	इसका वेग प्रकाश के वेग के बराबर होता है

- **नाभिक (Nucleus) :** परमाणु के नाभिक का आकार अत्यंत छोटा होता है। इसकी लंबाई लगभग 10^{-12} सेमी होती है। परमाणु का समस्त द्रव्यमान इसके नाभिक में केन्द्रित रहता है। नाभिक का संघटन प्रोटानों व न्यूट्रॉन से होता है। परमाणु का समस्त द्रव्यमान इसके नाभिक में होता है, जिसके कारण नाभिक काफी सघन (Dense) व दृढ़ (Rigid) होता है।

- **नाभिकीय बल (Nuclear Force) :** नाभिक के भीतर समान आवेश के प्रोटॉन स्थित होते हैं जिनके बीच प्रतिकर्षण बल कार्य करता है। अब प्रश्न यह उठता है कि इस प्रतिकर्षण बल के बावजूद यह कण नाभिक के भीतर कैसे रहते हैं। इसका कारण यह है कि नाभिक के भीतर प्रोटॉनों व न्यूट्रॉनों के बीच कुछ तीव्र (Srong) आकर्षण बल कार्यशील होते हैं, जो इन कणों को आपस में बाँधे रहते हैं। इन बलों को ही नाभिकीय बल कहा जाता है।
- **द्रव्यमान संख्या (Mass Number) :** किसी तत्त्व के परमाणु नाभिक में उपस्थित प्रोटॉनों तथा न्यूट्रॉनों की संख्या के योग को द्रव्यमान संख्या कहते हैं।
- **समस्थानिक (Isotopes) :** एक तत्त्व के परमाणुओं को जिनकी परमाणु संख्या समान हो परन्तु परमाणु द्रव्यमान संख्या भिन्न हो समस्थानिक कहलाते हैं। **समस्थानिकों के रासायनिक गुण एक समान होते हैं।**
- **समभारी (Isobars) :** कुछ तत्त्व ऐसे होते हैं जिनके परमाणुओं का परमाणु भार तो एक समान होता है, परन्तु इलेक्ट्रॉनों एवं प्रोटॉनों की संख्या (परमाणु क्रमांक) भिन्न-भिन्न होती है। ऐसे परमाणुओं को समभारी कहते हैं। **समभारियों के रासायनिक गुण भिन्न-भिन्न होते हैं।**
- **रेडियो सक्रियता (Radioactivity) :** रेडियोसक्रियता की खोज फ्रेंच वैज्ञानिक हेनरी बेकरल, राबर्ट पियरे क्यूरी एवं मैडम ने किया था। इस खोज के लिए इन तीनों को संयुक्त रूप से नोबेल पुरस्कार मिला था।
- जिन नाभिकों में प्रोटॉन की संख्या 83 या उससे अधिक होती है वे अस्थायी होते हैं। स्थायित्व प्राप्त करने के लिए ये नाभिक स्वत: ही क्रमश: अल्फा (α), बीटा (β) एवं गामा (γ) किरणें उत्सर्जित करने लगती हैं। ऐसे नाभिक जिन तत्त्वों के परमाणुओं में होते हैं, उन्हें रेडियोसक्रिय तत्त्व कहते हैं तथा किरणों की उत्सर्जन की घटना को रेडियोसक्रियता कहते हैं।
- राबर्ट पियरे क्युरी एवं उनकी पत्नी मैडम क्यूरी ने एक नये रेडियोसक्रिय तत्त्व 'रेडियम' (Radium) की खोज की, जिसको उन्होंने पिच बलेण्डी (Pitch-blende) नामक यूरेनियम खनिज से प्राप्त किया।
- रेडियोसक्रियता के दौरान निकलने वाली किरणें- अल्फा (α), बीटा (β) एवं गामा (γ) की पहचान सर्वप्रथम 1902 ई. में रदरफोर्ड नामक वैज्ञानिक ने की थी।

अल्फा (α) किरणें

- ये किरणें गतिमान धनावेशित कणों से मिलकर बनी होती हैं।
- इन कणों का द्रव्यमान हाइड्रोजन के परमाणु का चार गुना होता है।

- इनकी बेधन क्षमता (Penetrating Power) बहुत कम व गैसों की आयतन क्षमता बहुत अधिक होती है।
- इन कणों का वेग प्रकाश के वेग का 1/10 होता है तथा लगभग 2.2×10^7 मीटर/सेकंड होता है। अत्यधिक वेग से निकलने के कारण ये कण नाभिकों पर बमबारी करने तथा एक तत्त्व को दूसरे तत्त्व में परिवर्तित करने के काम आते हैं।

बीटा (β) किरणें

- ये किरणें ऋणावेशित कणों से मिलकर बनी होती हैं। इन कणों पर इलेक्ट्रॉन के आवेश के बराबर आवेश होता है।
- इन कणों का वेग बहुत अधिक होता है तथा प्रकाश के वेग के लगभग बराबर हो सकता है।
- इन कणों की बेधन क्षमता अल्फा (α) कणों की अपेक्षा अधिक एवं आयनन क्षमता (Ionisation) अल्फा कणों की अपेक्षा कम होती है।

गामा (γ) किरणें

- ये किरणें विद्युत चुम्बकीय तरंगें हैं तथा ऊर्जा के छोटे-छोटे बण्डलों (Packets) से मिलकर बनी होती हैं, जिन्हें फोटॉन (Photons) कहते हैं।
- इन किरणों का वेग प्रकाश के वेग के बराबर होता है।
- इनकी वेधन क्षमता अत्यधिक होती है व आयनन क्षमता न्यूनतम होती है।
- ये विद्युत या चुम्बकीय क्षेत्र से प्रभावित नहीं होती, लेकिन प्रतिदिप्ति (Fluorescence) उत्पन्न करती है।
- इन किरणों में ऊर्जा की मात्रा बहुत अधिक संचित रहती है।
- रेडियोसक्रियता की माप **जी.एम. काउंटर** से की जाती है।
- नाभिकीय खोजों, जीवविज्ञान व औषधियों, कृषि, उद्योगों एवं रोगों के उपचार में रेडियोसक्रियता के अनुप्रयोग होते हैं।
- रेडियोसक्रिय कोबाल्ट का प्रयोग कैंसर को ठीक करने में किया जाता है। रेडियो आयोडीन अवटुग्रंथि (Thyroid Gland) के उपचार में काम आता है।
- कोबाल्ट एवं टंगस्टन के समस्थानिक मशीन व अन्य यंत्रों में खराबी या टूटन को ज्ञात करने में प्रयोग किये जाते हैं।
- रेडियो समस्थानिकों का प्रयोग अत्यधिक प्राचीन तत्त्वों की आयु ज्ञात करने में बहुत होता है। इस विधि में मृत जीवाश्म या पौधों में प्राप्त कार्बन के दो समस्थानिकों $_6C^{12}$ व $_6C^{14}$ का अनुपात ज्ञात करके आयु का निर्धारण किया जाता है। इन दो समस्थानिकों में $_6C^{14}$ रेडियोसक्रिय होता है।
- **अर्द्ध आयु (Half Life) :** जितने समयान्तराल में किसी रेडियोसक्रिय पदार्थ की मात्रा विघटित होकर अपने प्रारंभिक मान की आधी रह जाती है उस समयान्तराल को पदार्थ की अर्द्ध-आयु कहते हैं।
- **अभ्र कोष्ठ (Cloud Chamber) :** इसका उपयोग रेडियोसक्रिय कणों की उपस्थिति का पता लगाने, उनकी ऊर्जा को मापने आदि के लिए किया जाता है। इसका आविष्कार 1911 ई. में सी.आर.टी. विल्सन ने किया था।
- **द्रव्यमान ऊर्जा सम्बन्ध (Mass-Energy Relation) :** 1905 ई. में आइंस्टीन ने द्रव्यमान एवं ऊर्जा के बीच एक सम्बन्ध स्थापित किया जिसे आपेक्षिकता का सिद्धान्त (Theory of Relativity) कहा जाता है। इसके अनुसार द्रव्यमान एवं ऊर्जा एक-दूसरे से स्वतंत्र नहीं हैं, बल्कि दोनों एक-दूसरे से सम्बन्धित है तथा प्रत्येक पदार्थ में उसके द्रव्यमान के कारण ऊर्जा भी होती है। यदि किसी वस्तु का द्रव्यमान m एवं प्रकाश वेग c हो तो इस द्रव्यमान से सम्बद्ध ऊर्जा $E=mc^2$ होती है।

- सूर्य से पृथ्वी को लगातार ऊर्जा ऊष्मा के रूप में प्राप्त हो रही है, जिसके फलस्वरूप सूर्य का द्रव्यमान लगातार घटता जा रहा है। अर्थात् सूर्य का द्रव्यमान लगातार ऊर्जा के रूप में पृथ्वी को प्राप्त हो रहा है। आँकड़ों के अनुसार सूर्य से पृथ्वी को प्रति सेकंड $4X10^{26}$ जूल ऊर्जा प्राप्त हो रही है, जिसके फलस्वरूप इसका द्रव्यमान लगभग $4X10^{9}$ किग्रा/सेकंड की दर से कम हो रहा है। परन्तु सूर्य का द्रव्यमान इतना अधिक है कि वह पृथ्वी को लगातार एक हजार करोड़ वर्षों तक इसी दर से ऊर्जा देता रहेगा।

17. नाभिकीय विखंडन तथा संलयन

- **नाभिकीय विखंडन (Nuclear Fission) :** वह नाभिकीय प्रक्रिया जिसमें कोई भारी नाभिक दो लगभग समान आकार के नाभिकों में टूट जाता है नाभिकीय विखंडन कहलाता है। नाभिकीय विखंडन से प्राप्त ऊर्जा को ही नाभिकीय ऊर्जा (Nuclear Energy) कहते हैं।
- नाभिकीय ऊर्जा (Nuclear Energy) का मुख्य उपयोग नाभिकीय रिएक्टर (Nuclear Reactor) में किया जाता है। नाभिकीय ऊर्जा को विद्युत शक्ति में परिवर्तित करके कल-कारखाने चलाये जा सकते हैं एवं विद्युत संकट का हल निकाला जा सकता है।
- सबसे पहले नाभिकीय विखंडन हॉन तथा स्ट्रासमैन (Hahn and Strassmann) नामक वैज्ञानिकों द्वारा दिखाया गया। इन्होंने जब यूरेनियम 235 (U^{235})पर न्यूट्रॉनों की बमबारी की, तो पाया कि यूरेनियम के नाभिक दो खंडों में विभाजित हो गए।
- **शृंखला अभिक्रिया (Chain Reaction) :** जब यूरेनियम पर न्यूट्रॉनों की बमबारी की जाती है तो एक यूरेनियम नाभिक के विखंडन पर बहुत अधिक ऊर्जा व तीन नये न्यूट्रॉन उत्सर्जित होते हैं। ये उत्सर्जित न्यूट्रॉन यूरेनियम के अन्य नाभिकों को भी विखंडित करते हैं। इस प्रकार यूरेनियम नाभिकों के विखंडन की एक शृंखला बन जाती है तथा यह शृंखला तब तक चलती रहती है जब तक कि सारा यूरेनियम समाप्त नहीं हो जाता। इसे ही शृंखला अभिक्रिया कहते हैं। इस शृंखला अभिक्रिया के फलस्वरूप अत्यधिक ऊर्जा उत्पन्न होती है। शृंखला अभिक्रिया दो प्रकार की होती है- (i) नियंत्रित शृंखला अभिक्रिया (ii) अनियिंत्रित शृंखला अभिक्रिया।
  (i) **नियंत्रित शृंखला अभिक्रिया (Controlled Chain Reaction) :** यह अभिक्रिया धीरे-धीरे होती है तथा इससे प्राप्त ऊर्जा का उपयोग लाभदायक कार्यों के लिए किया जाता है। नाभिकीय रिएक्टर (Nuclear Reactor) या परमाणु भट्टी (Atomic Pile) में नियंत्रित शृंखला अभिक्रिया अपनायी जाती है।
  (ii) **अनियंत्रित शृंखला अभिक्रिया (Uncontrolled Chain Reaction) :** इस अभिक्रिया में ऊर्जा अत्यंत तीव्र गति से उत्पन्न होती है तथा बहुत कम समय में बहुत अधिक विनाश हो सकती है। इस अभिक्रिया में प्रचण्ड विस्फोट होता है। परमाणु बम (Atom Bomb) में अनियंत्रित शृंखला अभिक्रिया ही होती है।
- **परमाणु बम (Atom Bomb) :** परमाणु बम को सामान्यत: नाभिकीय बम (Nuclear Bomb) भी कहा जाता है। इसका सिद्धान्त नाभिकीय विखंडन (Nuclear Fission) पर आधारित है। परमाणु बम को बनाने के लिए यूरेनियम-235 (U^{235}) अथवा प्लूटोनियम-239 (Pu^{239}) का प्रयोग किया जाता है। इसमें अनियंत्रित शृंखला अभिक्रिया (Uncontrolled Chain Reaction) होती है जिसके फलस्वरूप अपार ऊर्जा की मात्रा उत्पन्न होती है।
- **क्रांतिक द्रव्यमान (Critical Mass) :** परमाणु बम में प्रयुक्त होने वाले पदार्थ के लिए यह आवश्यक है कि उसका द्रव्यमान एक निश्चित द्रव्यमान से अधिक हो। इस निश्चित द्रव्यमान को क्रांतिक द्रव्यमान कहते हैं।
- **परमाणु भट्टी (Atomic Pile) या नाभिकीय रिएक्टर (Nuclear Reactor) :** इसके द्वारा नाभिकीय ऊर्जा को रचनात्मक कार्यों में उपयोग में लाया जाता है। इसमें नियंत्रित शृंखला अभिक्रिया

(Controlled Chain Reaction) के द्वारा ऊर्जा उत्पन्न की जा सकती है। सबसे पहले नाभिकीय रिएक्टर प्रो. फर्मी के निर्देशन में शिकागो विश्वविद्यालय में बनाया गया था।

◇ नाभिकीय रिएक्टर में यूरेनियम–235 (U^{235}) या प्लूटोनियम–239 (Pu^{239}) को ईंधन (Fuel) के रूप में प्रयुक्त किया जाता है। जब इन विस्फोटक पर न्यूट्रॉनों की बमबारी की जाती है तो नये न्यूट्रॉन उत्पन्न होते हैं। इन न्यूट्रॉनों की गति को धीमी करने के लिए भारी जल (D_2O), ग्रेफाइट या बेरेलियम ऑक्साइड आदि **मंदकों** (Moderators) को प्रयोग में लाया जाता है।

◇ नाभिकीय रिएक्टर में अभिक्रिया के दौरान कई प्रकार के हानिकारक विकिरण उत्सर्जित होते हैं जो आस-पास के वातावरण व रिएक्टर में काम करने वालों को नुकसान पहुँचा सकते हैं। इसे रोकने के लिए रिएक्टर के चारों ओर मोटी-मोटी कंक्रीट की दीवारें बना दी जाती है। इन दीवारों को **परिरक्षक** (Shield) कहते हैं।

◇ नाभिकीय रिएक्टर में होने वाली अभिक्रिया को नियंत्रित रखना आवश्यक होता है, नहीं तो विस्फोट हो सकता है। इसके लिए रिएक्टर में कैडमियम की छड़ें लगायी जाती है। ये छड़ें **नियंत्रक छड़ें** (Controller Rods) कहलाती हैं।

नाभिकीय रिएक्टर के उपयोग

(i) इससे प्राप्त नाभिकीय ऊर्जा से विद्युत ऊर्जा प्राप्त किया जा सकता है।
(ii) रिएक्टर में अनेक प्रकार के समस्थानिक (Isotopes) उत्पन्न होते हैं जिनका उपयोग चिकित्सा, विज्ञान, कृषि, रोगों के उपचार, उद्योग धंधों आदि में किया जाता है।

◇ **नाभिकीय संलयन (Nuclear Fusion)** : जब दो या दो से अधिक हल्के नाभिक संयुक्त होकर एक भारी नाभिक बनाते हैं तथा अत्यधिक ऊर्जा विमुक्त करते हैं, तो इस अभिक्रिया को नाभिकीय संलयन कहते हैं। एक नाभिकीय संलयन अभिक्रिया का उदारहण है-

$$_1H^2 + _1H^3 \rightarrow _2He^4 + _0n^1 + 17.6\,Mev\,(\text{ऊर्जा})$$

◇ सूर्य एवं तारों से प्राप्त ऊर्जा एवं प्रकाश का स्रोत **नाभिकीय संलयन** ही है।

◇ नाभिकों को संलयित करने के लिए लगभग 10^8 केल्विन के उच्च ताप तथा अत्यंत उच्च दाब की आवश्यकता होती है।

◇ **हाइड्रोजन बम (Hydrogen Bomb)** : इस बम का आविष्कार अमेरिकी वैज्ञानिकों ने 1952 में किया। यह नाभिकीय संलयन (Nuclear Fusion) की प्रक्रिया पर आधारित है। यह बम परमाणु बम की अपेक्षा 1000 गुना अधिक शक्तिशाली है।

18. वैज्ञानिक यंत्र एवं उनके उपयोग

आल्टीमीटर	Altimeter	यह ऊँचाई मापक यंत्र है जिसका उपयोग विमानों में किया जाता है।
ऐनीमीटर	Anemometer	इससे वायु के बल तथा गति को मापा जाता है। यह वायु की दिशा भी बताता है।
ऑडियोमीटर	Audiometer	यह ध्वनि की तीव्रता को मापता है।
एरोमीटर	Aerometer	यह वायु और गैसों के घनत्व को मापने वाला यंत्र है।
ऐक्टिनोमीटर	Actinometer	विद्युत-चुम्बकीय विकिरण की तीव्रता मापने वाला यंत्र।
ऐक्युमुलेटर	Accumulator	विद्युत ऊर्जा उत्पन्न करने का द्वितीयक सेल/एक बैटरी।
ऐस्ट्रोमीटर	Astrometer	तारों के प्रकाश की तीव्रताओं का तुलना (या माप) करने वाला यंत्र

एण्टी-एअरक्राफ्ट गन	Anti-Aircraft Gun	गोला मारकर हवाई जहाज को गिराने वाली तोप।
ऐक्सिलरोमीटर	Accelerometer	वाहन के त्वरण को मापने वाला यंत्र।
ऑडियोफोन	Audiophone	इसे लोग सुनने में सहायता के लिए कान में लगाते हैं। इसे सुनने की मशीन भी कहते हैं।
बैरोग्राफ	Barograph	यह वायुमण्डल के दाब में होने वाले परिवर्तन को लगातार मापता रहता है और स्वत: ही इसका ग्राफ भी बना देता है।
बाइनोकुलर्स	Binoculars	इससे दूर स्थित वस्तुएँ स्पष्ट देखी जा सकती हैं।
बोलोमीटर	Bolometer	यह ऊष्मीय विकिरण को मापने का यंत्र है।
कैलीपर्स	Callipers	इससे बेलनाकार तथा गोल वस्तुओं के भीतरी तथा बाहरी व्यास को मापा जा सकता है। इससे मोटाई भी मापी जा सकती है।
कैलोरीमीटर	Calorimeter	इससे ऊष्मा की मात्रा मापी जाती है।
कार्डियोग्राम	Cardiogram	इससे हृदय रोग से ग्रसित व्यक्ति की हृदय गति की जाँच की जाती है। हृदय गति के ग्राफ को कार्डियोग्राफ या ECG (इलेक्ट्रोकार्डियाग्राफ) कहते हैं।
कम्पास नीडिल	Compass Needle	इसके द्वारा किसी स्थान पर उत्तर-दक्षिण आदि दिशाओं का ज्ञान प्राप्त किया जाता है।
कारबुरेटर	Carburetter	इससे अन्तर्दहन पेट्रोल इंजनों में पेट्रोल तथा हवा का मिश्रण बनाया जाता है।
क्रोनीमीटर	Chronometer	यह यंत्र जलयानों पर सही समय बताने के लिए लगा होता है।
क्रेस्कोग्राफ	Crescograph	पौधों की वृद्धि नापने का यंत्र।
सइक्लोट्रॉन	Cyclotron	इस यंत्र की सहायता से आवेशित कणों (जैसे-प्रोटॉन) को त्वरित किया जाता है।
कम्प्यूटर	Computer	यह एक गणितीय इलेक्ट्रॉनिक यांत्रिक व्यवस्था है। इसका उपयोग गणितीय समस्याओं को हल करने में किया जाता है।
सिनेमैटोग्राफ	Cinematograph	छोटी-छोटी फिल्मों को बड़ा करके पर्दे पर लगातार क्रम में प्रक्षेपण (Projection) करने के लिए इस यंत्र का प्रयोग किया जाता है।
रंगमापक यंत्र	Colourimeter	रंगों की गहनता की माप करने वाला यंत्र।
कम्यूटेटर	Commutator	इससे किसी परिपथ में विद्युत धारा की दिशा बदली जाती है।
कायमोग्राफ	Cymograph	रुधिर के दाब का ग्राफ चित्रण करने वाला यंत्र।

भौतिक विज्ञान 45

साइटोट्रॉन	Cytotrone	कृत्रिम मौसम उत्पन्न करने में काम आने वाला यंत्र।
साइटोस्कोप	Cytoscope	मूत्राशय के आन्तरिक भागों को सीधे ही देखने के लिए प्रयुक्त किये जाने वाला यंत्र।
डायनमो	Dynamo	यांत्रिक ऊर्जा को विद्युत ऊर्जा में बदलने वाला यंत्र।
डायनमोमीटर	Dynamometer	विद्युत शक्ति को मापने का यंत्र।
डिक्टाफेन	Dictaphone	अपनी बात तथा आदेश दूसरे व्यक्ति को सुनाने के लिए इस यंत्र द्वारा रिकार्ड किया जाता है।
नमनमापी	Dip Circle	किसी स्थान पर चुम्बकीय नमन कोण (Dip Angle) मापने के लिए इस यंत्र का प्रयोग किया जाता है।
डाइलेटोमीटर	Dilatometer	यह यंत्र किसी वायु में उत्पन्न आयतन के परिवर्तन को मापता है।
एपिडायस्कोप	Epidiascope	चित्रों का पर्दे पर प्रक्षेपण (Projection) करने के लिए इस यंत्र को प्रयोग किया जाता है।
इलेक्ट्रिक मोटर	Electric Motor	विद्युत ऊर्जा को यांत्रिक ऊर्जा में बदलने वाला यंत्र
इलेक्ट्रोस्कोप	Electroscope	विद्युत आवेश की उपस्थिति तथा उसकी प्रकृति का पता लगाने वाला यंत्र।
यूडियोमीटर	Eudiometer	इसके द्वारा गैसों में रासायनिक क्रिया के कारण आयतन में होने वाले परिवर्तनों को नापा जाता है।
इलेक्ट्रोएंसेफेलोग्राफ	Electroence-phalograph (EEG)	यह यंत्र मस्तिष्क की तरंगों (Brain Waves) को रिकॉर्ड करता है तथा उनकी व्याख्या भी करता है। रिकॉर्ड को इलेक्ट्रोएंसेफेलोग्राफ कहते हैं।
एण्डोस्कोप	Endoscope	यह वह यंत्र है, जिसे शरीर के अन्दर प्रवेश कराके अंदर की रचना व विकारों को देखा जा सकता है।
फैदोमीटर	Fathometer	समुद्र की गहराई नापने का यंत्र।
फ्लक्समापी	Flux Meter	यह चुम्बकीय फ्लक्स को मापने वाला यंत्र है।
धारामापी	Galvanometer	विद्युत परिपथों में विद्युत धारा की दिशा बताने वाला एवं उसकी तीव्रता मापने वाला यंत्र।
ग्रैवीमीटर	Gravimeter	पानी की सतह पर तेल की उपस्थिति ज्ञात करने में इस यंत्र का उपयोग किया जाता है।
गाइगर मूलर काउंटर	Geiger Muller Counter	इससे किसी रेडियोऐक्टिव स्रोत से निकलने वाले विकिरणों (अल्फा, बीटा व गामा किरणों) को मापा जाता है। इसे केवल गाइगर काउंटर भी कहते हैं।
जाइरोस्कोप	Gyroscope	घूमती हुई वस्तुओं की गति मापने का यंत्र।
हाइड्रोमीटर	Hydrometer	द्रवों का आपेक्षिक घनत्व ज्ञात करने का यंत्र।
हाइग्रोमीटर	Hygrometer	वायुमण्डल की आर्द्रता को मापने वाला यंत्र।

हाइड्रोफोन	Hydrophone	पानी के अन्दर ध्वनि तरंगों को संसूचित (Detect) करने वाला यंत्र।
हार्ट-लंग्स मशीन	Heart-lungs Machine	हृदय और फेफड़ों का ऑपरेशन करते समय यह मशीन काम आती है।
हाइग्रोस्कोप	Hygroscop	यह वायुमण्डलीय आर्द्रता में परिवर्तन दिखाने वाला यंत्र है।
हिप्सोमीटर	Hypsometer	यह द्रवों के क्वथनांक ज्ञात करने वाला यंत्र है।
किमोग्राफ	Kymograph	यह यंत्र रक्तचाप (Blood Pressure), हृदय-स्पंदन (Heart Beats) आदि शारीरिक गतियों या कारकों के परिवर्तन का ग्राफ बनाता है।
लैक्टोमीटर	Lactometer	दूध की शुद्धता जाँच करने का यंत्र। यह यंत्र दूध का आपेक्षिक घनत्व मापता है जिससे उसमें पानी की मात्रा का पता चलता है।
दाबमापी	Manometer	इससे गैसों का दाब ज्ञात किया जाता है।
मैग्नेट्रॉन	Magnetron	विशेष प्रकार की इलेक्ट्रॉन ट्यूब जो बहुत छोटी तरंगदैर्ध्य वाली सूक्ष्म तरंगें (माइक्रोवेव) उत्पन्न करती है।
माक्रोटोम	Microtome	इसे किसी वस्तु को बहुत पतले-पतले भागों में काटने के काम में लाया जाता है।
मैकमीटर	Machmeter	यह यंत्र वायु की गति को ध्वनि की गति के पदों में (in terms of) मापता है।
चुम्बकत्वमापी	Magnetometer	यह विभिन्न आघूर्णों (Moments) तथा चुम्बकीय क्षेत्रों (Fields) की तुलना करने के लिए प्रयुक्त किया जाने वाला यंत्र है।
माइक्रोमीटर	Micrometer	बहुत छोटे व्यासों तथा मोटाइयों को मापने वाला यंत्र।
माइक्रोफोन	Microphone	यह यंत्र ध्वनि तरंगों को विद्युत स्पन्दनों में परिवर्तन करता है।
नेफेटोमीटर	Nephetometer	द्रव में लटके हुए कणों द्वारा प्रकाश के प्रकीर्णन को मापता है।
ओडोमीटर	Odometer	इससे मोटर गाड़ी की गति को ज्ञात किया जाता है। इसे चक्करमापी भी कहते हैं।
पेरिस्कोप	Periscope	इसके द्वारा जब पनडुब्बी पानी के अन्दर होती है, तो पानी की सतह का अवलोकन किया जा सकता है और उसेमें बैठे लोग बिना किसी के जाने हुए बिना किसी बाधा के बाहरी हलचलों को देख सकते हैं। दीवार के दूसरी ओर (अपने कमरे में ही बैठे हुए) देखने के लिए भी इसका प्रयोग किया जाता है।

ओण्डोमीटर	Ondometer	यह यंत्र विद्युत चुंबकीय तरंगों की आवृत्ति को मापता है, विशेषत: रेडियो आवृत्ति बैण्ड में।
पोटेन्शियोमीटर	Potentiometer	इससे किसी सेल के विद्युत वाहक बल तथा आन्तरिक प्रतिरोध की नाप होती है।
पायरोमीटर	Pyrometer	यह उच्च तापों (High Tempeatures) को मापने का यंत्र है, जैसे- सूर्य का ताप
पोलीग्राफ	Polygrap	इस यंत्र को झूठ का पता लगाने के लिए लाई- डिटेक्टर के रूप में प्रयुक्त किया जाता है, जैसे- हृदय-स्पंदन, रक्तचाप, श्वसन आदि।
पाइक्नोमीटर	Pyknometer	यह यंत्र द्रवों के घनत्व तथा प्रसार गुणांक का मापन करता है।
पाइर्हीलियोमीटर	Pyrheliometer	यह यंत्र सौर विकिरण के घटकों (Components) का मापन करता है।
क्वाड्रैण्ट	Quadrant	इसके द्वारा नौकाचालन (Navigation) तथा खगोल विज्ञान में ऊँचाइयों और कोणों को मापा जाता है।
रडार	Radar	रेडियो तरंगों द्वारा पास आते हुए वायुयान की दिशा और दूरी को ज्ञात करने के लिए इस यंत्र का प्रयोग किया जाता है। रडार (RADAR) संक्षिप्त रूप है- Radio Detection and Ranging का।
रेडियो माइक्रोमीटर	Radio Micrometer	इसके द्वारा ऊष्मीय विकिरण को मापा जाता है।
रिफ्रेक्टोमीटर	Refractometer	इस यंत्र से अपवर्तनांक (Refractive Index) मापा जाता है।
रेडिएटर	Radiator	यह कारों तथा गाड़ियों के इंजनों को ठंडा करने वाला उपकरण है।
रेन गॉज	Rain-Gauge	इससे किसी विशेष स्थान पर हुई वर्षा की मात्रा नापी जाती है।
रेडियोमीटर	Radiometer	इस यंत्र द्वारा विकिरण ऊर्जा की तीव्रता को नापा जाता है।
शर्करामापी	Saccharimeter	यह यंत्र किसी घोल में शक्कर की मात्रा मापने के काम आता है।
सिस्मोग्राफ	Seismograph	इस यंत्र से पृथ्वी की सतह पर आने वाले भूकम्प के झटकों की तीव्रता का ग्राफ स्वत: ही चित्रित हो जाता है।
स्पेक्ट्रोमीटर	Spectrometer	इस यंत्र के माध्यम से विभिन्न प्रकार के स्पेक्ट्रमों का अध्ययन किया जाता है तथा विभिन्न रंगों के तरंगदैर्ध्य को मापा जाता है।

स्पीडोमीटर	Speedometer	इससे मोटरगाड़ी की गति मापी जाती है।
स्फिग्मोमैनोमीटर	Sphygmo-manometer	इससे मानव की धमनियों में बहने वाले रक्त का दाब मापा जाता है।
स्फिग्मोफोन	Sphygmophone	इससे नाड़ी धड़कन को तेज ध्वनि में सुना जा सकता है।
स्टीरियोस्कोप	Stereoscope	यह एक प्रकार का उत्तम वाइनोकुलर है। इससे किसी द्वि विमीय चित्र को भलीभाँति देखा जा सकता है।
सैलिनोमीटर	Salinometer	यह यंत्र घोल की लवणता का मापन करता है।
सेक्सटैण्ट	Sextant	इस यंत्र द्वारा सुदूर के पर्वत, वृक्ष, टॉवर आदि की ऊँचाई मापी जाती है। नौचालक (Nevigator) इसके द्व ारा किसी स्थान का अक्षांश (Latitude) भी मापते हैं।
स्पेक्ट्रोस्कोप	Spectroscope	स्पेक्ट्रम को देखने के लिए इस यंत्र का उपयोग किया जाता है।
स्टेथोस्कोप	Stethoscope	इस यंत्र का प्रयोग डॉक्टरों द्वारा फेफड़ों तथा हृदय की धड़कनों तथा ध्वनियों को सुनने तथा उनकी व्याख्या करने के लिए किया जाता है।
स्ट्रोबोस्कोप	Stroboscope	तीव्र गति करने वाली वस्तुओं को देखने के लिए इसका उपयोग किया जाता है।
टैकोमीटर	Tachometer	इस यंत्र द्वारा शाफ्ट की गति (विशेषतः वायुयान और मोटरबोट में लगे हएु शाफ्ट) विशेषतः घूर्णन गति मापी जाती है।
टेलीस्टार	Telestar	10 जुलाई, 1962 को अमेरिका द्वारा केप कैनेडी से छोड़ा गया यह अन्तरिक्ष का संचार उपग्रह है। इसके द्व ारा एक देश के निवासी दूसरे देश के निवासियों से टेलीफोन द्वारा बातचीत कर सकते हैं। इसके अतिरिक्त टेलीविजन संचार भी विभिन्न देशों में इसके द्वारा सम्भव हो सका है।
थ्योडोलाइट	Theodolite	यह सर्वेक्षण करने का यंत्र है, जो क्षैतिज तथा उर्ध्वाधर कोणों को नापकर दूरी को ज्ञात करता है।
थर्मोस्टैट	Thermostat	इस यंत्र के द्वारा ऊष्मा आपूर्ति पर नियंत्रण करके किसी वस्तु या पदार्थ का तापमान किसी बिन्दु पर नियत कर दिया जाता है।
ट्रांसफॉर्मर	Transformer	इसके द्वारा कम या अधिक वोल्टेज की A.C. को अधिक या कम वोल्टेज की A.C. में बदला जाता है।
थर्मोपाइल	Thermopile	ऊष्मा विकिरण का पता लगाने तथा उसकी माप ज्ञात करने के लिए प्रयुक्त यंत्र।
टेलीमीटर	Telemeter	दूर स्थानों पर होने वाली भौतिक घटनाओं को रिकॉर्ड करने वाला और मापने वाला यंत्र।

टैकियोमीटर	Tachemometer	सर्वेक्षण के समय दूरी, उन्नयन (Elevation) आदि मापने वाला यंत्र।
टेलीप्रिन्टर	Teleprinter	यह यंत्र एक स्थान से दूसरे स्थान पर टाइप किये हुए समाचार भेजता है और उनका अभिग्रहण करता है।
टोनोमीटर	Tonometer	किसी ध्वनि की पिच (तारत्व) या आवृत्ति को मापने वाला यंत्र।
ट्रांसपोण्डर	Transponder	इस यंत्र का काम है, किसी संकेत (Signal) को ग्रहण करना और उसके उत्तर को तुरन्त प्रेषित करना।
यूडोमीटर	Udometer	वर्षामापक यंत्र (रेनगॉज)।
अल्ट्रासोनोस्कोप	Ultrasonoscope	यह यंत्र पराध्वनि (अल्ट्रासोनिक साउण्ड) को मापता है और उसको प्रयुक्त करता है। इसका उपयोग मस्तिष्क के ट्यूमर का पता लगाने, हृदय के दोषों को ज्ञात करने आदि के लिए इकोग्राम (Echogram) बनाने में किया जाता है।
वेन्चुरीमीटर	Venturimeter	द्रव के प्रवाह की दर ज्ञात करने का यंत्र।
विस्कोमीटर	Viscometer	यह यंत्र किसी द्रव की श्यानता (Viscosity) मापता है।
वोल्टमीटर	Voltmeter	यह किन्हीं दो बिन्दुओं के मध्य विद्युत विभवान्तर ज्ञात करने का यंत्र है।
वाटमीटर	Wattmeter	विद्युत स्रोत की शक्ति (Power) को मापने वाला यंत्र।
वेवमीटर	Wavemeter	किसी रेडियो तरंग की तरंगदैर्ध्य मापने वाला यंत्र।

19. विभिन्न यंत्रों एवं उपकरणों के आविष्कारक

यंत्र उपकरण	आविष्कारक	देश	वर्ष
बैरोमीटर	ई. टोरसेली	इटली	1644
विद्युत बैटरी	अलेसांड्रो वोल्टा	इटली	1800
बाईसिकल	के. मैकमिलन	स्कॉटलैंड	1839
बाईसिकल टायर	जॉन डनलप	ब्रिटेन	1888
बाई-फोकल लेंस	बेंजामिन फ्रेंकलिन	यू.एस.ए.	1780
बुन्सन बर्नर	राबर्ट बुन्सन	जर्मनी	1855
कम्प्यूटर	चार्ल्स बैवेज	ब्रिटेन	1834
क्रेस्कोग्राफ	जे.सी. बोस	भारत	1928
कॉस्मिक किरणें	विक्टर हेस	आस्ट्रिया	1912
कार्बन पेपर	राल्फ वेजवुड	इंग्लैंड	1806
कार (वाष्प)	निकोलस कुगनाट	फ्रांस	1769
कार (आंतरिक दहन)	सैमुअन ब्राउन	ब्रिटेन	1826

कार (पेट्रोल)	कार्ल बेन्ज	जर्मनी	1885
कॉब्युँरेटर	जी. डैमलर	जर्मनी	1876
कताई मशीन	सैमुअल क्रॉम्पटन	ब्रिटेन	1826
कारपेट स्वीपर	मेलविल बिसेल	यू.एस.ए.	1876
क्रोनोमीटर	जॉन हैरीसन	जर्मनी	1735
घड़ी (यांत्रिक)	आई सिंग व लियांग सैन	चीन	1725
घड़ी (पेंडुलम)	क्रिश्चियन हयूगेंस	नीदरलैंड	1656
डीजल इंजन	रुडोल्फ डीजल	जर्मनी	1895
डायनेमो	माइकल फैराडे	इंग्लैंड	1831
डेंटल प्लेट	ऐन्थोनी प्लेटसन	यू.एस.ए.	1817
डिस्क ब्रेक	एफ. लेचेस्टर	ब्रिटेन	1902
डी.सी. मोटर	जेनोबे ग्रामे	बेल्जियम	1873
ए.सी. मोटर	निकोला टेसला	यू.एस.ए.	1888
इलेक्ट्रो मैग्नेट	विलियम स्टारजन	ब्रिटेन	1824
फिल्म (मूक चलचित्र)	लुई लि प्रिंस	यू.एस.ए.	1855
फिल्म (वाक चलचित्र)	जे. मुसौली व हैंस वागट	जर्मनी	1922
फिल्म (संगीत युक्त)	ली डी फॉरेस्ट	यू.एस.ए.	1923
फाउंटेनपेन	लेविस वाटरमैन	यू.एस.ए.	1884
गैल्वेनोमीटर	एण्ड्रे-मेरी एम्पियर	फ्रांस	1834
गैस-लाइटिंग	विलियम मरडॉक	ब्रिटेन	1792
ग्लाइडर	जार्ज कैले	ब्रिटेन	1853
ग्रामोफोन	थॉमस अल्वा एडीसन	यू.एस.ए.	1878
गाइरा-कम्पास	सर अल्पर स्पेरी	यू.एस.ए.	1911
गीगर-काउंटर	हैंस गीगर	जर्मनी	1913
गैस फायर	फिलिप लेबन	फ्रांस	1799
लाउडस्पीकर	होरेस शार्ट	ब्रिटेन	1900
लोगरिथम	जॉन नेपियर	स्कॉटलैंड	1614
नियोन-लैम्प	जार्ज क्लाड	फ्रांस	1910
नायलॉन	डा. वालेस कैरायर्स	अमेरिका	1937
सैफ्टी पिन	वाल्टर हन्ट	यू.एस.ए.	1849
स्काच टेप	रिचर्ड ड्र	यू.एस.ए.	1930
स्वतः चालक	चार्ल्स कैटरिंग	यू.एस.ए.	1911
स्लाइड पैमाना	विलियम ओफट्रेड	ब्रिटेन	1621
स्काईस्क्रेपर	विलियम जेनी	यू.एस.ए.	1882

स्टील	हेनरी बेसेमर	ब्रिटेन	1855
सुपर कंडक्विटी	एच.के. ओनेस	नीदरलैंड	1911
स्टीम इंजन (कंडेसर)	जेम्स वाट	स्कॉटलैंड	1769
स्टीम इंजन (पिस्टन)	धाम न्यूकोमेन	ब्रिटेन	1712
सेलूलाइड	अलेक्जेंडर पार्क	ब्रिटेन	1861
सेफ्टी मैच	जान वाकर	ब्रिटेन	1826
सेफ्टी लैम्प	हम्फ्रेडेवी	ब्रिटेन	1816
सीमेंट (पोर्टलैंड)	जोसेफ अरगडीन	ब्रिटेन	1824
सिनेमा	लाउस निकोलस व लाउस लुमियारी	फ्रांस	1895
ट्रैक्टर	रावर्ड फॉरमिच	यू.एस.ए.	1892
टॉरपीडो	राबर्ट ह्वलईटहेट	ब्रिटेन	1866-68
टैंक	सर अर्नेस्ट स्विटन	ब्रिटेन	1914
टेलीग्राफ कोड	सेमुअल मोर्स	यू.एस.ए.	1837
टेलीफोन	ग्राहम बेल	यू.एस.ए.	1876
टेलीविजन (यांत्रिक)	जे.एल. बेयर्ड	ब्रिटेन	1926
टेलीविजन (इलेक्ट्रॉनिक)	टेलर फारन्सवर्थ	यू.एस.ए.	1927
टेरीलीन	विनफील्ड व डिक्सन	ब्रिटेन	1941
टाइपराइटर	पेलेग्रीन टैरी	इटली	1808
ट्रांजिस्टर	जॉन बरडीन, विलियम शाकले व वाल्टर बर्टन	यू.एस.ए.	1948
थर्मामीटर	गैलीलियो गैलीलेई	इटली	1593
ट्रांसफार्मर	माइकल फैराडे	ब्रिटेन	1831
वाशिंग मशीन	हार्ले मीशन कंपनी	यू.एस.ए.	1907
बेल्डिंग मशीन (विद्युत)	एलीसा थॉमसन	यू.एस.ए.	1877
पनडुब्बी	डेविल बुसनेल	यू.एस.ए.	1776
विद्युत पंखा	ह्वीलर	यू.एस.ए.	1776
हेलीकॉप्टर (प्रारूपिक)	लाउन्वाय एवं बियेन्वेनू	फ्रांस	1784
हेलीकॉप्टर (मानव चालित)	ई. आर. ममफोर्ड	--	1905
होवरक्राफ्ट	सर क्रिस्टोफर कांकरेल	ब्रिटेन	1955
मशीनगन	सर जेम्स पकल	ब्रिटेन	1718
मानचित्र	सुमेरियनों द्वारा		ई. पू. 2250
माइक्रोप्रोसेसर	एम.ई. हौफ	यू.एस.ए.	1971
माइक्रोस्कोप	जेड. जानसेन	नीदरलैंड	1590

मोटर साइकिल	जी. डैमलर	जर्मनी	1885
माइक्रोफोन	ग्राहम बेल	यू.एस.ए.	1876
पेनिसिलिन	एलेक्जेंडर फ्लेमिंग	इंग्लैंड	1928
प्रकाश का वेग	फिजियाऊ	इंग्लैंड	1902
प्रेशर कुकर	डेनिस पैपिन	इंग्लैंड	1679
पेपर	मुलबेरी (फाइबर)	चीन	105
पैराशूट	जीन पियरे क्लानचार्ड	फ्रांस	1795
प्लास्टिक	अलेक्जेंडर पार्कस	ब्रिटेन	1862
प्रोपलर (जलयान)	फ्रांसिस स्मिथ	ब्रिटेन	1837
प्रिंटिंग प्रेस	जॉन गुटेनबर्ग	जर्मनी	1455
पाकिक मीटर	कार्लटन मैगी	यू.एस.ए.	1935
पाश्चुरीकरण	लुई पास्चर	फ्रांस	1867
रडार	रॉबर्ट वाटसन वाट	स्कॉटलैंड	1930
रेडियो टेलीग्राफी	डेविड एडवर्ड ह्यूज	ब्रिटेन	1879
रेडियो टेलीग्राफी	जी. मार्कोनी	इटली	1901
रेजर (विद्युत)	जैकेब शिक	यू.एस.ए.	1931
रेजर (सैफ्टी)	किंग जिलेट	यू.एस.ए.	1895
रेफ्रीजरेटर	हैरीसन व टिनिंग	यू.एस.ए.	1850
रबर (पौधों का दूध) फोम	डनलप रबर कंपनी	ब्रिटेन	1928
रबर (टायर)	थॉमस हॉनकाक	ब्रिटेन	1846
रबर (जलरोधी)	चार्ल्स मैकिनटोस	ब्रिटेन	1823
रबर (वल्कनीकृत)	चार्ल्स गुडइयर	यू.एस.ए.	1841
रिवाल्वर	सैमुअल कोल्ट	यू.एस.ए.	1935
रिकार्ड (लांग-प्लेइंग)	डा. पीटर गोल्डमार्क	यू.एस.ए.	1948
लंड्रिट	जार्ज केन्ट्रेल	यू.एस.ए.	1934
लेसर	थियोडर मेमैन	यू.एस.ए.	1960
लिफ्ट (यांत्रिक)	इलीसा ओटिस	यू.एस.ए.	1852
लाइटिंग-कंडक्टर	बेंजामिन फ्रेंकलिन	यू.एस.ए.	1737
लिनोलियम	फ्रेडिक बाल्टन	ब्रिटेन	1860
लोकोमोटिव (रेल)	रिचर्ड ट्रेकिथिक	ब्रिटेन	1804
थर्मस फ्लास्क	डेवार	यू.एस.ए.	1714
माइक्रोमीटर	विलियम कोजीन	ब्रिटेन	1636
साइक्लोट्रान	लारेंस	यू.एस.ए.	1931
जेट इंजन	फ्रेंक ह्वीटल	ब्रिटेन	1937

सौरमंडल	कॉपरनिकस	पोलेण्ड	1540
ग्रहों की खोज	केपलर	जर्मनी	1601
स्कूटर	जी. ब्राडशा	ब्रिटेन	1919
नोट : 1907 ई. में लूइस बरगुएट (फ्रांस) ने पहली बार हेलीकॉप्टर में उड़ान भरी।			

20. भौतिकी सम्बन्धी महत्त्वपूर्ण खोज

खोज	वैज्ञानिक	वर्ष
परमाणु	जॉन डॉल्टन	1808
परमाणु संरचना	नील बोह्र व रदरफोर्ड	1913
गति विषयक नियम	न्यूटन	1687
रेडियो ऐक्टिवता	हेनरी बेकरल	1896
रेडियम	मैडम क्यूरी	1898
सापेक्षता का सिद्धान्त	अल्बर्ट आइंस्टीन	1905
विद्युत चुम्बकीय प्रेरण	माइकल फैराडे	1831
रमन प्रभाव	सी.वी. रमन	1928
एक्स-रे (X-किरणें)	विल्हेम रॉन्टन	1895
क्वाण्टम सिद्धान्त	मैक्स प्लांक	1900
प्रकाश विद्युत प्रभाव	अल्बर्ट आइंस्टीन	1905
विद्युत आकर्षण के नियम	कूलम्ब	1779
फोटोग्राफी (धातु में)	जे. नीप्से	1826
फोटोग्राफी (कागज में)	डब्ल्यू फाक्स टालबोट	1835
फोटोग्राफी (फिल्म में)	जान कारबट	1888
आवर्त सारणी	मैण्डलीफ	1869
विद्युत प्रतिरोध के नियम	जी.एस. ओम	1827
तैरने के नियम	आर्कमिडीज	1827
तापायनिक उत्सर्जन	एडीसन	–
डायोड बल्ब	सर जे.एस. फ्लेमिंग	1904
ट्रायोड बल्ब	डॉ. ली.डी. फोरेस्ट	1906
नाभिकीय रिएक्टर	एनरिको फर्मी	1942
विद्युत अपघटन के नियम	फैराडे	–
बेतार का तार	मार्कोनी	1901
डायनामाइट	एल्फ्रेड नोबेल	1867

21. माप-तौल के विभिन्न मात्रक

राशि	मात्रक (S.I.)	प्रतीक
लम्बाई	मीटर	m
द्रव्यमान	किलोग्राम	kg
समय	सेकंड	s
कार्य तथा ऊर्जा	जूल	J
विद्युत धारा	एम्पीयर	A
ऊष्मागतिक ताप	केल्विन	K
ज्योति तीव्रता	कैण्डेला	cd
कोण	रेडियन	rad
ठोस कोण	स्टेरेडियन	sr
बल	न्यूटन	N
क्षेत्रफल	वर्गमीटर	m^2
आयतन	घनमीटर	m^3
चाल	मीटर प्रति सेकंड	ms^{-1}
कोणीय वेग	रेडियन प्रति सेकंड	$rad\ s^{-1}$
आवृत्ति	हर्ट्ज	Hz
जड़त्व आघूर्ण	किलोग्राम वर्गमीटर	kgm^2
संवेग	किलोग्राम, मीटर प्रति सेकंड	$kg\ ms^{-1}$
आवेग	न्यूटन–सेकंड	N.s.
कोणीय संवेग	किलोग्राम, वर्गमीटर प्रति सेकंड	$kgm^2 s^{-1}$
दाब	पास्कल	Pa
शक्ति	वाट	W
पृष्ठ तनाव	न्यूटन प्रति मीटर	Nm^{-1}
श्यानता	न्यूटन सेकंड प्रति वर्ग मीटर	$N.s.m^{-2}$
ऊष्मा चालकता	वाट प्रति मीटर प्रति डिग्री सेंटीग्रेड	$Wm^{-1}C^{-1}$
विशिष्ट ऊष्मा	जूल प्रति किलोग्राम प्रति केल्विन	$J\ kg^{-1}K^{-1}$
विद्युत आवेश	कूलॉम	C
विभवान्तर	वोल्ट	V
विद्युत प्रतिरोध	ओम	Ω
विद्युत धारिता	फैरड	F
प्रेरक	हेनरी	H
चुम्बकीय फ्लक्स	बेवर	Wb

भौतिक विज्ञान

ज्योति फ्लक्स	ल्यूमेन	lm
प्रदीप्ति घनत्व	लक्स	lx
तरंगदैर्ध्य	ऐंग्स्ट्रम	Å

22. मात्रकों का एक पद्धति से दूसरी पद्धति में परिवर्तन

एक इंच	2.54 सेंटीमीटर	एक ग्रेन	64.8 मिलीग्राम
एक फुट	0.3 मीटर	एक ड्रेम	1.77 ग्राम
एक गज	0.91 मीटर	एक औन्स	28.35 किलोग्राम
एक मील	1.60 मीटर	एक पाउण्ड	0.4536 किलोग्राम
एक फैदम	1.8 मीटर	एक डाइन	10^{-5} न्यूटन
एक चेन	20.11 मीटर	फाउण्डल	0.1383 न्यूटन
एक नॉटिकल मील	1.85 मीटर	अर्ग	10^{-7} जूल
एक एंग्स्ट्राम	10^{-10} मीटर	अश्वशक्ति	746 वाट
वर्ग इंच	6.45 वर्ग सेंटीमीटर	एक नॉटिकल मील	6080 फीट
वर्ग फुट	0.09 वर्ग मीटर	एक फैदम	6 फीट
वर्ग गज	0.83 वर्ग मीटर	एक मील	8 फलांग
एकड़	10^4 वर्ग मीटर	एक मील	5280 फीट
वर्ग मील	2.58 वर्ग किलोमीटर	एक फुट	12 इंच
घन इंच	16.38 घन सेंटीमीटर	एक गज	3 फीट
घन फुट	0.028 घन मीटर	37° सेंटीग्रेड	98.6° फारेनहाइट
घन यार्ड	0.76 घन मीटर	50° सेंटीग्रेड	122° फारेनहाइट
एक लीटर	1000 घन सेंटीमीटर	−40° फारेनहाइट	−40° सेंटीग्रेड
एक पिन्ट	0.56 लीटर	32° फारेनहाइट	0° सेंटीग्रेड

23. मापने की इकाइयाँ

लम्बाई

1 माइक्रोमीटर = 1000 नैनोमीटर
1 मिलीमीटर = 1000 माइक्रोमीटर
1 सेंटीमीटर = 10 मिलीमीटर
1 मीटर = 100 सेंटीमीटर
1 डेकामीटर = 10 मीटर
1 हेक्टोमीटर = 10 डेकामीटर
1 किलोमीटर = 10 हेक्टोमीटर
1 मेगामीटर = 1000 किलोमीटर
1 नॉटिकल मील = 1852 मीटर यात्रा

मात्रा

1 सेंटीमीटर = 10 मिलीलीटर
1 डेसीलीटर = 10 सेंटीलीटर
1 लीटर = 10 डेसीलीटर
1 डेकालीटर = 10 लीटर
1 हेक्टोलीटर = 10 डेकालीटर
1 किलोलीटर = 10 हेक्टोलीटर क्षेत्र

क्षेत्र

1 वर्ग फुट	=	144 वर्ग इंच
1 वर्ग यार्ड	=	9 वर्ग फीट
1 एकड़	=	4840 वर्ग गज
1 वर्ग मील	=	640 एकड़

क्षेत्रफल

1 वर्ग सेंटीमीटर	=	100 वर्ग मिलीमीटर
1 वर्ग डेसीमीटर	=	1000 वर्ग सेंटीमीटर
1 वर्ग मीटर	=	100 वर्ग डेसीमीटर
1 एकड़	=	100 वर्ग मीटर
1 हेक्टेयर	=	2.471 एकड़
1 वर्ग किलोमीटर	=	100 हेक्टेयर

भार

1 ग्राम	=	1000 मिलीग्राम
1 डेकाग्राम	=	10 ग्राम
1 हेक्टोग्राम	=	10 डेकाग्राम
1 किलोग्राम	=	10 हेक्टोग्राम
1 क्विंटल	=	100 किलोग्राम
1 टन	=	1000 किलोग्राम

दूरी

1 फीट	=	12 इंच
1 मील	=	1760 यार्ड
1 फर्लांग	=	10 चेन
1 यार्ड (गज)	=	3 फीट
1 मील	=	8 फर्लांग

नॉटिकल/समुद्री दूरी

1 फैदम	=	6 फीट
1 केबुल लेंथ	=	100 फैदम
1 नॉटिकल मील	=	6080 फीट

रसायन विज्ञान

- रसायन विज्ञान के अन्तर्गत पदार्थों के संघटन तथा उसके अति सूक्ष्म कणों की संरचना का अध्ययन किया जाता है। इसके अतिरिक्त पदार्थ के गुण, पदार्थों में परस्पर संयोग के नियम, ऊष्मा आदि ऊर्जाओं का पदार्थ पर प्रभाव, यौगिकों का संश्लेषण, जटिल व मिश्रित पदार्थों से सरल व शुद्ध पदार्थ का अलग करना आदि का अध्ययन भी रसायन विज्ञान के अन्तर्गत किया जाता है।
- रसायन विज्ञान का विकास सर्वप्रथम मिस्र देश से हुआ था। प्राचीन काल में मिस्र को 'केमिया' (Chemea) कहा जाता था। रसयान विज्ञान, जिसे अंग्रेजी में केमिस्ट्री (Chemistry) कहते हैं की उत्पत्ति मिस्र में पायी जाने वाली काली मिट्टी से हुई। इसे वहाँ के लोग केमि (Chemi) कहते थे। प्रारम्भ में रसायन विज्ञान को केमिटेकिंग (Chemeteching) कहा जाता था।
- प्रीस्टले (Priestley), शीले (Scheele) व लेवायसिये (Lavoisier) ने रसायन विज्ञान के विकास में अत्यधिक योगदान दिया। लेवायसिये को रसायन विज्ञान का **जन्मदाता** भी कहा जाता है।

1. पदार्थ एवं उसकी प्रकृति

- **पदार्थ :** ऐसी कोई भी वस्तु जो स्थान घेरती है व जिसमें भार होता है, पदार्थ/द्रव्य (Matter) कहलाती है। जैसे- लकड़ी, लोहा, हवा, पानी, दूध आदि। ये वस्तुएँ स्थान घेरती हैं व इनमें भार होता है, फिर भी इनके गुणों में कई प्रकार की असमानताएँ होती हैं। जैसे- लकड़ी, लोहा आदि पदार्थों से बनी वस्तु का आकार व आयतन निश्चित होता है। पानी, दूध आदि का आयतन तो निश्चित होता है, परन्तु आकार निश्चित नहीं होता है तथा जिस बर्तन में ये डाले जाते हैं, उसी का आकार ग्रहण कर लेते हैं। हवा, ऑक्सीजन आदि गैसों का आकार और आयतन दोनों अनिश्चित होता है।

पदार्थों का वर्गीकरण

- सामान्यत: पदार्थ को इसके गुणों के आधार पर तीन अवस्थाओं में विभाजित किया जा सकता है- 1. ठोस 2. द्रव 3. गैस।
- **ठोस (Solid) :** पदार्थ की वह भौतिक अवस्था जिसका आकार एवं आयतन दोनों निश्चित होता है, ठोस कहलाता है। जैसे- लोहा व लकड़ी आदि पदार्थों से बनी वस्तुएँ।
- **द्रव (Liquid) :** पदार्थ की वह भौतिक अवस्था जिसका आयतन तो निश्चित होता है, परंतु आकर निश्चित नहीं होता है, द्रव कहलाता है। द्रव जिस बर्तन में डाले जाते हैं, उसी का आकार ग्रहण कर लेते हैं। जैसे- पानी, दूध, अल्कोहल, तारपीन का तेल, मिट्टी का तेल आदि।
- **गैस (Gas) :** पदार्थ की वह भौतिक अवस्था जिसका आकार एवं आयतन दोनों अनिश्चित होता है, गैस कहलाता है। जैसे- हवा, ऑक्सीजन आदि।

  नोट : गैसों का कोई पृष्ठ नहीं होता है, इसका विसरण बहुत अधिक होता है तथा इसे आसानी से संपीड़ित (Compress) किया जा सकता है।

- ताप एवं दाब में परिवर्तन करके किसी भी पदार्थ की अवस्था को बदला जा सकता है, परन्तु इसके कुछ अपवाद भी हैं, जैसे- लकड़ी एवं पत्थर। ये दोनों पदार्थ सदैव ठोस अवस्था में ही रहते हैं।
- जल तीनों भौतिक अवस्था में रह सकता है।
- पदार्थ की तीनों भौतिक अवस्थाओं में निम्न रूप से साम्य होता है- ठोस$\rightarrow$ द्रव $\rightarrow$ गैस। उदाहरण- जल।
- पदार्थ की **चौथी** अवस्था प्लाज्म एवं **पाँचवीं** अवस्था बोस आइंस्टाइन कंडनसेट है।
- **समांग/समांगी पदार्थ (Homogeneous Matter) :** समांगी पदार्थ वे पदार्थ हैं जिनके प्रत्येक भाग के संघटन (Composition) व गुण एक समान होते हैं। जैसे- सोना, पानी आदि। समांगी पदार्थ को दो वर्गों में वर्गीकृत किया जा सकता है। 1. शुद्ध पदार्थ व 2. विलयन या समांगी मिश्रण।
- **तत्त्व (Element) :** तत्त्व वह शुद्ध पदार्थ है, जिसे किसी भी ज्ञात भौतिक एवं रासायनिक विधियों से न तो दो या दो से अधिक पदार्थों में विभाजित किया जा सकता है और न ही अन्य सरल पदार्थों के योग से बनाया जा सकता है। जैसे- सोना, चाँदी, ताँबा, हाइड्रोजन, ऑक्सीजन आदि।
- **यौगिक (Compound) :** जो पदार्थ दो या दो से अधिक तत्त्वों के निश्चित अनुपात में परस्पर क्रिया के संयोग से बनते हैं व जो साधारण विधि से पुनः तत्त्वों में विभाजित किये जा सकते हैं, यौगिक कहलाते हैं। यौगिक के गुण इसके संघटक तत्त्वों के गुण से बिल्कुल भिन्न होते हैं। पानी, नमक, एल्कोहल, क्लोरोफार्म आदि यौगिकों के उदाहरण हैं। यौगिकों में उपस्थित तत्त्वों का अनुपात सदैव एक समान रहता है, चाहे वह यौगिक किसी भी स्रोत से क्यों न प्राप्त किया गया हो। जैसे- जल में हाइड्रोजन व ऑक्सीजन 2:1 के अनुपात में पाये जाते हैं। यह अनुपात **सदैव स्थिर** रहता है, चाहे जल किसी भी स्रोत से क्यों न प्राप्त किया गया हो।
- **मिश्रण (Mixtures) :** दो या दो से अधिक तत्त्वों अथवा यौगिकों को किसी भी अनिश्चित अनुपात में मिलाने से जो द्रव्य प्राप्त होता है, उसे मिश्रण कहते हैं। मिश्रण में उपस्थित विभिन्न घटकों के गुण बदलते नहीं हैं। दूध, बालू, चीनी का जलीय विलयन, बारूद, मिट्टी आदि। विभिन्न प्रकार के मिश्रणों के उदाहरण हैं। मिश्रण दो प्रकार के होते हैं- 1. समांग मिश्रण और 2 विषमांग मिश्रण।
  1. **समांग मिश्रण (Homogeneous Mixutre) :** निश्चित अनुपात में अवयवों को मिलाने से समांग मिश्रण का निर्माण होता है। इसके प्रत्येक भाग के गुण धर्म एक समान होते हैं। जैसे- चीनी या नमक जलीय विलयन कॉपर सल्फेट का जलीय विलयन, हवा आदि।
  2. **विषमांग मिश्रण (Heterogeneous Mixture) :** अनिश्चित अनुपात में अवयवों को मिलाने से विषमांग मिश्रण का निर्माण होता है। इसके प्रत्येक भाग के गुण व उनके संघटक भिन्न-भिन्न होते हैं। जैसे- बारूद और कुहासा आदि।

मिश्रणों को अलग करने की विधियाँ

- **रवाकरण (Crystallisation) :** यह विधि अकार्बनिक ठोसों के मिश्रण के पृथक्करण व शुद्धिकरण के लिए प्रयुक्त होती है। इसमें अशुद्ध ठोस या मिश्रण को उचित विलायक (Solvent) के साथ मिलाकर गर्म किया जाता है तथा गर्म अवस्था में ही कीप (Funnel) द्वारा छाना जाता है। छानने के पश्चात् विलयन को कम ताप पर धीरे-धीरे ठंडा किया जाता है। ठंडा होने पर शुद्ध पदार्थ रवा (Crystal) के रूप में विलयन से अलग हो जाता है। जैसे- शर्करा और नमक के मिश्रण को इथाइल अल्कोहल में 348K ताप पर गर्म कर इस विधि द्वारा अलग किया जाता है।

- **आसवन (Distillation) :** इस विधि में मुख्यत: द्रवों के मिश्रण को अलग किया जाता है। जब दो द्रवों के क्वथनांकों में अंतर अधिक होता है तो उनके मिश्रण को इस विधि से अलग किया जाता है। इस विधि में दो प्रक्रिया अपनाई जाती है। पहला प्रक्रम वाष्पन (Vaporisation) तथा दूसरा प्रक्रम संघनन (Condensation) है।
- **उर्ध्वापातन (Sublimation) :** इस विधि द्वारा दो ऐसे ठोसों के मिश्रण को अलग करते हैं, जिसमें एक ठोस ऊर्ध्वपातित (Sublimate) हो, दूसरा नहीं। इस विधि से कर्पूर, नेफ्थलीन, अमोनियम क्लोराइड, ऐंथ्रासीन आदि को अलग करते हैं।
- **प्रभाजी आसवन (Fractional Distillation) :** इस विधि द्वारा उन मिश्रित द्रवों को पृथक् करते हैं, जिनके क्वथनांकों में अंतर बहुत कम होता है अर्थात् द्रवों के क्वथनांक एक-दूसरे के समीप होते हैं। भूगर्भ से निकाले गये कच्चे तेल में से शुद्ध पेट्रोल, डीजल, किरोसीन तथा कोलतार आदि इसी विधि द्वारा अलग किये जाते हैं। जलीय वायु (Liquid Air) से विभिन्न गैसें भी इसी विधि से अलग की जाती है।
- **वर्णलेखन (Chromatography) :** यह विधि इस तथ्य पर आधारित है कि किसी मिश्रण के विभिन्न घटकों की अवशोषण क्षमता (Absorption Capacity) भिन्न-भिन्न होती है तथा वे किसी अधिशोषक पदार्थ (Absorbent Material) में विभिन्न दूरियों पर अवशोषित होते हैं, इस प्रकार वे पृथक् कर लिए जाते हैं।
- **भाप आसवन (Steam Distillation) :** इस विधि से ऐसे कार्बनिक मिश्रण को शुद्ध किया जाता है, जो जल में अघुलनशील होते हैं, परन्तु भाप के साथ वाष्पशील होते हैं। इस विधि द्वारा विशेष रूप से उन पदार्थों का शुद्धिकरण किया जाता है, जो अपने क्वथनांक पर अपघटित (Decompose) हो जाते हैं। कार्बनिक पदार्थों- ऐसोटीन, मेथिल एल्कोहल, ऐसेटेर्लडहांइड आदि का शुद्धिकरण इसी विधि द्वारा किया जाता है।

पदार्थ की अवस्था परिवर्तन

- **द्रवणांक (Melting Point) :** गर्म करने पर जब ठोस पदार्थ द्रव अवस्था में परिवर्तित होते हैं, तो उनमें से अधिकांश में यह परिवर्तन एक विशेष दाब पर तथा एक नियत ताप होता है। यह नियत ताप वस्तु का द्रवणांक (Melting Point) कहलाता है। जब तक पदार्थ गलता (ठोस के आखिरी कण तक) रहता है, तब तक ताप स्थिर रहता है। यदि विशेष दाब नियत रहे।
- **हिमांक (Freezing Point) :** किसी विशेष दाब पर वह नियत ताप जिस पर कोई द्रव जमता है, हिमांक कहलाता है।
- सामान्यत: पदार्थ का द्रवणांक एवं हिमांक का मान बराबर होता है। जैसे- बर्फ का द्रवणांक एवं हिमांक 0°C है।
- अशुद्धियों की उपस्थिति की अवस्था में पदार्थ का द्रवणांक और हिमांक दोनों कम हो जाता है।

द्रवणांक पर दाब का प्रभाव

(i) उन पदार्थों के द्रवणांक दाब बढ़ाने से बढ़ जाता है, जिनका आयतन गलने पर बढ़ जाता है। जैसे- मोम एवं ताँबा आदि।

(ii) उन पदार्थों के द्रवणांक दाब बढ़ाने से घट जाता है, जिनका आयतन गलने पर घट जाता है। जैसे- बर्फ एवं ढलवाँ लोहा आदि।

गलने तथा जमने पर आयतन में परिवर्तन

- क्रिस्टलीय पदार्थों में से अधिकांश पदार्थ गलने पर आयतन में बढ़ जाते हैं, ऐसी दशा में ठोस अपने ही गले हुए द्रव में डूब जाता है।

- ढला हुआ लोहा, बर्फ, एंटीमनी, बिस्मथ, पीतल आदि गलने पर आयतन में सिकुड़ते हैं। अतः इस प्रकार के ठोस अपने ही गले द्रव में प्लवन करते रहते हैं। इसी विशेष गुण के कारण गले हुए बर्फ का टुकड़ा पानी में प्लवन करता है।
- सांचे में केवल वे पदार्थ ढाले जा सकते हैं, जो ठोस बनने पर आयतन में बढ़ते हैं, क्योंकि तभी वे सांचे के आकार को पूर्णतया प्राप्त कर सकते हैं।
- मुद्रण धातु ऐसे पदार्थ के बने होते हैं, जो जमने पर आयतन में बढ़ते हैं।
- चाँदी या सोने की मुद्राएँ ढाली नहीं जाती, केवल मुहर (Stamp) लगाकर बनायी जाती है।
- मिश्र धातुओं का द्रवणांक (Melting Point) उन्हें बनाने वाले पदार्थों के गलनांक से कम होता है, क्योंकि अशुद्धियाँ मिला देने पर पदार्थ का गलनांक घट जाता है।
- **क्वथनांक (Boiling Point) :** दाब के किसी दिये हुए नियत मान के लिए वह नियत ताप जिस पर कोई द्रव उबलकर द्रव अवस्था से वाष्प की अवस्था में परिणत हो जाये तो वह नियत ताप द्रव का क्वथनांक कहलाता है।
- दाब बढ़ाने से द्रव का क्वथनांक बढ़ जाता है और दाब घटाने से द्रव का क्वथनांक घट जाता है।
- **हिमकारी मिश्रण (Freezing Mixture) :** किसी ठोस को उसके द्रवणांक पर गलने के लिए ऊष्मा की आवश्यकता होगी जो उसकी गुप्त ऊष्मा होगी। यह ऊष्मा साधारणतः बाहर से मिलती है, जैसे जल में बर्फ का टुकड़ा मिलाने पर बर्फ गलेगी, परन्तु गलने के लिए द्रवणांक पर वह जल से ऊष्मा लेगी जिससे जल का तापमान घटने लगेगा और मिश्रण का ताप घट जायेगा। हिमकारी मिश्रण का बनना इसी सिद्धान्त पर आधारित है। उदाहरण- घर पर आईसक्रीम जमाने के लिए नमक का एक भाग एवं बर्फ का तीन भाग मिलाया जाता है, इससे मिश्रण का ताप $-22°C$ प्राप्त होता है।
- **वाष्पीकरण (Vaporization) :** द्रव से वाष्प में परिणत होने की क्रिया वाष्पीकरण कहलाती है। यह दो प्रकार से होती है- (i) वाष्पन (Evaporation) (ii) क्वथन (Boiling)।
- क्वथनांक से कम तापमान पर द्रव के वाष्प में परिवर्तित होने की प्रक्रिया को वाष्पन कहते हैं। वाष्पन की क्रिया निम्नलिखित बातों पर निर्भर करती है-
  (i) **क्वथनांक का कम होना :** क्वथनांक जितना कम होगा, वाष्पन की क्रिया उतनी ही अधिक तेजी से होगी।
  (ii) **द्रव का ताप :** द्रव का ताप अधिक होने से वाष्पन अधिक होगा।
  (iii) **द्रव के खुले पृष्ठ का क्षेत्रफल :** द्रव के खुले पृष्ठ का क्षेत्रफल अधिक होने पर वाष्पन तेजी से होगा।
  (iv) **द्रव के पृष्ठ पर :**
     (a) द्रव के पृष्ठ पर वायु बदलने पर वाष्पन तेज होगा।
     (b) द्रव के पृष्ठ पर वायु का दाब जितना ही कम होगा, वाष्पन उतनी ही तेजी से होगा।
     (c) द्रव के पृष्ठ पर वाष्प दाब जितना बढ़ता जायेगा वाष्पन की दर उतनी ही घटती जायेगी।

2. परमाणु संरचना

- 1300 ई.पू. कणाद ऋषि ने बताया कि पदार्थ अत्यंत छोटे-छोटे कणों से मिलकर बना होता है।
- वर्ष 1808 ई. में ब्रिटेन के प्रसिद्ध भौतिकशास्त्री जॉन डाल्टन ने पदार्थ की संरचना के संदर्भ में बताया कि पदार्थ अत्यंत छोटे-छोटे अविभाज्य (Indivisible) कणों से मिलकर बना होता है, जिन्हें परमाणु कहते हैं।

➩ **परमाणु (Atom) :** परमाणु तत्त्व का वह छोटा-से-छोटा कण है जो किसी भी रासायनिक अभिक्रिया में भाग ले सकता है, परन्तु स्वतंत्र अवस्था में नहीं रह सकता है।

➩ **अणु (Molecule) :** तत्त्व तथा यौगिक का वह छोटा से छोटा कण जो स्वतंत्र अवस्था में रह सकता है, अणु कहलाता है।

➩ **परमाणु भार (Atomic Weight) :** किसी तत्त्व का परमाणु भार वह संख्या है, जो यह प्रदर्शित करता है कि तत्त्व का एक परमाणु, कार्बन-12 के एक परमाणु के 1/12 भाग द्रव्यमान अथवा हाइड्रोजन के 1.008 भाग द्रव्यमान से कितना गुणा भारी है।

➩ **अणुभार (Molecular Weight) :** किसी पदार्थ का अणुभार वह संख्या है, जो यह प्रदर्शित करता है कि उस पदार्थ का एक अणु, कार्बन-12 के एक परमाणु के 1/12 भाग में कितना गुना भारी है।

➩ **मोल धारणा (Mole Concept) :** एक मोल किसी भी निश्चित सूत्र वाले पदार्थ की वह राशि है, जिसमें इस पदार्थ के इकाई-सूत्र की संख्या उतनी है, जिनकी शुद्ध कार्बन-12 समस्थानिक (Isotopes) के ठीक 12 ग्राम में परमाणुओं की संख्या है।

➩ **मोल इकाई का मान (Value of Mole Unit) :** मोल का मान $6.022X10^{23}$ है। कार्बन के 12 ग्राम या एक मोल में $6.022X10^{23}$ परमाणु हैं। $6.022X10^{23}$ को **आवोगाद्रो संख्या** कहते हैं।

➩ मोल संख्या एवं द्रव्यमान दोनों का प्रतीक है। वर्ष 1967 ई. में मोल को इकाई के रूप में स्वीकार किया गया।

➩ 20वीं शताब्दी में आधुनिक खोजों के परिणामस्वरूप जे.जे. थॉमसन, रदरफोर्ड, चैडविक आदि वैज्ञानिकों ने यह सिद्ध कर दिया कि परमाणु विभाज्य है तथा मुख्यत: तीन मूल कणों से मिलकर बना है, जिन्हें इलेक्ट्रॉन, प्रोटॉन तथा न्यूट्रॉन कहते हैं।

प्रमुख मूल कणों के लक्षण					
मूल कण	**प्रतीक**	**आवेश**	**द्रव्यमान (ग्राम)**	**खोजकर्ता**	**वर्ष**
इलेक्ट्रॉन	–1e°	–1	9.1095X10–28g	जे.जे थॉमसन	1897 ई.
प्रोटॉन	1p1	+1	1.6726X10–24 g	रदरफोर्ड	1919–20 ई.
न्यूट्रॉन	on1	0	1-6749X10–24g	चैडविक	1932 ई.

➩ **परमाणु क्रमांक (Atomic Number) :** किसी तत्त्व के परमाणु के नाभिक में उपस्थित प्रोटॉनों की संख्या को परमाणु क्रमांक कहते हैं।

➩ **द्रव्यमान संख्या (Mass Number) :** किसी परमाणु के नाभिक में उपस्थित प्रोटॉनों और न्यूट्रॉनों की संख्याओं का योग उस परमाणु की द्रव्यमान संख्या कहलाती है। इसे निम्नलिखित सूत्र से व्यक्त किया जा सकता है–

द्रव्यमान संख्या = प्रोटॉनों की संख्या + न्यूट्रॉनों की संख्या

➩ परमाणु के नाभिक में उपस्थित इलेक्ट्रॉन नाभिक के चारों ओर विभिन्न बंद कक्षाओं में चक्कर लगाते हैं। इन कक्षाओं को 1,2,3,4 या K,L,M,N आदि से प्रदर्शित करते हैं। किसी भी कक्षा में इलेक्ट्रॉनों की संख्या $2n^2$ से अधिक नहीं हो सकती है, जहाँ n कक्षा संख्या है अर्थात् पहली कक्षा में 2 इलेक्ट्रॉन, दूसरी कक्षा में 8 इलेक्ट्रॉन, तीसरी कक्षा में 18 इलेक्ट्रॉन होते हैं।

➩ **संयोजकता का इलेक्ट्रॉनिक सिद्धान्त (Electronic Theory of Valency) :** तत्त्वों के परमाणुओं के परस्पर संयोजन करने की क्षमता को ही संयोजकता (Valency) कहते हैं। किसी तत्त्व की संयोजकता उसके परमाणु की बाहरी कक्षा में उपस्थित इलेक्ट्रॉनों की संख्या पर निर्भर

करती है। प्रत्येक तत्त्व के परमाणु की यह प्रवृत्ति होती है कि वह अपनी बाह्य कक्षा में 8 इलेक्ट्रॉन रखकर स्थायी अवस्था प्राप्त करे। यदि परमाणु के बाहरी कक्षा में इलेक्ट्रानों की संख्या 8 से कम होती है तो वह उतने ही इलेक्ट्रॉनों को प्राप्त कर अपना अष्टक पूर्ण करना चाहता है तथा ऐसे तत्त्वों की संयोजकता ऋणात्मक (Negative) होती है। दूसरी ओर यदि तत्त्व के बाहरी कक्षा में इलेक्ट्रॉनो की संख्या 8 से अधिक होती है तो यह परमाणु अधिक इलेक्ट्रॉनों को त्याग कर अपना अष्टक पूर्ण करता है तथा ऐसे तत्त्वों की संयोजकता धनात्मक (Positive) होती है।

- जिन तत्त्वों के परमाणुओं की बाह्य कक्षा में 8 इलेक्ट्रॉन नहीं होते, उनके परमाणु ही रासायनिक क्रिया में भाग लेते हैं तथा क्रियाशील होते हैं। इसके विपरीत जिन तत्त्वों के परमाणुओं की बाह्य कक्षा में 8 इलेक्ट्रॉन होते हैं, उनके परमाणु अक्रिय होते हैं तथा रासायनिक क्रिया में भाग नहीं लेते।

- प्रकृति में 6 गैसों के परमाणु अक्रिय होते हैं। इनमें से हीलियम गैस को छोड़कर सभी के परमाणुओं की बाह्य कक्षा में आठ इलेक्ट्रॉन होते हैं।

विभिन्न अक्रिय गैस		
गैस	इलेक्ट्रॉनों की संख्या	विभिन्न कक्षाओं में इलेक्ट्रॉनों की संख्या
हीलियम (He)	2	2
नियान (Ne)	10	2 8
आर्गन (Ar)	18	2 8 8
क्रिप्टान (Kr)	36	2 8 18 8
जीनान (Xe)	44	2 8 18 8 8
रेडान (Rn)	62	2 8 18 18 8 8

नोट : अक्रिय गैसों (Inert Gases) को नोबेल गैस तथा Ideal Gas भी कहते हैं। इनकी खोज रैमजै ने की थी। इनमें रेडान (Rn) को छोड़कर सभी गैसें वायुमंडल में थोड़ी-बहुत मात्रा में पायी जाती हैं।

- **क्वाण्टम संख्या (Quantum Number) :** स्पेक्ट्रम रेखाओं की सूक्ष्म प्रकृति समझाने तथा इलेक्ट्रॉन की ठीक-ठीक स्थिति का वर्णन करने हेतु चार क्वाण्टम संख्याओं का प्रयोग किया जाता है, ये हैं-

  (i) **मुख्य क्वाण्टम संख्या (Principal Quantum Number) :** 'n'– यह इलेक्ट्रॉन में मुख्य ऊर्जा स्तर को प्रदर्शित करती है।

  (ii) **दिगंशी क्वाण्टम संख्या (Azimuthal Quantum Number) :** 'l'– यह इलेक्ट्रॉन कक्षक (Orbital) की आकृति को प्रकट करती है। l का न्यूनतम मान शून्य तथा अधिकतम मान (n-1) होता है।

  (iii) **चुंबकीय क्वाण्टम संख्या (Magnetic Quantum Nubmer) :** 'm'– यह उप ऊर्जा स्तरों के कक्षकों (Orbitals) को प्रदर्शित करती है। m का मान l के मान पर निर्भर करता है। किसी l के लिए m का मान $+l$ से लेकर $-l$ तक होते हैं (शून्य सहित)।

  (iv) **चक्रण क्वाण्टम संख्या (Spine Quantum Number) :** 's'– यह इलेक्ट्रॉन के चक्रण की दिशा को प्रदर्शित करती है। किसी चुंबकीय क्वाण्टम संख्या (m) के लिए चक्रण क्वाण्टम संख्या (s) का मान $+1/2$ और $-1/2$ होता है।

- **समस्थानिक (Isotopes)** : समान परमाणु क्रमांक (Atomic Number) परन्तु भिन्न परमाणु द्रव्यमानों (Atomic Masses) के परमाणुओं को समस्थानिक कहते हैं। समस्थानिकों में प्रोटॉन की संख्या समान होती है, किन्तु न्यूट्रॉन की संख्या भिन्न होती है। जैसे- $_1H^1, _1H^2$ तथा $_1H^3$ समस्थानिक है।
- सबसे अधिक समस्थानिकों वाला तत्त्व पोलोनियम है।
- **समभारिक (Isobars)** : समान परमाणु द्रव्यमान परन्तु भिन्न परमाणु क्रमांक के परमाणुओं को समभारिक कहते हैं। जैसे- $_{18}Ar^{40}, _{19}K^{40}, _{20}Ca^{40}$ समभारिक है।
- **समन्यूट्रॉनिक (Isotone)** : जिन परमाणुओं में न्यूट्रॉनों की संख्या समान होती है, उन्हें समन्यूट्रॉनिक कहते हैं। जैसे- $_1H^3$ और $_2He^4$। इन दोनों परमाणुओं के नाभिक में न्यूट्रॉनों की संख्या दो-दो है।
- **समइलेक्ट्रॉनिक (Isoelectronic)** : जिन आयनों और परमाणुओं के इलेक्ट्रॉनिक विन्यास समान होते हैं, उन्हें समइलेक्ट्रॉनिक कहते हैं। समइलेक्ट्रॉनिक परमाणुओं और आयनों में इलेक्ट्रॉनों की संख्या समान होती है। जैसे- Ne, Na^+, Mg^{++} और Al^{+++} समइलेक्ट्रॉनिक है।

3. तत्त्वों की आवर्त सारणी

मेंडलीव का आवर्त नियम (Mendeleev's Periodic Law)

- सर्वप्रथम आवर्त सारणी की खोज रशियन वैज्ञानिक डी.आई. मेंडलीव ने 1869 ई. में की थी। उन्होंने तत्त्वों तथा उनके यौगिकों के तुलनात्मक अध्ययन से एक नियम प्रस्तुत किया जिसे मेंडलीव का आवर्त नियम कहते हैं।
- मेंडलीव आवर्त नियम के अनुसार 'तत्त्वों का भौतिक एवं रासायनिक गुण उनके परमाणु भारों के आवर्त फलन होते हैं।'
- मेंडलीव द्वारा बनाये गये आवर्त सारणी (Periodic Table) में **नौ वर्ग** और **सात आवर्त** थे।
- मेंडलीव ने उस समय तक ज्ञात सभी तत्त्वों को शामिल करने के अतिरिक्त बहुत से अज्ञात तत्त्वों के लिए स्थान रिक्त रखे थे।

मेंडलीव की आवर्त सारणी के दोष

(i) हाइड्रोजन को क्षार धातु एवं हैलोजन जैसे दोहरे व्यवहार के कारण दोनों वर्गों में रखा गया।
(ii) सामान गुण वाले तत्त्वों को अलग-अलग रखा गया। जैसे- Cu और Hg, Ag और Ti, AU और Pt तथा Ba और Pb।
(iii) उच्च परमाणु भार वाले तत्त्वों को कम परमाणु भार वाले तत्त्वों के पहले रखा गया, जैसे- आयोडीन (126.92) को टेल्यूरियम (127.61) के बाद रखा गया है।
(iv) समस्थानिकों के लिए स्थान नहीं।
(v) 8वें वर्ग में तीन तत्त्वों को एक साथ समूहित करना।

आधुनिक आवर्त सारणी (Modern Periodic Table)

- आधुनिक आवर्त सारण **मोसले (Moseley) के नियम** पर आधारित है, जिसे उन्होंने 1913 में बनाया। आधुनिक आवर्त सारणी के गुण उनके परमाणु संख्या (Atomic Number) के आवर्त फलन होते हैं।
- आधुनिक आवर्त सारणी में **आवर्त की संख्या 7** होती है एवं **वर्ग की संख्या 9** होती है।
- वर्ग I से लेर VII तक दो उपवर्गों A एवं B में बँटे हैं, इस प्रकार उपवर्गों सहित कुल वर्गों की संख्या 16 है।

- प्रत्येक आवर्त का प्रथम सदस्य क्षार धातु है और अंतिम सदस्य कोई अक्रिय गैस (Inert Gas)। सिर्फ पहले आवर्त का पहला सदस्य हाइड्रोजन है, जो अपवाद है।
- आधुनिक आवर्त सारणी में परमाणु संख्या 57 से लेकर 71 तक को लेन्थेनाइड श्रेणी एवं परमाणु संख्या 89 से लेकर 103 तक को ऐक्टिनाइड श्रेणी कहा जाता है।
- **आयनन विभव (Ionisational Potential) :** ऊर्जा की वह न्यूनतम मात्रा है, जो तत्त्व की एक गैसीय परमाणु की बाह्यतम कक्षा (Outer Shell) से एक इलेक्ट्रॉन को निकाल बाहर करने के लिए आवश्यक है।
- **इलेक्ट्रॉन बंधुता (Electron Affinity) :** जब उदासीन परमाणु एक इलेक्ट्रॉन ग्रहण करता है, तो उसके फलस्वरूप उत्पन्न ऊर्जा को इलेक्ट्रॉन बंधुता कहते हैं।
- वर्ग VII A के तत्त्वों की इलेक्ट्रॉन बंधुता **उच्च** होती है।
- सबसे अधिक इलेक्ट्रॉन क्लोरीन की होती है।
- **विद्युत ऋणात्मकता (Electron Negativity) :** किसी तत्त्व की परमाणु की वह क्षमता, जिससे वह साझेदारी की इलेक्ट्रॉन जोड़ी को अपनी ओर खींचती है, उसे उस तत्त्व की विद्युत ऋणात्मकता कहते हैं।
- फ्लोरीन की विद्युत ऋणात्मकता **सबसे अधिक** होती है।

  नोट : निष्क्रिय गैसों का गलनांक (Melting Point) निम्न होता है, वहीं वर्ग IV A के तत्त्वों का गलनांक उच्चतम होता है।

तत्त्वों से सम्बन्धित प्रमुख जानकारियाँ

क्र. सं.	तत्त्व का नाम	आविष्कारक	आविष्कार का वर्ष	गलनांक (°C)	क्वथनांक (°C)
1.	हाइड्रोजन (H)	एच. कैवेण्डिस (यू.के.)	1766	(–)259.192	(–)252.753
2.	हीलियम (He)	लोकेयर (यू.के.)	1868	(–)272.375	(–)268.928
3.	लिथियम (Le)	जे.ए. अर्फेडसन (स्वीडन)	1817	180.57	1339
4.	बेरीलियम (Be)	एच.एच. वाक्वेलिन (फ्रांस)	1798	1287	2471
5.	बोरॉन (B)	गैलुसाक, थेनार्ड, डेनी (स्वीडन)	1808	2130	3910
6.	कार्बन (C)	प्रागैतिहासिक	–	3530	3870
7.	नाइट्रोजन (N)	रदरफोर्ड (यू.के.)	1722	(–)210.044	(–)195.206
8.	ऑक्सीजन (O)	शीले और प्रीस्टले	1772–74	(–)218.789	(–)189.962
9.	फ्लोरीन (F)	एच. म्वायसन (फ्रांस)	1886	(–)219.669	(–)188.200
10.	नियान (Ne)	सौजे और ट्रेवर्स (यू.के.)	1898	(–)248.588	(–)246.048
11.	सोडियम (Na)	डेवी (यू.के.)	1807	97.819	882
12.	मैग्नीशियम (Mg)	डेवी (यू.के.)	1808	650	1095
13.	एल्यूमिनियम (Al)	ओस्टेंड और बोलर	1828–27	660.457	2516
14.	सिलिकॉन (Si)	बजीलियस (स्वीडन)	1824	1414	3150
15.	फॉस्फोरस (P)	एच. वैंड (जर्मनी)	1669	44.14	217

16.	सल्फर (S)	प्रागैतिहासिक	–	115.21	444.674
17.	क्लोरीन (Cl)	सी.डब्ल्यू शीले (स्वीडन)	1774	(–)100.98	(–)33.99
18.	आर्गन (Ar)	रैमजे और रैले (यू.के.)	1894	(–)189.352	(–)185.885
19.	पोटैशियम (K)	डेवी (यू.के.)	1807	63.60	758
20.	कैल्शियम (Ca)	डेवी (यू.के.)	1808	842	1495
21.	स्कैण्डियम (Sc)	एल.एफ. निल्सन (स्वीडन)	1879	1541	2831
22.	टाइटेनियम (Ti)	क्लेप्रोथ (जर्मनी)	1795	1672	3360
23.	वेनेडियम (V)	सैफस्ट्राम (स्वीडन)	1830	1929	3410
24.	क्रोमियन (Cr)	वाक्वेलिन (फ्रांस)	1798	1860	2680
25.	मैंगनीज (Mn)	जे.जी. जान (स्वीडन)	1774	1246	2051
26.	आयरन (Fe)	प्रागैतिहासिक	4000 ई.पू.	1538	3837
27.	कोबाल्ट (Co)	जी. क्रैण्डट	1337	1495	2944
28.	निकिल (Ni)	ए.एफ. क्रांसटेड्ट (स्वीडन)	1751	1455	2887
29.	कॉपर (Cu)	प्रागैतिहासिक	8000 ई.पू.	1084.88	2573
30.	जिंक (Zn)	ए.एस. मारग्राफ (जर्मनी)	1746	419.58	908
31.	गैलियम (Ga)	एल.डी. ब्वाडस बाउड्रान (फ्रांस)	1875	29.772	2203
32.	जर्मेनियम (Ge)	सी.ए. विन्कलर (जर्मनी)	1886	938.3	2772
33.	आर्सेनिक (As)	एल्बर्टस मैग्नस (जर्मनी)	1220	81738 वायुमंडल पर	603
34.	सिलिनियम (Se)	बर्जीलियस (स्वीडन)	1818	221.18	685
35.	ब्रोमीन (Br)	ए.जे. बैलार्ड (फ्रांस)	1826	(–)7.25	59.76
36.	क्रिप्टन (Kr)	रैमजे और ट्रेवर्स (यू.के.)	1898	(–)157.386	(–)153.353
37.	रुबिडियम (Rb)	बुनसेन और किरचाफ (जर्मनी)	1861	39.29	687
38.	स्ट्रांशियम (Sr)	क्रुकशैंक (यू.के.)	1787	768	1388
39.	यूट्रियम (Y)	जे. गैडोलिन (फिनलैंड)	1794	1522	3300
40.	जिरकोनियन (Zr)	क्लैप्रोथ (जर्मनी)	1789	1855	3360
41.	नायोबियम (Nb)	सी हैचेट (यू.के.)	1801	2473	4860
42.	मोलिब्डेनम (Mo)	पी.जे. जेम (स्वीडन)	1781	2624	4710
43.	टेक्निशियम (Tc)	पेरियर (फ्रांस)	1937	2157	4270
44.	रुथेनियम (Ru)	के.के. क्लाउस (सोवियत संघ)	1844	2334	4710
45.	रोडियन (Rh)	वोलेस्टोन (यू.के.)	1804	1963	3700

46.	पैलेडियन (Pd)	वोलेस्टोन (यू.के.)	1803	1555.3	2975
47.	सिल्वर (Ag)	प्रागैतिहासिक	4000 ई.पू.	961.93	2167
48.	कैडमियम (Cd)	एफ. स्ट्रोमेयर (जर्मनी)	1817	321.108	768
49.	इण्डियम (In)	एफ. रिच. और एच.टी. रिचर (जर्मनी)	1863	156.635	2019
50	टिन (Sn)	प्रागैतिहासिक	3500 ई.पू.	231.968	2595
51.	एण्टीमनी (Sb)	ऐतिहासिक	1000 ई.पू.	630.755	1635
52.	टेल्यूरियम (Te)	एफ.जे. मूलर (ऑस्ट्रिया)	1783	449.87	989
53.	आयोडीन (I)	वी. कोटोंइज (फ्रांस)	1811	113.6	185.1
54.	जीनान (Xe)	रैमजे और ट्रेवर्स (यू.के.)	1898	(–)111.760	(–)108.096
55.	सीजियम (Cs)	बनुसेन और किरचॉफ (जर्मनी)	1860	28.47	668
56.	बेरियम (Ba)	एच. डेवी (यू.के.)	1808	729	1740
57.	लैन्थेनम (La)	मोसान्डर (स्वीडन)	1839	921	3410
58.	सेरियम (Ce)	बर्जीग्यिस, हिसिंगर और क्लैप्रोथ	1803	799	3470
59.	प्रैसियोडिमियम (Pn)	वेल्स वैच (ऑस्ट्रिया)	1885	1021	3020
60.	नियोडिमियम (Nd)	वेल्स वैच (ऑस्ट्रिया)	1885	934	3480
61.	प्रोमिथियम (Pm)	मेरिन्स्की, ग्लैण्डेनिम और कॉर्येल (सं. रा. अमेरिका)	1945	1042	3000
62.	सैमेरियम (Sm)	ब्वाइसबाउड्रान	1879	1077	1794
63.	यूरोपियम (Eu)	इ.ए. डिमार्के (फ्रांस)	1901	822	1556
64.	गैडोलिनियम (Gd)	मेरिम्नैक (स्विट्जरलैंड)	1880	1313	3270
65.	टर्बियम (Tb)	मोसाण्डर (स्वीडन)	1843	1356	3230
66.	डाइप्रोसियम (Dg)	बिसबाउड्रान (फ्रांस)	1886	1412	2573
67.	होल्मियम (Ho)	जे.एल. सोरेट (फ्रांस) और क्लीव (स्वीडन)	1878-79	1474	2700
68.	अर्बियम (Er)	मोसाण्डर (फ्रांस)	1843	1529	2815
69.	थूलियम (Th)	क्लीव (स्वीडन)	1879	1545	1950
70.	थूटर्बियम (Tb)	मैरिग्नैक (फ्रांस)	1878	817	1227
71.	ल्यूटिशियम (Lu)	जी. अर्बियन (फ्रांस)	1907	1665	3400
72.	हैफनियम (Hf)	डी. कोस्टर (नीदरलैण्ड्स)	1923	2230	4700

73.	टैण्टेलम (Ta)	इकबर्ग (स्वीडन)	1802	3020	5490
74.	टंग्स्टन (W)	डल्यूअर ब्रदर्स	1783	3420	5860
75.	रिनियम (Re)	नौडैक, टैक और बर्ग	1925	3185	5610
76.	ओस्मियम (Os)	एस. टीनैण्ड (यू.के.)	1804	3137	5020
77.	इरिडियम (Ir)	एस. टीनैण्ड (यू.के.)	1804	2447	4730
78.	प्लेटीनम (Pf)	ए.डी. ओलाव (स्पेन)	1784	1768.7	3870
79.	गोल्ड (Au)	प्रागैतिहासिक	–	1064.63	2875
80.	मर्करी (Hg)	ऐतिहासिक	1600 ई.पू.	(–)38.836	356.661
81.	थैलियम (Te)	डब्ल्यू. क्रूक्स (यू.के.)	1861	303	1468
82.	लेड (Pb)	प्रागैतिहासिक	–	327.502	1748
83.	बिस्मथ (Bi)	सी.एफ. ज्योफ्रे (फ्रांस)	1753	271.442	1566
84.	पोलोनियम (Po)	मैडम क्यूरी (पोलैण्ड/फ्रांस)	1898	254	948
85.	एस्टेटीन (At)	कोर्सन और मैकेन्जी	1940	302	377
86.	रेडान (Rn)	एफ.ई. डार्न	1900	(–)64.9	(–)61.2
87.	फैन्सियम (Fr)	म्ली एम. पेरी (फ्रांस)	1939	24	650
88.	रेडियम (Ra)	पीयरे क्यूरी, मैडम क्यूरी और बेमोण्ड (फ्रांस)	1898	707	1530
89.	ऐक्टीनियम (Ac)	ए. डेबियर्ने (फ्रांस)	1899	1230	3600
90.	थोरियम (Th)	जे.जे. बर्जीलियस (स्वीडन)	1829	1760	4660
91.	प्रोटैक्टीनियम (Pa)	हान, मिटनर, सोडी और क्रैन्सटन	1917	1570	4450
92.	यूरेनियम (V)	क्लैप्रोथ (जर्मनी)	1789	1134	4160
93.	नेप्यूनियम तत्त्व (NP)	मिलन और एवेल्सन (सं. रा. अमेरिका)	1940	637	4090
94.	प्लूटोनियम (Pu)	सीबोर्ग, मिलन, कैनेडी और वाल (सं. रा. अमेरिका)	1941-42	640	3270
95.	अमेरिसियम (Am)	सीबोर्ग, जेम्स और मोर्गन (सं. रा. अमेरिका)	1944-45	1176	2023
96	क्यूरियम (Cm)	सीबोर्ग और जेम्स (सं. रा. अमेरिका)	1944	1340	3180
97.	बर्केलियम (Bk)	थाम्पसन, घीओसों और सीबोर्ग (सं. रा. अमेरिका)	1949	1050	2710
98.	कैलीफोर्नियम (Cf)	थामसन, स्ट्रीट, घीओसों और सीबोर्ग (सं. रा. अमेरिका)	1950	900	1612

99.	आइंस्टीनियम (Es)	घीओसों (सं. रा. अमेरिका)	1952	860	996
100.	फर्मियम (Fm)	घीओसों (सं. रा. अमेरिका)	1953	–	–
101.	मैण्डेलेवियम (Md)	घीओसों, हार्वे, चोपिन, सीबोर्ग, थाम्पसन (सं. रा. अमेरिका)	1955	–	–
102.	नोबेलियम (No)	घीओसों, सिकलेण्ड वाल्टन, सीबोर्ग (सं. रा. अमेरिका)	1958	–	–
103.	लारेन्सियम (Lm)	घीओसों, सिकलेण्ड, वार्स और लैटिमर (सं. रा. अमेरिका)	1961	–	–
104.	अननिलक्वैडियम (Vng)	ए. घीओसों, नूरमिया, हैरिस, इस्कोला	1969	–	–
105.	अननिलपैण्टियम (Vnp)	घीओसों, इस्कोला (सं. रा. अमेरिका)	1970	–	–
106.	अननिलहैक्सियम (Vnh)	घीओसों (सं. रा. अमेरिका)	1974	–	–
107.	अननिलसेप्टियम (Vns)	मुन्जेनबर्ग (जर्मनी)	1981	–	–
108.	अननिलअक्टियम (Vno)	मुन्जेनबर्ग (जर्मनी)	1984	–	–
109.	अननिलेनियम (Vne)	मुन्जेनबर्ग (जर्मनी)	1982	–	–

4. रासायनिक बंधन

❑ परमाणु स्थायी संरचना प्राप्त करने के लिए रासायनिक बंधन (Chemical Bonding) बनाते हैं।
❑ रासायनिक बंधन तीन प्रकार के होते हैं– 1. वैद्युत संयोजी बंधन 2. सहसंयोजी बंधन और 3. उप-सहसंयोजी बंधन। इनके अतिरिक्त ये हाइड्रोजन बंधन भी बनाते हैं।

1. वैद्युत संयोजी बंधन (Electrovalent Bond)

❑ परमाणुओं के मध्य इलेक्ट्रॉनों के स्थानांतरण से जो बंधन बनते हैं, उन्हें वैद्युत संयोजी बंधन या आयनिक (Ionic) बंधन कहते हैं।
❑ जब कोई धातु, किसी अधातु के साथ संयोग करती है, तो उनके मध्य साधारणत: वैद्युत संयोजी बंधन बनता है।

वैद्युत संयोजी/आयनिक बंधन के गुण

(i) आयनिक यौगिक ध्रुवीय घोल में प्राय: घुलनशील होती है। (वह घोलक जिनका परावैद्युत स्थिरांक उच्च होता है ध्रुवीय घोलक कहलाता है, जैसे जल)।
(ii) द्रवणांक एवं क्वथनांक (Melting and Boiling Point) उच्च होते हैं।
(iii) जलीय घोल विद्युत का सुचालक होता है।
(iv) आयनन की मात्रा प्राय: उच्च होती है।

नोट : जालक ऊर्जा : किसी रवा (Crystal) के आयनों को एक-दूसरे से अनंत दूरी तक अलग करने के लिए आवश्यक ऊर्जा को जालक ऊर्जा कहते हैं।

2. सहसंयोजी बंधन (Covalent Bond)

- परमाणुओं के मध्य इलेक्ट्रॉन युग्मों की साझेदारी से जो बंधन बनते हैं, उन्हें सहसंयोजी बंधन कहते हैं।
- जब दो ऋण विद्युती तत्त्वों (अधातुओं) के परमाणु परस्पर संयोग करते हैं, तो उनके मध्य सहसंयोजी बंधन बनते हैं।
  उदाहरणतः HCl, H_2O, NH_3 आदि।
- जब दो ऋण विद्युती तत्त्व (अधातु) के दो या अधिक परमाणु परस्पर संयोग करते हैं तो उनके मध्य सहसंयोजी बंधन बनते हैं।
  उदाहरणतः H_2, N_2, O_2, Cl_2 आदि।

सहसंयोजी बंधन के प्रकार

(i) एकल बंधन (एक इलेक्ट्रॉन युग्म के साझेदार)
(ii) युग्म बंधन (दो इलेक्ट्रॉन युग्म के साझेदार)
(iii) त्रिक बंधन (तीन इलेक्ट्रॉन युग्म के साझेदार)

सहसंयोजी यौगिक के गुण

(i) सहसंयोजी बंधन दृढ़ (Rigid) और दिशात्मक (Directional) होता है। अतः वे विभिन्न स्थानिक अवस्था (Spatial Arrangement) में रहते हैं, तथा त्रिविम समावयता (Stereo Isomerism) प्रदर्शित करते हैं।
(ii) सहसंयोजी यौगिक आणविक रूप में रहते हैं, न कि आयनिक रूप में। इस कारण ये घोल की अवस्था में विद्युत के कुचालक होते हैं।
(iii) ताप, दाब की सामान्य अवस्था में प्रायः गैस, वाष्पशील द्रव एवं मुलायम ठोस पदार्थ होते हैं।
(iv) इनका द्रवणांक एवं क्वथनांक (Melting and Boiling Point) निम्न होता है।
(v) ध्रुवीय घोलकों में प्रायः अघुलनशील किन्तु अध्रुवीय घोलकों में प्रायः घुलनशील होता है।

3. उप–सहसंयोजी बंधन (Co-ordinate Bond)

- उप-सहसंयोजी बंधन एक विशेष प्रकार का सहसंयोजी बंधन है, जिसमें दो परमाणु परस्पर साझे के एक इलेक्ट्रॉन युग्म द्वारा बंधे रहते हैं, परन्तु साझे का इलेक्ट्रॉन युग्म केवल एक परमाणु द्वारा दिया जाता है, जो परमाणु साझे के लिए इलेक्ट्रॉन युग्म देता है उसे दाता परमाणु कहते हैं तथा जो परमाणु इलेक्ट्रॉन युग्म ग्रहण करता है, उसे ग्राही परमाणु कहते हैं।
- **इलेक्ट्रॉन युग्म दाता :** वह परमाणु, आयन या अणु जिसके पास एकाकी इलेक्ट्रॉन युग्म होता है, इलेक्ट्रॉन युग्म दाता का कार्य करता है।
- **इलेक्ट्रॉन युग्म ग्राही :** वह अणु, जिसमें केन्द्रीय परमाणु को अपने संयोजी कोश में 8 इलेक्ट्रॉन पूरे करने के लिए एक या अधिक इलेक्ट्रॉन युग्मों की आवश्यकता होती है, इलेक्ट्रॉन युग्म ग्राही का कार्य करता है।

हाइड्रोजन बंधन (Hydrogen Bond)

- यह एक प्रबल ऋण विद्युती परमाणु A से सहसंयोजक बंधन द्वारा जुड़े हाइड्रोजन परमाणु में दूसरे प्रबल ऋण विद्युती परमाणु B के साथ एक अपेक्षाकृत क्षीण बंधन बनाने की प्रवृत्ति होती है। यह अपेक्षाकृत क्षीण बंधन होता है, जो एक ऋण विद्युती परमाणु A से जुड़ा हाइड्रोजन परमाणु दूसरे ऋण विद्युती परमाणु B के साथ बनाता है, हाइड्रोजन बंधन कहलाता है। यह दो प्रकार के होते हैं–

(i) अंतराअणुक हाइड्रोजन बंधन (उदाहरणतः H_2O अणु आदि)

(ii) अंतः अणुक हाइड्रोजन बंधन (उदाहरणतः O नाइट्रो फिनोल आदि।)

- हाइड्रोजन बंधन एक कमजोर स्थिर वैद्युत आकर्षण बल है, जो सहसंयोजक बंधन से कमजोर होता है।
- हाइड्रोजन बंधन सिर्फ क्लोरीन, ऑक्सीजन एवं नाइट्रोजन के यौगिकों में ही पाया जाता है।

5. विलयन

- दो या दो से अधिक पदार्थों के परस्पर मिश्रण से जो समांग (Homogeneous) मिश्रण प्राप्त होता है विलयन (Solution) कहलाता है।
- किसी भी विलयन में विलेय के कणों की त्रिज्या 10^{-7} सेमी से कम होती है। अतः इन कणों को सूक्ष्मदर्शी द्वारा भी नहीं देखा जा सकता है।
- विलयन स्थायी एवं पारदर्शक होता है।

विलायक व विलेय (Solvent and Solute)

- विलयन में जो पदार्थ अपेक्षाकृत अधिक मात्रा में होता है, उसे विलायक कहते हैं तथा जो पदार्थ कम मात्रा में उपस्थित रहते हैं, विलेय कहलाते हैं।
- जिस विलायक का डाइइलेक्ट्रिक नियतांक जितना अधिक होता है, वह उतना ही अच्छा विलायक माना जाता है।
- जल का डाइइलेक्ट्रिक नियतांक का मान अधिक होने के कारण इसे सार्वत्रिक विलायक (Universal Soluent) कहा जाता है।

विलायक तथा उनमें विलेय पदार्थ		
क्र. सं.	**विलायक**	**विलेय पदार्थ**
1.	जल	नम, चीनी, फिटकरी, नीला थोथा (कापर-सल्फेट) फेरस सल्फेट, एल्कोहल
2.	एसीटोन	वार्निश, कारडाइट, क्लोडियन, रेयान, सेलुलोस, कृत्रिम रेशम
3.	ऐल्कोहल	वार्निश, पालिस, कपूर, चमड़ा, लाख, आयोडीन
4.	कार्बन ट्रेटा क्लोराइड	तेल, वसा, घी, मोम आदि
5.	ईथर	चर्बी, मोम, आदि
6.	नैफ्था	रबर
7.	तारपीन का तेल	पेंट व रेजिन
8.	कार्बन डाइसल्फाइड	गंधक, फॉस्फोरस आदि

विलायक का उपयोग

(i) औषधी के निर्माण में

(ii) निर्जल धुलाई (Dry Cleaning) में (पेट्रोलियम, बेंजीन, ईथर जैसे विलायकों का)

(iii) इत्र निर्माण में

(iv) अनेक प्रकार के पेय व खाद्य पदार्थों के निर्माण में

विलयन के प्रकारः

1. **संतृप्त विलयन (Saturated Solution)** : किसी निश्चित ताप पर बना ऐसा विलयन जिसमें विलेय पदार्थ की अधिकतम मात्रा घुली हुई हो, संतृप्त विलयन कहलाता है।

2. **असंतृप्त विलयन (Unsaturated Solution) :** किसी निश्चित ताप पर बना ऐसा विलयन जिसमें विलेय पदार्थ की और अधिक मात्रा उस ताप पर घुलाई जा सकती है, असंतृप्त विलयन कहलाता है।

3. **अतिसंतृप्त विलयन (Super Saturated Solution) :** ऐसा संतृप्त विलयन जिसमें विलेय की मात्रा उस विलयन को संतृप्त करने के लिए आवश्यक विलेय की मात्रा से अधिक घुली हुई हो, अतिसंतृप्त विलयन कहलाता है।

विलयन के प्रकार		
1.	ठोस में ठोस का विलयन	मिश्रधातुएँ जैसे- पीतल (ताँबा में जस्ता)
2.	ठोस में द्रव का विलयन	थैलियम में पारा का विलयन
3.	ठोस में गैस का विलयन	कपूर में वायु का विलयन
4.	द्रव में ठोस का विलयन	पारा में लेड का विलयन
5.	द्रव में द्रव का विलयन	जल में अल्कोहल का विलयन
6.	द्रव में गैस का विलयन	जल में कार्बन डाइऑक्साइड का विलयन
7.	गैस में ठोस का विलयन	धुआँ, वायु में आयोडीन का विलयन
8.	गैस में द्रव का विलयन	कुहरा, बादल, अमोनिया गैस का जल में विलयन
9.	गैस में गैस का विलयन	वायु, गैसों का मिश्रण

- **विलेयता (Solubility) :** किसी निश्चित ताप और दाब पर 100 ग्राम विलायक में घुलने वाली विलेय की अधिकतम मात्रा को उस विलेय पदार्थ की उस विलायक में विलेयता कहते हैं। इसे निम्नलिखित सूत्र से व्यक्त करते हैं-

$$\text{विलेयता} = \frac{\text{विलेय की मात्रा}}{\text{विलायक की मात्रा}} \times 100$$

- किसी पदार्थ की विलायक में विलेयता, विलायक तथा विलेय की प्रकृति पर, ताप एवं दाब पर निर्भर करती है।

विलेयता पर ताप का प्रभाव

- सामान्यत: ठोस पदार्थों की विलेयता ताप बढ़ाने से बढ़ती है। कुछ ठोस पदार्थों की विलेयता ताप बढ़ाने से घटती है। जैसे- सोडियम सल्फेट, कैल्सियम हाइड्रॉक्साइड, कैल्सियम नाइट्रेट आदि।
- किसी द्रव में गैस की विलेयता ताप बढ़ाने से घटती है।

विलेयता पर दाब का प्रभाव : दाब बढ़ाने पर द्रव में गैस की विलेयता बढ़ती है।

- **विलयन की सांद्रता (Concentration of Solution) :** किसी विलायक (या विलयन) की इकाई मात्रा में उपस्थित विलेय की मात्रा को विलयन की सांद्रता कहते हैं। जिस विलयन में विलय की पर्याप्त मात्रा घुली रहती है उसे सांद्र विलयन (Concentrated Solution) कहा जाता है और जिसमें विलेय की कम मात्रा घुली रहती है उसे तनु विलयन (Dilute Solution) कहा जाता है। सभी तनु विलयन असंतृप्त विलयन (Unsaturated Solution) होते हैं। जो विलयन जितना ही अधिक तनु होता है वह उतना ही अधिक असंतृप्त होता है।
- **परिक्षेपण (Dispersion) :** जब किसी पदार्थ के कण (परमाणु, अणु या आयन) दूसरे पदार्थ के कणों के इर्द-गिर्द बिखेर दिये जाते हैं तो यह क्रिया परिक्षेपण (Dispersion) कहलाती है।

पहले पदार्थ को परिक्षेपित पदार्थ और दूसरे को परिक्षेपण माध्यम कहा जाता है। परिक्षेपण के परिणामस्वरूप दो प्रकार के पदार्थ बनते हैं- (i) विषमांग पदार्थ (निलंबन एवं कोलॉइड) (ii) समांग पदार्थ (वास्तविक विलयन)।

- **निलंबन (Suspension) :** इसमें परिक्षेपित कणों का आकार 10^{-3} सेमी से 10^{-4} सेमी या इससे अधिक होता है। इन्हें आँखों से देखा जा सकता है। इसके कण छन्न-पत्र के आर-पार नहीं आ-जा सकते। ये अस्थायी होते हैं तथा इनके कणों में परिक्षेपण माध्यम से अलग हो जाने की प्रवृत्ति पायी जाती है। उदाहरणार्थ- नदी का गंदा पानी, वायु में धुँआ आदि।
- **कोलॉइड (Colloid) :** इसमें परिक्षेपित कणों का आकार 10^{-5} सेमी और 10^{-7} सेमी के बीच होता है। इसके कणों को नग्न आँखों की सहायता से नहीं देखा जा सकता है बल्कि सूक्ष्मदर्शी की सहायता से देखा जा सकता है। इसके कण छन्ना-पत्र के आर-पार आ-जा सकते हैं, लेकिन चर्म पत्र से नहीं निकल सकते हैं। इसके कणों में परिक्षेपण माध्यम से अलग हो जाने की बहुत कम प्रवृत्ति पायी जाती है। उदाहरणार्थ- दूध, गोंद, रक्त, स्याही आदि।

कोलॉइड के विभिन्न प्रकार

- **सोल :** वैसा कोलॉइड जिसमें ठोस कण द्रव में परिक्षेपित होते हैं, उसे सोल कहा जाता है। रबर के दस्तानों का निर्माण विद्युत लेपन द्वारा रबर सोल से किया जाता है।
- **जेल :** वैसा कोलॉइड जिसमें ठोस कण द्रव में समान रूप से परिक्षेपित तो होते हैं, पर उनमें प्रवहता (Flow) नहीं होती है, जेल कहलाती है। उदाहरणार्थ- जेली या जिलेटिन।
- **एरोसोल :** किसी गैस में द्रव या ठोस कणों का परिक्षेपण एरोसोल कहलाता है। जब परिक्षेपित कण ठोस होता है तो ऐसे एरोसोल को धुँआ (Smoke) कहा जाता है और जब परिक्षेपित पदार्थ द्रव होता है तो ऐसे एरोसोल को कोहरा (Fog) कहा जाता है।

  नोट : जब परिक्षेपण का माध्यम जल, अल्कोहल एवं बेंजीन हो तो कोलॉइडों को क्रमशः हाइड्रोसोल, अल्कोहल एवं बेंजोसोल कहते हैं।
- **स्कंदन (Coagulation) :** जब कोलॉइडी विलयन में कोई विद्युत अपघट्य मिलाते हैं तो कोलॉइडी कणों का आवेश उदासीन हो जाता है और उसका अवक्षेपण हो जाता है, इसे स्कंदन कहते हैं।
- **पायस (Emulsion) :** जब किसी कोलॉइड में एक द्रव के सारे कण दूसरे द्रव के सारे कणों में परिक्षेपित तो हो जाते हैं, लेकिन घुलते नहीं हैं, तो इस कोलॉइड को पायस कहते हैं। पायस बनाने की प्रक्रिया को पायसीकण कहते हैं। दूध एक प्राकृतिक पायस है, जबकि पेंट एक कृत्रिम पायस। कॉडलिवर तेल जिसमें जल के कण तेल में परिक्षेपित होते हैं, भी पायस का उदाहरण है। सबसे बड़े पैमाने पर पायसीकरण के रूप में साबुनों और डिटर्जेंट का प्रयोग किया जाता है। इनकी पायसीकरण की प्रकृति कपड़ों को धोने में सहायता करती है। पायसी कारकों का प्रयोग अयस्कों के सान्द्रण में भी किया जाता है।
- **झाग (Foams) :** द्रव में गैस का परिक्षेपण झाग कहलाता है। ये साबुन से उत्पन्न होते हैं।
- **वास्तविक विलयन (True Solution) :** इनके कण आणविक आकार वाले होते हैं अर्थात् इनके कणों का आकार 10^{-7} से 10^{-8} सेमी होता है। इसके कण छन्ना-पत्र के आर-पार आसानी से आ-जा सकते हैं। यह सबसे स्थायी एवं पारदर्शक होता है। इन्हें आँख तथा सूक्ष्मदर्शी से नहीं देखा जा सकता है।
- **बफर विलयन (Buffer Solution) :** वह विलयन जो कि अम्ल या क्षार की साधारण मात्राओं को अपनी प्रभावी अम्लता या क्षारता में पर्याप्त परविर्तन किये बिना अवशोषित कर लेता है, बफर विलयन कहलाता है। उदाहरणार्थ- सोडियम ऐसीडेट तथा ऐसीटिक अम्ल का मिश्रण एक प्रभावी बफर है, जब उसे पानी में विलीन किया जाता है।

वास्तविक विलयन और कोलॉइडी विलयन में अन्तर			
	वास्तविक विलयन		**कोलॉइडी विलयन**
1.	वास्तविक विलयन में पदार्थ (विलेय) के कणों का आकार (व्यास) 10^{-7} से कम रहता है।	1.	कोलॉइडी विलयन में पदार्थ (विलेय) के कणों का आकार (व्यास) प्रायः 10^{-7} सेमी और 10^{-5} सेमी के बीच रहता है।
2.	इस पदार्थ के कण हर अवस्था में अदृश्य होते हैं।	2.	कोलॉइडी कणों से उत्पन्न प्रकाश प्रकीर्णन को अल्ट्रा-माइक्रोस्कोप द्वारा देखा जा सकता है।
3.	इसमें पदार्थ का कण प्रकाश का प्रकीर्णन नहीं करते हैं।	3.	ये कण प्रकाश का प्रकीर्णन करते हैं।
4.	इस विलयन का परासरणी दाब अधिक होता है।	4.	इसका परासरणी दाब अपेक्षाकृत कम होता है।
5.	यह समांग तथा एकांगी स्वरूप वाला होता है।	5.	यह विषमांग तथा दो स्वरूप वाला होता है।

- **अपोहन (Dialysis) :** कोलॉइडी विलयन को वास्तविक विलयन से अलग करने की प्रक्रिया अपोहन कहलाती है। अर्थात् इस विधि द्वारा कोलॉइडी विलयन को शुद्ध किया जाता है।
- **ब्राउनी गति (Brownian Movement) :** कोलॉइडी विलयन के कण लगातार इधर-उधर भागते रहते हैं, इसे ब्राउली गति कहते हैं। यह गति कोलॉइड कणों की प्रकृति पर निर्भर नहीं करती है। कण जितने ही सूक्ष्म होते हैं तथा माध्यम की श्यानता जितनी ही कम होती है एवं ताप जितना ही अधिक होता है, वह गति उतनी ही तेज होती है।
- **टिंडल प्रभाव (Tindal Effect) :** जब किसी कोलॉइडी में तीव्र प्रकाश गुजारते हैं और इसके लम्बवत् रखे सूक्ष्मदर्शी से देखते हैं तो कोलॉइड कण काली पृष्ठभूमि में आलपिन की नोक की भाँति चमकने लगते हैं। इसे टिंडल प्रभाव कहते हैं। टिंडल प्रभाव का कारण प्रकाश का प्रकीर्णन (Scattering of Light) है।

विलयन का रंग			
सूचक	**अम्लीय विलयन**	**क्षारीय विलयन**	**उदासीन विलयन**
मिथाईल औरेंज	गुलाबी	पीला	नारंगी
लिट्मस	लाल	नीला	बैगनी
फिनॉल्फथेलीन	रंगहीन	गुलाबी	रंगहीन

6. उत्प्रेरण

- वह अभिक्रिया जिसमें अभिक्रिया की गति उत्प्रेरक की उपस्थिति के कारण परिवर्तित हो जाती है, उत्प्रेरण (Catalysis) कहलाती है।
- वह पदार्थ जो किसी रासायनिक अभिक्रिया के वेग को परिवर्तित कर देता है, परन्तु स्वयं क्रिया के अंत में भार तथा बनावट में अपरिवर्तित रहता है, उत्प्रेरक (Catalysts) कहलाता है।

उत्प्रेरक की सामान्य विशेषताएँ

(i) उत्प्रेरक भार तथा बनावट में अपरिवर्तित रहते हैं।

(ii) उत्प्रेरक की बहुत सूक्ष्म मात्रा अभिक्रिया के वेग को परिवर्तित कर देती है।
(iii) उत्प्रेरक किसी क्रिया को आरंभ नहीं कर सकता।
(iv) सामान्यत: उत्प्रेरक उत्पादों की प्रवृत्ति नहीं बदलते।
(v) उत्प्रेरक अपने कार्य में विशिष्ट होते हैं।
(vi) उत्प्रेरक का साम्यावस्था पर कोई प्रभाव नहीं पड़ता।
(vii) उत्प्रेरक का प्रमुख कार्य, अभिक्रिया की सक्रियता ऊर्जा को कम करना है।

उत्प्रेरक के प्रकार

(i) **धनात्मक उत्प्रेरक (Positive Catalysis)** : वे उत्प्रेरक जो रासायनिक क्रियाओं के वेग को बढ़ाते हैं, धनात्मक उत्प्रेरक कहलाते हैं।

(ii) **ऋणात्मक उत्प्रेरक (Negative Catalysis)** : वे उत्प्रेरक, जो रासायनिक क्रियाओं के वेग को घटाते हैं, ऋणात्मक उत्प्रेरक कहलाते हैं।

(iii) **प्रेरित उत्प्रेरक (Induced Catalysis)** : जब एक रासायनिक क्रिया दूसरी रासायनिक क्रिया को बढ़ाती है, तो इसे प्रेरित उत्प्रेरक कहते हैं।

(iv) **स्व:-उत्प्रेरक (Auto-Catalysis)** : कभी-कभी किसी रासायनिक क्रिया के फलस्वरूप प्राप्त पदार्थों में से ही कोई पदार्थ उत्प्रेरक का कार्य करने लगता है। इस प्रकार के उत्प्रेरक स्व:-उत्प्रेरक कहलाते हैं।

उत्प्रेरकों के उपयोग

➯ उत्प्रेरकों का आजकल रासायनिक उद्योगों में बहुत महत्त्व है। इसी प्रकार जीव रासायनिक उत्प्रेरक या एन्जाइम मनुष्य के पाचन तंत्र में अत्यधिक उपयोगी भूमिका निभाते हैं। कुछ प्रमुख उद्योगों में प्रयोग किये जाने वाले उत्प्रेरक व एन्जाइम नीचे सारणी में दिये गये हैं-

क्र. सं.	उद्योग	उत्प्रेरक
1.	अमोनिया गैस बनाने की हैबर विधि में	लोहे का चूर्ण
2.	वनस्पति तेलों से कृत्रिम घी बनाना	निकिल
3.	सल्फ्यूरिक अम्ल बनाने की सम्पर्क विधि में	प्लेटिनिम चूर्ण
4.	सल्फ्यूरिक अम्ल बनाने की सीस कक्ष विधि में	नाइट्रोजन के ऑक्साइड
5.	अल्कोहल से ईथर बनाने की विधि में	गर्म ऐलुमिना
6.	क्लोरीन गैस बनाने की डीकन विधि में	क्यूप्रिक क्लोराइड
7.	आमाशय में प्रोटीनों को पेटटाइड में अपघटित करने में	पेप्सिन एन्जाइम
8.	आँतों (Intestines), प्रोट्रीनों को अमीनो अम्ल में अपघटित करने में	इरेप्सिन एन्जाइम
9.	पैंक्रियाज (Pancreas) में प्रोट्रीनों को अमीनो अम्ल में अपघटित करने में	ट्रिपसिन एन्जाइम
10.	मानव लार में स्टार्च को ग्लूकोज में परिवर्तित करने में	फाइऐलिम एन्जाइम
11.	ग्लूकोज से एथिल ऐल्कोल बनाने में	जाइमेस एन्जाइम
12.	स्टार्च से माल्टोस के बनाने में	डाइस्टेस एन्जाइम
13.	गन्ने की शक्कर से सिरके (Veneger) के निर्माण में	माइकोडमी ऐसिटी
14.	गन्ने की शक्कर से ग्लूकोज व फ्रक्टोज बनने में	इन्वटेंज एन्जाइम
15.	दूध से लैक्टिक अम्ल बनने में	लैक्टिक, वैसिली

7. धातुएँ

- ऐसे तत्त्व (हाइड्रोजन के अतिरिक्त) जो इलेक्ट्रॉन को त्याग कर धनायन प्रदान करते हैं, धातु कहलाते हैं। धातुएँ सामान्यतः चमकदार, अघातवर्ध्य तथा तन्य होती हैं।
- प्रकृति में पारे को छोड़कर लगभग सभी धातुएँ ठोस अवस्था में पायी जाती हैं। पारा ही एक ऐसी धातु है जो कि द्रव अवस्था में पायी जाती है।
- धातुएँ ऊष्मा एवं विद्युत की सुचालक (Good Conductor) होती हैं। चाँदी विद्युत का सर्वश्रेष्ठ सुचालक है।
- धातुओं में विद्युत चालकता घटते क्रम में होती है-

    चाँदी > ताँबा > एल्युमिनियम

- सीसा की ऊष्मीय एवं विद्युत चालकता सबसे कम होती है।
- धातुओं के ऑक्साइड की प्रकृति क्षारीय होती है।
- धातुएँ अम्लों से क्रिया करके हाइड्रोजन गैस विस्थापित करती हैं।
- धातुओं की प्राप्ति का मुख्य स्रोत पृथ्वी की भू-पर्पटी है। भू-पर्पटी में मिलने वाली धातुओं में एल्युमिनियम (7%), लोहा (4%) एवं कैल्सियम (3%) का क्रमशः प्रथम, द्वितीय एवं तृतीय स्थान है।
- **खनिज (Minerals)**: भू-पर्पटी में प्राकृतिक रूप से पाये जाने वाले तत्त्वों या यौगिक को खनिज कहते हैं।
- **अयस्क (Ores)**: वे खनिज जिनसे धातुओं को सुगमतापूर्वक तथा लाभकारी रूप में निष्कर्षित किया जा सकता है, अयस्क कहलाते हैं।
- **धातुकर्म (Metallurgy)**: अयस्कों से धातुओं के निष्कर्षण तथा परिष्करण में सम्मिलित विभिन्न प्रक्रमों को धातुकर्म कहते हैं।
- **गैंग (Gangue)**: अयस्क में मिले अशुद्ध पदार्थ को गैंग कहते हैं।
- **फ्लक्स (Flux)**: अयस्क में मिले गैंग (अशुद्ध पदार्थ) को हटाने के लिए बाहर से मिलाये गये पदार्थ को फ्लक्स कहते हैं।
- **धातुमल (Slag)**: गैंग एवं धातु फ्लक्स के मिलने से बने पदार्थ धातुमल कहलाते हैं।
- **निस्तापन (Calcination)**: इस प्रक्रिया में धातु के अयस्क को उसके द्रवणांक (Melting Point) से नीचे के ताप पर गर्म करते हैं, ताकि अयस्क में मिले वाष्पशील अशुद्धियाँ दूर हो जायें।
- **भर्जन (Roasting)**: इस प्रक्रिया में धातु के अयस्क को गर्म हवा की उपस्थिति में उसके द्रवणांक से नीचे के ताप पर गर्म करते हैं ताकि इसमें मिली अशुद्धि ऑक्सीकृत (Oxidise) हो जाये।
- **एसमेल्टिंग (Smelting)**: इस प्रक्रिया में धातु कोक एवं फ्लक्स की उपस्थिति में उसके द्रवणांक से ऊपर के ताप पर गर्म करते हैं, जिससे शुद्ध धातु प्राप्त होती है।
- **सक्रियता सूची**: सक्रियता श्रेणी वह सूची है जिसमें शुद्ध धातुओं की क्रियाशीलता को अवरोही क्रम (Decending Order) में व्यवस्थित किया जाता है।
- कार्बोनेट अयस्क को निस्तापन (Calcination) द्वारा धातु ऑक्साइड में परिवर्तित किया जाता है और सल्फाइड अयस्क को भर्जन (Roasting) द्वारा धातु ऑक्साइड में परिवर्तित किया जाता है।
- धातु ऑक्साइडों को कार्बन, एल्युमिनियम अथवा विद्युत अपघटनी अपचयन द्वारा धातु में अपचयित किया जाता है।

- सोडियम, पोटैशियम तथा कैल्शियम धातुओं को उनके गलित क्लोराइडों के विद्युत अपघटन द्वारा निष्कर्षित किया जाता है जबकि एल्युमिनियम धातु को उसके गलित ऑक्साइड के विद्युत अपघटन द्वारा निष्कर्षित किया जाता है।
- गलित लवणों के विद्युत अपघटन के दौरान शुद्ध धातु कैथोड पर निक्षेपित होती है।
- **संक्षारण (Corrosion) :** धातुओं का उनकी सतह पर वायु एवं आर्द्रता के प्रभाव द्वारा नष्ट होना संक्षारण कहलाता है। लोहे में जंग लगना, ताँबा की सतह पर हरे रंग की परत चढ़ना एवं चाँदी की वस्तुओं का काला हो जाना संक्षारण के उदाहरण है।
- लोहे में जंग लगना रासायनिक परिवर्तन का उदाहरण है। जंग लगने से लोहे का भार बढ़ जाता है। लोहे में जंग लगने में बना पदार्थ फेरिसोफेरिक ऑक्साइड $Fe_2O_2xH_2O$ है। (जल के अणुओं की संख्या x बदलती रहती है।)
- पेंट करके, तेल लगाकर, ग्रीज लगाकर, यशदलेपन, क्रोमियम लेपन, ऐनोडीकरण या मिश्रधातु बनाकर लोहे को जंग से बचाया जा सकता है।
- **यशदलेपन (Glabnization)** : लोहे एवं इस्पात को जंग से सुरक्षित रखने के लिए उन पर जस्ते की पतली परत चढ़ाने की विधि को यशदलेपन कहते हैं।
- ताँबा वायु में उपस्थित आर्द्र कार्बन डाइऑक्साइड के साथ अभिक्रिया करता है जिससे इसकी सतह से भूरे रंग की चमक धीरे-धीरे खत्म हो जाती है तथा इस पर हरे रंग की परत चढ़ जाती है। यह हरा पदार्थ कॉपर कार्बोनेट होता है।
- खुली हवा में कुछ दिन छोड़ देने पर चाँदी (Silver) की वस्तुएँ काली हो जाती है। ऐसा चाँदी का वायु में उपस्थित सल्फर के साथ अभिक्रिया कर सिल्वर सल्फाइड की परत बनाने के कारण ऐसा होता है।

प्रमुख धातु, अयस्क तथा रासायनिक सूत्र		
धातुओं के नाम	**अयस्क**	**रासायनिक सूत्र**
एल्युमिनियम (Al)	बॉक्साइट, कोरंडम, क्रायोलाइट	$Al_2O_3.2H_2O$; Al_2O_3; Na_3AlF_6
लोहा (Fe)	हेमेटाइट, मैग्नेटाइट	Fe_2O_3; Fe_3O_4
ताँबा (Cu)	कॉपर ग्लांस, कॉपर पाइराइट्स	Cu_2S; CuFeS
जस्ता (Zn)	जिंकब्लेंड, केलामाइन या जिंक स्पार	ZnS
सोडियम (Na)	रॉक साल्ट, सोडियम कार्बोनेट	NaCl; Na_2CO_3
पोटैशियम (K)	कार्नेलाइट, शोरा	KCl $MgCl_2.6H_2O$; KNO_3
सीसा (Pb)	गैलेना	PbS
टिन (Sn)	टिन पाइराइट्स, कैसिटेराइट	Cu_2FeSnS_4; SnO_2
चाँदी (Ag)	सिल्वर ग्लांस	Ag_2S
सोना (Au)	कैल्वेराइट, पेटसाइट	$AuTe_2$; $Ag(Au)_2Te$
पारा (Hg)	सिनेबार, कैलोमल	HgS; Hg_2Cl_2
मैग्नीशियम (Mg)	डोलोमाइट, कोर्नेलाइट	$MgCO_3.CaCO_3$; KCl $MgCl_2.\ 6H_2O$
कैल्शियम (Ca)	लाइम स्टोन, डोलोमाइट	$CaCO_3$; $MgCO_3$; $CaCO_3$
फॉस्फोरस (P)	फॉस्फोराइट, फ्लोरएपेटाइट	$Ca_3\ (PO_4)_2$; $3Ca_3\ (PO_4)_2\ CaF_2$

रसायन विज्ञान 77

धातुओं से सम्बन्धित महत्त्वपूर्ण तथ्य

- टंगस्टन का संकेत W होता है। इसका गलनांक लगभग 3500°C होता है।
- भारत में टंगस्टन का उत्पादन राजस्थान स्थित देगाना (Degana) खान से होता है।
- टंगस्टन तंतु के उपचयन को रोकने के लिए बिजली के बल्ब से हवा निकाल दी जाती है।
- जिरकोनियम धातु ऑक्सीजन तथा नाइट्रोजन दोनों में जलते हैं।
- बेडीलेआइट जिरकोनियम का अयस्क है।
- न्यूट्रॉनों को अवशोषित करने के गुणों के कारण जिरकोनियम, कैडमियम एवं बोरॉम्न का उपयोग नाभिकीय रिएक्टर में किया जाता है।
- बेराइल (Baryl) बेरीलियम धातु का मुख्य अयस्क है।
- फ्रांसियम एक रेडियोसक्रिय द्रव धातु है।
- स्टेनस सल्फाइड (SnS_2) को मोसाइक गोल्ड (Mosaic Gold) कहते हैं, इसका प्रयोग पेंट के रूप में किया जाता है।
- टिन अपरूपता प्रदर्शित करता है।
- **सबसे भारी धातु** ओसमियम (Os) है, और प्लेटिनम **सबसे कठोर धातु** है।
- बेरियम हाइड्रॉक्साइड को बैराइटा वाटर कहते हैं।
- बेरियम सल्फेट (Barium Sulphate) का उपयोग बेरियम मील के रूप में उदर के x-ray में होता है।
- आतिशबाजी के दौरान **हरा रंग** बेरियम (Ba) की उपस्थिति के कारण होता है।
- आतिशबाजी के दौरान **लाल चटक रंग** (Crimson Red Colour) स्ट्रॉन्शियम (Sr) की उपस्थिति के कारण उत्पन्न होता है।
- लिथियम सबसे हल्का धात्विक तत्त्व है। यह सबसे प्रबल अपचायक होता है।
- चाँदी (Ag), सोना (Au), ताँबा (Cu), प्लेटिनम (Pt) तथा बिस्मथ (Bi) अपने कम अभिक्रियाशीलता के कारण स्वतंत्र अवस्था में पाये जाते हैं।
- गोल्ड, प्लेटिनम, सिल्वर तथा मरकरी उत्कृष्ट धातुएँ हैं।
- धातुओं में सबसे अधिक आघातवर्ध्य सोना (Au) व चाँदी (Ag) होते हैं।
- पारा व लोहा विद्युत धारा के प्रवाह में अपेक्षाकृत अधिक प्रतिरोध उत्पन्न करते हैं।
- चाँदी एवं ताँबा विद्युत धारा का सर्वोत्तम चालक है।
- एल्युमिनियम का सर्वप्रथम पृथक्करण 1827 ई. में हुआ था।
- प्याज व लहसून में गंध का कारण पोटैशियम (K) की उपस्थिति है।
- कार्नोटाइट का रासायनिक ना पोटैशियम यूरेनिल वेन्डेट होता है।
- कैंसर रोग के इलाज में कोबाल्ट के समस्थानिक का उपयोग होता है।
- स्मेल्टाइट (Smeltite) निकेल धातु का अयस्क है।
- सोडियम परऑक्साइड़ का उपयोग पनडुब्बी जहाजों तथा अस्पताल आदि की बंद हवा को शुद्ध करने में होता है।
- ग्रीनोकाइट कैडमियम का अयस्क है।
- कैडमियम का प्रयोग नाभिकीय रिएक्टरों में न्यूटॉन मंदक के रूप में, संग्राहक बैटरियों में तथा निम्न गलनांक की मिश्रधातु बनाने में होता है।
- एक्टिनाइड (Actinides) रेडियोसक्रिय तत्त्वों का समूह होता है।
- विश्व प्रसिद्ध एफिल टॉवर का आधार स्टील व सीमेण्ट का बना है।

- थूलियम का संकेत Tm होता है।
- रेडियम का निष्कर्षण पिचब्लैंड से किया जाता है। मैडम क्यूरी ने पिचब्लैंड से ही रेडियम का निष्कर्षण किया था।
- वायुयान के निर्माण में पेलेडियम धातु प्रयुक्त होती है।
- गैलियम धातु कमरे के ताप पर द्रव अवस्था में पाया जाता है।
- सेलीनियम धातु का उपयोग फोटो इलेक्ट्रिक सेल में होता हे।
- साइट्रोक्रोम (Cytochrome) में लोहा उपस्थित होता है।
- जिओलाइट (Zeolite) का प्रयोग जल को मृदु बनाने में किया जाता है।
- टिन अपरूपता प्रदर्शित करता है।
- अधिकांश संक्रमण धातु (Transition Elements) और उनके यौगिक रंगीन होते हैं।
- पोटैशियम कार्बोनेट (K_2CO_3) को पर्ल एश (Pearl Ash) कहते हैं।
- नाइक्रोम (Nichrome) निकिल, क्रोमियम ट्राइऑक्साइड है।
- ब्रिटेनिया धातु (Britannia Metal) एण्टिमनी (Sb), ताँबा व टिन (Sn) की मिश्रधातु है।
- बारूद 75% पोटैशियम नाइट्रेट, 10% गंधक व 15% चारकोल एवं अन्य पदार्थों का मिश्रण होता है।
- बैबिट धातु (Babbitt Metal) में 89% टिन, 9% एण्टिमनी व 2% ताँबा होता है।
- समूह-I के तत्त्व क्षार धातुएँ (Alkali Metals) कहलाते हैं एवं इसके हाइड्रॉक्साइड क्षारीय होते हैं। जबकि समूह-II के तत्त्व क्षारीय मृदा धातुएँ (Alkaline Earth Metals) कहलाते हैं।
- टाइटेनियम को रणनीतिक धातु (Strategic Metal) कहते हैं, क्योंि इसका उपयोग रक्षा उत्पादन में होता है। यह इस्पात के बराबर मजबूत लेकिन भार में उसका आधा गुना होता है। वायुयान का फ्रेम तथा इंजन बनाने में, नाभिकीय रिऐक्टरों में इसका उपयोग होता है।
- फ्लैश बल्बों में नाइट्रोजन गैस के वायुमंडल में मैग्नीशियम का तार रखा रहता है।
- एल्युमिनियम हाइड्रॉक्साइड का उपयोग कपड़ों को अदाह्य बनाने तथा जलरोधी कपड़े तैयार करने में किया जाता है।
- कैल्शियम हाइड्रॉक्साइड को हाइड्रोलिथ कहते हैं।
- पिटवाँ लोहा (Wrought Iron) में कार्बन की मात्रा सबसे कम (0.12-0.25%) रहती है। अत: यह अपेक्षाकृत शुद्ध होता है।
- आयरन (III) ऑक्साइड (Fe_2O_3) के साथ ऐल्युमिनियम की अभिक्रिया का उपयोग रेल की पटरी एवं मशीनी पुर्जों की दरारों को जोड़ने के लिए किया जाता है। इस अभिक्रिया को **थर्मिट अभिक्रिया** कहते हैं।
- शरीर में लोहे की कमी से एनीमिया तथा अधिकता से लौहमयता (Siderosis) रोग होता है। अफ्रीका के बाँटू आदिवासियों में लौहमयता रोग पाया जाता है। ऐसा उनमें लोहे के बर्तन में बीयर सेवन के कारण होता है।
- मानव शरीर में ताँबा की मात्रा में वृद्धि होने पर विल्सन रोग हो जाता है।
- टिन की अधिक मात्रा युक्त कांसा को श्वेत कांसा कहते हैं।
- जिंक फॉस्फाइड का उपयोग चूहा विष के रूप में होता है।
- लकड़ी की वस्तुओं को कीड़ों से बचाने के लिए उस पर जिंक क्लोराइड का लेपन किया जाता है।
- जिंक ऑक्साइड को जस्ते का फूल कहते हैं। इसका ह्वाइट अथवा चाइनीज ह्वाइट के नाम से पेंटों में प्रयोग किया जाता है। इसका उपयोग मरहम तथा चेहरे के क्रीम बनाने में किया जाता है।

- सिल्वर क्लोराइड को हॉर्न सिल्वर कहा जाता है। इसका उपयोग फोटोक्रोमेटिक काँच में होता है।
- सिल्वर आयोडाइड का उपयोग कृत्रिम वर्षा में होता है।
- सिल्वर नाइट्रेट का प्रयोग **निशान लगाने वाली स्याही** बनाने में किया जाता है। मतदान के समय मतदाओं की अँगुलियों पर इसी का निशान लगाया जाता है। सूर्य की प्रकाश में अपघटित हो जाने कारण इसे रंगीन बोतलों में रखा जाता है।
- चाँदी के चम्मच से अण्डा खाना वर्जित रहता है, क्योंकि चाँदी अण्डे में उपस्थित गंधक से प्रतिक्रिया कर काले रंग का सिल्वर सल्फाइड बनाती है, जिससे चम्मच नष्ट हो जाती है।
- सोना को कठोर बनाने के लिए उसमें ताँबा या चाँदी मिलाया जाता है। शुद्ध सोना 24 कैरेट का होता है। आभूषण बनाने के लिए 22 कैरेट सोने का उपयोग होता है।
- आयरन पायराइट्स (FeS_2) को झूठा सोना या बेवकूफों का सोना कहते हैं।
- प्लैटिनम को **सफेद सोना** कहा जाता है।
- **सर्प विषरोधी इंजेक्शन** बनाने में ऑरिक क्लोराइड का उपयोग किया जाता है।
- स्वर्ण लेपन में पोटैशियम ओरिसायनाइड का प्रयोग विद्युत अपघट् के रूप में होता है।
- पारा को क्विक सिल्वर के नाम से भी जाना जाता है। इसका निष्कर्षण मुख्यतः सिनेवार से होता है।
- पारा को लौह पात्र में रखा जाता है, क्योंकि यह लोहे के साथ अमलगम नहीं बनाता है।
- ट्यूब लाइट में सामान्यतः पारा का वाष्प और ऑर्गन गैस भरी रहती है।
- सीसा सबसे अधिक स्थायी तत्त्व है। इसका उपयोग कागज पर लिखने में होता है।
- लेड आर्सेनिक नामक मिश्रधातु का उपयोग गोली बनाने में होता है। कार्बन सीसा का उपयोग कृत्रिम अंगों के निर्माण में होता है।
- लेड ऑक्साइड को लीथार्ज कहा जाता है, जो एक उभयधर्मी ऑक्साइड है। इसका उपयोग रबर उद्योग में, स्टोरेज बैटरी के निर्माण में तथा फ्लिण्ट काँच बनाने में होता है।
- बेसिक लेड कार्बोनेट को ह्वाइट लेड कहा जाता है। इसे सफेदा के नाम से भी जाना जाता है।
- लेड टेट्राइथाइल का उपयोग अपस्फोटन रोकने में किया जाता है।
- लेड पाइप पीने के जल को ले जाने के लिए उपयुक्त नहीं होते हैं, क्योंकि ये वायु मिश्रित जल के साथ घुलकर विषैले लेड हाइड्रॉक्साइड उत्पन्न करते हैं।
- विद्युत उपकरणों में प्रयुक्त होने वाला फ्यूज तार तांबा, लेड और टिन से बना मिश्रधातु होता है।
- यूरेनियम को आशा धातु कहा जाता है। भारत में यूरेनियम का सर्वाधिक उत्पादन झारखंड में होता है। यूरेनियम का समस्थानिक $_{92}U^{238}$ रेडियो सक्रियता प्रदर्शित नहीं करता है।
- यूरेनियम कार्बाइड का उपयोग हैबर विधि में अमोनिया के उत्पादन में उत्प्रेरक के रूप में किया जाता है। यूरेनियम का उपयोग परमाणु ऊर्जा के उत्पादन में होता है।
- यूरेनियम के नाइट्रेट एवं एसीटेट का उपयोग फोटोग्राफी में होता है।
- यूरेनियम धातु का निष्कर्षण मुख्यतः उसके अयस्क पिंचब्लैंड से किया जाता है।
- प्लूटोनियम एक भारी रेडियोसक्रिय धातु है। यह एक्टीनाइड श्रेणी का सदस्य है। इसका उपयोग परमाणु बम बनाने में होता है। हिरोशिमा एवं नागासाकी पर गिराये गये परमाणु बम इसी से बने हुए थे।

8. मिश्रधातु

- **मिश्रधातु (Alloys) :** किसी धातु का किसी अन्य धातु या अधातु के साथ मिश्रण, मिश्रधातु कहलाता है। मिश्रधातुओं के गुण उनके घटकों के गुणों से भिन्न होते हैं, जिससे मिलकर मिश्रधातुएँ बनी है।

➩ **इस्पात :** लोहा एवं 0.1 से 1.5% कार्बन की मिश्रधातु इस्पात कहलाती है। इस्पात के कुछ मिश्रधातु निम्नलिखित हैं-

1. **स्टेनलेस इस्पात :** इसमें 18% तक क्रोमियम और निकेल होते हैं। यह संक्षारण या जंग प्रतिरोधी होता है। इसका उपयोग बर्तन और शल्य उपकरण बनाने में किया जाता है।
2. **टंगस्टन इस्पात :** इसमें 15 से 20% टंगस्टन, 5% क्रोमियम और कुछ वैंनेडियम युक्त इस्पात होता है। इसमें उच्च तापों पर भी कठोरता बनी रहती है। इसका उपयोग वेधन यंत्रों तथा उच्च वेग खराद मशीनों के कर्तन यंत्रों (काटने वाले यंत्रों) को बनाने के लिए किया जाता है।
3. **सिलिकन इस्पात :** 35% सिलिकन (परन्तु अत्यंत कम कार्बन) युक्त सिलिकन इस्पात का उपयोग ट्रांसफार्मर और विद्युत चुंबक बनाने के लिए किया जाता है। 15% सिलिकन युक्त सिलिकन इस्पात अत्यधिक कठोर और अम्लरोधी होती है। इसका उपयोग अम्लवाही पाइपों और पम्पों को बनाने के लिए किया जाता है।
4. **कोबाल्ट इस्पात :** इस प्रकार के इस्पात में 35% तक कोबाल्ट होता है। इसका उपयोग स्थायी चुंबक बनाने में किया जाता है।
5. **मैंगनीज इस्पात :** 7% से 20% मैंगनीज युक्त इस्पात अत्यंत कठोर, दृढ़ तथा टूट-फूट रोधी होता है। इसका उपयोग रेल की पटरी रोडरोलर तथा चोर अभेद्य तिजोरी निर्माण में होता है।
6. **निकल इस्पात :** इसमें क्रोमियम या निकेल या दोनों के कुछ प्रतिशत अंश विद्यमान होते हैं। यदि निकेल 36% होता है तो उससे वैज्ञानिक उपकरण एवं यंत्र बनाये जाते हैं तथा अगर इसमें 46% निकेल उपस्थित होता है तो इसका उपयोग लैम्प बल्ब तथा रेडियो वाल्बों को बनाने में किया जाता है।

➩ जिरकोनियम धातु का प्रयोग अभेद्य (या गोली सह) मिश्रधातु इस्पात बनाने में किया जाता है।

➩ **ऐनीलिंग (Annealing) :** इस्पात को उच्च ताप पर गर्म कर धीरे-धीरे ठंडा करने पर उसकी कठोरता घट जाती है, इस प्रक्रिया को एनीलिंग कहते हैं।

➩ **अमलगन (Amalgum) :** पारा के मिश्रधातु अमलगम कहलाते हैं।

➩ निम्न धातुएँ अमलगम नहीं बनाते हैं- लोहा, प्लैटिनम, कोबाल्ट, निकेल एवं टंगस्टन आदि।

कुछ मिश्रधातुएँ उनके घटक तथा उपयोग		
मिश्रधातु	**अवयव घटक**	**उपयोग**
पीतल (Brass)	CU+Zn (70%+30%)	बर्तन बनाने में
काँसा (Bronze)	Cu+Sn (90%+10%)	सिक्का, घंटी एवं बर्तन बनाने में
जर्मन सिल्वर (German Silver)	Cu+Zn+Ni (60%+20%+20%)	बर्तन बनाने में
रोल्ड गोल्ड (Rolled Gold)	CU+Al (90%+10%)	सस्ते आभूषण बनाने में
गन मेटल (Gun Metal)	Cu+Zn+Sn (90%+2%+8%)	तोप, गेयर, बेयरिंग बनाने में
डेल्टा मेटल (Delta Metal)	Cu+Zn+Fe (60%+38%+2%)	जहाज के पंखा बनाने में

रसायन विज्ञान 81

मुंज मेटल (Munz Metal)	Cu+Zn (60%+40%)	सिक्का बनाने में
डच मेटल (Dutch Metal)	Cu+Zn (80%+20%)	सस्ते आभूषण बनाने में
मोनेल मेटल (Monel Metal)	Cu+Ni (70%+30%)	क्षार रखने वाले बर्तन बनाने में
टाँका (Solder)	Sn+Pb (67%+33%)	जोड़ों में टाँका लगाने में
रोज मेटल (Rose Metal)	Bi+Pb+Sn (50%+28%+22%)	स्वचालित (Automatic) फ्यूज बनाने में
मैगनेलियम (Magnelium)	Al+Mg (95%+5%)	हवाई जहाज के ढाँचा बनाने में
ड्यूरेलुमिन (Durelumin)	Al+Cu+Mg+Mn (95%+4%+.5%+.5%)	बर्तन बनाने में, रसोई के सामान बनाने में
टाइप मेटल (Type Metal)	Pb+Sb+Sn (82%+15%+3%)	

9. अधातुएँ

- आधुनिक आवर्त सारणी के अनुसार 22 अ-धात्वीय (Non-metallic) तत्त्व हैं, जिनमें 11 गैस, एक द्रव तथा शेष 10 ठोस है।
- कार्बन, गंधक आदि ठोस अधातु हैं, जबकि ब्रोमीन द्रव व ऑक्सीजन, नाइट्रोजन आदि गैसें हैं।
- अधातुएँ सामान्यतः विद्युत एवं ऊष्मा की कुचालक होती है। अपवाद- ग्रेफाइट।
- अधातुओं के गलनांक (Melting Point) धातुओं की अपेक्षा कम होते हैं।

हाइड्रोजन (Hydrogen)

- हाइड्रोजन के तीन समस्थानिक ज्ञात हैं- 1. प्रोटियम ($_1H^1$ या H) 2. डयूटीरियम ($_1H^2$ या D) और 3. ट्राइटियम ($_1H^3$ या T)।
- डयूटीरियम के ऑक्साइड को भारी जल (D_2O) कहते हैं।
- यूरे और वाशबर्न ने 1932 में भारी जल (Heavy Water) की खोज की थी।
- साधारण जल के लगभग 6000 भागों में 9 भाग भारी जल का होता है।
- भारी जल 3.8°C पर जमता है।

ऑक्सीजन (Oxygen)

- ऑक्सीजन के तीन समस्थानिक होते हैं- $_8O^{16}$(99.76%), $_8O^{17}$(0.037%) तथा $_8O^{18}$ (0. 204%)।
- ऑक्सीजन की खोज सर्वप्रथम स्वीडन के शीले (Scheele) नामक वैज्ञानिक ने 1772 में की थी। ऑक्सीजन एक रंगहीन, गंधहीन गैस है तथा वायु से कुछ भारी होती है। ठंडा करने पर यह नीले रंग के द्रव में परिवर्तित हो जाती है।
- ऑक्सीजन गैस स्वयं नहीं जलती, परन्तु जलने में सहायक होती है। इसको कृत्रिम श्वसन के रूप में प्रयोग करते हैं, इस कारण इसे प्राण वायु (Life-Air) भी कहते हैं।
- ऑक्सीजन धातुओं को जोड़ने तथा क्लोरीन, सल्फ्यूरिक अम्ल आदि के औद्योगिक निर्माण में प्रयोग की जाती है।
- वायु में लगभग 29% मात्रा ऑक्सीजन की होती है।
- चाँदी को गर्म करने पर यह ऑक्सीजन को अवशोषित कर लेती है तथा ठंडा करने पर अवशोषित ऑक्सीजन निकल जाती है। इसे चाँदी का उदवमन (Spitting of Silver) कहते हैं।

- ओजोन (O_3) ऑक्सीजन का एक अपरूप है। समुद्र तट से 30-32 किमी की ऊँचाई पर इसकी सांद्रता (Concentration) अधिक होती है। यह (ओजोन) सूर्य से आने वाली पराबैंगनी किरणों (Ultraviolet Rays) के दुष्प्रभाव से हमें बचाती है।

सल्फर (Sulphur)

- पृथ्वी पटल में सल्फर की प्रतिशतता लगभग 0.05% है।
- सल्फर से प्राप्त अत्यधिक महत्त्वपूर्ण औद्योगिक रसायन सल्फ्यूरिक अम्ल (H_2SO_4) है।
- सान्द्र सल्फ्यूरिक अम्ल 98% शुद्ध होता है।

सल्फ्यूरिक अम्ल के उपयोग

(i) सल्फ्यूरिक अम्ल का मुख्य भाग उर्वरकों (जैसे- अमोनियम सल्फेट, सुपर फास्फेट) के संश्लेषण में प्रयुक्त होता है।

(ii) पेट्रोलियम शोधन में।

(iii) संचालक शोधन में।

(iv) डिटर्जेंट उद्योग में।

(v) रंजक द्रव्यों, पेंट तथा रंगों के संश्लेषण में प्रयुक्त होने वाले मध्यवर्ती यौगिक बनाने में।

नाइट्रोजन (Nitrogen)

- आयतन की दृष्टि से वायुमंडल का 78% भाग नाइट्रोजन है।
- वायुमंडल सहित पृथ्वी पर नाइट्रोजन का बाहुल्य भारानुसार 0.01% है।
- नाइट्रोजन का उपयोग वहाँ भी करते हैं, जहाँ किसी निष्क्रिय गैस की आवश्यकता होती है। जैसे- लोहा व इस्पात उद्योग में तनुकारक के रूप में।
- द्रव नाइट्रोजन का उपयोग जैव पदार्थों के लिए प्रशीतक के रूप में, भोज्य पदार्थों को जमाने एवं निम्न ताप पर शल्य चिकित्सा के लिए होता है।
- नाइट्रोजन के यौगिकों में अमोनिया (NH_3) एक प्रमुख यौगिक है। इसका निर्माण हैबर विधि द्वारा किया जाता है।

अमोनिया के उपयोग

- (i) बर्फ बनाने में (ii) नाइट्रिक अम्ल के निर्माण में (iii) यूरिया, अमोनियम सल्फेट आदि ऊर्वरक बनाने में (iv) सोडियम कार्बोनेट एवं सोडियम बाइकार्बोनेट के निर्माण करने में (v) अमोनियम लवण बनाने में (vi) विस्फोटक बनाने में (vii) कृत्रिम रेशम बनाने में।

  नोट : दलहनी पौधों की जड़ों में राइजोबियम (Rizobium) नामक जीवाणु पाये जाते हैं, जो नाइट्रोजन स्थिरीकरण (Fixation of Nitrogen) में भाग लेते हैं।

फॉस्फोरस (Phosphrus)

- फॉस्फोरस प्राणी तथा वनस्पति पदार्थो का आवश्यक अवयव है। यह हड्डियों तथा जीव कोशिकाओं (DNA में) उपस्थित रहता है।
- फॉस्फोरस अपरूपता (Allotropy) प्रदर्शित करता है। श्वेत फॉस्फोरस, लाल फॉस्फोरस एवं काला फॉस्फोरस इसके अपरूप हैं।
- लाल फॉस्फोरस, श्वेत फॉस्फोरस की अपेक्षा कम क्रियाशील तथा अम्ल विलेय है।

हैलोजन (Halogen)

- वर्ग VIIA के तत्त्वों को हैलोजन कहा जाता है।

फ्लोरीन का उपयोग

(i) इसका उपयोग UF_6 तथा SF_6 बनाने में होता है जिनको क्रमशः परमाणु ऊर्जा उत्पादन तथा परावैद्युतिकी (Dielectric) में इस्तेमाल किया जाता है।

रसायन विज्ञान 83

(ii) HF के उपयोग द्वारा क्लोरोफ्लोरो कार्बन (CFC) यौगिक तथा पॉलिटेट्रा फ्लुओरो एथिलीन (टेफ्लॉन) संश्लेषित किये जाते हैं। क्लोरोफ्लोरोकार्बन यौगिकों को फ्रियान (Freon) कहते हैं। इसका उपयोग प्रशीतक (Refrigerent) के रूप में तथा ऐरोसॉल (Aeroslo) में किया जाता है।

- नॉन-स्टिक (Non-Stick) बर्तन का ऊपरी परत टेफ्लॉन का बना होता है।
- क्लोरीन का उपयोग अनेक कार्बनिक यौगिकों (जैस- पॉलिवाइनिल क्लोराइड, क्लोरीनकृत हाइड्रोकार्बन) औषधियों, शाकनाशी तथा कीटनाशी के संश्लेषण में किया जाता है।
- ब्रोमीन का उपयोग एथिलीन ब्रोमाइड के संश्लेषण में होता है, जिसको सीसाकृत पेट्रोल (Leaded Petrol) में मिलाया जाता है। इसके अतिरिक्त सिल्वर ब्रोमाइड (AgBr) बनाने में ब्रोमीन इस्तेमाल करते हैं, जिसकी आवश्यकता फोटोग्राफी में होती है।

निष्क्रिय गैस (Nobel Gases)

- आवर्त सारणी में शून्य वर्ग में 6 तत्त्व है- हीलियम (He), नियॉन (Ne), आर्गन (Ar), क्रिप्टान (Kr), जीनॉन (Xe) और रेडॉन (Rn)। ये सभी तत्त्व रासायनिक रूप में निष्क्रिय हैं। अतः इन तत्त्वों को अक्रिय गैसें (Inert Gases) या उत्कृष्ट गैसें (Nobel Gases) कहते हैं।
- **रेडॉन (Rn)** : रेडॉन को छोड़कर अन्य सभी अक्रिय गैसें वायुमंडल में पायी जाती है।
- **आर्गन (Ar)** : आर्गन का उपयोग मुख्यतः उच्चतापीय धातुकर्मिक प्रक्रियाओं धातुओं अथवा मिश्र धातुओं की आर्क-वेल्डिंग में निष्क्रिय वातावरण उत्पन्न करने तथा बिजली के बल्ब में भरने में किया जाता है।
- **हीलियम (He)** : यह हल्की तथा अज्वलनशीन गैस है। इसका उपयोग- (i) गुब्बारों को भरने में (ii) मौसम सम्बन्धी अध्ययनों के लिए (iii) ठंडी वायु वाली नाभिकीय भट्टी में (iv) द्रव हीलियम का उपयोग निम्न ताप पर प्रयोगों में निम्न तापीय अभिकर्मक के रूप में करते हैं।
- **नियॉन (Ne)** : नियॉन विसर्जन लैंपों व ट्यूबों (वायुयान) तथा प्रतिदीप्ति बल्बों में भरी जाती है, जिनको विज्ञापन के लिए इस्तेमाल करते हैं।

10. धातुएँ, अधातुएँ और उनके यौगिकों का उपयोग

1. **फरेस ऑक्साइड** : (i) हरा काँच बनाने में (ii) फेरस लवणों के निर्माण में।
2. **फेरिक यौगिक (Fe_3O_4)** : (i) जेवरात पॉलिश करने में (ii) फेरिक लवणों के निर्माण में।
3. **फेरिक हाइड्रोक्साइड ($Fe(OH)_3$)** : (i) प्रयोगशाला में प्रतिकारक के रूप में (ii) दवा बनाने में।
4. **फेरस सल्फेट ($FeSO_4$ $7H_2O$)** : (i) रंग उद्योग में (ii) मोहर लवण बनाने में (iii) स्याही बनाने में।
5. **आयोडीन** : (i) कीटाणुनाशक के रूप में (ii) औषधियों के उत्पादन में (iii) टिंचर आयोडीन बनाने में (iv) रंग उद्योग में।
6. **ब्रोमीन का उपयोग (Br)** : (i) रंग उद्योग (ii) टिंचर गैस बनाने में (iii) प्रतिकारक के रूप में (iv) औषधि बनाने में।
7. **हाइड्रोक्लोरिक अम्ल (HCl)** : (i) क्लोरीन बनाने में (ii) अम्लराज बनाने में (iii) रंग बनाने में (iv) क्लोराइड लवण के निर्माण में।
8. **क्लोरीन (Cl)** : (i) हाइड्रोक्लोरिक अम्ल HCl के निर्माण में (ii) मस्टर्ड गैस बनाने में (iii) ब्लीचिंग पाउडर बनाने में (iv) कपड़ों एवं कागज को विरंजित करने में।

9. **सल्फ्यूरिक अम्ल (H_2SO_4)** : (i) प्रयोगशाला में प्रतिकारक के रूप में (ii) रंग उत्पादन में (iii) पेट्रोलियम के शुद्धीकरण में (iv) स्टोरेज बैटरी में।
10. **सल्फर डाइऑक्साइड (SO_2)** : (i) अवकारक के रूप में (ii) ऑक्सीकारक के रूप में (iii) विरंजक के रूप में।
11. **हाइड्रोजन सल्फाइड (H_2S)** : (i) सल्फाइड के निर्माण में, (ii) लवणों के भास्मिक मूलकों के गुणात्मक विश्लेषण में।
12. **सल्फर (S)** : (i) कीटाणुनाशक के रूप में, (ii) रबर वल्केनाइज करने में, (iii) बारूद बनाने में (iv) औषधि के रूप में।
13. **अमोनिया (NH_3)** : (i) प्रतिकारक के रूप में, (ii) आइस फैक्ट्री में, (iii) रेयॉन बनाने में।
14. **नाइट्रस ऑक्साइड (N_2O)** : (i) शल्य-चिकित्सा में।
15. **फॉस्फोरस (P)** : (i) लाल फॉस्फोरस दियासलाई बनाने में, (ii) श्वेत फॉस्फोरस चूहे मारने में, (iii) श्वेत फॉस्फोरस दवा बनाने में, (iv) फॉस्फोरस ब्रांज बनाने में।
16. **प्रोड्यूसर गैस ($CO+N_2$)** : (i) भट्टी गर्म करने में, (ii) सस्ते ईंधन के रूप में, (iii) धातु-निष्कर्षण में।
17. **वाटर गैस ($CO+H_2$)** : (i) ईंधन के रूप में, (ii) वेल्डिंग के कार्य में।
18. **कोल गैस** : (i) ईंधन के रूप में, (ii) निष्क्रिय वातावरण तैयार करने में।
19. **कार्बन डाइऑक्साइड (CO_2)** : (i) सोडा वाटर बनाने में, (ii) आग बुझाने में, (iii) हार्ड स्टील के निर्माण में।
20. **कार्बन मोनोऑक्साइड (CO)** : (i) $COCl_2$ बनाने में।
21. **ग्रेफाइट** : (i) इलेक्ट्रोड बनाने में, (ii) स्टोव की रंगाई में, (iii) लोहे के बने पदार्थ पर पॉलिश करने में।
22. **हीरा** : (i) आभूषण-निर्माण में, (ii) काँच काटने में।
23. **फिटकरी [$K_2SO_4Al_2(SO_4)_3.24H_2O$]** : (i) जल को शुद्ध करने में, (ii) चमड़े के उद्योग में, (iii) कपड़ों की रंगाई में।
24. **एल्युमिनियम सल्फेट [$Al_2(SO_4)_3.18H_2O$]** : (i) कागज उद्योग में, (ii) चमड़े के उद्योग में, (iii) आग बुझाने में।
25. **अनार्द्र ऐल्युमिनियम क्लोराइड ($AlCl_3$)** : (i) पेट्रोलियम के भंजन में।
26. **मरक्यूरिक क्लोराइड ($HgCl_2$)** : (i) कैलोमेल बनाने में, (ii) कीटनाशक के रूप में।
27. **मरक्यूरिक ऑक्साइड (HgO)** : (i) मलहम बनाने में, (ii) जहर के रूप में।
28. **मरकरी (Hg)** : (i) थर्मामीटर में, (ii) सिन्दूर बनाने में, (iii) अमलगम बनाने में।
29. **जिंक सल्फाइड (ZnS)** : (i) श्वेत पिगमैंट के रूप में।
30. **जिंक सल्फेट या उजला थोथा ($ZnSO_4.7H_2O$)** : (i) लिथेपोन के निर्माण में (ii) आँखों के लिए लोशन बनाने में, (iii) कैलिको छपाई में, (iv) चर्म उद्योग में।
31. **जिंक क्लोराइड ($ZnCl_2$)** : (i) टेक्सटाइल उद्योग में, (ii) कार्बनिक संश्लेषण में, (iii) ताम्र, काँच आदि की सतहों को जोड़ने में।
32. **जिंक ऑक्साइड (ZnO)** : (i) मलहम बनाने में, (ii) पोरसेलिन में चमक (Glaze) लाने में।
33. **जिंक (Zn)** : (i) बैटरी बनाने में, (ii) हाइड्रोजन बनाने में।
34. **कैल्शियम कार्बाइड (CaC_2)** : (i) कैल्शियम सायनाइड एवं एसीटीलिन निर्माण में।

35. **ब्लीचिंग पाउडर ($CaOCl_2$)** : (i) कीटाणुनाशक के रूप में, (ii) कागज तथा कपड़ों के विरंजन में, (iii) रासायनिक उद्योगों में उपचायक के रूप में, (iv) क्लोरोफार्म के उत्पादन में।

36. **प्लास्टर ऑफ पेरिस $(CaSO_4)_2H_2O$ या ($CaSO_4.1/2H_2O$)** : (i) मूर्ति बनाने में (ii) शल्य-चिकित्सा में पट्टी बाँधने में (iii) छतों एवं दीवारों को चिकना बनाने हेतु।

37. **कैल्शियम कार्बोनेट ($CaCoO_3$)** : (i) चूना बनाने में, (ii) टूथपेस्ट बनाने में।

38. **कैल्शियम सल्फेट या जिप्सम ($CaSO_4.2H_2O$)** : (i) स्वाद के रूप में, (ii) प्लास्टर ऑफ पेरिस बनाने में, (iii) अमोनियम सल्फेट बनाने में, (iv) सीमेंट उद्योग में।

39. **कैल्शियम (Ca)** : (i) अवकारक के रूप में, (ii) पेट्रोलिय से सल्फर हटाने में।

40. **मैग्नीशियम क्लोराइड ($MgCl_2.6H_2O$)** : (i) रूई की सजावट में, (ii) सोरेल सीमेंट के रूप में व्यवहृत।

41. **मैग्नीशियम कार्बोनेट ($MgCO_3$)** : (i) दंतमंजन बनाने में, (ii) दवा बनाने में, (iii) जिप्सम लवण बनाने में।

42. **मैग्नीशियम (Mg)** : (i) धातु मिश्रण बनाने में, (ii) फ्लैश बल्ब बनाने में, (iii) थर्माइट वेल्डिंग बनाने में।

43. **मैग्नीशियम ऑक्साइड (MgO)** : (i) औषधि निर्माण में, (ii) रबर पूरक (Rubber Filler) के रूप में, (iii) वायलरों के प्रयोग में।

44. **मैग्नीशियम हाइड्रोक्साइड ($Mg(OH)_3$)** : (i) चीनी उद्योग में मोलासिस से चीनी तैयार कराने में।

45. **कॉपर सल्फेट या नीला थोथा ($CuSO_4.5H_2O$)** : (i) कीटाणुनाशक के रूप में, (ii) विद्युत सेलों में, (iii) कॉपर के शुद्धीकरण में, (iv) रंग बनाने में।

46. **क्यूप्रिक क्लोराइड ($CuCl_2.2H_2O$)** : (i) ऑक्सीकरण के रूप में, (ii) जल शुद्धीकरण में, (iii) धागों की रंगाई में।

47. **क्यूप्रिक ऑक्साइड (CuO)** : (i) ब्लू तथा ग्रीन ग्लास निर्माण में, (ii) पेट्रोलियम के शुद्धीकरण में।

48. **क्यूप्रस ऑक्साइड (Cu_2O)** : (i) लाल ग्लास के निर्माण में, (ii) पेस्टिसाइड के रूप में।

49. **कॉपर (Cu)** : (i) बिजली का तार बनाने में, (ii) बर्तन बनाने में, (iii) ब्रास तथा ब्रांज बनाने में।

50. **सोडियम नाइट्राइट ($NaNO_3$)** : (i) N_2 बनाने में, (ii) प्रतिकारक के रूप में।

51. **सोडियम नाइट्रेट ($NaNO_2$)** : (i) खाद के रूप में, (ii) KNO_3,HNO_3 के निर्माण में।

52. **सोडियम सल्फेट या ग्लॉवर लवण ($Na_2SO_4.10H_2O$)** : (i) औषधि बनाने में, (ii) सस्ता काँच बनाने में।

53. **सोडियम बाईकार्बोनेट या खाने का सोडा ($NaHCO_3$)** : (i) अग्निशामक यंत्र, (ii) बेकरी उद्योग में, (iii) प्रतिकारक के रूप में।

54. **सोडियम कार्बोनेट या धोवन का सोडा (Na_2CO_3)** : (i) ग्लास निर्माण में, (ii) कागज उद्योग में, (iii) जल की स्थायी कठोरता हटाने में, (iv) धुलाई के लिए घरों में धोवन सोडा के रूप में।

55. **हाइड्रोजन परॉक्साइड (H_2O_2)** : (i) ऑक्सीकारक के रूप में, (ii) कीटाणुनाशक के रूप में, (iii) रेशम, ऊन, चमड़ा वगैरह के विरंजन में, (iv) लेड के रंगों में।

56. **भारी जल (D_2O)** : (i) न्यूक्लियर प्रतिक्रियाओं में, (ii) ड्यूटरेटेड यौगिक के निर्माण में।

57. **हाइड्रोजन (H_2)** : (i) अमोनिया के उत्पादन में, (ii) कार्बनिक यौगिक के निर्माण में।

58. **द्रव हाइड्रोजन :** (i) रॉकेट ईंधन के रूप में।

59. **सोडियम :** (i) सोडियम परॉक्साइड बनाने में।

➩ **मिश्रधातु (Alloys) :** किसी धातु का किसी अन्य धातु या अधातु के साथ मिश्रण, मिश्रधातु कहलाता है। मिश्रधातु के गुण उनके घटकों के गुणों से भिन्न होते हैं, जिनसे मिलकर मिश्रधातुएँ बनी हैं।

11. कार्बन तथा उसके यौगिक

➩ कार्बन एक अधातु है। इसकी परमाणु संख्या 6 है। इसे आधुनिक आवर्त सारणी के वर्ग IVA में रखा गया है।

➩ प्रकृति में कार्बन ही एक ऐसा तत्त्व है, जिसके सबसे अधिक यौगिक पाये जाते हैं।

➩ कार्बन अपरूपता/बहुरूपता (Allotropy) प्रदर्शित करता है। यह क्रिस्टलीय तथा अक्रिस्टलीय दो अपरूपों में पाया जाता है। हीरा तथा ग्रेफाइट कार्बन के **क्रिस्टलीय अपरूप** हैं, जबकि पत्थर, लकड़ी, हड्डी आदि का कोयला इसके **अक्रिस्टलीय अपरूप** हैं। वायुमंडल में कार्बन, कार्बन डाइऑक्साइड के रूप में पाया जाता है।

➩ **अपरूपता (Allotro[y) :** वैसे पदार्थ जिनके रासायनिक गुण समान एवं भौतिक गुण भिन्न हों, अपरूप कहलाते हैं और इस घटना को अपरूपता कहते हैं।

➩ कार्बन के सर्वाधिक महत्त्वपूर्ण अपरूप हैं- हीरा एवं ग्रेफाइट।

हीरा के प्रमुख गुणः

(i) यह ताप एवं विद्युत का कुचालक (Non-Conductor) होता है।

(ii) यह संसार का सबसे कठोर पदार्थ है तथा किसी भी द्रव में नहीं घुलता है। इस पर अम्ल, क्षार आदि का कोई प्रभाव नहीं पड़ता है।

(iii) इसके रवे घनाकार होते हैं।

(iv) इसका अपवर्तनांक 2.417 होता है। अतः पूर्ण आंतरिक परावर्तन (Total Internal Reflection) के कारण यह बहुत चमकता है। इस पर रेडियन से निकलने वाली एक्स-किरणों के पड़ने पर यह हरा रंग प्रदर्शित करता है।

(v) शुद्ध हीरा पारदर्शक एवं रंगहीन होता है।

➩ कुछ हीरे काले होते हैं, जिन्हें **बोर्ट** (Boart) कहते हैं। इसका उपयोग शीशा काटने में किया जाता है।

ग्रेफाइट के प्रमुख गुणः

(i) यह विद्युत का सुचालक होता है।

(ii) इसका आपेक्षिक घनत्व 2.2 होता है।

(iii) कागज पर रगड़ने से यह उस पर काला निशान बना देता है, इसलिए इसको काला शीशा भी कहते हैं।

➩ ग्रेफाइट का उपयोग पेंसिल बनाने में, परमाणु भट्टी में, इलेक्ट्रोड के रूप में एवं कार्बन आर्क बनाने में किया जाता है।

➩ हीरा में कार्बन sp^3 एवं ग्रेफाइट में कार्बन sp^3 प्रसंकरित रहता है।

हाइड्रोकार्बन (Hydrocarbon)

➩ कार्बन एवं हाइड्रोजन के यौगिक को हाइड्रोकार्बन कहते हैं। हाइड्रोकार्बन का एक प्राकृतिक स्रोत पेट्रोलियम (कच्चा तेल) है, जिसे प्रकृति द्वारा पृथ्वी में कुछ विशेष प्रकार के अवसादी चट्टानों (Sedimentry Rocks) के बीच बने भंडारों में संरक्षित किया गया है। हाइड्रोकार्बन के तीन प्रकार होते हैं-

1. **संतृप्त हाइड्रोकार्बन (Saturated Hydrocarbon) :** जिस हाइड्रोकार्बन में प्रत्येक कार्बन परमाणु की चारों संयोजकताएँ एक सहसंयोजी आबंधों द्वारा संतुष्ट होती है उसे संतृप्त हाइड्रोकार्बन या एल्केन (Alkane) कहते हैं। एल्केन श्रेणी का सामान्य सूत्र CnH_{2n+2} द्वारा दर्शाया जा सकता है, जहाँ n किसी अणु में उपस्थित कार्बन परमाणुओं की संख्या दर्शाता है। एल्केन के प्रमुख उदाहरण हैं- मिथेन, इथेन, प्रोपेन एवं ब्यूटेन आदि।
2. **असंतृप्त हाइड्रोकार्बन (Unsaturated Hydrocarbon) :** वे हाइड्रोकार्बन जिनमें कम से कम दो निकटतम कार्बन परमाणु आपस में द्विबंध अथवा त्रिबंध बनाकर अपनी संयोजकता को संतुष्ट करते हैं, असंतृप्त हाइड्रोकार्बन कहलाते हैं। द्विबंध वाला असंतृप्त हाइड्रोकार्बन को एल्कीन (Alkene) कहते हैं। एल्कीन श्रेणी का सामन्य रासायनिक सूत्र CnH_{2n} होता है। इस श्रेणी का पहला सदस्य एथीन (C_2H_4) है। त्रिबंध वाला असंतृप्त हाइड्रोकार्बन एल्काइन (Alkyne) कहलाता है। एल्काइन का सामान्य रासायनिक सूत्र CnH_{2n-2} होता है। सबसे सरल एल्काइन एथाइन (C_2H_2 or $H\text{–}C \equiv C\text{–}H$) है।
3. **ऐरोमैटिक हाइड्रोकार्बन (Aromatic Hydrocarbon) :** बेंजिन (C_6H_6) सरलतम ऐरोमैटिक हाइड्रोकार्बन है। इसकी संरचना वलय निम्न प्रकार से होती है-

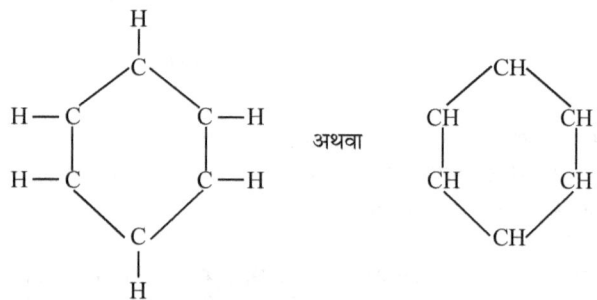

➪ **समावयवता (Isomerism) :** जब दो या दो से अधिक यौगिकों के अणुसूत्र समान होते हैं, परन्तु उनके गुणों में अंतर होता है, तब इस विशेष गुण को समावयवता कहते हैं और प्राप्त यौगिक एक दूसरे के समावयवी कहलाते हैं। इसके दो मुख्य प्रकार हैं-

(i) **सरंचनात्मक समावयवता :** यह परमाणु के विभिन्न बंधों के कारण उत्पन्न होती है।

(ii) **त्रिविम समावयवता :** यह अंतरिक्ष में परमाणुओं के भिन्न प्रबंध के कारण उत्पन्न होती है।

12. बहुलकीकरण एवं प्लास्टिक

बहुलकीकरण (Polymerisation)

➪ जब एक ही प्रकार के एक से अधिक अणु आपस में जुड़कर कोई अधिक अणुभार वाला बड़ा अणु बनाते हैं, तब इस अभिक्रिया को बहुलकीकरण कहा जाता है। बहुलकीकरण में भाग लेने वाले अणुओं को एकलक (Monomex) व उत्पाद को बहुलक (Ploymer) कहते हैं।

बहुलकीकरण की विशेषताएँ:

(i) इसमें एक ही यौगिक के अणु परस्पर संयोग करते हैं।

(ii) किसी भी अणु का निष्कर्षण नहीं होता है।

(iii) बहुलक का अणुभार मूल यौगिक के अणुभार का गुणक होता है।

➪ प्राकृतिक बहुलक के उदाहरण हैं- स्टार्च एवं सेल्यूलोज।

प्लास्टिक (Plastic)

- बहुत से असंतृप्त हाइड्रोकार्बन, जैसे- एथिलीन, प्रोपिलीन आदि बहुलकीकरण की क्रिया के बाद जो उच्च बहुलक बनाते हैं, उसे ही प्लास्टिक कहा जाता है। प्राकृतिक प्लास्टिक का उदाहरण है- लाह। ताप सहन करने की क्षमता के अनुसार रासायनिक विधि से तैयार प्लास्टिक दो प्रकार के होते हैं- 1. थर्मोप्लास्टिक 2. थर्मोसेटिंग प्लास्टिक।

1. **थर्मोप्लास्टिक (Thermoplastic)** : यह गर्म करने पर मुलायम तथा ठंडा करने पर कठोर हो जाता है। यह गुण इसमें सदैव मौजूद रहता है चाहे इसे कितनी बार ठंडा व गर्म किया जाये। जिन कार्बनिक यौगिकों के अंत में एक द्विबंध रहता है, उनके योग बहुलकीकरण से थर्मोप्लास्टिक बनाते हैं। उदाहरणार्थ- पॉलीथीन, नायलॉन, पॉलीस्टॉइरीन, टेफ्लॉन और पॉलीविनाइल क्लोराइड आदि।
2. **थर्मोसेटिंग प्लास्टिक (Thermosetting Plastic)** : यह वह प्लास्टिक है, जो पहली बार गर्म करते समय मुलायम हो जाता है और उसे इच्छित आकार में ढाल लिया जाता है। इसे पुनः गर्म करके मुलायम नहीं बनाया जा सकता है। इस प्रकार के अनुक्रणीय बहुलकों को ताप दृढ़ बहुलक कहते हैं। उदाहरणार्थ- बैकेलाइट तथा मेलामाइन।

प्लास्टिकों के प्रमुख प्रकारः

(i) **पॉलीथीन (Polythene)** : पॉलीथीन, एथिलीन (C_2H_4) के उच्च ताप एवं उच्च दाब पर बहुलकीकरण के फलस्वरूप प्राप्त किया जाता है। पॉलीथीन पर अम्ल तथा क्षार आदि का प्रभाव नहीं पड़ता। इसका उपयोग तार के ऊपर का आवरण, खिलौने, बोतल, बाल्टी, पाइप एवं पैकिंग की थालियाँ बनाने में होता है।

(ii) **पॉली विनाइल क्लोराइड (Poly Vinyl Chloride-PVC)** : यह प्लास्टिक, विनाइल क्लोराइड के बहुलकीकरण के फलस्वरूप प्राप्त होता है। इसका उपयोग सीट कवर, चादरे, फिल्म, पर्स, बरसाती आदि बनाने में किया जाता है।

(iii) **पॉलीस्टॉइरीन (Polystyrene)** : यह प्लास्टिक, फेनिल एथिलीन के बहुलकीकरण के फलस्वरूप प्राप्त होता है। इसे स्टाइरोन (Styron) भी कहा जाता है। इसका उपयोग अम्ल रखने की बोतलों व सेलों के कवर आदि बनाने में किया जाता है।

(iv) **बैकेलाइट (Bakelite)** : यह प्लास्टिक, फिनॉल व फार्मेल्डिहाइड के बहुलकीकरण के फलस्वरूप प्राप्त होता है। यह रेडियो, टेलीविजन के आवरण, ढलाई तथा विद्युतरोधी समान बनाने आदि के काम आता है।

(v) **यूरिया फार्मोल्डिहाइड प्लास्टिक (Urea Farmoldihide Plastic)** : यह प्लास्टिक यूरिया व फार्मोल्डिहाइड के जलीय विलयन को गर्म करके बनाया जाता है। इसका उपयोग सजावट करने वाली वस्तुओं को बनाने में किया जाता है।

- **रबर (Rubber)** : रबर दो प्रकार का होता है- (i) प्राकृतिक रबर एवं (ii) संश्लिष्ट अथवा कृत्रिम रबर।
- **प्राकृतिक रबर (Natural Rubber)** : यह आइसोप्रीन (Isoprene) का बहुलक होता है, यह थर्मोप्लास्टिक है।
- **वल्कनीकरण (Vulcanisation)** : प्राकृतिक रबर को सल्फर के साथ मिलाकर गर्म करने की क्रिया वल्कनीकरण कहलाता है। इसके बाद रबर एक निश्चित आकार ग्रहण कर लेता है। इस प्रकार के रबर का उपयोग दस्ताना (Gloves) तथा रबर बैंड (Rubber Band) बनाने में किया जाता है।

- रबर आसानी से कार्बन डाइऑक्साइड में घुल जाता है।
- प्राकृतिक रबर बहुत मुलायम होता है, इसे कठोर बनाने के लिए इसमें कार्बन मिलाया जाता है। तब इसका प्रयोग टायर एवं ट्यूब आदि बनाने में किया जाता है।
- **संश्लिष्ट रबर (Syntnetic Rubber) :** यह दो प्रकार का होता है–
  (i) **नियोप्रीन (Neoprene) :** यह 2–क्लोरोब्यूटाडाइन (2-Chlrobutadiene) के बहुलकीकरण से बनता है। इसका उपयोग विद्युतरोधी पदार्थ (Insulating Material), विद्युत तार (Electri Cable), कनवेयर बेल्टर (Conveyor Belt) तथा खनिज तेल ले जाने वाले पाइप बनाने में किया जाता है।
  (ii) **थाईकॉल (Thiokol) :** यह दूसरे कृत्रिम रबर है, जो डाइक्लोरो इथेन (Dichloro Ehtene) को पॉलीसल्फाइड (Polysulphide) की प्रतिक्रिया से बनाया जाता है। इसका उपयोग खनिज तेल ले जाने वाले पाइप बनाने में, विलायक जमा करने वाला टैंक (Solvant Storage Tank) आदि बनाने में किया जाता है।
  नोट : थाईकॉल रबर को ऑक्सीजन मुक्त करने वाले रसायनों के साथ मिलाकर रॉकेट इंजनों में ठोस ईंधन के रूप में प्रयोग किया जाता है।
- **रेशे (Fibres) :** वे श्रृंखला–युक्त ठोस जिनकी लंबाई, चौड़ाई की अपेक्षा सैकड़ों या हजारों गुना अधिक हो, रेशे कहलाते हैं।

रासायनिक रेशे

- **नायलॉन (Nylon) :** नॉयलॉन शब्द न्यूयार्क (Newyork) शहर के 'NY' तथा लंदन (London) शहर के 'LON' को मिलाकर बनाया गया है। नॉयलॉन ऐसे छोटे कार्बनिक अणुओं के बहुलकीकरण प्रक्रिया द्वारा बनाया जाता है, जो प्राकृतिक रूप से उपलब्ध नहीं है। यह एक पॉली एमाइड रेशे का उदाहरण है, जिसमें एमाइड समूह ($>CONH_2$) प्रत्येक इकाई पर होता है तथा बार–बार दोहराया जाता है। पॉली एमाइड रेशा बनाने के लिए, दो एमीन ($-NH_2$) समूह–युक्त किसी कार्बनिक यौगिक की अभिक्रिया किसी ऐसे कार्बनिक यौगिक के साथ की जाती है, जिसमें कार्बोक्सिलिक अम्ल ($-COOH$) के दो समूह हों। नॉयलॉन मानव द्वारा संश्लिष्ट किया गया पहला रेशा था। इसका निर्माण सर्वप्रथम 1935 ई. में किया गया था तथा व्यापारिक स्तर पर पहली बार 1939 ई. में महिलाओं के लिए इससे जुराबें (Socks) इससे बनायी गयीं। नॉयलॉन का उपयोग मछली पकड़ने के जाल में, पैरासूट के कपड़ा में, टायर, दाँत ब्रश, पर्वतारोही के लिए रस्सी बनाने आदि में होता है।
- **रेयॉन (Rayon) :** सेल्युलोज से बने कृत्रिम रेशे को रेयॉन कहते हैं। रेयॉन बनाने के लिए सेल्युलोज कागज की लुगदी या काष्ठ को लिया जाता है। इसे सान्द्र तथा ठंडे सोडियम हाइड्रोक्साइड तथा कार्बन डाइसल्फाइड से उपचारित करते हैं, उसके बाद इस सेल्युलोज के विलयन को धातु बेलनों में बने छिद्रों में से होकर तनु सल्फ्यूरिक अम्ल में गिराया जाता है, यहाँ इसके लंबे–लंबे तंतु बन जाते हैं। रेयॉन रासायनिक दृष्टि से सूत के समान है। रेयॉन का उपयोग कपड़ा बनाने में, कालीन बनाने में चिकित्सा क्षेत्र में लिंट या जाली बनाने के लिए किया जाता है।
- **पॉलिएस्टर (Polyster) :** इसे इंग्लैड में विकसित किया गया था। इसे संश्लिष्ट करने के लिए दो हाइड्रोक्सिल ($-OH$) समूह–युक्त कार्बन यौगिक की अभिक्रिया दो कार्बोक्सिलिक ($-COOH$) समूह के यौगिक के साथ की जाती है। हाइड्रोक्सिल तथा कार्बोक्सिलिक समूह के मध्य अभिक्रिया के परिणामस्वरूप एस्टर समूह बनाता है। चूँकि इस रेशे में अनेक एस्टर समूह होते हैं, इसलिए इसे पॉलिएस्टर कहते हैं। पॉलिएस्टर का उपयोग कपड़े के रूप में, पाल

नौकाओं का पाल बनाने में, अग्निशमन में प्रयुक्त हौज पाइप बनाने में इसका प्रयोग किया जाता है।

- **कार्बन फाइबर (Carbon Fibres) :** कार्बन फाइबर कार्बन परमाणुओं की लंबी श्रृंखला से बने होते हैं। इनका संक्षारण (Corrosion) नहीं होता है। इसका निर्माण संश्लिष्ट रेशों को ऑक्सीजन की अनुपस्थिति में गर्म करके किया जाता है, जिससे रेशे अपघटित होकर कार्बन फाइबर उत्पन्न करते हैं। इसका उपयोग अंतरिक्ष तथा खेलकूद की सामग्री बनाने में होता है।

13. पेट्रोलियम उद्योग

- पेट्रोलियम प्राय: प्राकृतिक गैस के नीचे पाया जाता है। कच्चे पेट्रोलियम को प्रभाजी आसवन (Fractional Distillation) के द्वारा शुद्ध किया जाता है। इसमें भिन्न-भिन्न क्वथनांक (Boiling Point) पर संघनित प्रभाज पृथक-पृथक इकट्ठे कर लिए जाते हैं।

पेट्रोलियम के विभिन्न अवयव व उनके उपयोगः

1. **अद्रवीभूत गैसें :** पेट्रोलियम में लगभग 17% साइमोजीन व रिगोलिन गैसें उपस्थित रहती हैं। ये गैसें मिथेन, ऐथेन, प्रोपेन व ब्यूटेन आदि गैसों का मिश्रण होती हैं। इनका उपयोग खाना बनाने में, बर्फ बनाने में तथा निश्चेतक (Anaesthetic) के रूप में किया जाता है।
2. **पेट्रोलियम ईथर :** यह पेट्रोलियम में 17% तक पाया जाता है। पेट्रोलियम ईथर, पेन्टेन, हेक्सेन (C_5–C_6) आदि हाइड्रोकार्बन का मिश्रण होता है। इसका उपयोग चर्बी, वसा, तेल आदि के विलायक के रूप में किया जाता है।
3. **पेट्रोल या गैसोलिन :** यह अत्यधिक वाष्पशील व हेक्सेन, हेप्टेन, ऑक्टेन (C_6–C_8) हाइड्रोकार्बनों का मिश्रण होता है। इसका उपयोग मोटरकारों व वायुयानों के ईंधन के रूप में, सूखी धुलाई व विलायक के रूप में किया जाता है।
4. **बेन्जाइन :** यह C_7 से C_9 तक के हाइड्रोकार्बन का मिश्रण होता है। इसका उपयोग सूखी धुलाई में व वार्निश आदि बनाने में किया जाता है।
5. **मिट्टी का तेल :** मिट्टी का तेल C_{10} से C_{15} तक के हाइड्रोकार्बन का मिश्रण है। पेट्रोलियम में इसकी मात्रा 54% तक पायी जाती है। इसका उपयोग घरों में प्रकाश करने में तथा खाना बनाने के लिए ईंधन के रूप में किया जाता है।

प्रमुख पेट्रोलियम उत्पाद				
क्र. सं.	**पेट्रोलियम प्रभाजों के नाम**	**ताप-परिसर**	**कार्बन-अणुओं की संख्या**	**उपयोग**
1.	प्राकृतिक गैस (Natural Gas)	30°C से नीचे	C_1 से C_4 तक	रसोई गैस के रूप में
2.	पेट्रोल या गैसोलीन (Petrol or Gasoline)	20°C से 100°C	C_5 से C_{10} तक	ईंधन (मोटर) एवं स्पिरिट के रूप में
3.	नेफ्था (Neptha)	100°C से 180°	C_7 से C_{12} तक	संश्लिष्ट रेशे के उत्पादन के रूप में
4.	किरोसीन तेल (Kerosene Oil)	175°C से 250°C	C_{10} से C_{15} तक	लैम्प एवं स्टोव जलाने के लिए ईंधन के रूप में

5.	डीजल (Diesel)	250° से 250°C	C_{16} से C_{20} तक	डीजल इंजन में ईंधन के रूप में
6.	स्नेहक तेल (Lubricant Oil)	250°C से 450°	C_{20} से C_{30} तक	स्नेहक के रूप में एवं दवा बनाने में
7.	पेट्रोलियम जेली (Petroleum Jelly)	450°C से 500°C	C_{30} से C_{35} तक	स्नेहक एवं दवा बनाने में
8.	पाराफीन मोम (Paraffin Wax)	500°C से ऊपर	C_{35} से C_{40} तक	मोमबत्ती एवं जलरोधी बनाने में
9.	कोलतार (Coaltar)	अवशिष्ट	अवशिष्ट	सड़क बनाने में

14. ईंधन

ईंधन (Fuel)

- वह पदार्थ जो हवा में जलकर बगैर अनावश्यक उत्पाद के ऊष्मा उत्पन्न करता है, ईंधन कहलाता है।

अच्छे ईंधन के गुणः

(i) वह सस्ता एवं आसानी से उपलब्ध होना चाहिए।

(ii) उसका ऊष्मीय मान (Calorific value) उच्च होना चाहिए।

(iii) जलने के बाद उससे अधिक मात्रा में अवशिष्ट पदार्थ नहीं बचना चाहिए।

(iv) जलने के दौरान या बाद में कोई हानिकारक पदार्थ नहीं उत्पन्न होना चाहिए।

(v) उसका जमाव और परिवहन आसान होना चाहिए।

(vi) उसका जलना नियंत्रित होना चाहिए।

(vii) उसका प्रज्वलन ताप (Ignition Temperature) निम्न होना चाहिए।

ईंधन का ऊष्मीय मान (Calorific Value of Fuels)

- किसी ईंधन का ऊष्मीय मान ऊष्मा की वह मात्रा है, जो उस ईंधन के एक ग्राम को वायु या ऑक्सीजन में पूर्णतः जलाने के पश्चात् प्राप्त होती है। किसी भी अच्छे ईंधन का ऊष्मीय मान अधिक होना चाहिए। सभी ईंधनों में हाइड्रोजन का ऊष्मीय मान सबसे अधिक होता है परन्तु सुरक्षित भंडारण की सुविधा नहीं होने के कारण इसका उपयोग आमतौर पर नहीं किया जाता है। हाइड्रोजन का उपयोग रॉकेट ईंधन के रूप में तथा उच्च ताप उत्पन्न करने वाले ज्वालकों में किया जाता है। हाइड्रोजन को **भविष्य का ईंधन** भी कहा जाता है।

अपस्फोटन (Knocking) व आक्टेन संख्या (Octane Number)

- कुछ ईंधन ऐसे होते हैं जिनके वायु मिश्रण का इंजनों के सिलेण्डर में ज्वलन समय से पहले हो जाता है, जिससे ऊष्मा पूर्णतया कार्य में परिवर्तित न होकर धात्विक ध्वनि उत्पन्न करने में नष्ट हो जाती है। यह धात्विक ध्वनि ही अपस्फोटन (Knocking) कहलाती है। ऐसे ईंधन जिनका अपस्फोटन अधिक होता है, उपयोग के लिए उचित नहीं माने जाते हैं। अपस्फोटन कम करने के लिए ऐसे ईंधन में अपस्फोटनरोधी यौगिक मिला दिये जाते हैं, जिससे इनका अपस्फोटन कम हो जाता है। सबसे अच्छा अपस्फोटनरोधी यौगिक टेट्रा एथिल लेड (TEL) है। अपस्फोटन को ऑक्टेन संख्या (Octane Number) के द्वारा व्यक्त किया जाता है। किसी ईंधन, जिसकी ऑक्टेन संख्या जितनी अधिक होती है, का अपस्फोटन उतना ही कम होता है तथा वह उतना ही उत्तम ईंधन माना जाता है।

ईंधन के प्रकार

➩ भौतिक अवस्था के आधार पर ईंधन तीन प्रकार के होते हैं-

1. ठोस ईंधन (Solid Fuel)
2. द्रव ईंधन (Liquid Fuel)
3. गैसीय ईंधन (Gaseous Fuel)

1. ठोस ईंधन (Solid Fuel)

➩ ये ईंधन ठोस रूप में होते हैं तथा जलाने पर कार्बन डाइऑक्साइड, कार्बन मोनोऑक्साइड व ऊष्मा उत्पन्न करते हैं। लकड़ी, कोयला, कोक आदि ठोस ईंधनों के उदाहरण हैं। **ठोस ईंधन में सबसे मुख्य कोयला है।**

➩ **कोयला (Coal)** : कार्बन की मात्रा के आधार पर कोयला चार प्रकार के होते हैं-

(i) **पीट कोयला :** इसमें कार्बन की मात्रा 50% से 60% तक होती है। इसे जलाने पर अधिक राख एवं धुँआ निकलता है। यह सबसे निम्न श्रेणी का कोयला होता है।

(ii) **लिग्नाइट कोयला :** इसमें कार्बन की मात्रा 65% से 70% तक होती है। इसका रंग भूरा (Brown) होता है। इसमें जलवाष्प की मात्रा अधिक होती है।

(iii) **बिटुमिनस कोयला :** इसे मुलायम कोयला (Soft Coal) भी कहा जाता है। इसमें कार्बन की मात्रा 70% से 85% तक होती है।

(iv) **एंथ्रासाइट कोयला :** यह सबसे उत्तम श्रेणी का कोयला है। इसमें कार्बन की मात्रा 85% से भी अधिक होती है।

2. द्रव ईंधन (Liquid Fuel)

➩ द्रव ईंधन विभिन्न प्रकार के हाइड्रोकार्बन के मिश्रण से बने होते हैं तथा जलाने पर कार्बन डाइऑक्साइड व जल का निर्माण करते हैं।

➩ किरोसीन, पेट्रोल, डीजल, अल्कोहल, ईथर एवं स्प्रिट आदि द्रव ईंधन के उदाहरण हैं।

3. गैसीय ईंधन (Gaseous Fuel)

➩ जिस प्रकार ठोस व द्रव ईंधन जलाने पर ऊष्मा उत्पन्न करते हैं, उसी प्रकार कुछ ऐसी गैसें भी हैं जो जलाने पर ऊष्मा उत्पन्न करती हैं। गैस ईंधन द्रव व ठोस ईंधनों की अपेक्षा अधिक सुविधाजनक होते हैं व पाइपों द्वारा एक स्थान से दूसरे स्थान तक सरलतापूर्वक भेजे जा सकते हैं। इसके अतिरिक्त गैस ईंधन की ऊष्मा सरलता से नियंत्रित की जा सकती है। **प्रमुख गैस ईंधन निम्न हैं-**

(i) **प्राकृतिक गैस (Natural Gas) :** यह पेट्रोलियम कुआँ से निकलती है। इसमें 95% हाइड्रोकार्बन होता है, जिसमें 80% मिथेन रहता है। घरों में प्रयुक्त होने वाली द्रवित प्राकृतिक गैस को एलपीजी (LPG) कहते हैं। यह ब्यूटेन एवं प्रोपेन का मिश्रण होता है, जिसे उच्च दाब पर द्रवित कर सिलेण्डरों में भर लिया जाता है।

एलपीजी (LPG) अत्यधिक ज्वलनशील होती है। अतः इससे होने वाली दुर्घटना से बचने के लिए इसमें सल्फर के यौगिक (मिथाइल मरकॉप्टेन) को मिला देते हैं, ताकि इसके रिसाव को इसकी गंध से पहचान लिया जाये।

(ii) **गोबर गैस (Bio-Gas) :** गीले गोबर (पशुओं के मल) के सड़ने पर ज्वलनशील मिथेन गैस बनती है, जो वायु की उपस्थिति में सुगमता से जलती है। गोबर गैस संयंत्र में शेष रहे पदार्थ का उपयोग कार्बनिक खाद के रूप में किया जाता है।

(iii) **प्रोड्यूसर गैस (Producer Gas) :** यह गैस लाल तप्त कोक पर वायु प्रवाहित करके बनायी जाती है, इसमें मुख्यतः कार्बन मोनोऑक्साइड ईंधन का काम करता है। इसमें 70%

नाइट्रोजन, 25% कार्बन मोनोऑक्साइड एवं 4% कार्बन डाइऑक्साइड रहता है। इसका ऊष्मीय मान (Calorific Value) 1100-1750 Kcal/Kg होता है। **काँच एवं इस्पात उद्योग में इसका उपयोग ईंधन के रूप में किया जाता है।**

(iv) **जल गैस (Water Gas) :** इसमें हाइड्रोजन 49%, कार्बन मोनोऑक्साइड 45% तथा कार्बन डाइऑक्साइड 4.5% होता है। इसका ऊष्मीय मान 2500 से 2800 Kcal/Kg होता है। इसका उपयोग हाइड्रोजन एवं अल्कोहल के निर्माण में अपचायक के रूप में होता है।

(v) **कोल गैस (Coal Gas) :** यह कोयले के भंजक आसवन (Destructive Distillation) से बनाया जाता है। यह रंगहीन एवं तीक्ष्ण गंध वाली गैस है। यह वायु के साथ विस्फोटक मिश्रण बनाती है। इसमें 54% हाइड्रोजन, 35% मिथेन, 11% कार्बन मोनोऑक्साइड, 5% हाइड्रोकार्बन, 3% कार्बन डाइऑक्साइड होता है।

- ईंधन का ऊष्मीय मान उसकी कोटि का निर्धारण करता है।
- अल्कोहल को जब पेट्रोल में मिला दिया जाता है, तो उसे पॉवर अल्कोहल (Power Alcohol) कहते हैं, जो ऊर्जा का एक वैकल्पिक स्रोत है।

15. जल की कठोरता

- जल एक यौगिक (Compound) है। इसमें हाइड्रोजन व ऑक्सीजन का अनुपात भार के अनुपात में 1:8 एवं आयतन के अनुपात में 2:1 होता है।
- जल दो प्रकार का होता है- 1. मृदु जल (Soft Water) एवं 2. कठोर जल (Hard Water)।

1. मृदु जल (Soft Water)

- जो जल साबुन के साथ आसानी से झाग देता है और पीने में उपयुक्त होता है, उसे मृदु व शुद्ध जल कहते हैं।

2. कठोर जल (Hard Water)

- वह जल जिसमें साबुन आसानी से झाग नहीं देता है और पीने में उपयुक्त नहीं होता है, उसे कठोर जल कहते हैं।
- **जल की कठोरता :** जल की कठोरता, जल में कैल्सियम और मैग्नीशियम के घुलनशील लवणों (बाईकार्बोनेट, सल्फेट, क्लोराइड आदि) के कारण होती है। जल की कठोरता को दूर करने के लिए इसमें सोडियम कार्बोनेट (Na_2CO_3) मिलाया जाता है।
- जल की कठोरता दो प्रकार की होती है- 1. अस्थायी कठोरता (Temporary Hardness) 2. स्थायी कठोरता (Permanent Hardness)।

    1. **अस्थायी कठोरता (Temporary Hardness) :** जल की अस्थायी कठोरता उसमें कैल्सियम (Ca) और मैग्नीशियम (Mg) के बाईकार्बोनेट के घुले रहने के कारण होती है। जल की अस्थायी कठोरता निम्न विधियों से दूर की जा सकती है-
        (i) **उबालकर :** जल को उबालने पर कैल्सियम और मैग्नीशियम के बाईकार्बोनेट विच्छेदित होकर अघुलनशील कार्बोनेट में परिणत हो जाते हैं, जिन्हें छानकर अलग कर दिया जाता है।
        (ii) **क्लार्क विधि :** जल में चूना- जल मिलाकर भी अस्थायी कठोरता दूर की जाती है। इस विधि को क्लार्क विधि कहा जाता है। कठोर जल में चूना-जल की आवश्यक मात्रा डालने पर, कैल्सियम बाईकार्बोनेट और मैग्नीशियम बाईकार्बोनेट क्रमशः कैल्सियम कार्बोनेट और मैग्नीशियम बाईकार्बोनेट में परिणत होकर अवक्षेपित हो जाते हैं।
        (iii) जल में कॉस्टिक सोडा या अमोनिया हाइड्रोऑक्साइड भी डालकर अस्थायी कठोरता दूर की जाती है।

2. **स्थायी कठोरता (Permanent Hardness) :** जल की कठोरता यदि जल को उबालने से दूर नहीं होती है, तो उस प्रकार की कठोरता स्थायी कठोरता कहलाती है। जल की स्थयी कठोरता निम्नलिखित विधियों से दूर की जा सकती है-

   (i) **सोडा विधि :** जल की स्थायी कठोरता कैल्सियम और मैग्नीशियम के घुलनशील लवणों के कारण होती है। इन्हें जल से अलग करने के लिए इसमें सोडियम कार्बोनेट का घोल मिलाया जाता है जिससे कैल्सियम और मैग्नीशियम के घुलनशील लवण अघुलनशील कार्बोनेट में परिणत हो जाते हैं, जिन्हें छानकर अलग निकाल दिया जाता है।

   (ii) **साबुन विधि :** जल की स्थायी कठोरता साबुन मिलाकर भी दूर की जा सकती है। साबुन उच्च वसा-अम्लों का सोडियम लवण होता है। जल में उपस्थित कैल्सियम और मैग्नीशियम के घुलनशील लवण साबुन की प्रतिक्रिया से, कैल्सियम और मैग्नीशियम के अघुलनशील लवण के रूप में परिणत हो जाते हैं, जिन्हें छानकर बाहर निकाल दिया जाता है।

   (iii) **परम्यूटिट विधि :** यह जल की स्थायी कठोरता दूर करने की मुख्य विधि है। सोडियम और एल्युमिनियम के मिश्रित सिलिकेट को परम्यूटिट या सोडियम जियोलाइट भी कहा जाता है। कठोर जल को जियोलाइट की तहों से प्रवाहित करने पर जल में उपस्थित कैल्सियम और मैग्नीशियम के लवण सोडियम लवण के रूप में परिणत हो जाते हैं।

   (iv) **कैलगन विधि :** कैलगन, सोडियम हेक्सामेटा फॉस्फेट का व्यापारिक नाम है। यह जल में उपस्थित कैल्शियम और मैग्नीशियम के लवणों के साथ प्रतिक्रिया करता है और इसके फलस्वरूप ऐसे यौगिक का निर्माण होता है, जो अवक्षेप के रूप में जल से अलग तो नहीं होता, साबुन के साथ प्रतिक्रिया भी नहीं करता है।

   (v) **स्रवण विधि :** इस विधि में जल को उबालकर वाष्प में परिणत किया जाता है, पुनः वाष्प को संघनित कर जल में परिणत कर दिया जाता है। फलस्वरूप अपद्रव्य जल से अलग हो जाता है।

16. अम्ल, क्षार एवं लवण

अम्ल (Acid)

- अम्ल वे पदार्थ हैं जिनमें हाइड्रोजन पाया जाता है एवं जलीय विलयन में वे हाइड्रोजन आयन उत्पन्न करते हैं। अम्ल साधारणतया खट्टे फलों, जैसे- नींबू, इमली आदि में पाये जाते हैं। नींबू में साइट्रिक अम्ल व इमली में टार्टरिक अम्ल पाये जाते हैं। हाइड्रोक्लोरिक अम्ल, सल्फ्यूरिक अम्ल, नाइट्रिक अम्ल, ऑक्जेलिक अम्ल, ऐसीटिक अम्ल, फार्मिक अम्ल आदि कुछ मुख्य अम्ल हैं-
- **आरहेनियम के अनुसार :** अम्ल एक यौगिक है, जो जल में घुलकर H^+ आयन देता है।
- **बॉरॉन्सटेड एवं लॉरी सिद्धांत के अनुसार :** अम्ल वह पदार्थ है, जो किसी दूसरे पदार्थ को प्रोटॉन प्रदान करने की क्षमता रखता है।
- **लुईस इलेक्ट्रॉनिक सिद्धान्त के अनुसार :** अम्ल वह यौगिक है, जिसमें इलेक्ट्रॉन की एक निर्जन जोड़ी (Lone Pair of Electron) स्वीकार करने की प्रवृत्ति होती है।
- अम्ल स्वाद में खट्टे होते हैं।
- अम्ल का जलीय विलयन नीले लिटमस को लाल कर देता है।

कुछ अम्लों के उपयोग:

(i) कुछ अम्ल खाने के काम में आता है, जैसे- खट्टे दूध (लैक्टिक अम्ल), सिरका एवं अचार (एसीटिक अम्ल), सोडावाटर एवं अन्य पेय (कार्बोनिक अम्ल), अंगूर एवं इमली (टार्टरिक अम्ल), सेव (मैलिक अम्ल), नींबू एवं नारंगी (साइट्रिक अम्ल)।

(ii) खाना पचाने में हाइड्रोक्लोरिक अम्ल (HCl) का उपयोग होता है।

(iii) नाइट्रिक अम्ल का प्रयोग सोना और चाँदी के शुद्धीकरण में किया जाता है।

(iv) लोहा पर जस्ते की परत चढ़ाने से पहले लोहा को साफ करने में सल्फ्यूरिक अम्ल (H_2SO_4) एवं नाइट्रिक अम्ल (HNO_3) का प्रयोग किया जाता है।

नोट : कपड़ों पर लगे जंग के धब्बे को हटाने के लिए ऑक्जेलिक अम्ल प्रयुक्त किया जाता है।

➪ **अम्लराज (Aqua Regia) :** यह 3:1 के अनुपात में सांद्र हाइड्रोक्लोरिक अम्ल एवं सांद्र नाइट्रिक अम्ल का ताजा मिश्रण होता है। यह सोना एवं प्लैटिनम को गलाने में समर्थ होता है।

प्रमुख अम्ल, स्रोत, बनाने की विधि एवं उपयोग

अम्ल	प्राकृतिक स्रोत	औद्योगिक निर्माण की विधि	उपयोग
सल्फ्यूरिक अम्ल	हराकसीस	सीसकक्ष (Lead Chamber) व सम्पर्क विधि	पेट्रोलियम के शोधन में, कई प्रकार के विस्फोटक बनाने में, रंग व औषधियाँ बनाने में, संचायक बैटरियों में।
नाइट्रिक अम्ल	फिटकरी व शोरा	साल्टपीटर व वर्क लैंड अर्क प्रक्रम द्वारा	औषधियाँ, उर्वरक बनाने में, फोटोग्राफी में व विस्फोटक पदार्थ बनाने में।
हाइड्रोक्लोरिक अम्ल	—	—	प्रयोगशाला में अभिकर्मक के रूप में, रंग व औषधि बनाने में, अम्लराज बनाने में।
एसीटिक अम्ल	फलों के रसों में, सुगन्धित तेलों में	ऐसीटिलीन से, सिरका (Vinegar) से	विलायक के रूप में, ऐसीटोन बनाने में व खट्टे खाद्य पदार्थ बनाने में।
फार्मिक अम्ल	लाल चीटियों में, बर्रो व बिच्छू में	—	जीवाणु नाशक के रूप में, फलों को संरक्षित व रबर के स्कन्दन में, चमड़ा व्यवसाय में।
आक्जेलिक अम्ल	सारेल का वृक्ष	सोडियम फार्मेट से	फोटोग्राफी में, कपड़ों की छपाई व रंगाई में, चमड़े के विरंजक के रूप में।
बेन्जोइक अम्ल	घास, पत्ते व मूत्र	बेन्जाइल क्लोराइड से	दवा व खाद्य पदार्थों के संरक्षण के रूप में।
साइट्रिक अम्ल	खट्टे फलों में	कच्ची शर्करा के किण्वन से	धातुओं को साफ करने में, खाद्य पदार्थों व दवाओं के बनाने में व कपड़ा उद्योगों में

क्षार / भस्म (Base)

- क्षार/भस्म वे पदार्थ हैं जिनमें हाइड्राक्सिल समूह पाया जाता है तथा जिनके जलीय विलयन में हाइड्राक्सिल आयन (OH) उपस्थित रहते हैं। क्षार लाल लिटमस पेपर को नीला कर देते हैं। कास्टिक सोडा सोडियम हाइड्राक्साइड व कास्टिक पोटाश (पोटैशियम हाइड्राक्साइड) प्रमुख क्षार हैं।
- **ब्रान्सटेड लॉरी के सिद्धान्त के अनुसार :** वह यौगिक जिसमें प्रोटॉन ग्रहण करने की क्षमता हो भस्म कहलाता है।
- **लुई इलेक्ट्रॉनिक सिद्धान्त के अनुसार :** वह यौगिक जिसमें इलेक्ट्रॉन की एक निर्जन जोड़ी (Lone Pair of Electron) प्रदान करने की क्षमता होती है, भस्म कहलाता है।
- भस्म दो प्रकार के होते हैं- (i) जल में विलेय भस्म और (ii) जल में अविलेय भस्म।
  (i) **जल में विलेय भस्म :** वैसा भस्म जो जल में विलेय हो क्षार कहलाता है। यह लाल लिटमस पत्र को नीला कर देता है तथा स्वाद में कड़वा होता है। जैसे- पोटैशियम हाइड्रोक्साइड (KOH), सोडियम हाइड्रोक्साइड (NaOH) आदि।
  (ii) **जल में अविलेय भस्म :** ये अम्ल के साथ प्रतिक्रिया कर लवण एवं जल बनाते हैं, लेकिन क्षार के अन्य गुण प्रदर्शित नहीं करते हैं। जैसे- ZnO, $Cu(OH)_2$, FeO, Fe_2O_3 आदि।

कुछ भस्मों के उपयोग

(i) **कैल्सियम हाइड्रोक्साइड [$Ca(OH)_2$]**

(a) घरों में चूना पोतने में (b) गारा एवं प्लास्टर बनाने में (c) ब्लीचिंग पाउडर बनाने में (d) चमड़ा के ऊपर का बाल साफ करने में (e) जल को मृदु बनाने में (f) अम्ल के जलन पर मरहम पट्टी करने में।

(ii) **कॉस्टिक सोडा या सोडियम हाइड्रॉक्साइड (NaOH)**

(a) साबुन बनाने में (b) पेट्रोलियम साफ करने में (c) दवा बनाने में (d) कपड़ा एवं कागज बनाने में।

(iii) **मिल्क ऑफ मैग्नीशियम या मैग्नीशियम हाइड्रॉक्साइड ($Mg(OH)_2$:** पेट की अम्लीयता को दूर करने में।

लवण (Salt)

- अम्ल एवं भस्म/क्षार की प्रतिक्रिया के फलस्वरूप लवण एवं जल का निर्माण होता है। इसे निम्नलिखित सूत्र से व्यक्त किया जाता है-

$$NaOH + HCl \rightarrow NaCl + H_2O$$

- साधारण नमक, जिसे सोडियम क्लोराइड कहते हैं, हाइड्रोक्लोरिक अम्ल व सोडियम हाइड्रॉक्साइड की परस्पर अभिक्रिया से बनता है।

कुछ लवणों के उपयोगः

(i) **साधारण नमक या सोडियम क्लोराइड (NaCl) :** खाने के रूप में एवं अचार के परिरक्षण में इसका उपयोग होता है।

(ii) **खाने का सोडा या सोडियम बाईकार्बोनेट ($NaHCO_3$) :** पेट की अम्लीयता को दूर करने एवं अग्निशामक यंत्रों में इसका उपयोग किया जाता है।

(iii) **कास्टिक सोडा या सोडियम हाइड्रॉक्साइड (NaOH) :** इसका उपयोग अपमार्जक का चूर्ण बनाने में किया जाता है।

कुछ मुख्य पदार्थों का pH मान

पदार्थ	pH मान
समुद्री जल	8.4
रक्त	7.4
लार	6.5
दूध	6.4
मूत्र	6
शराब	2.8
सिरका	2.4
नींबू	2.2

(iv) **धोवन सोडा या सोडियम कार्बोनेट ($Na_2CO_3.10H_2O$)** : इसका उपयोग कपड़ा धोने में होता है।

(v) **पोटैशियम नाइट्रेट (KNO_3)** : बारूद बनाने में इसका उपयोग होता है।

pH का मान (pH Value)

- pH मूल्य एक संख्या होती है जो पदार्थों की अम्लीयता व क्षारीयता को निर्धारित करती है। इसका मान हाइड्रोजन आयन (H^+) के सांद्रण के व्युत्क्रम के लघुगुणक के बराबर होता है।
- pH का मान O से लेकर 14 के बीच होता है। जिन विलयनों के pH का मान 7 से कम होता है, वे अम्लीय होते हैं तथा जिनका मान 7 से अधिक होता है वे क्षारीय होते है।
- उदासीन विलयनों के pH का मान 7 होता है। शुद्ध जल का pH मान 7 होता है, इस प्रकार शुद्ध जल उदासीन होता है।
- मनुष्य के रक्त व आँतों का माध्यम क्षारीय होता है। जबकि अमाशय अम्लीय होता है।
- रक्त का pH माना लगभग 7.4 होता है।
- उद्योगों में अल्कोहल, शक्कर, कागज आदि के उत्पादन में pH मूल्य का प्रयोग किया जाता है।

17. मनुष्य द्वारा निर्मित पदार्थ

सीमेंट (Cement)

- चूना-पत्थर या खड़िया का मृत्तिका (लाल मिट्टी) या शेल के साथ खूब गर्म करने से प्राप्त होने वाले पदार्थ को सीमेंट कहते हैं।
- सीमेंट उत्पादक संयंत्रों को चूना-पत्थर, चिकनी मिट्टी और जिप्सम की आवश्यकता होती है।
- सीमेंट प्रमुख रूप से कैल्सियम सिलिकेटों और एल्युमिनियम सिलिकेटों का मिश्रण है। जिसमें जल के साथ मिश्रित करने पर जमने का गुण होता है। जल के साथ मिश्रित करने पर सीमेंट का जमना उसमें उपस्थित कैल्सियम सिलिकेटों और एल्युमिनियम सिलिकेटों के जलयोजन के कारण होता है।
- सीमेंट में 2-5% तक जिप्सम ($CaSO_4.2H_2O$) मिलाने का उद्देश्य, सीमेंट के प्रारंभिक जमाव को धीमा करना है। सीमेंट के धीमें जमाव से उसका अत्यधिक मजबूतीकरण होता है।
- जमते समय सीमेंट में दरारें पड़ने का मुख्य कारण इसमें चूना का अधिक होना है।
- सीमेंट के जल्दी जमने का मुख्य कारण, इसमें एल्युमिनियम की मात्रा का अधिक होना है।
- जब सीमेंट में आयरन की मात्रा कम होती है तो इसका रंग सफेद होता है।
- जब सीमेंट के साथ बालू और जल मिलाया जाता है तो इस मिश्रण को मोर्टार (Mortar) कहते हैं। इसका उपयोग फर्श बनाने और प्लास्टर आदि में किया जाता है।

सीमेंट का संघटन	
CaO	60–70%
SiO_2	20–25%
Al_2O_3	5–10%
Fe_2O_3	2–3%
MgO	2%
Na_2O	1.5 %
K_2O	1.5%
SO_2	1%

- जब सीमेंट के साथ बालू, जल और छोटे-छोटे पत्थर के टुकड़े मिलाये जाते हैं तो इस मिश्रण को **कंकरीट** (Concrete) कहते हैं। इसका उपयोग इमारतों के छतें, पुल व बाँध बनाने में किया जाता है।

  नोट : वर्ष 1824 में एक ब्रिटिश इंजीनियर जोसेफ एस्पीडन ने चूना-पत्थर तथा चिकनी मिट्टी से जोड़ने वाला ऐसा नया पदार्थ बनाया जो अधिक शक्तिशाली और जलरोधी था। उसने उसे पोर्टलैंड सीमेंट कहा, क्योंकि यह रंग में पोर्टलैंड के चूना-पत्थर जैसा था।

काँच (Glass)

- काँच विभिन्न क्षारीय धातु के सिलिकेटों का अक्रिस्टलीय मिश्रण होता है।
- साधारण काँच सिलिका (Si_2), सोडियम सिलिकेट (Na_2SiO_3) और कैल्सियम सिलिकेट का ठोस विलयन (मिश्रण) होता है।
- काँच अक्रिस्टलीय ठोस के रूप में एक अतिशीतित द्रव है। इसलिए काँच की न तो क्रिस्टलीय संरचना होती है और न ही उसका कोई निश्चित गलनांक होता है।
- सोडियम कार्बोनेट व सिलिका को गर्म करने पर सोडियम सिलिकेट प्राप्त होता है। यह जल में विलेय है तथा इसे जल काँच (Water Glass) कहते हैं।
- काँच का कोई निश्चित रासायनिक सूत्र नहीं होता है, क्योकि काँच मिश्रण है, यौगिक नहीं। साधारण काँच का औसत संघटन $Na_2.SiO_3.CaSiO_3.4SiO_2$ होता है।

विभिन्न प्रकार के काँच, संघटक एवं उनके उपयोग		
काँच	**संघटक**	**उपयोग**
फ्लिन्ट काँच	पोटैशियम कार्बोनेट, लेड ऑक्साइड व सिलिका	कैमरा, दूरबीन के लेन्स व विद्युत बल्ब
पाइरेक्स काँच	सोडियम सिलिकेट, बेरियम सिलिकेट	प्रयोगशाला के उपकरण
सोडा काँच	सोडियम कार्बोनेट, कैल्सियम कार्बोनेट व सिलिका	ट्यूब लाइट, बोतलें, प्रयोगशाला के उपकरण व दैनिक प्रयोग के बर्तन
क्रुक्स काँच	सिरियम ऑक्साइड व सिलिका	धूप-चश्मों के लेन्स
पोटाश काँच	पोटैशियम कार्बोनेट, कैल्सियम कार्बोनेट व सिलिका	अधिक ताप तक गर्म किये जाने वाले काँच के बर्तन व प्रायोगिक उपकरण
प्रकाशकीय काँच	पोटैशियम कार्बोनेट, रेड लेड तथा सिलिका	चश्मा, सूक्ष्मदर्शी, टेलिस्कोप एवं प्रिज्म बनाने में

- रेशेदार काँच (Fibre Glass) का प्रयोग बुलेट प्रुफ जैकेट बनाने में किया जाता है।
- काँच की वस्तुओं को बनाने के बाद विशेष प्रकार की भट्टियों में धीरे-धीरे ठंडा करते हैं। इस क्रिया को काँच का तापानुशीतलन (Annealing of Glass) कहते हैं।
- **काँच का रंग :** काँच में रंग देने के लिए अल्प मात्रा में धातुओं के यौगिक (रंगीन) मिलाये जाते हैं। धात्विक यौगिक का चुनाव वांछित रंग पर निर्भर करता है।

काँच में रंग देने वाले पदार्थ	
मिश्रित पदार्थ	**काँच का रंग**
कोबाल्ट ऑक्साइड	गहरा नीला
सोडियम क्रोमेट या फेरस ऑक्साइड	हरा
सिलेनियम ऑक्साइड	नारंगी लाल
फेरिक ऑक्साइड	भूरा
गोल्ड क्लोराइड	रुबी लाल
कैडमियम सल्फेट	पीला

क्यूप्रिक लवण	पीकॉक नीला
क्रोमिक ऑक्साइड	हरा
मैगनीज डाइऑक्साइड	लाल
क्यूप्रस ऑक्साइड	चटक लाल

- **नोट** : फोटोक्रोमैटिक काँच सिल्वर ब्रोमाइड की उपस्थिति के कारण धूप में स्वत: काला हो जाता है।

साबुन (Soap)

- सभी साधारण साबुन उच्चवसीय अम्लों जैसे- स्टियरिक, पालमिटिक अथवा ओलिक अम्ल के सोडियम अथवा पोटैशियम लवणों के मिश्रण होते हैं।
- साबुन बनाने की क्रिया को साबुनीकरण कहते हैं।
- वे साबुन जो उच्चवसीय अम्लों के सोडियम लवण (कॉस्टिक सोडा) होते हैं, कड़े साबुन कहलाते हैं। इनका उपयोग कपड़ा धोने में किया जाता है।
- वे साबुन जो उच्चवसीय अम्लों के पोटैशियम लवण (कॉस्टिक पोटाश) होते है, वे मुलायम साबुन कहलाते हैं। इनका उपयोग स्नान करने में किया जाता है।

डिटर्जेंट (Detergents)

- इसमें लंबी श्रृंखला का हाइड्रोकार्बन होता है एवं श्रृंखला के अंत में एक ध्रुवीय समूह। परन्तु ये साबुन से इस मामले में उत्तम है कि Ca^{+2}, Mg^{+2} तथा Fe^{+2} आयन के साथ अघुलनशील लवण नहीं प्रदान करता है। इनके उदाहरण हैं- सोडियम एल्काइल सल्फोनेट, सोडियम एल्काइल बेंजीन सल्फोनेट आदि। डिटर्जेंट एवं एन्जाइम मिला हुआ पदार्थ बहुत ही साफ धुलाई करता है। इस प्रकार की धुलाई को माइक्रोसिस्टम धुलाई कहते हैं।

उर्वरक (Fertilizers)

- कृषि में फसलों के अधिक उत्पादन व पौधों की वृद्धि के लिए नाइट्रोजन, फॉस्फोरस, पोटैशियम, कैल्सियम आदि तत्त्वों की आवश्यकता होती है। पौधे इन तत्त्वों को भूमि से ग्रहण करते हैं, लेकिन धीरे-धीरे भूमि में इन तत्त्वों की कमी हो जाती है। इस कमी को पूरा करने के लिए कृत्रिम रूप से बनाये गये इन तत्त्वों के यौगिक उचित मात्रा में भूमि में मिलाये जाते हैं। कृत्रिम रूप से बनाये गये इन यौगिकों को ही उर्वरक कहते हैं। उर्वरक कई प्रकार के होते हैं, जिनका विवरण निम्नलिखित है-

A. **नाइट्रोजन के उर्वरक (Nitrogenous Fertilizers)** : इन उर्वरकों में मुख्यत: नाइट्रोजन तत्त्व पाया जाता है। जैसे-

(i) **यूरिया [Urea (H_2NCONH_2)]** : यूरिया में 46% नाइट्रोजन की मात्रा पायी जाती है।

(ii) **अमोनिया सल्फेट [Ammonium Sulphate $(NH_4)_2SO_4$]** : इसमें नाइट्रोजन अमोनिया के रूप में उपस्थित रहती है तथा लगभग 25% अमोनिया पायी जाती है। यह आलू की कृषि के लिए अच्छा उर्वरक है। इसका प्रयोग चूनारहित भूमि में नहीं किया जाता है।

(iii) **कैल्सियम नाइट्रेट [Calcium Nitrate ($CaNO_3$)]** : यह नाइट्रोजन का सबसे अच्छा उर्वरक है। बाजार में यह नार्वेजियन साल्टपीटर के नाम से जाना जाता है।

(iv) **कैल्सियम सायनामाइड [Calcium Cyanamide ($CaCN_2$)]** : इसका बुआई करने से पहले भूमि में छिड़काव किया जाता है। पौधों की वृद्धि के समय इस उर्वरक का

प्रयोग पौधों के लिए लाभप्रद नहीं होता। कार्बन के साथ इसके मिश्रण को बाजार में नाइट्रोलिम के नाम से बेचा जाता है।

B. **पोटैशियम के उर्वरक (Potassium Fertilizers) :** पोटैशियम क्लोराइड, पोटैशियम नाइट्रेट, पोटैशियम सल्फेट आदि पोटैशियम के कुछ प्रमुख उर्वरक हैं।

C. **फॉस्फोरस के उर्वरक (Phosphous Fertilizers) :** सुपर फॉस्फेट ऑफ लाइम, फास्फेटी धातुमल, फॉस्फोरस के प्रमुख उर्वरक हैं। सुपर फॉस्फेट को हड्डियों को पीस कर बनाया जाता है। इसमें 16-20% P_2O_5 रहता है।

D. **मिश्रित उर्वरक (Mixed Fertilizers) :** इस प्रकार के उर्वरकों में एक से अधिक तत्त्व पाये जाते हैं। जैसे- अमोनियम फॉस्फेट एवं अमोनियम सुपर फॉस्फेट आदि।

विस्फोटक (Explosive)

- विस्फोटक ऐसे पदार्थ होते हैं, जिनके दहन पर अत्यधिक ऊष्मा व तीव्र ध्वनि उत्पन्न होती है। कुछ प्रमुख विस्फोटक निम्नलिखित हैं-

(i) डाइनामाइट (Dynamite)

- इसका आविष्कार अल्फ्रेड नोबेल ने 1863 ई. में किया था।
- यह नाइट्रोग्लिसरीन को किसी अक्रिय पदार्थ जैसे लकड़ी के बुरादे या कीजेलगूर (Kieselguhr) में अवशोषित करके बनाया जाता है।
- जिलेटिन डाइनामाइट में नाइट्रो सेलुलोस की भी मात्रा उपस्थित रहती है। इसके विस्फोट के समय उत्पन्न गैसों का आयतन बहुत अधिक होता है।
- आधुनिक डाइनामाइट में नाइट्रोग्लिसरीन की जगह सोडियम नाइट्रेट का प्रयोग किया जाता है।

(ii) ट्राई नाइट्रो-टाल्वीन (T.N.T.)

- यह हल्का पीला क्रिस्टलीय ठोस पदार्थ है।
- यह टाल्वीन ($C_6H_5CH_3$) के साथ सान्द्र सल्फ्यूरिक अम्ल (H_2SO_4) व सान्द्र नाइट्रिक अम्ल (HNO_3) की क्रिया से बनाया जाता है।
- इसका सबसे अधिक उपयोग विस्फोटक के रूप में किया जाता है।
- इसकी विस्फोटक गति 6900 मीटर/सेकंड है।

(iii) ट्राईनाइट्रो ग्लिसरीन (T.N.G.)

- यह एक रंगहीन तैलीय द्रव है। इसे नोबेल का तेल (Nobel's Oil) भी कहा जाता है।
- यह डाइनामाइट बनाने के काम आता है।
- यह सान्द्र सल्फ्यूरिक अम्ल (H_2SO_4) और सान्द्र नाइट्रिक अम्ल (HNO_3) को ग्लिसरीन के साथ क्रिया करके बनाया जाता है।

(iv) ट्राईनाइट्रो फिनॉल (T.N.P.)

- इसे पिकरिक अम्ल भी कहा जाता है।
- यह फीनॉल एवं सान्द्र नाइट्रिक अम्ल (HNO_3) की अभिक्रिया द्वारा बनाया जाता है।
- यह हल्का पीला, क्रिस्टलीय ठोस होता है तथा अत्यधिक विस्फोटक होता है।

(v) आर.डी.एक्स. (R.D.X.)

- R.D.X. का पूरा नाम Research and Development Explosive है।
- इसका **रासायनिक नाम साइक्लो ट्राइमिथाइलीन ट्राईनाइट्रोमाइन है।**
- इसे **प्लास्टिक विस्फोटक** भी कहा जाता है।

इस विस्फोटक को यू.एस.ए. में **साइक्लोनाइट**, जर्मनी में **हेक्सोजन** तथा इटली में **टी-4** के नाम से जाना जाता है।

- R.D.X. एक प्रचंड विस्फोटक है तथा इसके तापमान व आग की गति को बढ़ाने के लिए इसमें एल्युमिनियम चूर्ण को मिलाया जाता है।
- R.D.X. की विस्फोटक ऊष्मा 1510 किलो कैलोरी प्रति किग्रा होती है।
- इसकी खोज 1899 ई. में जर्मनी के हेंस हेनिंग ने शुद्ध सफेद दानेदार पाउडर के रूप में किया था। इसका उपयोग द्वितीय विश्वयुद्ध के दौरान इसे स्थिर यौगिक के रूप में परिवर्तित किये जाने के बाद प्रारंभ हुआ।

गन पाउडर (Gun Powder)

- इसकी खोज रोजर बैंकन ने किया था।
- इसका प्रथम अभिलेखित प्रयोग 1346 ई. में अंग्रेजों द्वारा यूनान के युद्ध में किया गया था।

18. रासायनिक विज्ञान के महत्त्वपूर्ण तथ्य

- **क्षार :** ऐसा भस्म (Base) जो जल में विलेय होता है।
- **भस्म :** ऐसा पदार्थ जो अम्ल से क्रिया करके लवण तथा जल बनाता है। यह इलेक्ट्रॉनदाता होता है।
- **एमोर्फस :** ऐसा पदार्थ जिसका निश्चित रूप और आकार न हो।
- **उभयधर्मी :** ऐसा पदार्थ जिसमें अम्ल तथा भस्म दोनों के गुण विद्यमान रहते हैं।
- **अमलगम :** किसी धातु की मरकरी के साथ मिश्र धातु को अमलगम कहते हैं।
- एक ग्रम अणु में उपस्थित अणुओं की संख्या को **एवोगाद्रो संख्या** कहते हैं। इसका भाग $6.023X10^{23}$ होता है।
- **कार्बोहाइड्रेट :** कार्बनिक यौगिक जिनका सामान्य सूत्र $C\times(H_2O)$ होता है। ये भोजन का मुख्य अंग होते हैं।
- **प्रोटीन :** नाइट्रोजनी यौगिक जो प्राणी तथा वनस्पति अंगों के प्रमुख घटक होते हैं। ये अमीनो अम्ल से बनते हैं।
- ऐसा पदार्थ जो किसी रासायनिक क्रिया की दर को परिवर्तित करता है, **उत्प्रेरक** कहलाता है।
- दो या दो से अधिक तत्त्वों के निश्चित अनुपात से बना पदार्थ यौगिक कहलाता है।
- भौतिक परिवर्तन में कोई रासायनिक क्रिया नहीं होती है, अर्थात् नया पदार्थ नहीं बनता है।
- तत्त्वों की आवर्त सारणी (दीर्घ) में 18 समूह तथा 7 आवर्त हैं।
- परमाणु क्रमांक की खोज वैज्ञानिक मोजले ने की थी। परमाणु संख्या किसी तत्त्व के परमाणु में उपस्थित प्रोटॉनों अथवा इलेक्ट्रॉनों की संख्या के बराबर होती है।
- मैण्डलीफ की आवर्त सारणी समूह संख्या, उस समूह की उपस्थित तत्त्वों की संयोजकता को प्रदर्शित करती है।
- प्रथम-ए समूह के तत्त्वों को क्षार धातुएँ कहते हैं (Li, Na, K, Rb, Cs and Fr)
- प्रथम-बी समूह के तत्त्वों को सिक्का धातु कहते हैं (Cu, Ag, Au)।
- मरकरी को **क्विक सिल्वर** कहा जाता है।
- फॉर्मिक अम्ल लाल चींटियों से प्राप्त किया जाता है।
- सर्वाधिक वैद्युत ऋणात्मक तत्त्व **फ्लोरीन** है।
- सर्वाधिक वैद्युत धनात्मक तत्त्व **फ्रैन्शियम** है।
- सर्वाधिक विद्युत चालकता वाला तत्त्व सिल्वर होता है।
- सर्वाधिक विद्युत चालक अधातु ग्रेफाइट होता है।

- उच्चतम इलेक्ट्रॉन बन्धुता वाला तत्त्व क्लोरीन होता है।
- प्लेटिनम को **सफेद स्वर्ण** कहते हैं।
- भू-परत में सबसे कम मात्रा में पाया जाने वाला तत्त्व एस्टैटीन (At) है।
- भू-परत में सबसे अधिक मात्रा में पाया जाने वाला तत्त्व ऑक्सीजन है।
- वायुमंडल में सर्वाधिक मात्रा में पाया जाने वाला तत्त्व नाइट्रोजन है।
- पेट्रोल को **द्रव स्वर्ण** कहा जाता है।
- 24 कैरेट स्वर्ण, शुद्ध स्वर्ण को कहते है।
- केवल हाइड्रोजन परमाणु ही ऐसा परमाणु है जिसके नाभिक में न्यूट्रॉन नहीं होता है।
- गोल्ड, प्लेटिनम, मरकरी तथा सिल्वर उत्कृष्ट धातुएँ हैं।
- लीथियम सबसे हल्का धात्विक तत्त्व है।
- रेडॉन गैसीय तत्त्वों में सबसे भारी तत्त्व है।
- एस्टैटीन ठोस अधातुओं में सबसे भारी तत्त्व है।
- सबसे प्रबल अपचायक लीथियम होता है।
- परमाणु बम नाभिकीय विखण्डन पर आधारित है।
- हाइड्रोजन बम नाभिकीय संलयन पर आधारित है।
- ठोस कार्बन डाइऑक्साइड को शुष्क बर्फ कहते है।
- केवल हाइड्रोजन एक ऐसा तत्त्व है, जिसके सभी समस्थानिकों को अलग-अलग नाम दिये गये हैं। (प्रोटियम, ड्यूटिरियम तथा ट्राइटियम)।
- अल्फा कण (α) हीलियम नाभिक के समकक्ष होता है।
- बीटा कण (β) इलेट्रॉन के समकक्ष होता है।
- हीरा प्रकृति में पाया जाने वाला सबसे कठोर पदार्थ होता है।
- पोलोनियम (Po) के सर्वाधिक समस्थानिक (27 समस्थानिक) होते हैं।
- आयरन सल्फाइड (FeS_2) को झूठा सोना कहा जाता है।
- कार्बन ऐसा तत्त्व है, जिसमें सबसे अधिक शृंखलन की प्रवृत्ति होती है।
- मार्श गैस का प्रमुख घटक मिथेन (CH_4) है।
- ऑक्सी-एसीटिलीन ज्वाला धातुओं को काटने तथा वैल्ड करने के काम आती है।
- पेट्रोल को खनिज तेल, रॉक तेल तथा क्रूड तेल भी कहते हैं।
- शराब (Wine) में लगभग 12% एथिल एल्कोहॉल होता है।
- बीयर (Beer) में लगभग 4% एथिल एल्कोहॉल होता है।
- व्हिस्की और ब्रान्डी में 40-50% एथिल एल्कोहॉल होता है।
- एसिटिक अम्ल में 10% विलयन को सिरका कहते हैं।
- शुद्ध सेल्यूलोज से कागज बनता है।
- फ्रिऑन (CF_2Cl_2) एक अति प्रचलित प्रशीतक है।
- रेक्टिफाइड स्पिरिट (Rectified Spirit) में 95.6% एथिल एल्कोहॉल तथा 4.4% जल होता है। इसे कामर्शियल एल्कोहॉल भी कहते हैं।
- ग्रेफाइट को पेंसिल लैड भी कहते हैं।
- स्टेनलैस स्टली में 7% आयरन, 18% क्रोमियम, 1% कार्बन और 8% निकिल होता है।
- चाय तथा कॉफी में कैपीन नामक प्यूरीन पाया जाता है, जो स्फूर्ति का अनुभव कराता है।
- दूध में जल, वसा, शर्करा के अतिरिक्त कैफीन नामक फॉस्फो प्रोटीन भी पाया जाता है।

रसायन विज्ञान 103

- प्रोटीन पाचन का अन्तिम उत्पाद अमीनो अम्ल होता है।
- भारी जल परमाणु भट्टी में मंदक के रूप में प्रयुक्त होता है।
- जब तेलों को निकिल फॉर्मेट की उपस्थिति में 150°-180° पर गर्म करके हाइड्रोजन गैस प्रवाहित की जाती है तो दानेदार ठोस वनस्पति घी प्राप्त होता है।
- मेथाइल आइसोसाइनाइट को (MIC) **मिक गैस** कहते हैं। यह अत्यन्त विषैली गैस है। भोपाल गैस कांड (1984) में इसी गैस के रिसाब ने हाहाकार मचाया था।
- शुद्ध जल का pH 7 होता है।
- 4°C तापमान पर जल का घनत्व अधिकतम होता है।
- आग बुझाने के लिए कार्बन डाइऑक्साइड का प्रयोग किया जाता है।
- हीरा तथा ग्रेफाइट कार्बन के क्रिस्टलीय अपररूप हैं।
- ईंधनों के जलने से प्राप्त कार्बन डाइऑक्साइड प्रदूषण का मुख्य कारण है।
- ओजोन मंडल पराबैंगनी किरणों को अवशोषित करके पृथ्वी के जीवों की रक्षा करता है।
- पेट्रोल की गाड़ी चन्द्रमा पर नहीं चल सकती, क्योंकि वहाँ पर वायुमंडल नहीं है।
- पीतल जस्ता व ताँबा की मिश्रधातु है।
- नाइट्रस ऑक्साइड तथा सल्फर डाइऑक्साइड पर्यावरण में अम्ल वर्षा का प्रमुख कारण है।
- सोने के आभूषण बनाते समय सोने में ताँबा मिलाया जाता है।
- पानी की स्थायी कठोरता का कारण कैल्शियम तथा मैग्नीशियम के घुलित क्लोराइड तथा सल्फेट लवण होते हैं।
- पानी की अस्थायी कठोरता कैल्शियम तथा मैग्नीशियम के बाइकार्बोनेटों के कारण होती है।
- पानी की अस्थायी कठोरता को पानी को उबालकर दूर किया जा सकता है।
- फॉस्फोरस का अणु सूत्र P_4 तथा सल्फर का S_8 होता है।
- यदि पृथ्वी पर सारी वनस्पति नष्ट हो जाये तो सभी जीव-जन्तु ऑक्सीजन के अभाव में मर जायेंगे।
- नींबू में साइट्रिक अम्ल पाया जाता है।
- इमली में टारटरिक अम्ल होता है।
- बॉक्साइट एल्युमीनियम का प्रमुख खनिज होता हे।
- साधारण काँच में सोडियम, पोटैशिमय, कैल्शियम और लैड के सिलिकेट होते हैं।
- यदि साधारण काँच को बनाते समय उसमें सिल्वर क्लोराइड डाल दिया जाये तो वह काँच फोटोक्रोमिक किस्म का अथवा स्वत: रंग बदलने वाला बन जाता है।
- घरों में ईंधन के रूप में प्रयुक्त की जाने वाली द्रवित प्राकृतिक गैस को एलपीजी (LPG) कहते हैं। यह ब्यूटेन तथा प्रोपेन गैसों का मिश्रण होता है।
- किसी विद्युत अपघटनी सैल के एनोड पर हमेशा ऑक्सीकरण और कैथोड पर अवकरण की क्रिया होती है।
- सोडियम एक ऐसी धातु है जो जल पर तैरती है।
- ग्रीन हाउस प्रभाव में प्रमुख उत्तरदायी गैस कार्बन डाइऑक्साइड है।
- गंधक के अम्ल का प्रयोग मोटरकार की बैटरियों में किया जाता है।
- क्वार्टज प्रकृति में सबसे अधिक मात्रा में पाया जाने वाला खनिज है। अधिकतर चट्टानें इसी से बनी हैं।
- कुछ पदार्थ सूर्य के प्रकाश में रखने के बाद प्रकाश से हटाये जाने पर भी प्रकाश निकालते रहते हैं। इस घटना को **स्फुरण** (Phosphorescence) कहते हैं। यह गुण कैल्शियम सल्फाइड में पाया जाता है।

- सबसे भारी धातु ओसमियम (Os) है।
- डीडीटी का पूरा नाम डाइक्लोरो डाइफिनाइल ट्राइक्लोरोईथेन है। यह एक कीटाणुनाशक दवा है।
- धातुओं की विद्युत चालकता तापमान बढ़ाने के साथ बढ़ती है और तापमान घटाने पर कम होती है।
- –273°C तापमान का केल्विन में मान 0°K होता है।
- 0°K तापमान को परम शून्य (Absolute Zero) कहते हैं।
- परम शून्य तापमान पर गैसों का आयतन शून्य हो जाता है अथवा अणुओं के सभी प्रकार की गति शून्य हो जाती है।
- VII B उप समूह के तत्त्वों (F, Cl, Br, I, At) को हैलोजन कहते हैं जिसका अर्थ है लवण बनाने वाले।
- क्लोरीन एक रोगाणुनाशी है।
- एस्प्रिन तथा पैरासिटामोल ज्वरनाशी पदार्थ है।
- नाइट्रस ऑक्साइड (N_2o) एक सामान्य निश्चेतक है।
- क्लोरोफॉर्म का प्रयोग भी निश्चेतक के रूप में किया जाता है।
- प्रतिजैविक (Antibiotics) बैक्टीरिया, कवक तथा मोल्डस द्वारा उत्पन्न होते हैं, जो अन्य बैक्टीरिया के लिए विषैले होते हैं।
- पेनसिलिन एक उत्तम प्रतिजैविक है, जो कवक से प्राप्त होता है।
- क्लोरोमफेनिकोल का व्यापारिक नाम क्लोरोमाइसिटिन हैं इसका प्रयोग टाइफाइड, ज्वर, डाइरिया तथा पेचिस में किया जाता है। यह एक प्रभावी प्रतिजैविक है।
- रेशम तथा ऊन जंतु से निकले प्राकृतिक रेशे हैं। सूत, जूट तथा हैम्प वानस्पतिक से निकले प्राकृतिक रेशे हैं।
- बोरिक अम्ल तथा पोटैशियम परमैग्नेट प्रतिरोधी (Antiseptic) पदार्थ हैं।
- आयोडीन एक प्रबल जीवाणुनाशी है। आयोडीन का प्रयोग टिक्चर बनाने में किया जाता है।
- एन्जाइम विशेष प्रकार के प्रोटीन होते हैं।
- गेमैक्सिन ($C_6H_6Cl_6$) हैक्साक्लोरो साइक्लो हैक्सेन है। यह एक उत्तम कीटनाशी है।
- हीमोग्लोबिन एक विशेष प्रकार का प्रोटीन है, जिसका प्रमुख कार्य फेफड़ों से आक्सीजन को रक्त धारा की सहायता से विभिन्न ऊतकों को पहुँचाना है।
- कार्बन टेट्राक्लोराइड (CCl_4) का प्रयोग पायरीन के नाम से आग बुझाने के संयंत्रों में किया जाता है।
- नाइट्रोग्लिसरीन का प्रयोग डायनामाइट बनाने में किया जाता है।
- एलम (Alum) का प्रयोग चमड़े की टेनिंग में किया जाता है।
- क्यूप्रस ऑक्साइड (Cu_2O) को रूबी कॉपर कहते हैं। इसका प्रयोग काँच को रंगीन बनाने में किया जाता है।
- मैग्नीशियम सल्फेट ($MgSO_4.7H_2O$) को एप्सोम लवण कहते हैं। इसका उपयोग दस्तावर (Purgative) के रूप में होता है।
- ग्राह्य लवण सोडियम हैक्सामेटा फॉस्फेट $(NaPO_3)_6$ को कहते हैं। इसका प्रयोग जल की कठोरता दूर करने में किया जाता है। इसे केल्गन (Calgen) भी कहते हैं।
- स्टैनिक सल्फाइड (SnS_2) को मोसाइक गोल्ड कहते हैं। इसका प्रयोग पेंट के रूप में किया जाता है।

- मैग्नीशियम एल्व $[Mg(OH)_2.MgCO_3.3H_2O]$ का प्रयोग पेट की अम्लता दूर करने में किया जाता है, अतः यह एक एन्टासिड है।
- मैग्नीशियम हाइड्रॉक्साइड $[Mg(OH)_2$, को मिल्क ऑफ मैग्नीशियम कहा जाता है। इसका प्रयोग पेट की दवाओं में किया जाता है।
- पोटैशिमय नाइट्रेट (KNO_3) को नाइटर या शोरा कहा जाता है। इसका प्रयोग विस्फोटकों में होता है।
- प्रोड्यूसर गैस में CO_2, N_2 तथा H_2 होती है। यह एक **ईंधन गैस** है।
- पोटैशियम कार्बोनेट को **पर्ल एश** (Pearl Ash) कहते हैं। यह सोप बनाने में काम आता है।
- सुपर फॉस्फेट ऑफ लाइम $[Ca(H_2PO_4)_2.H_2O+2CuSO_4.2H_2O]$ एक उत्तम फॉस्फेटी है।
- अमोनियम फॉस्फेट (NH_4Cl) को नौसादर कहते हैं। यह औषधियों में काम आता है।
- कैल्शियम फॉस्फेट $[Ca_3(PO_4)_2H_2O]$ का प्रयोग हड्डी टूटने पर प्लास्टर चढ़ाने के काम आता है।
- सिक्का धातु में 75% कॉपर तथा 25% निकिल होता है।
- नाइक्रोम (Nichrome) क्रोमियम, निकिल तथा आयरन की मिश्र धातु है। यह हीटरों के कॉइल (Coil) बनाने के काम आती है।
- इनवार मिश्र धातु में 63% आयरन, 36% निकिल और 1% कार्बन होता है। यह घड़ियों के पेन्डुलम बनाने के काम आती है।
- ग्रेफाइट का प्रयोग शुष्क स्नेहक (Dry Lubricant) के रूप में किया जाता है।
- कार्बन डाइऑक्साइड पौधों के लिए प्राणदायिनी गैस है।
- बादल तथा कोहरा कोलॉइडी विलयन है।
- जब कोई ठोस पदार्थ द्रव में परिक्षेपित होकर कोलॉइडी विलयन बनाता है तो वह सॉल (Sol) कहलाता है।
- जब कोई द्रव किसी ठोस में परिक्षेपित होकर कोलॉइडी विलयन बनाता है, तो वह जैल (Gel) कहलाता है, जैसे- जैली, पनीर, मक्खन आदि।
- वायुमण्डल में धूल के कोलॉइडी कण नीले रंग के प्रकाश का प्रकीर्णन करते हैं और शेष रंगों को अवशोषित कर लेते हैं। इसलिए आकाश नीला दिखायी पड़ता है।
- धुआँ वायु में कार्बन और अन्य कणों का कोलॉइडी विलयन होता है।
- फोटोग्राफिक प्लेट पर सिल्वर ब्रोमाइड तथा जिलैटिन की पतली परत चढ़ी होती है।
- हीलियम गैस हल्की होने के कारण वायुयानों के टायरों में भरी जाती है।
- हीलियम और ऑक्सीजन का मिश्रण गहरे समुद्रों में गोताखोरों द्वारा वायु के स्थान पर प्रयोग किया जाता है, क्योंकि अधिक दाब पर हीलियम नाइट्रोजन की अपेक्षा रक्त में कम विलेय होती है।
- दमा के रोगी को भी हीलियम और ऑक्सीजन का मिश्रण वायु के स्थान पर दिया जाता है।
- विज्ञापन चिह्नों में विभिन्न रंग के प्रकाश उत्पन्न करने के लिए नियॉन गैस का प्रयोग किया जाता है।
- हवाई अड्डों पर विमान चालकों को संकेत देने के लिए नियॉन लैम्प का प्रयोग किया जाता है, क्योंकि यह प्रकाश कुहरे में अधिक चमकता है।
- आर्गन गैस विद्युत बल्बों में भरी जाती है, क्योंकि इसकी उपस्थिति में तन्तु (Filament) बहुत समय तक सुरक्षित रहता है।
- रेडॉन का प्रयोग कैंसर उपचार में किया जाता है।

- हाइड्रोजन परॉक्साइड के तनु विलयन का प्रयोग कीटाणुनाशक के रूप में, दाँत, कान, घाव आदि धोने में किया जाता है।
- पुराने तैल चित्रों को चमकदार बनाने के लिए हाइड्रोजन परॉक्साइड का प्रयोग किया जाता है।
- सोडियम हाइड्रॉक्साइड का प्रयोग सूती कपड़ों में चमक पैदा करने (Marcerisation) में किया जाता है।
- सोडियम बाइकार्बोनेट ($NaHCO_3$) का प्रयोग बेकिंग पाउडर, झागदार पेय तथा अनेक दवाइयों में किया जाता है।
- पोटैशियम क्लोरेट ($KClO_3$) का प्रयोग आतिशबाजी तथा कीड़े मारने की दवाई के रूप में किया जाता है।
- पोटैशियम साइनाइड (KCN) एक विष है, इसका प्रयोग सोने व चाँदी के विद्युत लेपन में किया जाता है।
- कॉपर सल्फेट एक जहर है। इसे कीटाणुनाशक के रूप में प्रयोग किया जाता है।
- सिल्वर नाइट्रेट ($AgNO_3$) का प्रयोग निशान लगाने वाली स्याही बनाने में किया जाता है। वोटरों की अँगुली पर इसी का निशान लगाया जाता है।
- बुझा हुआ चूना [$Ca(OH)_2$] दीवारों पर सफेदी करने के काम आता है।
- कैल्शियम कार्बोनेट ($CaCO_3$) दीवारों पर सफेदी करने के काम आता है।
- कैल्शियम कार्बोनेट ($CaCO_3$) का प्रयोग दंत मंजन, पाउडर तथा पेस्ट बनाने में किया जाता है।
- जिंक ऑक्साइड (ZnO), जिंक व्हाइट अथवा चाइनीज व्हाइट के नाम से सफेद पेन्टों में प्रयोग किया जाता है।
- मरहम और चेहरे की क्रीम बनाने में भी जिंक ऑक्साइड (ZnO) का प्रयोग किया जाता है।
- जिंक सल्फा स्फुरदीप्ति पर्दे (Phosphorescence Screens) बनाने में काम आता है।
- मरक्यूरिक क्लोराइड ($HgCl_2$) का 1% विलयन शल्यकर्म औजारों के निजर्मीकरण (Sterilisation) में प्रयोग किया जाता है।
- पारे का उपयोग मरकरी वाष्प लैम्प बनाने में होता है।
- एल्युमिनियम का प्रयोग सिगरेट, साबुन, मिठाई लपेटने के लिए पतली परतों के रूप में किया जाता है।

19. रासायनिक पदार्थों के व्यापारिक तथा रासायनिक नाम एवं सूत्र

व्यापारिक नाम	रासायनिक नाम	सूत्र
साधारण लवण	सोडियम क्लोराइड	$NaCl$
चिली साल्टपीटर	सोडियम नाइट्रेट	$NaNO_3$
सुहागा	बोरेक्स	$Na_2B_4O_7.10H_2O$
खाने का सोडा	सोडियम बाइकार्बोनेट	$NaHCO_3$
धोवन सोडा	सोडियम कार्बोनेट	$Na_2CO_3.10H_2O$
कास्टिक सोडाा	सोडियम हाइड्रॉक्साइड	$NaOH$
तूतिया (नीला थोथा)	कॉपर सल्फेट	$CuSO_4.5H_2O$
उजला थोथा (सफेद कसीस)	जिंक सल्फेट	$ZnSO_4.7H_2O$

हरा कसीस	फेरस सल्फेट	$FeSO_4.7H_2O$
संगमरमर	कैल्शियम कार्बोनेट	$CaCO_3$
कली चूना	कैल्शियम ऑक्साइड	CaO
भखरा चूना	कैल्शियम हाइड्रॉक्साइड	$Ca(OH)_2$
सिंदूर	मरक्यूरिक सल्फाइड	HgS
शोरा	पोटेशियम नाइट्रेट	KNO_3
शोरे का अम्ल	नाइट्रिक एसिड	HNO_3
नमक का अम्ल	हाइड्रोक्लोरिक एसिड	HCl
गंधक का अम्ल	सल्फ्यूरिक एसिड	H_2SO_4
नौसादर	अमोनियम क्लोराइड	NH_4Cl
लाफिंग गैस	नाइट्रस ऑक्साइड	N_2O
जिप्सम	कैल्शियम सल्फेट	$CaSO_4.2H_2O$
शुष्क बर्फ (ड्राइ आइस)	ठोस कार्बन डाइऑक्साइड	CO_2
फिटकरी	पोटैशियम एल्युमिनियम सल्फेट	$K_2SO_4Al_2(SO_4)_3$ $24H_2O$
गैलेना	लेड सल्फाइड	PbS
टीएनटी	ट्राई नाइट्रोटाल्वीन	$C_6H_2CH_3$ $(NO_2)_3$
कास्टिक पोटाश	पोटैशियम हाइड्रॉक्साइड	KOH
विरंजक चूर्ण	ब्लीचिंग पाउडर	$Ca(OCl)Cl$
प्लास्टर ऑफ पेरिस	कैल्शियम सल्फेट हाफ हाइड्रेट	$(CaSO_4)_2H_2O$
साल्ट केक	सोडियम सल्फेट	Na_2SO_4
ग्लोबर लवण	सोडियम सल्फेट	$Na_2SO_4.10H_2O$
बालू	सिलिकन ऑक्साइड	SiO_2
अम्लराज	अम्लराज	$3HCl+HNO_3$
भारी जल	ड्यूटेरियम ऑक्साइड	D_2O
श्वेत पोटाश	पोटैशियम क्लोरेट	$KClO_3$
हाइड्रोजन परॉक्साइड	हाइड्रोजन परॉक्साइड	H_2O_2
चाईनीज श्वेत	जिंक ऑक्साइड	ZnO
हाईपो	सोडियम थायोसल्फेट	$Na_2S_2O_3.5H_2O$
मार्श गैस	मिथेन	CH_4
एल्कोहॉल	इथाइल एक्लोहॉल	C_2H_5OH
चीनी	सुक्रोज	$C_{12}H_{22}O_{11}$

जीव विज्ञान

- जीव विज्ञान, विज्ञान की वह शाखा है जिसके अन्तर्गत जीवधारियों का अध्ययन किया जाता है।
- जीव विज्ञान शब्द का सर्वप्रथम प्रयोग लैमार्क (Lamarck) और ट्रेविरेनस (Treviranus) नामक वैज्ञानिकों ने 1801 ई. में किया था। लैमार्क फ्रांस और ट्रेविरेनस जर्मनी के निवासी थे।
- Biology में Bio का अर्थ है- जीवन (Life) और Logos का अर्थ है- अध्ययन (Study) अर्थात् जीवन का अध्ययन ही Biology कहलाता है।
- जीव विज्ञान को हम पुनः दो भागों में विभाजित करते हैं- (a) वनस्पति विज्ञान (Botany), (b) जन्तु विज्ञान (Zoology)।
- 'बॉटनी' (Botany) शब्द की उत्पत्ति ग्रीक भाषा के 'बास्कीन' (Baskein), शब्द से हुई है, जिसका अर्थ है, 'चरना'।
- थियोफ्रेस्ट्स (Theophrastus, 378-285BC) ने 500 प्रकार के पौधों का वर्णन अपनी पुस्तक 'Historia Plantarum' में किया है। उन्हें वनस्पति विज्ञान का जनक (Father of Botany) कहा जाता है।
- हिप्पोक्रेटस (Hippocrates, 460-370 BC) ने मानव रोगों पर प्रथम लेख लिखा। उन्हें 'चिकित्सा शास्त्र का जनक' (Father of Medicine) कहा जाता है। चिकित्सा शास्त्र के विद्यार्थियों को आज भी उनकी शपथ दिलायी जाती है।
- जीव विज्ञान का एक क्रमबद्ध ज्ञान के रूप में विकास प्रसिद्ध ग्रीक दार्शनिक अरस्तू (Aristote 384-322 BC) के काल में हुआ। उन्होंने ही सर्वप्रथम पौधों एवं जन्तुओं के जीवन के विभिन्न पक्षों के विषय में अपने विचार प्रकट किये। इसलिए अरस्तू को 'जीव विज्ञान का जनक' (Father of Biology) कहते हैं।
- अरस्तू ने अपनी पुस्तक जन्तु विज्ञान (Historia Animalium) में 500 जन्तुओं का वर्णन किया है। इसलिए उन्हें 'जन्तु विज्ञान का जनक' (Father of Zoology) भी कहा जाता है।

जीवों के गुण

1. **श्वसन (Respiration) :** जीवधारियों का मुख्य लक्षण श्वसन है। इस क्रिया में जीव वायुमंडल से ऑक्सीजन लेते हैं तथा कार्बन डाइऑक्साइड (CO_2) को बाहर निकालते हैं। श्वसन के दौरान वसा, कार्बोहाइड्रेट और प्रोटीन का विघटन होता है और ऊर्जा निकलती है। यह ऊर्जा एटीपी (A.T.P. - Adenasine Tri-Phospate) के रूप में निकलती है।
2. **पोषण (Nutrition) :** जीवन के विकास तथा ऊर्जा के उत्पादन में पोषण की आवश्यकता होती है। पौधे अपना भोजन प्रकाश संश्लेषण विधि से बनाते हैं जबकि, जन्तु पौधों पर ही आश्रित रहते हैं।
3. **प्रजनन (Reproduction) :** प्रत्येक जीव प्रजनन द्वारा अपने ही जैसा जीव पैदा करता है। प्रत्येक जीव का जीवनकाल एक निश्चित समय तक रहता है तथा उसके बाद वह नष्ट हो जाता है। अतः प्रजनन द्वारा जीव अपने वंश को बनाये रखता है।

4. **वृद्धि (Growth) :** किसी भी जीव के आयतन, शुष्क भार और संरचना में वृद्धि होती है। यह जीवद्रव्य (Protoplasm) के बनने और कोशिका विभाजन (Cell Division) के फलस्वरूप बढ़ता है।

5. **अनुकूलन (Adaptation) :** जीवों में यह क्षमता होती है कि वे जीवन-संघर्ष में सफल होने के लिए अपनी संरचनाओं एवं कार्यों में परिवर्तन कर लेते हैं।

6. **गति (Movement) :** जीवधारियों में गति करने का गुण होता है। जन्तु एक स्थान से दूसरे स्थान पर चलते रहते हैं, जबकि एक ही स्थान पर स्थिर रहकर अपने अंगों में गति करने की क्षमता पौधों में होती है।

7. **कोशा संरचना (Cell Structure) :** प्रत्येक जीव में कोशा कला (Cell Membrane) पायी जाती है, जिसके अंदर जीवद्रव्य (Protoplasm) रहता है।

8. **संवेदनशीलता (Sensitivity) :** जीव संवेदनशील होते हैं। वातावरण में होने वाले परिवर्तन का अनुभव करते हैं तथा उसके अनुसार अपने को सुरक्षित रखने के लिए आवश्यक परिवर्तन कर लेते हैं।

9. **उपापचय (Metabolism) :** उपापचय क्रिया दो क्रियाओं से मिलकर बनती है- उपचय (Anabolic) तथा अपचय (Catabolic)। उपचय में रचनात्मक क्रियाएँ होती हैं तथा अपचय में अपघटन होता है।

10. **जीवन चक्र (Life Cycle) :** सभी जीवधारी एक निश्चित समय पर अपनी सभी जैविक क्रियाएँ करते हुए नष्ट हो जाते हैं। अर्थात् इनका एक निश्चित कार्यकाल होता है। जैसे- मनुष्य का सामान्य जीवन चक्र 100 वर्ष, गेहूँ का जीवन चक्र 4 महीने इत्यादि।

जीव विज्ञान की कुछ शाखाएँ	
एपीकल्चर (Apiculture)	मधुमक्खी पालन का अध्ययन
सेरीकल्चर (Sericulture)	रेशम कीट पालन का अध्ययन
पीसीकल्चर (Pisciculture)	मत्स्य पालन का अध्ययन
माइकोलॉजी (Mycology)	कवकों का अध्ययन
फाइकोलॉजी (Phycology)	शैवालों का अध्ययन
एन्थोलॉजी (Anthology)	पुष्पों का अध्ययन
पोमोलॉजी (Pomology)	फलों का अध्ययन
ऑरनिथोलॉजी (Ornithology)	पक्षियों का अध्ययन
इक्थ्योलॉजली (Ichtoyology)	मछलियों का अध्ययन
एण्टोमोलॉजी (Entomology)	कीटों का अध्ययन
डेन्ड्रोलॉजी (Dendrology)	वृक्षों एवं झाड़ियों का अध्ययन
ओफियोलॉजी (Ophiology)	सर्पों (Snakes) का अध्ययन
सॉरोलॉजी (Saurology)	छिपकलियों का अध्ययन
सिल्विकल्चर (Silviculture)	काष्ठी पेड़ों का संवर्धन

1. जीवधारियों का वर्गीकरण (Classification of Organism)

- अरस्तू द्वारा समस्त जीवों को दो समूहों में विभाजित किया गया- जन्तु समूह एवं वनस्पति समूह।
- कैरोलस लीनियस ने भी अपनी पुस्तक Systema Natureae में सम्पूर्ण जीवधारियों को दो जगतों (Kingdoms)- पादप जगत (Plant Kingdom) तथा जन्तु जगत (Animal Kingdom) में विभाजित किया।
- कैरोलस लीनियस ने वर्गीकरण की जो प्रणाली शुरू की उसी से आधुनिक वर्गीकरण प्रणाली की नींव पड़ी। इसलिए उन्हें आधुनिक वर्गीकरण का पिता (Father of Modern Taxonomy) कहते हैं।
- परंपरागत द्वि-जगत वर्गीकरण का स्थान 1969 ई. में आर.एच. ह्विटकर (R.H. Whittaker) द्वारा प्रतिपादित पाँच जगत प्रणाली ने ले लिया। इसके अनुसार समस्त जीवों को निम्नलिखित पाँच जगत (Kingdom) में वर्गीकृत किया गया है।
    1. **मोनेरा (Monera)** : इसमें सभी प्रोकैरियोटिक जीव (Procaryotic) अर्थात् जीवणु, सायनोवैक्टीरिया तथा आर्की बैक्टीरिया सम्मिलित किये जाते हैं। तंतुमय जीवाणु भी इसी जगत के भाग हैं।
    2. **प्रोटिस्टा (Protista)** : इस जगत में विविध प्रकार के एककोशिकीय (Unicellular), प्राय: जलीय (Aquatic) यूकैरियोटिक (Eucaryotic) जीव सम्मिलित किये गये हैं। पादप एवं जंतु के बीच स्थित यूग्लीना इसी जगत में हैं। यह दो प्रकार की जीवन पद्धति प्रदर्शित करती है- सूर्य के प्रकाश में स्वपोषित एवं प्रकाश के अभाव में इतर पोषित, इसके अन्तर्गत साधारणतया प्रोटोजोआ आते हैं।
    3. **प्लांटी (Plantae)** : ये बहुकोशिकीय पौधे होते हैं। इनमें प्रकाश-संश्लेषण होता है। इनकी कोशिकाओं में रिक्तिका (Vacuole) पायी जाती है। जैसे- सभी प्रकार के पेड़-पौधे।
    4. **कवक (Fungi)** : इस जगत में वे यूकैरियोटिक तथा परपोषित जीवधारी सम्मिलित किये जाते हैं जिनमें अवशोषण द्वारा पोषण होता है। ये सभी इत्तरपोषी होते हैं। ये परजीवी अथवा मृतोपजीवी होते हैं। इसकी कोशिका भित्ति काइटिन की बनी होती है।
    5. **जन्तु (Animal)** : इस जगत में सभी बहुकोशिकीय जन्तुसमभोजी (Holozoic) यूकैरियोटिक, उपभोक्ता जीव सम्मिलित किये जाते हैं। इनको मेटाजोआ (Metazoa) भी कहते हैं। हाइड्रा जेली फिश, कृमि, सितारा, मछली, सरीसृप, उभयचर, पक्षी तथा स्तनधारी जीव इसी जगत के अंग हैं।

जीवों के नामकरण की द्विनाम पद्धति

- 1753 ई. में कैरोलस लीनियस नामक वैज्ञानिक के जीवों की **द्विनाम पद्धति** को प्रचलित किया। उन्हें वर्गिकी का जन्मदाता (Father of Taxonomy) भी कहा जाता है।
- इस पद्धति के अनुसार प्रत्येक जीवधारी का नाम लैटिन भाषा के दो शब्दों से मिलकर बनता है। पहला शब्द वंश नाम (Generic Name) तथा दूसरा शब्द जाति नाम (Species Name) कहलाता है।
- वंश तथा जाति नामों के बाद उस वर्गिकीविद अर्थात् वैज्ञानिक का नाम लिखा जाता है, जिसने सबसे पहले उस जाति को खोजा या जिसने इस जाति को सबसे पहले वर्तमान नाम प्रदान किया। जैसे- मानव का वैज्ञानिक नाम होमो सैपियन्स लिन (Homo Sapiens Linn) है। वास्तव में होमो (Homo) उस वंश का नाम है, जिसकी एक जाति सैपियन्स है। लिन (Linn) वास्तव में लीनियस (Linnaeus) शब्द का संक्षिप्त रूप है। इसका अर्थ यह है कि सबसे पहले लीनियस ने इस जाति को हाामो सैपियन्स नाम से पुकारा।

कुछ जीवधारियों के वैज्ञानिक नाम	
मनुष्य (Man)	Homo Sapiens
मेढ़क (Frog)	Rana Tigrina
बिल्ली (Cat)	Felis Domestica
कुत्ता (Dog)	Canis Familiaris
गाय (Cow)	Bos Indicus
मक्खी (Housefly)	Musca Domestica
आम (Mango)	Mangifera Indica
धान (Rice)	Oryza Sativa
गेहूँ (Wheat)	Triticum Aestivum
मटर (Pea)	Pisum Sativum
चना (Gram)	Cicer Arietinum
सरसों (Mustard)	Brassica Campestris

2. कोशिका विज्ञान

कोशिका (Cell)

- संसार में सभी जीव छोटे से अमीबा से लेकर विशालकाय हाथी तक छोटी-छोटी कोशिकाओं से मिलकर बना है।
- कोशिका जीवधारियों की रचनात्मक एवं कार्यात्मक इकाई है। यह अर्धपारगम्य झिल्ली (Semipermeable Membrance) से ढकी रहती है।
- कोशिका के अध्ययन विज्ञान को Cytology कहा जाता है।
- कोशिका शब्द का सर्वप्रथम प्रयोग अंग्रेज वैज्ञानिक राबर्ट हुक ने (Robert Hooke) 1665 में किया था। उन्होंने बोतल की कार्क के आधार पर मधुमक्खी जैसे छत्ते देखे और इसे कोशिका (Cell) का नाम दिया। राबर्ट हुक का अध्ययन उनकी पुस्तक माइक्रोग्राफिया (Micrographia) में प्रकाशित हुआ।
- सबसे बड़ी कोशिका शुतुरमुर्ग के अंडे (Ostrich Egg) की कोशिका है।
- सबसे छोटी कोशिका जीवाणु माइकोप्लाज्म गैलिसेप्टिकमा (Mycoplasm Gallisepticuma) की है।
- सबसे लंबी कोशिका तंत्रिका तंत्र की कोशिका है।
- 1838-39 ई. में वनस्पति शास्त्री श्लाइडेन (Schleiden) और जन्तु विज्ञानी श्वान (Schwann) ने कोशिका का सिद्धान्त (Cell Theory) प्रस्तुत किया। कोशिका सिद्धांत की मुख्य बातें निम्नलिखित हैं-
  (i) प्रत्येक जीव की उत्पत्ति एक कोशिका से होती है।
  (ii) प्रत्येक जीव का शरीर एक या अनेक कोशिकाओं का बना होता है।
  (iii) प्रत्येक कोशिका एक स्वाधीन इकाई है, तथापि सभी कोशिकाएँ मिलकर काम करती हैं जिसके फलस्वरूप एक जीव का निर्माण होता है।
  (iv) कोशिका का निर्माण जिस क्रिया से होता है, उसमें केन्द्रक (Nucleus) मुख्य अभिकर्ता (Creator) होता है।

जीवद्रव्य (Protoplasm)

- जीवद्रव्य का नामकरण पुरकिंजे (Prkinje) द्वारा 1837 ई. में किया गया।
- यह एक तरल गाढ़ा रंगहीन, पारभासी, लसलसा, वजनयुक्त पदार्थ है, जीव की सारी जैविक क्रियाएँ इसी के द्वारा होती है।
- हेक्सले (Huxley) के अनुसार जीवद्रव्य जीवन का भौतिक आधार है।
- जीवद्रव्य दो भागों में बँटा होता है–
  - (i) **कोशिका द्रव्य (Cytoplasm) :** यह कोशिका में केन्द्रक एवं कोशिका झिल्ली के बीच रहता है।
  - (ii) **केन्द्रक द्रव्य (Nucleoplasm) :** यह कोशिका में केन्द्रक के अंदर रहता है।
- जीवद्रव्य का 99% भाग निम्नलिखित चार तत्त्वों से मिलकर बना होता है– (a) ऑक्सीजन (76%), (b) कार्बन (10.5%), (c) हाइड्रोजन (10%) (d) नाइट्रोजन (2.5%)।
- जीवद्रव्य का लगभग 80% भाग जल होता है।
- जीवद्रव्य में अकार्बनिक एवं कार्बनिक यौगिकों का अनुपात 81:19 का होता है।

कोशिका के प्रकार (Types of Cell)

- रचना के आधार पर कोशिकाएँ दो तरह की होती हैं–
  1. प्रोकैरियोटिक कोशिका (Procaryotic Cells)
  2. यूकैरियोटिक कोशिका (Eucaryotic Cells)

1. प्रोकैरियोटिक कोशिका (Procaryotic Cells)

- इन कोशिकाओं में हिस्टोन प्रोटीन नहीं होता है जिसके कारण क्रोमैटिन नहीं बन पाता है। केवल DNA का सूत्र ही गुणसूत्र के रूप में पड़ा रहता है, अन्य कोई आवरण इसे घेरे नहीं रहता है। अत: केन्द्रक नाम की कोई विकसित कोशिकांग इसमें नहीं होता है। जीवाणुओं एवं नील हरित शैवालों में ऐसी ही कोशिकाएँ मिलती हैं।

2. यूकैरियोटिक कोशिका (Eucaryotic Cells)

- इन कोशिकाओं में दोहरी झिल्ली के आवरण से घिरा सुस्पष्ट केन्द्रक पाया जाता है, जिसमें DNA एवं हिस्टोन प्रोटीन से संयुक्त होने वे बनी क्रोमैटिन तथा इसके अलावा केन्द्रिका (Nucleoulus) होते हैं।

प्रोकैरियोटिक तथा यूकैरियोटिक कोशिका में मुख्य अन्तर		
विशेषता/अंगक	**प्रोकैरियोटिक**	**यूकैरियोटिक**
कोशिका भित्ति	प्रोटीन तथा कार्बोहाइड्रेट की बनी होती है।	सैल्यूलोज की बनी होती है।
माइटोकॉन्ड्रिया	अनुपस्थित होता है।	उपस्थित होता है।
इंडोप्लाज्मिक रेटीकुलम	अनुपस्थित होता है।	उपस्थित होता है।
राइबोसोम	70s प्रकार के होते हैं।	80s प्रकार के होते हैं।
गॉल्जीकाय	अनुपस्थित होते हैं।	उपस्थित होते हैं।
केन्द्रक झिल्ली	अनुपस्थित होती है।	उपस्थित होती हैं।
लाइसोसोम	अनुपस्थित होते हैं।	उपस्थित होते हैं।
डीएनए	एकल सूत्र के रूप में।	पूर्ण विकसित एवं दोहरे सूत्र के रूप में।

कशाभिका	केवल एक तंतु होता है।	कुल 11 तंतु होते हैं।
केन्द्रिका	अनुपस्थित होती है।	उपस्थित होता है।
सेन्ट्रियोल	अनुपस्थित होता है।	उपस्थित होता है।
श्वसन	प्लाज्मा झिल्ली द्वारा होता है।	माइटोकॉन्ड्रिया द्वारा होता है।
लिंग प्रजनन	नहीं पाया जाता है।	पाया जाता है।
प्रकाश संश्लेषण	थायलेकाइड में होता है।	क्लोरोप्लास्ट में होता है।
कोशिका विभाजन	अर्द्धसूत्री प्रकार का होता है।	अर्द्धसूत्री या समसूत्री प्रकार का होता है।

कोशिका के मुख्य भाग (Main Parts of a Cell)

1. **कोशिका भित्ति (Cell wall) :** (i) यह केवल पादप कोशिका में पाया जाता है। (ii) यह सेलुलोज का बना होता है। (iii) यह कोशिका की निश्चित आकृति एवं आकार बनाये रखने में सहायक होता है।
2. **कोशिका झिल्ली (Cell Membrance) :** कोशिका के सभी अवयव एक पतली झिल्ली के द्वारा घिरे रहते हैं। इस झिल्ली को कोशिका झिल्ली कहते हैं। यह अर्द्धपारगम्य झिल्ली (Semipermeable Membrance) होती है। इसका मुख्य कार्य कोशिका के अंदर जाने वाले एवं अंदर से बाहर आने वाले पदार्थों का निर्धारण करना है।
3. **माइटोकॉन्ड्रिया (Mitochondria) :** इसकी खोज अल्टमैन (Altman) ने 1886 में की थी। यह कोशिका का श्वसन स्थल है। कोशिका में इसकी संख्या निश्चित नहीं होती है। ऊर्जायुक्त कार्बनिक पदार्थों का ऑक्सीकरण (Oxidation) माइटोकॉन्ड्रिया में होता है, जिससे काफी मात्रा में ऊर्जा प्राप्त होती है। इसीलिए माइटोकॉन्ड्रिया को कोशिका का शक्ति केन्द्र (Power House of Cell) कहते हैं।
4. **लवक (Plastid) :** यह केवल पादप कोशिका में पाये जाते हैं। यह तीन प्रकार के होते हैं-
   (i) हरित लवक (Chloroplast) यह हरा रंग का होता है, क्योंकि इसके अन्दर एक हरे रंग का पदार्थ पर्णरहित होता है। इसी की सहायता से पौधा प्रकाश-संश्लेषण करता है और भोजन बनता है, इसलिए हरित लवक को पादप कोशिका की रसोई कहते हैं।
   नोट: पत्तियों का रंग पीला उनमें कैरोटिन के निर्माण होने के कारण होता है।
   (ii) अवणी लवक (Leucoplast) यह रंगहीन लवक है। यह पौधे के उन भागों की कोशिकाओं में पाया जाता है, जो सूर्य के प्रकाश से वंचित है, जैसे कि जड़ों में, भूमिगत तनों आदि में ये भोज्य-पदार्थों का संग्रह करने वाला लवक है।
   (iii) वर्णी लवक (Chromoplsat) ये रंगीन लवक होते हैं, जो प्राय: लाल, पीले, नारंगी रंग के होते हैं। ये पौधे के रंगीन भाग जैसे पुष्प, फलभित्ति, बीज आदि में पाये जाते हैं। वर्णी लवक के अन्य उदाहरण: टमाटर में लाइकोपेन (Lycopene), गाजर में केरोटीन (Carotene) एवं चुकंदर में बीटानिन (Betanin)
5. **अन्त:द्रव्यी लवक (Endoplasmic Reticulum) :** यह कोशिका के अन्त:काल के रूप में कार्य करता है। प्रोटीन संश्लेषण करने वाले राइबोसोम इसी पर जमे रहते हैं।
6. **गोल्गीकाय (Golgibody) :** इसे डिक्टियोसोम (Dictyosome) भी कहते हैं। इसकी खोज इटली के वैज्ञानिक कैमिलो गोल्गी ने 1898 ई. में की थी। इसीलिए इसे गोल्गीबाडी कहते हैं। इसका मुख्य कार्य कोशिका भित्ति और Cell Plate का निर्माण करना है।

7. **लाइसोसोम (Lysosome) :** इसकी खोज डी डूवे (De Duve) नामक वैज्ञानिक ने की थी। सूक्ष्म, गोल, इकहरी झिल्ली से घिरी थैली जैसी इस रचना का सबसे प्रमुख बाहरी पदार्थों का भक्षण एवं पाचन करना है। इसमें 24 प्रकार के एन्जाइम पाये जाते हैं। यदि पूर्ण क्षतिग्रस्त या मृत कोशिकाओं को नष्ट करने की आवश्यकता हो तो ये अपनी झिल्ली तोड़कर एक ही बार में अपना सारा द्रव्य मुक्त कर देते हैं। चूँकि इस क्रिया में ये स्वयं भी नष्ट हो जाते हैं, इसलिए इनको आत्महत्या की थैली (Suicide Bags) भी कहते हैं।
8. **राइबोसोम (Ribosome) :** इसकी खोज पैलेड ने की थी। यह राइबोन्यूक्लिक ऐसिड (Ribonuclic Acid-RNA) नामक अम्ल व प्रोटीन की बनी होती है। यह प्रोटीन संश्लेषण के लिए उपर्युक्त स्थान प्रदान करती है अर्थात् यह प्रोटीन का उत्पादन स्थल है। इसीलिए इसे प्रोटीन की फैक्ट्री (Factory of Protein) भी कहा जाता है।
9. **तारककाय (Centrosome) :** इसकी खोज बोबेरी ने की थी। यह केवल जन्तु कोशिकाओं में पाया जाता है। तारककाय के अंदर एक या दो कण जैसी रचना होती है, जिसे सेण्ट्रियोल कहते हैं। समसूत्री विभाजन में यह ध्रुव का निर्माण करता है।
10. **रसधानी (Vacuoles) :** यह कोशिका की निर्जीव रचना है। इसमें तरल पदार्थ भरी होती है। जन्तु कोशिकाओं में यह अनेक व बहुत छोटी होती है, परन्तु पादप कोशिका में प्राय: बहुत बड़ी और केन्द्र में स्थित होती है।
11. **केन्द्रक (Nucleus) :** केन्द्रक कोशिका का मुख्य भाग होता है। केन्द्रक में डीएनए (DNA- Deoxy Ribonucleic Acid), आरएनए (RNA-Ribonucleic Acid) तथा गुणसूत्र (Chromosome) पाये जाते हैं। इसलिए केन्द्रक का आनुवंशिकी में महत्त्वपूर्ण स्थान है।
12. **डीएनए (DNA) :** डीएनए में न्यूक्लियोटाइड (Nucleotide) इकाइयों का बहुलक (Polymer) होता है जो Polynucleotide चेन बनाता है। डीएनए का संगठन इस प्रकार है–

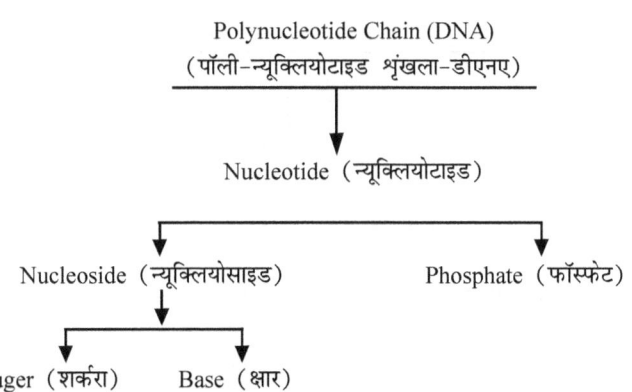

➩ **क्षार (Base) :** DNA में उपस्थित क्षार चार प्रकार के होते हैं- ऐडीनीन (Adenine =A), गुआनीन (Guanin = G), थायमिन (Thymine = T) तथा साइटोसीन (Cytosine = C)। DNA में अणु संख्या के आधार पर ऐडीनीन सदैव थायमिन से एवं साइटोसीन सदैव गुआनीन से जुड़ा रहता है। ऐडीनीन व थायमिन के बीच दो हाइड्रोजन आबंध तथा साइटोसीन व गुआनीन के बीच तीन हाइड्रोजन आबंध होते हैं। [A = T, G = C]।

➩ **डीएनए का आकार :** 1953 ई. में वाटसन एवं क्रिक ने DNA का द्विकुंडिलत मॉडल (Double Helix Model) प्रतिपादित किया। इस काम के लिए उन्हें 1962 ई. में नोबेल पुरस्कार मिला।

➪ **डीएनए (DNA) का कार्य :** यह सभी आनुवंशिकी क्रियाओं को संचालित करता है। यह प्रोटीन संश्लेषण को नियंत्रित करता है।

➪ **आरएनए (RNA) का निर्माण :** DNA से ही RNA का संश्लेषण होता हे। इस क्रिया में DNA की एक श्रृंखला पर RNA की न्यूक्लियोटाइड आकार जुड़ जाती है। इस प्रकार एक अस्थायी DNA-RNA संकर का निर्माण होता है। इसमें नाइट्रोजन बेस थायमिन के स्थान पर यूरेसिल होता है। कुछ समय बाद RNA की समजात शृंखला अलग हो जाती है। RNA तीन प्रकार के होते हैं-

(i) **r-RNA (Ribosomal RNA) :** ये राइबोसोम पर लगे रहते हैं और प्रोटीन संश्लेषण में सहायता करते हैं।

(ii) **t-RNA (Transfer RNA) :** यह प्रोटीन संश्लेषण में विभिन्न प्रकार के अमीन अम्लों को राइबोसोम पर लाते हैं, जहाँ पर प्रोटीन बनता है।

नोट : प्रोटीन बनने की अंतिम क्रिया को Translation कहते हैं।

(iii) **m-RNA (Messenger RNA) :** यह केन्द्रक के बाहर विभिन्न आदेश लेकर अमीन अम्लों को चुनने में मदद करता है।

DNA एवं RNA में मुख्य अन्तर

क्र.	DNA	क्र.	RNA
1.	इसमें डीऑक्सीराइबोज शर्करा होती है।	1.	इसमें शर्करा राइबोज होती है।
2.	इसमें बेस एडिनीन, ग्वानीन, थायमिन एवं साइटोसीन होते हैं।	2.	इसमें बेस थायमिन की जगह यूरेसिल आ जाता है।
3.	यह मुख्यत: केन्द्रक में पाया जाता है।	3.	यह केन्द्रक एवं कोशिका द्रव्य दोनों में पाया जाता है।

पादप और जन्तु कोशिका में अन्तर

क्र. सं.	पादप कोशिका (Plant Cell)	क्र. सं.	जन्तु कोशिका (Animal Cell)
1.	पौधों में विकसित त्रिस्तरीय कोशिका भित्ति (Cellwall) पायी जाती है, जो मुख्य रूप से सेलूलोज (Cellulose) की बनी होती है।	1.	जन्तु कोशिका में कोशिका भित्ति नहीं पायी जाती बल्कि कोशिका जीवद्रव्य झिल्ली (Plasma Membrane) से ढकी रहती है।
2.	कुछ पौधों को छोड़कर [जैसे- कवक (Fungi), जीवाणु (Baceria)] बाकी सभी पौधों में पर्णहरित Chlorophill पाया जाता है।	2.	जन्तुओं में वर्णहरित नहीं पाया जाता है।
3.	वनस्पति कोशिका में सेन्ट्रोसोम (Centrosome) नहीं पायी जाती है।	3.	जन्तु कोशिका में केन्द्रक के पास ताराकार सेन्ट्रोसोम रचना होती है जो कोशिका विभाजन में कार्य करती है।
4.	पौधों में प्राय: लाइसोसोम (Lysosome) नहीं पायी जाती है।	4.	लाइसोसोम जन्तु कोशिका में मिलती है।

5.	पादप कोशिका में रसधानी (Vacuole) या रिक्तिका होती है।	5.	जन्तु कोशिका में रिक्तिका नहीं मिलती है।
6.	अधिकांश पादपों की कोशिकाओं में तारकेन्द्र (Centrioles) नहीं होते हैं।	6.	अधिकांश जन्तु कोशिकाओं में तारकेन्द्र (Centrioles) होते हैं।

कोशिका विभाजन (Cell Division)

- कोशिका विभाजन को सर्वप्रथम 1855 ई. में विरचाऊ नामक वैज्ञानिक ने देखा।
- कोशिका विभाजन मुख्यत: तीन प्रकार से होते हैं- 1. असूत्री विभाजन (Amitosis) 2. समसूत्री विभाजन (Mitosis) एवं 3. अर्द्धसूत्री विभाजन (Meiosis)।

1. **असूत्री विभाजन (Amitosis) :** यह विभाजन अविकसित कोशिकाओं जैसे- जीवाणु, नीलहरित शैवाल, यीस्ट, अमीबा तथा प्रोटोजोआ में होता है।
2. **समसूत्री विभाजन (Mitosis) :** समसूत्री विभाजन की प्रक्रिया को जन्तु कोशिकाओं में सबसे पहले जर्मनी के जीव वैज्ञानिक वाल्थेर फ्लेमिंग ने 1879 ई. में देखा। उन्होंने ही 1882 ई. में इस प्रक्रिया को माइटोसिस (Mitosis) नाम दिया। यह विभाजन कायिक कोशिका (Samatic Cell) में होता है।
   - अध्ययन की सुविधा के लिए समसूत्री विभाजन को पाँच अवस्थाओं में बाँटा गया है-
     (i) विभाजनान्तराल अवस्था (Interphase)
     (ii) पूर्वावस्था (Prophase)
     (iii) मध्यावस्था (Metaphase)
     (iv) पश्चावस्था (Anaphase)
     (v) अंत्यावस्था (Telophase)
3. **अर्द्धसूत्री विभाजन (Meiosis) :** फार्मर तथा मुरे (Farmer and Moore-1905) ने कोशिकाओं में अर्द्धसूत्री विभाजन को Meiosis नाम दिया। अर्द्धसूत्री विभाजन की खोज सर्वप्रथम वीजमैन (Weisman) ने की थी, लेकिन इसका सर्वप्रथम विस्तृत अध्ययन स्ट्रासवर्ग ने 1888 ई. में किया। यह विभाजन केवल लिंगी जनन (Sexual Reproduction) करने वाले जीवों में होता है। अर्द्धसूत्री कोशिका विभाजन दो चरणों में पूरा होता है- (i) अर्द्धसूत्री-I (ii) अर्द्धसूत्री-II।

अर्द्धसूत्री-I

- इसमें गुणसूत्रों की संख्या आधी रह जाती है, इसलिए इसे न्यूनकारी विभाजन (Reduction Division) भी कहते हैं। इस विभाजन में चार अवस्थाएँ होती हैं- (i) प्रोफेज-I (ii) मेटाफेज-I (iii) एनाफेज-I एवं (iv) टेलोफेज-I।
- प्रोफेज-I सबसे लंबी अवस्था होती है, जो कि पाँच उप-अवस्थाओं में पूरी होती है- (a) लेप्टोटीन (Leptotene) (b) जाइगोटीन (Zygotene) (c) पैकीटीन (Pachytene) (d) डिप्लोटीन (Diplotene) (e) डायकाइनेसिस (Diakinesis)।
- जाइगोटीन (Zygotene) अवस्था में गुणसूत्रों के जोड़े बन जाते हैं। इस क्रिया को अंतर्ग्रंथन (Synapsis) कहते हैं।
- डिप्लोटीन (Diplotene) उप-अवस्था में गुणसूत्र कुछ बिन्दुओं पर आपस में जुड़े होते हैं। इन बिन्दुओं को काइएज्मा (Chiasma) कहते हैं। यहाँ पर समजात गुणसूत्रों के बीच क्रोमैटिड खण्डों का आदान-प्रदान होता है। इस घटना को क्रोसिंग ओवर (Crossing Over) कहते हैं।

अर्द्धसूत्री-II

- यह समसूत्री विभाजन की तरह समान विभाजन (Equatational Division) होता है।
- इस विभाजन में एक जनक कोशिका (Parent Cell) से चार संतति कोशिका (Daughter Cell) का निर्माण होता है।

समसूत्री एवं अर्द्धसूत्री विभाजन में अन्तर			
क्र. सं.	समसूत्री विभाजन	क्र. सं.	अर्द्धसूत्री विभाजन
1.	यह विभाजन कायिक (Somatic) कोशिका में होता है।	1.	यह विभाजन जनन कोशिकाओं में होता है।
2.	इस विभाजन में कम समय लगता है।	2.	इस विभाजन में अधिक समय लगता है।
3.	इस विभाजन के द्वारा एक कोशिका से दो कोशिकाएँ बनती हैं।	3.	इस विभाजन में एक कोशिका से चार कोशिकाओं का निर्माण होता है।
4.	संतति कोशिका में जनक जैसी ही गुणसूत्र होने के कारण आनुवंशिक विविधिता नहीं होती।	4.	संतति कोशिकाओं में जनकों से भिन्न गुणसूत्र होने के कारण आनुवंशिक विविधिता होती है।
5.	इसमें गुणसूत्रों के आनुवंशिक पदार्थों में आदान-प्रदान (Crossing Over) नहीं होता है।	5.	इस विभाजन में गुणसूत्रों के बीच आनुवंशिक पदार्थों का आदान-प्रदान (Crossing Over) होता है।
6.	इसकी प्रोफेज अवस्था छोटी होती है।	6.	इसकी प्रोफेज अवस्था लम्बी होती है।

3. आनुवंशिकी

- माता-पिता से संतानों में विभिन्न लक्षणों के स्थानातंरण का विषय तथा उससे सम्बन्धित कारणों और नियमों का अध्ययन आनुवंशिक विज्ञान (Genetics) कहलाता है।
- जेनेटिक्स (Genetics) नाम का सर्वप्रथम उपयोग 1905 ई. में डब्ल्यू. वाटसन ने किया था।
- आस्ट्रिया निवासी ग्रेगर जॉन मेन्डेल (1822-1854 ई.) ने आनुवंशिकता के बारे में सर्वप्रथम जानकारी दी। इसी कारण उन्हें आनुवंशिकता का पिता (Father of Genetics) कहा जाता है।
- जॉन मेन्डेल ने मटर के पौधे पर अपना प्रयोग किया था।
- मेन्डेल ने मटर में सात जोड़े गुणों का अध्ययन करके तीन नियम दिया, जो निम्नलिखित प्रकार से है-

1. **प्रभाविकता का नियम (Law of Dominance)** : एक जोड़ा विपर्यायी गुणों वाले शुद्ध पिता तथा माता में संकरण करने से प्रथम संतान पीढ़ी में प्रभावी गुण प्रकट होते हैं जबकि अप्रभावी गुण छिप जाते हैं।
2. **पृथक्करण का नियम (Law of Segregation)** : एक जोड़ा लक्षण कारकों (जीन) के प्रत्येक सजातीय जोड़े के दोनों कारक युग्मक बनाते समय पृथक होते हैं और इनमें से केवल एक कारक ही किसी एक युग्मक (gamate) में पहुँचता है। इस नियम को युग्मकों के शुद्धता का नियम (Law of Purity of gametes) भी कहते हैं।
3. **स्वतंत्र अपव्यूहन का नियम (Law of Independent Assortment)** : संकरण के दौरान संकर के विभिन्न गुणों की वंशागति स्वतंत्र रूप में होती है और जब दो या दो से अधिक गुणों के समजातीय जोड़ों की वंशागति का अध्ययन एक ही संकरण में किया जाता है तो

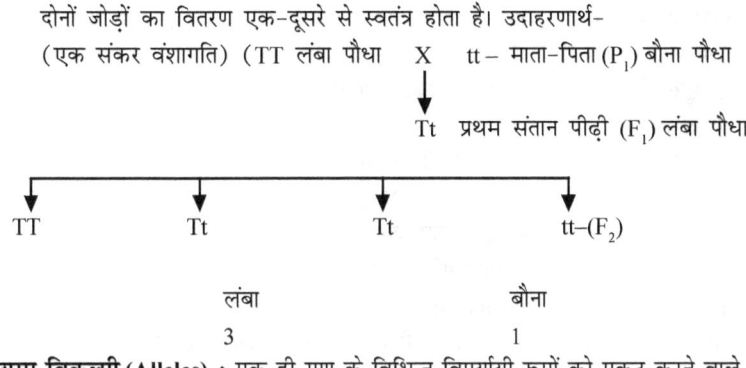

दोनों जोड़ों का वितरण एक-दूसरे से स्वतंत्र होता है। उदाहरणार्थ-

(एक संकर वंशागति) (TT लंबा पौधा X tt – माता-पिता (P_1) बौना पौधा

↓

Tt प्रथम संतान पीढ़ी (F_1) लंबा पौधा

TT	Tt	Tt	tt–(F_2)

लंबा बौना

3 1

- **युग्म विकल्पी (Alleles) :** एक ही गुण के विभिन्न विपर्यायी रूपों को प्रकट करने वाले लक्षण कारकों को एक-दूसरे का विकल्पी या एलील या एलीलोमार्फ (allelomorph) कहते हैं। जैसे किसी पुष्प का रंग लाल, हरा, पीला को क्रमशः R, G, Y से प्रकट करते हैं। इसी प्रकार लंबा (T) तथा बौना (t) भी युग्म विकल्पी है।
- **समयुग्मजी (Homozygous) :** जब किसी गुण के एलील (Alleles) समान हों, जैसे- लंबा पौधा (TT), बौना पौधा (tt)।
- **विषम युग्मजी (Heterzygous) :** यदि समजातीय कारकों के जोड़ों में दोनों कारक एक-दूसरे के विपर्यायी हो अर्थात् उनमें एक प्रभावी होगा तथा दूसरा अप्रभावी हों तो यह जोड़ा विषमयुग्मजी या संकर (hybrid) कहलाता है।
- **समलक्षणी (Phenotype) :** जीवधारी के जो लक्षण प्रत्यक्ष रूप से दिखायी पड़ते हैं उसे समलक्षणी कहते हैं।
- **समजीनी (Genotype) :** जीवधारी के आनुवंशिकी संगठन को उसका समजीनी कहते हैं, जो कि कारकों (जीन) का बना होता है।
- **सहलग्नता (Linkage) :** एक गुणसूत्र पर स्थित जीनों में एक साथ वंशगत होने की प्रवृत्ति पायी जाती है। जीनों की इस प्रवृत्ति को 'सहलग्नता' कहते हैं। जबकि जीन जो एक ही गुणसूत्र पर स्थापित होते हैं और एक साथ वंशानुगत होते हैं, उन्हें सहलग्न जीन (Linked genes) कहते हैं। लिंग सहलग्न जीन (Sex linked genes) लिंग सहलग्न गुणों को एक पीढ़ी से दूसरी पीढ़ी में ले जाते हैं। वास्तव में X गुणसूत्र पर स्थित जीन ही लिंग सहलग्न जीन कहे जाते हैं क्योंकि इसका प्रभाव नर तथा मादा दोनों पर पड़ता है। लिंग सहलग्नता की सर्वप्रथम विस्तृत व्याख्या 1910 ई. में मार्गन (Morgan) ने की थी। मनुष्यों में कई लिंग सहलग्न गुण जैसे- रंगवर्णान्धिता, गंजापन, हीमोफीलिया, मायोपिया, हाइपरट्राइकोसिस आदि पाये जाते हैं। लिंग सहलग्न गुण स्त्रियों की अपेक्षा पुरुषों में ज्यादा प्रकट होते हैं।
- **एक जीन-एक एन्जाइम सिद्धान्त (One gene-one enzyme theory) :** एक जीन के द्वारा एक एन्जाइम का संश्लेषण होता है। इस सिद्धान्त की खोज बीडल और टेटम (Beadle and Tatum) ने 1948 ई. में किया तथा इसके लिए उन्हें 1958 ई. में नोबेल पुरस्कार मिला था।
- **बैक क्रॉस (Back Cross) :** यदि प्रथम पीढ़ी के जीनोटाइप से पितृपीढ़ी के जोनोटाइप में शुद्ध या संकर प्रकार को संकरण कराया जाये तो यह क्रॉस बैक-क्रॉस कहलाता है।

मानव आनुवंशिकी (Human Genetic)

- गुणसूत्रों (Chromosomes) का नामकरण डब्ल्यू. वाल्डेयर ने 1888 ई. में किया था। ये केन्द्रक में धागे की तरह पड़े रहते हैं।
- गुणसूत्र ही आनुवंशिक गुणों का माता-पिता से संतानों में युग्मकों (Gametes) के माध्यम से स्थानांतरण करते हैं।

- गुणसूत्रों में पाये जाने वाले आनुवंशिक पदार्थ को जीनोम (Genome) कहते हैं। जीन इन्हीं गुणसूत्रों पर पाया जाता है।
- गुणसूत्रों के बाहर जीन यदि कोशिका द्रव्य के कोशिकांगों में होती है, तो उन्हें प्लाज्माजीन (Plasmagene) कहते हैं।
- जीन की आधुनिक विचारधारा 1956 ई. में एस. बेंजर द्वारा दी गयी। इनके अनुसार जीन को कार्य की इकाई **सिस्ट्रॉन (Cistron)**, उत्परिवर्तन की इकाई **म्यूटॉन (Muton)** तथा पुनः संयोजन की इकाई **रेकान (Recon)** कहा गया। इस प्रकार जीन को तीन भागों में बाँटा गया है।
- मानव में 20 आवश्यक अमीनो एसिड पाये जाते हैं।
- **आर्थर कोर्नबर्ग (A. Kornberg)** ने 1962 में डी.एन.ए. पालीमेरेज (DNA Polymerase) नामक एन्जाइम की खोज की, जिसकी सहायता से डी.एन.ए. का संश्लेषण होता है।
- **मनुष्य में लिंग-निर्धारण (Sex Determination in Man) :** मनुष्य में गुणसूत्रों (Chromosomes) की संख्या 46 होती है। मनुष्य एक लिंगी जीव है और प्रत्येक संतान को समजात गुणसूत्रों की प्रत्येक जोड़ी का एक गुणसूत्र अंडाणु के द्वारा माता से तथा दूसरा शुक्राणु के द्वारा पिता से प्राप्त होता है। शुक्रजनन (Spermatogenesis) में अर्द्धसूत्री विभाजन द्वारा दो प्रकार के शुक्राणु बनते हैं- आधे वे जिनमें 23वीं जोड़ी का X गुणसूत्र जाता है अर्थात् (22+X) और आधे वे जिनमें 23वीं जोड़ी में Y गुणसूत्र जाता है अर्थात् (22+Y) । स्त्रियों में एक समान प्रकार के गुणसूत्र अर्थात् (22+X) तथा (22+X) वाले अंडाणु पाये जाते हैं। निषेचन के समय यदि अंडाणु X गुणसूत्र वाले शुक्राणु से मिलता है तो युग्मनज (Zygote) में 23वीं जोड़ी XX होगी और इससे बनने वाली संतान लड़की होगी। इसके विपरीत किसी अंडाणु से Y गुणसूत्र वाला शुक्राणु निषेचित होगा तो XY गुणसूत्र वाला युग्मनज बनेगा तथा संतान लड़का होगा। इस प्रकार लिंग निर्धारण में पुरुष का Y गुणसूत्र संतान में लिंग निर्धारण के लिए उत्तरदायी होता है।

  नोट : परखनली शिशु के मामले में निषेचन परखनली के अंदर होता है।

विभिन्न जीवों में गुणसूत्रों की संख्या		
क्र. सं.	**जाति का नाम**	**गुणसूत्र संख्या**
1.	एस्केरिस	2
2.	घरेलू मक्खी	12
3.	ड्रोसोफिला	8
4.	मच्छर	6
5.	मधुमक्खी	16, 32
6.	मेढक	26
7.	कबूतर	80
8.	खरगोश	44
9.	कुत्ता	78
10.	बिल्ली	38
11.	घोड़ा	64
12.	चिम्पैंजी	48
13.	मनुष्य	46

14.	आलू	48
15.	टमाटर	24
16.	मटर	14
17.	गेहूँ	42
18.	प्याज	16
19.	नींबू	18, 36
20.	मक्का	20
21.	तम्बाकू	48
22.	टेरिडोफाइट्स	1300-1600

4. जैव-विकास

- प्रारंभिक, निम्नकोटि के जीवों से क्रमिक परिवर्तनों द्वारा अधिकाधिक जीवों की उत्पत्ति को जैव-विकास (Organic Evolution) कहा जाता है। जीव-जन्तुओं की रचना, कार्यिकी एवं रासायनी, भ्रूणीय विकास, वितरण आदि में विशेष क्रम व आपसी सम्बन्ध के आधार पर सिद्ध किया गया है कि जैव-विकास हुआ है।
- लैमार्क, डार्विन, वैलेस, डी, ब्रीज आदि ने जैव-विकास के सम्बन्ध में अपनी-अपनी परिकल्पनाओं को सिद्ध करने के लिए इन्हीं सम्बन्धों को दर्शाने वाले निम्नलिखित प्रमाण प्रस्तुत किये हैं-

1.	वर्गीकरण से प्रमाण	7.	भौगोलिक वितरण से प्रमाण
2.	तुलनात्मक शरीर रचना से प्रमाण	8.	तुलनात्मक कार्यिकी एवं जीव-रासायनी से प्रमाण
3.	अवशोषी अंगों से प्रमाण	9.	आनुवंशिकी से प्रमाण
4.	संयोजता जन्तुओं से प्रमाण	10.	पशुपालन से प्रमाण
5.	पूर्वजता से प्रमाण	11.	रक्षात्मक समरूपता से प्रमाण
6.	तुलनात्मक भ्रौणिकी से प्रमाण	12.	जीवाश्म विज्ञान एवं जीवाश्मकों से प्रमाण

- **समजात अंग (Homologous Organ) :** ऐसे अंग जो विभिन्न कार्यों के लिए उपयोजित हो जाने के कारण काफी असमान दिखायी दे सकते हैं, परन्तु मूल रचना एवं भ्रूणीय परिवर्धन में समान होते हैं, समजात अंग कहलाते हैं। उदाहरणार्थ- सील के फ्लीपर, चमगादड़ के पंख, घोड़े की अगली टाँग, बिल्ली का पंजा तथा मनुष्य के हाथ की मौलिक रचना एक जैसी होती हैं। इन सभी में ह्यूमेरस, रेडियो अल्ना, कार्पल्स, मेटाकार्पल्स आदि अस्थियाँ होती हैं। इनका भ्रौणिकीय विकास भी एक-सा ही होता है। परन्तु इन सभी का कार्य अलग-अलग होता है। सील का फ्लीपर तैरने के लिए, चमगादड़ के पंख उड़ने के लिए, घोड़े की टाँग दौड़ने के लिए तथा मनुष्य का हाथ वस्तु को पकड़ने के लिए अनुकूलित होता है।
- **समरूप अंग (Analogous Organ) :** ऐसे अंग जो समान कार्य के लिए उपयोजित हो जाने के कारण समान दिखायी देते हैं, परन्तु मूल रचना एवं भ्रूणीय परिवर्धन में भिन्न होते हैं, समरूप अंग कहलाते हैं। उदाहरणार्थ- तितली, पक्षियों तथा चमगादड़ के पंख उड़ने का कार्य करते हैं और देखने में एक समान लगते हैं, परन्तु इन सभी की उत्पत्ति अलग-अलग ढंग से होती है। तितलियों के पंख की रचना शरीर भित्ति के भंज द्वारा, पक्षियों के पंख की रचना इनकी

अग्रपादों पर परों द्वारा, चमगादड़ के पंख की रचना हाथ की चार लंबी अँगुलियों तथा छड़ के बीच फैली त्वचा से हुई है।

➪ **अवशेषी अंग (Vestigial Organ) :** ऐसे अंग जो जीवों के पूर्वजों में पूर्ण विकसित होते हैं, परन्तु वातावरणीय परिस्थितियों में बदलाव से इनका महत्त्व समाप्त हो जाने के कारण विकास क्रम में इनका क्रमिक लोप होने लगता है, अवशेषी अंग कहलाते हैं। उदाहरणार्थ- कर्ण-पल्लव (Pinna), त्वचा के बाल, बार्मीफार्म एपेन्डिक्स आदि।

नोट : मनुष्य में लगभग 100 अवशेषी अंग पाये जाते हैं।

➪ **जीवाश्म (Fossil) :** अनेक ऐसे प्राचीनकालीन जीवों एवं पादपों के अवशेष, जो हमारी पृथ्वी पर विद्यमान थे, परन्तु बाद में समाप्त अर्थात् विलुप्त हो गये, भूपटल की चट्टानों में परिरक्षित मिलते हैं, उन्हें जीवाश्म कहते हैं एवं इनके अध्ययन को जीवाश्म विज्ञान कहा जाता है।

जैवविकास के प्रमुख सिद्धान्त

1. **लैमार्कवाद (Lamarckism) :** लैमार्क का सिद्धान्त 1809 ई. में उनकी पुस्तक फिलॉसफी जूलोजीक (Philosophic Zoologique) में प्रकाशित हुआ। इस सिद्धान्त के अनुसार, जीवों एवं इनके अंगों में सतत बड़े होते रहने की प्राकृतिक प्रवृत्ति होती है। इन जीवों पर वातावरणीय परिवर्तन का सीधा प्रभाव पड़ता है। इसके कारण जीवों में विभिन्न अंगों का उपयोग घटता-बढ़ता रहता है। अधिक उपयोग में आने वाले अंगों का विकास अधिक एवं कम उपयोग में आने वाले अंगों का विकास कम होने लगता है। इसे 'अंगों के कम या अधिक उपभोग का सिद्धान्त' भी कहते हैं। इस प्रकार से जीवों द्वारा उपार्जित लक्षणों की वंशगति होती है, जिसके फलस्वरूप नयी-नयी जातियाँ बन जाती हैं। उदाहरणार्थ- जिराफ की गर्दन का लंबा होना।
2. **डार्विनवाद (Darwinism) :** जैव विकास के सम्बन्ध में डार्विनवाद सर्वाधिक प्रसिद्ध है। डार्विन को पुरावशेष का महानतम अन्वेषक कहा जाता है। चार्ल्स डार्विन (1809-1882 ई.) ने 1831 में बीगल नामक विश्व सर्वेक्षण जहाज पर पूरे विश्व का भ्रमण किया। डार्विनवाद के अनुसार सभी जीवों में प्रचुर संतानोत्पत्ति की क्षमता होती है। अतः अधिक आबादी के कारण प्रत्येक जीवों को अपनी आवश्यकताओं की पूर्ति हेतु दूसरे जीवों से जीवनपर्यंत संघर्ष करना पड़ता है। ये संघर्ष सजातीय, अंतर्जातीय तथा पर्यावरणीय होते हैं। दो सजातीय जीव आपस में बिल्कुल समान नहीं होते हैं। ये विभिन्नताएँ इन्हें इनके जनकों से वंशानुक्रम में मिलते हैं। कुछ विभिन्नताएँ जीवन संघर्ष के लिए लाभदायक होती हैं, जबकि कुछ अन्य हानिकारक होती हैं। जीवों में विभिन्नताएँ वातावरणीय दशाओं के अनुकूल होने पर वे बहुमुखी जीवन-संघर्ष में सफल होते हैं। उपयोगी विभिन्नताएँ पीढ़ी-दर-पीढ़ी इकट्ठी होती रहती हैं और काफी समय बाद उत्पन्न जीवधारियों के लक्षण मूल जीवधारियों से इतने भिन्न हो जाते हैं कि एक नई जाति बन जाती है।
3. **नव-डार्विनवाद (No-Darwinism) :** डार्विन के बाद इनके समर्थकों द्वारा डार्विनवाद को जीनवाद के ढाँचे में ढाल दिया, जिसे नव-डार्विनवाद कहा जाता है। इसके अनुसार किसी जाति पर कई कारकों का एक साथ प्रभाव पड़ता है, जिससे इस जाति से नई जाति बन जाती है। ये कारक हैं- (i) विविधता (ii) उत्परिवर्तन (iii) प्रकृतिवरण (iv) जनन। इस प्रकार नव-डार्विनवाद के अनुसार जीन में साधारण परिवर्तनों के परिणास्वरूप जीवों की नई जातियाँ बनती हैं, जिनमें जीन परिवर्तन के कारण भिन्नताएँ बढ़ जाती हैं।
4. **उत्परिवर्तनवाद :** यह सिद्धान्त वस्तुतः ह्यूगो डी व्राइज (Hugo-De-Vries) द्वारा प्रतिपादित किया गया है। इस सिद्धान्त के पाँच प्रमुख तथ्य निम्नवत् हैं-

   (i) नयी जीवजातियों की उत्पत्ति लक्षणों में छोटी-छोटी एवं स्थिर विभिन्नताओं के प्राकृतिक

चयन द्वार पीढ़ी-दर-पीढ़ी संचय एवं क्रमिक विकास के फलस्वरूप नहीं होती है, बल्कि यह उत्परिवर्तनों के फलस्वरूप होती है।
(ii) इस प्रकार से उत्पन्न जाति का प्रथम सदस्य उत्परिवर्तक कहलाता है। यह उत्परिवर्तित लक्षण के लिए शुद्ध नस्ल का होता है।
(iii) उत्परिवर्तन अनिश्चित होते हैं। ये किसी एक अंग विशेष में अथवा अनेक अंगों में एक साथ उत्पन्न हो सकते हैं।
(iv) सभी जीव-जातियों में उत्परिवर्तन की प्राकृतिक प्रवृत्ति होती है।
(v) जाति के विभिन्न सदस्यों में उत्परिवर्तन भिन्न-भिन्न हो सकते हैं।
(vi) उपर्युक्त उत्परिवर्तनों के फलस्वरूप अचानक ऐसे जीवधारी उत्पन्न हो सकते हैं, जो जनक से इतने अधिक भिन्न हों कि उन्हें एक नई जाति का माना जा सके।

5. वनस्पति विज्ञान

- विभिन्न प्रकार के पेड़, पौधों तथा उनकी क्रियाकलापों के अध्ययन को वनस्पति विज्ञान (Botany) कहते हैं।
- थियोफ्रेस्ट्स (Theophrastus) को वनस्पति विज्ञान का जनक (Father of Botany) कहा जाता है।

वनस्पति विज्ञान की कुछ विशेष शाखाएँ

(i) शैवाल-विज्ञान (Algoloy or Phycology) - शैवालों का अध्ययन।
(ii) कवक-विज्ञान (Mycology) - कवक, मोल्ड्स का अध्ययन।
(iii) जीवाणु-विज्ञान (Bacteriology) - जीवाणुओं का अध्ययन।
(iv) विषाणु-विज्ञान (Virology) - विषाणुओं का अध्ययन।
(v) लाइकेन-विज्ञान (Lichenology) - लाइकेन का अध्ययन।
(vi) पोमोलॉजी (Pomology) फलों का अध्ययन।
(vii) पेडोलॉजी (Pedlogy) - मिट्टी का अध्ययन।
(viii) एन्थोलॉजी (Anthology) - फूलों का अध्ययन।
(ix) पोलेनोलॉजी (Polenology) - परागकणों का अध्ययन।
(x) बाह्य-जीव-विज्ञान (Exobiology) - अंतरिक्ष के जीवन।
(xi) डेन्ड्रोक्रोनोलॉजी (Dendrochronology) - वार्षिक वलय (Annul Ring) की गणना करना।
(xii) एग्रोस्टोलॉजी (Agrostology) - घासों का अध्ययन।
(xiii) ब्रायोलॉजी (Bryology) - ब्रायोफाइट्स का अध्ययन।
(xiv) टेरिडोलॉजी (Pteridology) - टेरिडोफाइट्स का अध्ययन।
(xv) पादप प्रजनन (Plant Breeding) - संकरण की विधि का अध्ययन।

1. पौधों का वर्गीकरण (Classification of Plant)

- संसार में 3,43,225 के आसपास विभिन्न प्रकार के पौधे हैं जो रूप, संरचना और आकार में एक-दूसरे से भिन्नता रखते हैं। वर्गीकरण की तीन पद्धतियाँ कृत्रिम, प्राकृतिक और जातिवृत्तीय (Phylogenetic) प्रचलित हैं, किन्तु आज सर्वाधिक मान्यता जातिवृत्तीय वर्गीकरण पद्धति को है।
- 1883 ई. में **एकलर (Eichler)** ने वनस्पति जगत का वर्गीकरण निम्नलिखित रूप से किया-

जीव विज्ञान

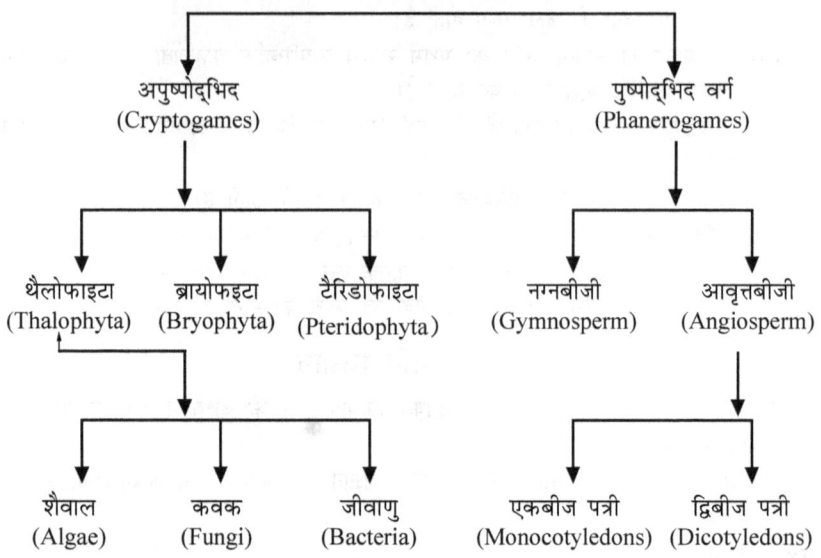

अपुष्पोद्भिद पौधा (Cryptogames)

- इस वर्ग के पौधों में पुष्प तथा बीज नहीं होता है। इन्हें निम्न समूह में बाँटा गया है-

थैलोफाइटा (Thalophyta)

- यह वनस्पति जगत का सबसे बड़ा समूह है।
- इस समूह के पौधों का शरीर सूकाय (Thalus) होता है, अर्थात् पौधे, जड़, तना एवं पत्ती आदि में विभक्त नहीं होते।
- इसमें संवहन उत्तक नहीं होता है।

शैवाल (Algae)

- शैवालों के अध्ययन को फाइकोलॉजी (Phycology) कहते हैं।
- शैवाल प्राय: पर्णहरितयुक्त (Chlorphyllous), संवहन ऊतक रहित (Non-Vascular), आत्मपोषी (Autotrophic) तथा सेलूलोज भित्ति वाले होते हैं।
- शैवालों का शरीर सूकाय सदृश (Thalloid) होता है, अर्थात् जड़, तना एवं पत्तियों में विभक्त नहीं होता है।

लाभदायक शैवाल

(i) **भोजन के रूप में :** फोरफाइरा, अल्बा, सरगासन, लेमिनेरिया, नॉस्टक आदि।

(ii) **आयोडीन बनाने में :** लेमिनेरिया, फ्यूकस, एकलोनिया आदि।

(iii) **खाद के रूप में :** नॉस्टॉक, एनाबीना, केल्प आदि।

(iv) **औषधियाँ बनाने में :** क्लोरेला से क्लोरेलिन नामक प्रतिजैविक एवं लेमिनेरिया से टिंचर आयोडीन बनायी जाती है।

(v) **अनुसंधान कार्यों में :** क्लोरेला एसीटेबुलेरिया, बेलोनिया आदि।

नोट : क्लोरेला (Chlorella) नामक शैवाल को अंतरिक्षयान के केबिन के हौज में उगाकर अंतरिक्ष यात्री को प्रोटीनयुक्त भोजन, जल और ऑक्सीजन उपलब्ध कराया जाता है।

कवक (Fungi)

- इसके अध्ययन को कवक विज्ञान (Mycology) कहा जाता है।
- कवक पर्णहरित रहित, संकेन्द्रीय, संवहन ऊतकरहित थैलोफाइट है।
- कवक में संचित भोजन ग्लाइकोजन (glycogen) के रूप में रहता है।
- इनकी कोशिकाभित्ति काइटिन (Chitin) की बनी होती है।
- कवक पौधों में गंभीर रोग उत्पन्न करते हैं। सबसे अधिक हानि रस्ट (Rust) और स्मट (Smut) से होती है। पौधों में कवक के द्वारा होने वाले प्रमुख रोग निम्नलिखित हैं-
  - (a) सरसों का सफेद रस्ट (White Rust of Crucifer)
  - (b) गेहूँ का ढीला स्मट (Loose Smut of Wheat)
  - (c) गेहूँ का किट्टू रोग (Rust of Wheat)
  - (d) आलू की अंगमारी (Blight of Potato)
  - (e) गन्ने का लाल अपक्षय (Red Rot of Sugarcane)
  - (f) मूँगफली का टिक्का रोग (Tikka Disease of Groundnut)
  - (g) आलू का मस्सा रोग (Wart Diseases of Potato)
  - (h) धान की भूरी अर्ज चित्ति (Brown Leaf Spot of Rice)
  - (i) आलू की पछेला अंगमारी (Late Blight of Potato)
  - (j) प्रांकुरों का डेपिंग रोग (Damping off of Seedlings)

कवक से मुनष्यों में होने वाले रोग	
रोग	**कवक**
दमा	एस्परजिलस फ्यूमिगेटस (Aspergillus Fumigaths)
एथलीट फूट	टीनिया पेडिस (Tineapedis)
खाज	एकेरस स्केबीज (Acarus Scabies)
गंजापन	टीनिया केपिटिस (Taenia Capitis)
दाद	ट्राइकोफाइटान (Trichophyton)

जीवाणु (Bacteria)

- जीवाणु की खोज 1653 ई. में हॉलैंड के **एण्टोनीवान ल्यूवेनहॉक** ने की। इसी कारण इन्हें जीवाणु विज्ञान का पिता (Fater of Bacteriology) कहते हैं।
- एहरेनवर्ग (Ehrenberg) ने 1829 ई. इन्हें जीवाणु नाम दिया।
- 1843-1910 ई. में रॉबर्ट कोच (Robert Koch) ने हैजा (Cholera) तथा तपेदिक (Tuberculosis) के जीवाणुओं की खोज की तथा रोग का जर्म सिद्धान्त (Germ Theory of Disease) प्रतिपादित किया।
- 1812-1892 ई. में लुई पाश्चर ने रेबीज का टीका और दूध के पाश्चुराइजेशन (Pasteurization) की खोज की।
- आकृति के आधार पर जीवाणु कई प्रकार के होते हैं-
  - (i) **छड़ाकार (Bacillus)** : ये छड़नुमा या बेलनाकार होते हैं।
  - (ii) **गोलाकार (Cocus)** : ये गोलाकार एवं सबसे छोटे जीवाणु होते हैं।
  - (iii) **सर्पिलाकार (Spirillum)** : ये स्प्रिंग या स्क्रू के आकार के होते हैं।

(iv) **कोमा-आकार (Comma Shaped) या विब्रियो (Vibrio)** : ये अंग्रेजी के चिह्न कोमा (,) के आकार के होते हैं। उदाहरणार्थ- विब्रियो कॉलेरी।

- ऐजोटोबैक्टर (Azotobacter), एजोसपाइरिलम (Azospirillum) तथा क्लोस्ट्रीडियम (Clostridium) जीवाणु की कुछ जातियाँ स्वतन्त्र रूप से मिट्टी में निवास करती हैं व मिट्टी के कणों के बीच स्थित वायु के नाइट्रोजन का स्थिरीकरण करती है।
- एनबीना (Anabaena) तथा नॉस्टॉक (Nostoc) नामक सायनोबैक्टीरिया वायुमंडल की N_2 का स्थिरीकरण करते हैं।
- राजोबियम (Rhizobium) तथा ब्रैडीराइजोबियम (Brdyrhizobium) इत्यादि जीवाणु की जातियाँ लैग्यूमिनोसी (मटर कुल) के पौधें की जड़ों में रहती हैं और वायुमंडलीय N_2 का स्थिरीकरण करती हैं।
- दूध को अधिक दिनों तक सुरक्षित रखने के लिए इसका पाश्चुरीकरण (Pasteurization) करते हैं। इसकी दो विधियाँ हैं-

    (i) **LTH Method (Low Temperature Holding Method)** : दूध को 62.5°C पर 30 मिनट तक गरम करते हैं।

    (ii) **HTST Method (High Temperature Short Time Method)** : दूध को 71.7° पर 15 सेकंड तक गरम करते हैं।

- चर्म उद्योग में चमड़े से बालों और वसा हटाने का कार्य जीवाणुओं के द्वारा होता है। इसे चमड़ा कमाना (Tanning) कहते हैं।
- आचार, मुरब्बे, शर्बत को शक्कर की गाढ़ी चासनी में या अधिक नमक में रखते हैं ताकि जीवाणुओं का संक्रमण होते ही जीवाणुओं का जीव द्रव्यकुंचन (Plasmolyis) हो जाता है तथा जीवाणु नष्ट हो जाते हैं, इसलिए आचार, मुरब्बे बहुत अधिक दिनों तक खराब नहीं होते हैं।
- शीत भंडार (Cold Storage) में न्यूनताप (–10°C से –18°C) पर सामाग्री का संचय करते हैं।

ब्रायोफाइटा (Bryophyta)

- यह सबसे सरल स्थलीय पौधों का समूह है। इस समूह में लगभग 25000 जातियाँ सम्मिलित की जाती हैं।
- इसमें संवहन ऊतक अर्थात् जाइलम एवं फ्लोएम का पूर्णतः अभाव होता है।
- इस समुदाय को वनस्पति जगत का एम्फीबिया वर्ग भी कहा जाता है।
- इस समुदाय के पौधे मृदा अपरदन (Soil Erosion) को रोकने में सहायता प्रदान करते हैं।
- स्फेगनम (Sphagnum) नामक मॉस (Moss) अपने स्वयं के भार से 18 गुना अधिक पानी सोखने की क्षमता रखता है। इसलिए माली इसका उपयोग पौधों को एक स्थान से दूसरे स्थान पर ले जाते समय सूखने से बचाने के लिए करते हैं।
- स्फेगनम मॉस का प्रयोग ईंधन (Fuel) तथा ऐन्टिसेप्टिक (Antiseptic) के रूप में भी किया जाता है।

टेरिडोफाइटा (Pteridophyta)

- इस समूह के पौधे नमी, छायादार स्थानों, जंगलों एवं पहाड़ों पर अधिकता से पाये जाते हैं।
- पौधे का शरीर जड़, तना, शाखा एवं पत्तियों में विभेदित रहता है। तना साधारण राइजोम के रूप में रहता है।
- पौधे बीजाणु जनक होते हैं और जनन की क्रिया बीजाणु के द्वारा होती है।

- इस समुदाय के पौधों में संवहन ऊतक पूर्ण विकसित होते हैं, परन्तु जाइलम में वेसेल (Vessels) एवं फ्लोएम (Phloem) में सहकोशाएँ (Companion Cell) नहीं होती हैं।

पुष्पोदभिद्/फूलों वाला पौधा (Phanerogamus)

- इस समूह के पौधे पूर्ण विकसित होते हैं। इस समूह के सभी पौधों में फूल, फल तथा बीज होते हैं। इस समूह के पौधों को **दो उप-समूहों** में बाँटा गया है- नग्नबीजी/अनावृत्त बीजी (Gymnosperm) व आवृत्तबीजी (Angiosperm)।

नग्नबीजी/अनावृत्त बीजी (Gymnosperm)

- इनके पौधे वृक्ष, झाड़ी या आरोही के रूप में होते हैं।
- पौधे काष्ठीय, बहुवर्षी और लंबे होते हैं।
- इनकी मुसला जड़ें पूर्ण विकसित होती हैं।
- परागण की क्रिया वायु द्वारा होती है।
- ये मरूद्भिद (Xerophytic) होते हैं।
- वनस्पति जगत का सबसे ऊँचा पौधा सिकोया सेम्परविरेंस इसी के अन्तर्गत आता है। इसकी ऊँचाई 120 मीटर है। इसे कोस्ट रेडबुक ऑफ कैलीफोर्निया भी कहा जाता है।
- सबसे छोटा नग्नबीजी पौधा जैमिया पिग्मिया है।
- जीवित जीवाश्म साइकस (Cycas), जिंगो बाइलोबा (Ginkgo biloba) व मेटासिकाया (Metasequoia) है।
- जिंगो बाइलोबा (Ginkgo biloba) को मेडन हेयर ट्री (Maiden Hair Tree) भी कहते हैं।
- साइकस (Cycas) के बीजाण्ड (Ovules) एवं नरयुग्मक (Antherogoids) पादप जगत में सबसे बड़े होते हैं।
- पाइनस के परागकण इतनी तादाद में होते हैं कि पीले बादल (Sulpher Showers) बन जाते हैं।

नग्नबीजी पौधों का आर्थिक महत्त्व

(i) **भोजन के रूप में :** साइकस के तनों से मंड निकालकर खाने वाला साबूदाना (Sago) बनाया जाता है। इसलिए साइकस को सागोपाम कहते हैं।

(ii) **लकड़ी :** चीड़ (Pine), सिकोया, देवदार, स्प्रूस आदि की लकड़ी से फर्नीचर बनते हैं।

(iii) **वाष्पीय तेल :** चीड़ के पेड़ से तारपीन का तेल, देवदार की लकड़ी से सेड्रस तेल (Cedrus Oil) तथा जूनीपेरस की लकड़ी से सेडस्काष्ठ तेल मिलता है।

(iv) **टेनिन :** चमड़ा बनाने (Tanning) तथा स्याही बनाने के काम आता है।

(v) **रेजिन :** कुछ शंकु पौधों से रेजिन निकाला जाता है। जिसका प्रयोग वार्निश, पॉलिश, पेंट आदि बनाने में होता है।

आवृत्तबीजी (Angiosperm)

- आवृत्तबीजी का अर्थ है 'ढका हुआ बीज' क्योंकि इस वर्ग के पौधों में बीज अंडाशय (Ovary) में बनता है। अर्थात् इस उपसमूह के पौधों में बीच फल के अंदर होते हैं।
- इनके पौधों में जड़, पत्ती, फूल, फल एवं बीज सभी पूर्ण विकसित होते हैं।
- इस समूह के पौधों में बीजपत्र होते हैं। बीजपत्रों की संख्या के आधार पर इस समूह के पौध ों को दो वर्गों में विभाजित किया गया है–

  1. एकबीजपत्री (Monocotyledonae)

  2- द्विबीजपत्री (Dicotyledonae)

- **एकबीजपत्री पौधे (Monocotyledonae) :** उन पौधों को कहते हैं, जिनके बीज में सिर्फ एकबीजपत्र होता है। इनके कुल का नाम एवं प्रमुख पौधों का नाम निम्न सारणी में वर्णित है–

क्र.	कुल का नाम	प्रमुख पौधों के नाम
1.	लिलिएसी (Liliaceae)	लहसुन, प्याज
2.	म्यूजेसी (Musaceae)	केला
3.	पाल्मी (Palmae)	सुपारी, ताड़, नारियल, खजूर
4.	ग्रेमिनेसी (Gramineceae)	गेहूँ, मक्का, बाँस, गन्ना, चावल, ज्वार, बाजरा, जौ, जई आदि।

- **द्विबीजपत्री पौधे (Dicotyledonae) :** इस वर्ग में वे पौधे आते हैं, जिनके पौधों के बीजों में दो पत्र होते हैं। इस कुल का नाम एवं प्रमुख पौधों का नाम निम्न सारणी में वर्णित है–

क्र.	कुल का नाम	प्रमुख पौधों के नाम
1.	क्रूसीफेरी (Cruciferae)	शलजम, सरसों, मूली
2.	मालवेसी (Malvaceae)	कपास, भिन्डी, गुड़हल
3.	लेग्यूमिनोसी (Leguminasae)	बबूल, छुईमुई, कत्था, गुलमोहर, अशोक, कचनार, इमली तथा सभी दलहन वाली फसलें।
4.	कम्पोजिटी (Compositae)	सूरजमुखी, भृंगराज, कुसुम, गेंदा, सलाद, जीनीया, डहेलिया आदि।
5.	रुटेसी (Rutaceae)	नींबू, चकोतरा, सन्तरा, मुसम्मी, बेल, कैथ, कामिनी आदि।
6.	कुकुबिटेसी (Cucurbitaceae)	तरबूज, खरबूजा, टिन्डा, कद्दू, लौकी, जीरा, ककड़ी, परवल, चिचिन्डा, करेला आदि।
7.	रोजेसी (Rosaceae)	स्ट्राबेरी, सेब, बादाम, नाशपाती, खुबानी, आडू, गुलाब, रसभरी आदि।
8.	मिरटेसी (Myrtaceae)	अमरूद, यूकेलिप्टस, जामुन, मेंहदी।
9.	अम्बेलीफेरी (Umbelliferae)	धनिया, जीरा, सौंफ, गाजर आदि।
10.	सोलेनेसी (Solanaceae)	आलू, मिर्च, बैंगन, मकोय, धतूरा, बैलाडोना, टमाटर आदि।

2. पादप आकारिकी (Plant Morphology)

- आकारिकी के अन्तर्गत हम पौधों के शरीर की बाह्य रचना का अध्ययन करते हैं। जड़, तना, पत्ती, पुष्प, पुष्पक्रम, फल आदि के रूपों तथा गुणों के अध्ययन को आकारिकी कहते हैं।

जड़ (Root)

- जड़ पौधों का अवरोही भाग है, जो मूलांकुर से विकसित होता है।
- जड़ सदैव प्रकाश से दूर भूमि में वृद्धि करती है।
- जड़ें दो प्रकार की होती है–
  - (i) मूसला जड़ (Tap Root) तथा
  - (ii) अपस्थानिक जड़ (Adventitious Root)

मूसला जड़ों का रूपांतरण	
जड़ें	उदाहरण
शंकु आकार (Conical)	गाजर
कुंभी रूप (Napiform)	चुकंदर, शलजम
तर्कु रूपी (Fusiform)	मूली
श्वसन-मूल (Pneumatophores)	मेन्ग्रूव वनस्पति

तना (Stem)

- यह पौधे का वह भाग है, जो प्रकाश की ओर वृद्धि करता है।
- यह प्रांकुर से विकसित होता है। यह पौधे का प्ररोह तन्त्र बनता है।

तनों का रूपांतरण	
भूमिगत तने	उदाहरण
कंद (Tuber)	आलू
घनकंद (Corm)	बन्डा, केसर
शल्ककंद (Bulb)	प्याज
प्रकंद (Rhizome)	हल्दी, अदरक

पत्ती (Leaf)

- यह हरे रंग की होती है। इसका मुख्य कार्य प्रकाश संश्लेषण (Photosynthesis) क्रिया के द्वारा भोजन बनाना है।

पुष्प (Flower)

- यह पौधे का जनन अंग है।
- पुष्प में बाह्य दलपुंज (Calyx), दलपुंज (Corolla), पुमंग (Androecium) और जायांग (Gynoecium) पाये जाते हैं। इनमें से पुमंग नर जननांग तथा जायांग मादा जननांग है।
- **पुमंग (Androecium) :** इसमें एक या एक से अधिक पुंकेसर (Stamens) होते हैं। पुंकेसर में परागकण (Pollen Grains) पाये जाते हैं।
- **जायांग (Gynoecium) :** इसमें अंडप (Carpels) होते हैं। अंडप के तीन भाग होते हैं- (i) अंडाशय (Ovary) (ii) वर्तिका (Style) एवं (iii) वर्तिकाग्र (Stigma)।
- **परागण (Pollinaion) :** परागकोष (Anther) से निकलकर अंडप के वर्तिकाग्र पर परागकणों के पहुँचने की क्रिया को परागण कहते हैं। परागण दो प्रकार के होते हैं- (i) स्व-परागण (Self-Pollination) (ii) पर-परागण (Cross-Pollination)।
- **निषेचन (Fertilization) :** परागनली बीजाण्ड में प्रवेश करके बीजाण्डकाय को भेदती हुई भ्रूणकोष तक पहुँचती है और परागकणों को वहाँ छोड़ देती है। इसके बाद एक नर युग्मक एक अण्डकोशिका से संयोजन करता है। इसे निषेचन कहते हैं। निषेचित अण्ड युग्मनज (Zygote) कहलाता है।
- आवृत्तबीजी (Angiosperm) में निषेचन त्रिक-संलयन (Tripple Fusion) जबकि अन्य वर्ग के पौधों में द्वि-सलंयन (Double-Fusion) होता है।
- **अनिषेक फलन (Partheno Carpy) :** कुछ पौधों में बिना निषेचन हुए ही अंडाशय से फल बन जाता है। इस तरह बिना निषेचन हुए फल के विकास को अनिषेक फलन

(Pharthenocarpy) कहते हैं। इस प्रकार के फल बीजरहित होते हैं। जैसे- केला, पपीता, नारंगी, अंगूर, अनन्नास आदि।

फलों का निर्माण

- फल का निर्माण अंडाशय से होता है।
- सम्पूर्ण फलों को तीन भागों में विभाजित किया गया है-
  - (i) **सरल फल (Simple Fruit) :** जैसे- अमरूद, केला आदि।
  - (ii) **पुंज फल (Aggregate Fruit) :** जैसे- स्ट्राबेरी, रसभरी आदि।
  - (iii) **संग्रथित फल (Composit Fruit) :** जैसे- कटहल, शहतूत आदि।
- कुछ फलों के निर्माण में बाह्य दलपुंज, दलपुंज या पुष्पासन आदि भाग लेते हैं, ऐसे फलों को असत्य फल (False Fruit) कहते हैं। जैसे- सेब, कटहल आदि।

कुछ फल तथा उनके खाने योग्य भाग		
फल के नाम	**फल का प्रकार**	**खाने योग्य भाग**
सेब (Apple)	पोम	गूदेदार पुष्पासन
नाशपाती (Pear)	पोम	गूदेदार पुष्पासन
आम (Mango)	डुप	मध्य फलभित्ति
बेर (Chinese Date)	अष्ठिल	बाह्य एवं मध्य फलभित्ति
अमरूद (Guava)	बेरी	फलभित्ति एवं बीजाण्डसन
अंगूर (Grapes)	बेरी	फलभित्ति एवं बीजाण्डसन
पपीता (Papaya)	बेरी	मध्य फलभित्ति
नारियल (Coconut)	अष्ठिल	भ्रूण पोष
टमाटर (Tomato)	बेरी	फलभित्ति एवं बीजाण्डसन
केला (Banana)	बेरी	मध्य एवं अन्तः फलभित्ति
बेल (Wood Apple)	बेरी	मध्य एवं अन्तः फलभित्ति बीजाण्डसन
तरबूज (Watermelon)	पीपो	मध्य एवं अन्तः फलभीत्ति
नींबू (lemon)	हेस्पिरिडियम	अन्तः भित्ति से विकसित एक कोशिकीय रसीले रोम, रसदार बीजाण्डसन
अनार (Pomegranate)	बलौस्टा	सीले बीजचोल
गेहूँ (Wheat)	कैश्योसिस	भ्रूणपोष एवं भ्रूण
काजू (Cashewnut)	नट	पुष्पवृन्त एवं बीजपत्र
लीची (Litchi)	नट	गूदेदार एरिल
सिंघाड़ा (Water Chest Nut)	नट	बीजपत्र
चना (Gram)	संपुटी फली	बीजपत्र एवं भ्रूण
सेम (Kidney Bean)	संपुटी फली	बीजपत्र एवं भ्रूण
भिन्डी (Lady's Finger)	केप्सूल	सम्पूर्ण फल
इमली (Tamarind)	लोमेन्टम	मध्य फलभित्ति

मूँगफली (Groundnut)	लोमेन्टम	बीजपत्र एवं भ्रूण
धनियाँ (Coriander)	क्रीमोकार्प	पुष्पासन एवं बीज
शरीफा (Custurd Apple)	बेरी का पुंज	गूदेदार फलभित्ति
शहतूत (Mulberry)	सोरोसिस	रसीले परिदल पुंज
कटहल (Jack Fruit)	सोरोसिस	सहपत्र, परिदल एवं बीज
अनन्नास (Pineapple)	सोरोसिस	सहपत्र, परिदल, रेकिस व फलभित्ति

3. पादप ऊतक (Plant Tissue)

➪ समान उत्पत्ति, संरचना एवं कार्यों वाली कोशिकाओं के समूह को ऊतक (Tissue) कहते हैं।

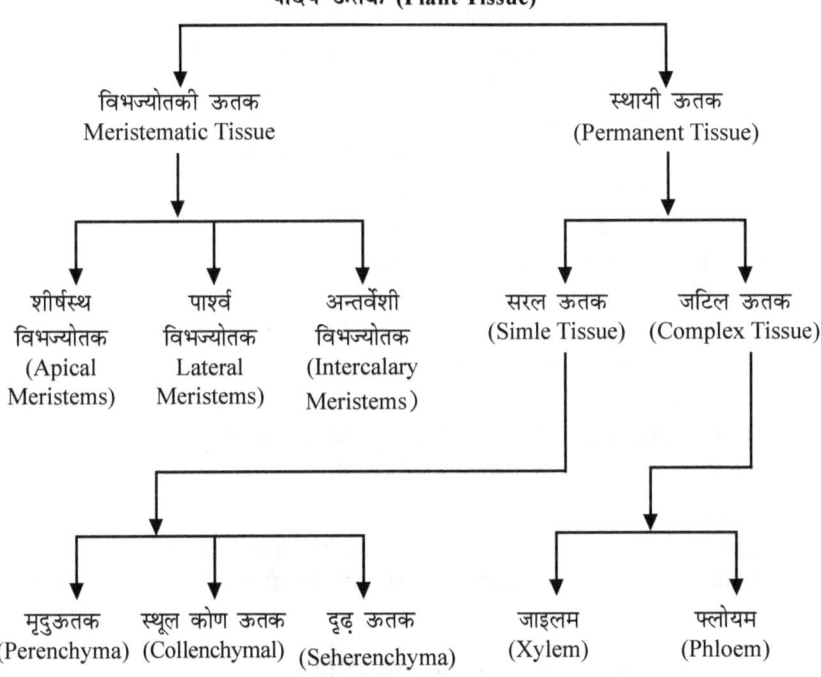

पादप ऊतक (Plant Tissue)

➪ **विभज्योतकी ऊतक (Meristematic Tissue) :** पौधे के वर्धी क्षेत्रों (Growing Regions) को विभज्योतकी (Meristem) कहते हैं। इनसे बनी संतति कोशिकाएँ वृद्धि करके पौधे के विभिन्न अंगों का निर्माण करती हैं। यह प्रक्रिया पौधे के जीवनपर्यंत चलती है। विभज्योतकी ऊतक के विशिष्ट लक्षण निम्नलिखित हैं–

(i) ये गोल अंडाकार या बहुभुजाकार होती है।

(ii) इनकी भित्तियाँ पतली तथा एकसार (Homogeneous) होती है।

(iii) जीवद्रव्य सघन, केन्द्रक बड़े तथा रसधानी छोटी होती है।

(iv) कोशिकाओं के बीच अंतरकोशिकीय स्थानों का अभाव होता है।

- **शीर्षस्थ विभज्योतक (Apical Meristems) :** ये ऊतक जड़ों अथवा तनों के शीर्षों पर पाये जाते हैं तथा पौधे की प्राथमिक वृद्धि (विशेषकर लंबाई में) इन्हीं के कारण होती है।
- **पार्श्व विभज्योतक (Lateral Meristems) :** इनमें विभाजन होने से जड़ तथा तने के घेरे (girth) में वृद्धि होती है। अर्थात् इससे तना एवं जड़ की मोटाई में वृद्धि होती है।
- **अन्तर्वेशी विभज्योतक (Intercalary Meristems) :** यह वास्तव में शीर्षस्थ विभज्योतक का अवशेष है जो बीच में स्थाई ऊतकों के आ जाने से अलग हो गये हैं। इनकी क्रियाशीलता से भी पौधा लंबाई में वृद्धि करता है। इसकी महत्ता वैसे पौधे के लिए है, जिसके शीर्षाग्र को शाकाहारी जानवर खा जाते हैं। शीर्षाग्र खा लिए जाने पर ये पौधे अन्तर्वेशी विभज्योतक की सहायता से ही वृद्धि करते हैं। जैसे- घास।
- **स्थायी ऊतक (Permanent Tissue) :** स्थायी ऊतक उन परिपक्व कोशिकाओं के बने होते हैं, जो विभाजन की क्षमता खो चुकी हैं तथा विभिन्न कार्यों को करने के लिए विभेदित हो चुकी हैं। ये कोशिकाएँ मृत अथवा जीवित हो सकती है।
- **सरल ऊतक (Simple Tissue) :** यदि स्थायी ऊतक एक ही प्रकार की कोशिकाओं के बने होते हैं, तो इन्हें सरल ऊतक कहते हैं।
- **जटिल ऊतक (Complex Tissue) :** यदि स्थायी ऊतक एक से अधिक प्रकार की कोशिकाओं के बने होते हैं, तो इन्हें जटिल ऊतक कहते हैं।
- **जाइलम (Xylem) :** इसे प्रायः काष्ठ (Wood) भी कह देते हैं। यह संवहनी ऊतक है। इसके मुख्यतः दो कार्य हैं-
  (i) जल एवं खनिज लवणों का संवहन एवं
  (ii) यान्त्रिक दृढ़ता प्रदान करना।
- पौधे की आयु की गणना जाइलम ऊतक के वार्षिक वलय (Annual Rings) को गिनकर ही की जाती है। पौधे की आयु के निर्धारण की यह विधि डेन्ड्रोक्रोनोलॉजी (Dendrochronology) कहलाती है।
- **फ्लोएम (Phloem) :** यह भी एक संवहन ऊतक है। इसका मुख्य कार्य पत्तियों द्वारा बनाये गये भोजन को पौधे के अन्य भागों में पहुँचाना है।

4. प्रकाश संश्लेषण (Photosynthesis)

- पौधों में जल, प्रकाश, पर्णहरित (Chlorophyll) तथा कार्बन डाइऑक्साइड की उपस्थिति में कार्बोहाइड्रेट के निर्माण को प्रकाश संश्लेषण कहते हैं। इसे नीचे दिये गये सूत्र से व्यक्त किया जा सकता है-

$$6CO_2+12H_2O \xrightarrow[\text{प्रकाश}]{\text{पर्णहरित}} \underset{\text{ग्लूकोज}}{C_6H_{12}O_6} + \underset{\text{ऑक्सीजन}}{6O_2} + \underset{\text{जल}}{6H_2O}$$

- कार्बन डाइऑक्साइड, पानी, पर्णहरित और सूर्य का प्रकाश, प्रकाश-संश्लेषण के लिए आवश्यक है।
- पत्ती की कोशिकाओं में जल शिरा से परासरण (Osmosis) द्वारा एवं CO_2 वायुमंडल से विसरण (Diffusion) द्वारा जाता है।
- प्रकाश-संश्लेषण के लिए आवश्यक जल पौधों की जड़ों के द्वारा अवशोषित किया जाता है एवं प्रकाश-संश्लेषण के दौरान निकलने वाला ऑक्सीजन इसी जल के अपघटन से प्राप्त होता है।
- पर्णहरित (Chlorophyll) पत्तियों में हरे रंग का वर्णक है। इसके चार घटक हैं- क्लोरोफिल a, क्लोरोफिल b, कैरोटीन तथा जैथोंफिल। इनमें क्लोरोफिल a एवं b हरे रंग का होता है और ऊर्जा स्थानांतरित करता है। यह प्रकाश-संश्लेषण का केन्द्र होता है।

- क्लोरोफिल के केन्द्र में मैग्नीशियम (Mg) का एक परमाणु होता है।
- क्लोरोफिल प्रकाश में बैंगनी, नीला तथा लाल रंग को ग्रहण करता है।
- प्रकाश की दर लाल रंग के प्रकाश में सबसे अधिक एवं बैंगनी रंग के प्रकाश में सबसे कम होती है।
- प्रकाश-संश्लेषण की क्रिया एक उपचयन-अपचयन (Oxidation-Reduction) की क्रिया है। इसमें जल का उपचयन (Oxidation) ऑक्सीजन बनने में तथा कार्बन डाइऑक्साइड का अपचयन (Reduction) ग्लूकोज/शर्करा के निर्माण में होता है।
- प्रकाश-संश्लेषण की क्रिया की दो अवस्थाएँ होती हैं-
    (i) **प्रकाश रासायनिक क्रिया (Photochemical Reaction)** : यह क्रिया क्लोरोफिल के ग्राना (Grana) में होती है। इसे हिल क्रिया (Hill Reaction) भी कहते हैं। इस क्रिया में जल का अपघटन होकर हाइड्रोजन आयन तथा इलेक्ट्रॉन बनता है। जल के अपघटन के लिए ऊर्जा प्रकाश द्वारा मिलती है। इस प्रक्रिया के अंत में ऊर्जा के रूप में ATP तथा NADPH निकलता है, जो रासायनिक प्रकाशहीन प्रतिक्रिया संचालित करने में मदद करता है।
    (ii) **रासायनिक प्रकाशहीन क्रिया (Chemical Dark Reaction)** : यह क्रिया क्लोरोफिल के स्ट्रोमा में होती है। इस क्रिया में कार्बन डाइऑक्साइड का अपचयन होकर शर्करा, स्टार्च आदि बनता है।

5. पादप हार्मोन (Plant Hormones)
- हार्मोन विशेष कार्बनिक यौगिक है जो बहुत लघु मात्रा में वृद्धि एवं उपापचयी क्रियाओं को प्रभावित व नियंत्रित करते हैं। इन्हें वृद्धि नियंत्रक पदार्थ (Growth Regulator Substance) भी कहते हैं।
- पौधों में पाये जाने वाले हार्मोंस निम्नलिखित हैं-

(i) ऑक्सिन्स (Auxins)
- इसकी खोज 1880 ई. में डार्विन ने की थी।
- यह पौधे की वृद्धि को नियंत्रित करने वाला हार्मोन है।
- इसका निर्माण पौधे के ऊपरी हिस्सों में होता है।
- इसके मुख्य कार्य निम्न हैं-
    (a) इसके कारण पौधों में शीर्ष की प्रमुखता हो जाती है और पार्श्वीय कक्षीय कलिकाओं की वृद्धि रूक जाती है।
    (b) यह पत्तियों का विलगन रोकता है।
    (c) यह खर-पतवार को नष्ट कर देता है।
    (d) इसके द्वारा अनिषेक फल प्राप्त किये जाते हैं।
    (e) यह फसलों को गिरने से बचाता है।

(ii) जिबरेलिन्स (Gibberellins)
- इसकी खोज जापानी वैज्ञानिक कुरोसावा (Kurosawa) ने 1926 ई. में की।
- यह बौने पौधों को लंबा कर देता है। यह फूल बनने में भी मदद करता है।
- यह बीजों की प्रसुप्ति भंग कर उनको अंकुरित होने के लिए प्रेरित करते हैं।
- ये काष्ठीय पौधों में एधा (Cambium) की सक्रियता को बढ़ाते हैं।

- इसके छिड़काव द्वारा बृहत् आकार के फल तथा फूलों का उत्पादन किया जा सकता है।

(iii) साइटोकाइनिन (Cytokinins)

- इसकी खोज मिलर ने 1955 ई. में की थी, परन्तु इसका नामकरण लिथाम ने किया।
- यह प्राकृतिक रूप से ऑक्जिन के साथ मिलकर काम करता है।
- यह ऑक्जिन की उपस्थिति में कोशिका विभाजन और विकास में मदद करता है।
- यह हार्मोन जीर्णता को रोकता है।
- यह RNA एवं प्रोटीन बनाने में सहायक है।

(iv) एबसिसिक एसिड (Abscisic Acid-ABA)

- इस हार्मोन की खोज पहले 1961-1965 ई. में कार्न्स एवं एडिकोट तथा बाद में वेयरिंग ने की।
- यह वृद्धिरोधक हार्मोन है।
- यह बीजों को सुषुप्तावस्था में रखता है।
- यह पत्तियों के विलगन में मुख्य भूमिका अदा करता है।
- यह पुष्पन में बाधक होता है।

(v) इथीलीन (Ethylene)

- यह एकमात्र ऐसा हार्मोन है जो गैसीय रूप में पाया जाता है।
- 1962 ई. में बर्ग (Burg) ने इसे हार्मोन के रूप में प्रमाणित किया।
- यह भी वृद्धिरोधक हार्मोन है।
- यह फलों को पकाने में सहायता करता है।
- यह मादा पुष्पों की संख्या में वृद्धि करता है।
- यह पत्तियों, पुष्पों व फलों के विलगन को प्रेरित करता है।

(vi) फ्लोरिजेन्स (Florigens)

- ये पत्ती में बनते हैं, लेकिन फूलों के खिलने में मदद करते हैं। इसलिए, इन्हें फूल खिलाने वाले हार्मोन (Flowering Hormones) भी कहते हैं।

(vii) ट्राउमैटिन (Traumatin)

- यह एक प्रकार का डाइकार्बोक्सिलिक अम्ल (Dicarbozylic Acid) है। इसका निर्माण घायल कोशिका में होता है, जिससे पौधों के जख्म भर जाते हैं।

6. पादप गतियाँ (Plant Movement)

- पौधों में गति गुरुत्वबल, प्रकाश, ताप तथा संवेदन से प्रेरित होती है।
- गुरुत्वबल के कारण ही जड़ें हमेशा जमीन की तरफ तथा तना हमेशा जमीन से विपरीत दिशा में जाता है। इसी प्रकार प्रकाश के प्रभाव से जड़ें प्रकाश के विपरीत तथा तना प्रकाश की दिशा में जाना चाहता है।
- पादप की कुछ विशेष गतियाँ निम्नलिखित प्रकार से होती हैं-
  - (i) **स्पर्शानुर्वन (Thigmotropism) :** उदाहरण- लौकी, ककड़ी आदि का प्रतान हमेशा दूसरे वस्तु से लिपटकर आग बढ़ते रहते हैं। उद्दीपन घर्षण से प्रेरित होता है।
  - (ii) **कंपानुकुंचनी गति (Seismonastic Movement) :** उदाहरण- छुई-मुई (Mimosapudica) की पत्तियाँ छूते ही झुक जाती है।
  - (iii) **प्रकाशनुकुंचनी गति (Photonastic Movement) :** उदाहरण- सूर्यमुखी का फूल हमेशा सूर्य के प्रकाश की ओर रहता है।

7. पादप रोग (Plant Diseases)

(i) विषाणुजनित रोग (Viral Diseases)

(a) **तंबाकू का मोजेक रोग :** इस रोग में पत्तियाँ सिकुड़ जाती हैं तथा छोटी हो जाती हैं। पत्तियों में क्लोरोफिल नष्ट हो जाता है। इस रोग का कारक टोबैको मोजेक वायरस (TMV) है।

नियंत्रण : रोग से प्रभावित पौधों को इकट्ठा करके जला देना चाहिए। फसल परिवर्तन विधि को अपनाना चाहिए। रोगरोधी प्रजाति बोना चाहिए।

(b) **पोटेटो मोजेक (Potato Mosaic) :** यह रोग पोटेटो वाइरस-x (Potato Vtus-x) से होता है। इसमें पत्तियों में चितकबरापन तथा बौनापन के लक्षण दिखायी देते हैं।

(c) **बंकी टाफ ऑफ बनाना (Bunchy Top of Banana) :** यह रोग बनाना वाइरस-1 (Banana Virus-1) द्वारा होता है। इस रोग में पौधे बौने तथा सभी पत्तियाँ शिखा पर गुलाबवत् एकत्रित हो जाती हैं।

(d) **रंग परिवर्तन (Colour Change) :** हरिमाहीनता एक विषाणुजनित रोग है। इस रोग में पूरी पत्ती का रंग पीला, सफेद या मोजेक पैटर्न का हो जाता है।

(ii) जीवाणुजनित रोग (Bacterial Diseases)

(a) **आलू का शैथिल रोग** (Wilt Diseases of Potato) **:** इसको रिंग रोग (Ring Disease) के नाम से भी जानते हैं क्योंकि जाइलम पर भूरा रंग बन जाता है। इस रोग का कारक स्यूडोमोनास सोलेनेसियेरम (Pseudomonas Solana Cearum) नामक जीवाणु है। यह रोग मिट्टी से फैलता है। पत्तियाँ पीली पड़ जाती है। इस रोग से 70% का नुकसान हो सकता है।

(b) **ब्लैक आर्म/एंगुलर लीफ स्पॉट ऑफ काटन (Black Arm/Angular Leaf Spot of Cotton) :** इस रोग का कारक जैन्थोमोनास (Xaznthomonas) नामक जीवाणु है। इस रोग में पत्ती पर छोटी-सी जलाद्र संरचना (भूरा रंग) हो जाती है।

(c) **धान का अंगमारी रोग (Bacterial Blight of Rice) :** यह रोग जैन्थोमोनास ओराइजी (Xaznthomonas Oryzae) नामक जीवाणु से होता है। इसमें पत्तियों की एक या दोनों सतहों पर पीला-हरा स्पॉट दिखायी देता है। इस रोग का संचरण बीज के माध्यम से होता है।

(d) **साइट्रस कैंकर (Sitrus Canker) :** इस रोग का कारक जैन्थोमोनास सीट्री (Xaznthomonas Citri) नामक जीवाणु है। यह रोग नींबू उत्पादन के लिए गंभीर समस्या पैदा करता है। इस रोग की उत्पत्ति चीन में हुई थी।

(e) **गेहूँ का टून्डू रोग (Tundu Disease of Wheat) :** इस रोग में पत्तियों के नीचे का भाग मुरझाकर मुड़ जाता है। यह रोग फसल पकने पर दिखायी देता है। इस रोग का कारक कोरीनोबेक्टिरियम ट्रिटिकी (Corynebacterium Tritici) नामक जीवाणु तथा एन्जूइना ट्रिटिकी (Anguina Tritici) नामक नेमैटोड है। इस रोग पर नियंत्रण रोग से मुक्त बीज बोकर किया जा सकता है।

(iii) कवकीय रोग (Fungal Diseases)

(a) **आलू का वार्ट रोग (Wart Disesae of Potato) :** इस रोग में आलू के टयूबर में काले धागे जैसी संरचना बन जाती है और कभी-कभी पूरा आलू सड़ जाता है। इसका कारक सिनकीट्रियस इन्डोबायोटिकम (Synchyrium Endobioticum) नामक कवक है।

(b) **डैम्पिग ऑफ (Damping-Off)/आर्द्र-गलन :** बीज इस रोग से प्रभावित भूमि में उगने में असमर्थ होते हैं या उगते ही मर जाते हैं। जड़ों में कवकों का प्रभाव होता है। इस रोग का कारण पाइथीयम (Pythium sp.) नामक कवक है।

(c) **आलू का उत्तरभावी अंगमारी रोग (Late Blight of Potato) :** इस रोग में पत्तियों पर सर्वप्रथम भूरे धब्बे पड़ते हैं जो कि अनुकूल मौसम में बढ़कर बड़े-बड़े काले धब्बे में बदल जाते हैं। अन्त में पत्तियाँ पूरी तरह झुलस जाती है और पौधा सूख जाता है। इस रोग का कारक फाइटोफ्थोरा इन्फेस्टेन्स (Phytophthora Infestans) नामक कवक है।

जीव विज्ञान 135

(d) **बाजरा का ग्रीन इयर रोग (Green Ear Disease of Millet) :** इस रोग को डाउन मिल्डयू (Down Mildew) रोग भी कहते हैं। इसमें बाजरे की बालियों में हरे रंग के रेशे निकल जाते हैं। जो बाद में काले रंग के पाउडर में बदल जाते हैं। इस रोग का कारक स्केलेरोस्पोरा ग्रेमिकोला (Sclerospora Gramicola) नामक कवक है।

(e) **गेहूँ का किट्टू रोग** (Rust of Wheat) : इसमें लाल भूरी जंग के समान स्फोट तने और पत्तियों पर दिखायी देता है। इस रोग का कारण पक्सिनिया ग्रेमिनिस ट्रिटिकी (Puccinia Graminis Tritici) नामक कवक है। इस कवक में पाँच तरह के स्पोर पाये जाते हैं जिसमें से टेल्यूटोस्पोर (Teleutospore) अधिक हानिकारक होते हैं।

(f) **गेहूँ का ढीला कंड (Loose Smut of Wheat) :** इस रोग में गेहूँ की बालियों में कालिख के समान पाउडर जैसा पदार्थ भर जाता है। इस रोग का कारक अस्टिलागो नूडा ट्रिटिकी (Ustilogo Nuda Tritici) नामक कवक है। यह रोग बीज द्वारा संक्रमित होता है।

(g) **ब्लास्ट ऑफ राइस (Blast of Rice) :** इस रोग में धान की पत्तियों पर तुर्क आकर के क्षत चिह्न किनारे पर भूरे तथा बीच में राख जैसा हो जाता है। दाने खोखले हो जाते हैं तथा अंकुरों की मुरझान दिखायी पड़ती है।

(h) **मूँगफली का टिक्का रोग (Tikka Disease of Groundnut) :** पत्ती की दोनों सतहों पर गोल-गोल धब्बे पड़ जाते हैं। इसका कारक सर्कोस्पोरा पर्सोनेटा (Corcospora Personata) नामक कवक है।

(i) **गन्ने का रेड राट (Red Rot of Sugarcane) :** गन्ने के तने और पत्तियों में लाल धारियाँ हो जाती हैं। तने का छोटा होना, पत्ती का मुरझाना तथा गन्ने का फटना इसका मुख्य लक्षण है। गन्ने के रस में से शराब जैसी गंध आती है। इस रोग का कारण कोलेटोट्रिक्स फालकेटम (Colletotrichum Falcatum) नामक कवक है। नियंत्रण के लिए स्वस्थ गन्ने की बुआई करनी चाहिए।

(j) **ब्राउन लीफ स्पाट ऑफ राइस (Brown Leaf Spot of Rice) :** इस रोग में पत्तियों पर गोल भूरे चिह्न होते हैं जिनमें बीच में काला पड़ जाता है। इसे रोग का कारक हेल्मिन्थोस्पोरियम ओराइजी (Helminthosporium Oryzea) नामक कवक है। रोग के नियंत्रण के लिए बोडियेक्स मिक्चर, डाइथेन जेड-78 का छिड़काव करना चाहिए।

(k) **बाजरे का इरगाट (Ergot of Millet) :** यह रोग क्लेवीसेप्स माइक्रोसेफेला नामक कवक द्वारा होता है।

(l) **बाजरे का स्मट (Smut of Millet) :** यह रोग टोलीपोस्पोरियम नामक कवक द्वारा होता है।

(m) **अरहर का झुलसा रोग** (Wilt of Arhar) : यह रोग फ्यूजेरियम ऑक्सीस्पोरियम नामक कवक द्वारा होता है।

(n) **कॉफी रस्ट (Coffee Rust) :** यह रोग हेमोलिया बेस्ट्रोफिक्स नामक कवक द्वारा होता है।

(o) **गेहूँ का पाउडरी मिल्ड्यू रोग (Powdery Mildwe of Wheat) :** इस रोग का कारक इरीसिफे ग्रेमिनिस ट्रिटिकी (Erysiphe Graminis Tritici) नामक कवक है।

(p) **राई का इरगाट रोग (Ergot of Rye) :** इस रोग का कारक क्लेवीसेप्स परपूरिया (Claviceps purpurea) नामक कवक है।

(q) **सरसो का श्वेत गैरिक रोग (White Rust of Mustard) :** इस रोग का कारक सिस्टोपस नामक कवक है।

(r) **आडू का लीफ कर्ल रोग (Leaf Curl of Peach) :** इस रोग का कारक टेफ्रिना डेफार्मेन्स नामक कवक है।

(s) **तीसी का रस्ट** (Rust of Linseed) **:** इस रोग का कारक मेलेम्पसोरा लिनी नामक कवक है।

(t) **धनिए का स्टेम गाल रोग (Stem Gall of Coriander) :** इस रोग का कारक प्रोटोमाइसीज मेक्रोस्पोरस नामक कवक है।

(u) **अजैविक रोग (Abiotic Disease) :** यह रोग पौधों में विभिन्न तत्त्वों की कमी से उत्पन्न होता है।

पौधों में तत्त्वों की कमी से उत्पन्न रोग			
रोग/लक्षण	**किस तत्त्व की कमी से**	**रोग/लक्षण**	**किस तत्त्व की कमी से**
आम एवं बैगन में लिटिल लीफ	जस्ता	लीची में पत्ती का जलना	पोटैशियम
नींबू में डाईबैक	ताँबा	आँवले में निक्रोसिस	बोरीन
नींबू में लिटिल लीफ	ताँबा	शलजम में वाटर कोर	मैंगनीज
		फूलगोभी में ब्राउनिंग	बोरोन
मटर में मार्श रोग	मैंगनीज	गाजर में कोटर स्पॉट	कैल्शियम
आलू का ब्लैक हट रोग	भंडारण में O_2 की कमी	मक्का में White Bud	जस्ता
धान में खैरा रोग	जस्ता	चुकन्दर में हट रॉट	बोरोन

6. आर्थिक वनस्पति विज्ञान

➪ आज पूरी मानव सभ्यता किसी न किसी रूप में पेड़-पौधों और उसके उत्पादों पर निर्भर है। फर्नीचर, अनाज, औषधि, खाद्य तेल, अखाद्य तेल, सब्जियाँ, फल, प्रसाधन, वस्त्र, चाय-पान इत्यादि पौधों के द्वारा प्राप्त होता है। कुछ पौधों के नाम और उसका वानस्पतिक नाम नीचे दिया गया है।

(क) फर्नीचर के लिए		
क्र.	**नाम**	**वानस्पतिक नाम**
1.	सागौन	टेक्टोना ग्रेन्डिस (Tactona Grandis)
2.	साल	शोरिया रोबस्टा (Shorea Robusta)
3.	शीशम	दल्बर्जिया शिशू (Dalbergia Sissoo)
4.	चीड़	पाइनस लांगीफोलिया (Pinus Longifolia)
5.	देवदार	सेन्ड्रस देवदारा (Cnedrus Devdara)
6.	सिरिस	एल्बिजिया लेबेक (Albizzia Labbek)
(ख) सुगंधित तेल देने वाले पौधे		
1.	गुलाब का तेल	रोजा सेन्टीफोलिया (Rosa Centifolia)
2.	लेवेन्डर आयल	लेवेन्डुला आफिसेनिलिस (Lavandula Officinalis)
3.	जस्मीन का तेल	जेस्मीनियम (Jasminium)
4.	चन्दन का तेल	सेन्टलम एलबम (Santalum Album)

जीव विज्ञान 137

5.	चम्पा का तेल	माइकेलिया चम्पाका (Michelia Champaca)
6.	लौंग का तेल	सीजीजीयम एरोमेटिकम (Syzygium Aromaticum)
7.	कपूर का तेल	सिनामोमम कैम्फोरा (Cinnamomum Camphora)
8.	पिपरमिंट का तेल	मेन्था पिपरिटा (Mentha Piperita)
9.	केवड़ा का तेल	पेन्डेनस टेंक्टोरिअस (Pandanus Tinctorius)
(ग) औषधीय पौधे		
1.	एकोनिट या मीठा जहर	एकोनिटम नापेलस (Aconitum Napellus)
2.	रेस्प्रीन	रावोल्फिया सर्पेन्टाइना (Rauwolfia Serpentina)
3.	कुनैन	सिनकोना (Cinchona sp.)
4.	बेलोडोना	एट्रोपा बेलाडोना (Atropa Belladona)
(घ) रंग देने वाले पौधे		
1.	कत्था	एकेसिया केटेचु (Acacia Catechu) के लकड़ी से
2.	नील	इंडिगोफेरा टिंक्टोरिया (Indigofera Tinctoria) के पत्ती से
3.	कुसुम	कार्थेमस टिंक्टोरियस (Carthemus Tinctorius) के फूल से
4.	ढाक	बेटुला मोनोस्पर्मा (Betula Monospernna) के फूल से
5.	केसर	क्रोकस सेटाइवस (Chrocus Sativus) के स्टिग्मा और स्टाइस से
6.	हल्दी	कुरकुमा लौंगा (Curcuma Longa) के ट्यूबर से

7. वनस्पति शास्त्र से सम्बद्ध महत्त्वपूर्ण तथ्य

तथ्य	उदाहरण एवं विवरण
सबसे बड़ा आवृत्तबीजी वृक्ष	युकेलिप्टस
संसार में सबसे लंबा वृक्ष	सिकोया, यह एक नग्नबीजी है। इसकी ऊँचाई 120 मीटर है। इसे कोस्ट रेड बुड ऑफ कैलीफोर्निया भी कहते हैं।
सबसे छोटा (आकार में) आवृत्तबीजी पौधा	(Lemna), यह जलीय आवृत्तबीजी है, जो भारत में भी पाया जाता है।
सबसे बड़ी पत्ती वाला पौधा	विक्टोरिया रीजिया, यह भारत में बंगाल में पाया जाने वाला जलीय पादप है।
सबसे बड़ा फल	लोडोसिया (Lodoicea), इसे डबल कोकोनट भी कहते हैं, यह केरल में पाया जाता है।
सबसे छोटा टेरिडोफाइटा	एजोला, यह एक जलीय पादप है।
सबसे छोटे बीज	आर्किड (Orchid)
सबसे छोटा पुष्प	बुल्फिया, इसका व्यास 0.1 मिमी. का होता है।

सबसे बड़ा पुष्प	रैफ्लेशिया ओरनोल्डाई, व्यास 1 मीटर तथा भार लगभग 8 किग्रा. हो सकता है। यह वाइटिश की जड़ पर परजीवी है।
सबसे छोटा आवृत्तबीजी परजीवी	आरसीथोबियम, यह एक द्विबीजपत्री है, जो नग्नबीजियों के तने पर पूर्ण परजीवी है।
सबसे बड़ा नरयुग्म	साइकस, यह एक नग्नबीजी पादप है।
सबसे बड़ा बीजाण्ड	साइकस
जीवित जीवाश्म	साइकस
सबसे छोटे गुणसूत्र	शैवाल में
सबसे लम्बे गुणसूत्र	ट्राइलियन में
सबसे ज्यादा गुणसूत्र वाला पौधा	औफियोग्लोसम, (फर्न) जिसके डिप्लॉयड कोशिका में 1266 गुणसूत्र होते हैं।
सबसे कम गुणसूत्र वाला पादप	हेप्लोपोपस ग्रेसिलिस
सबसे छोटा नग्न बीजी पादप	जेमिया पिगमिया
सबसे भारी काष्ठ वाला पौधा	हार्डविचिया बाइनेका
सबसे हल्की काष्ठ वाला पौधा	ओक्रोमा लेगोपस
सबसे छोटी कोशिका	माइकोप्लाज्मा गेलिसेप्टिकम
टेनिस गेंद जैसा फल	केन्थ
जंगल की आग	ढाक
कॉफी देने वाला पौधा	कोफिया अरेबिका, इसमें कैफीन होती है।
कोको देने वाला पौधा	थियोब्रोममा केकओ, इसमें थिओब्रोमीन व कैफीन होती है।
अफीम देने वाला पौधा	पोपी (पेपावर सोमेनिफेरम) इसमें मोपीन होती है।

नोटः मशालों के रूप में प्रयुक्त लौंग फूल की कली से प्राप्त होता है।

8. जन्तु विज्ञान

- 'जन्तु विज्ञान' ग्रीक भाषा के दो शब्दों से मिलकर बना है। इसमें (Zoon = Animal और Logos = Study) अर्थात् जन्तुओं का अध्ययन। अतः जन्तु विज्ञान, विज्ञान की वह शाखा है, जिसके अन्तर्गत समस्त जन्तुओं अथवा प्राणियों का अध्ययन किया जाता है।

I. जन्तु-जगत का वर्गीकरण (Classification of Animal Kingdom)

- विश्व के समस्त जन्तु-जगत को दो उप-जगतों में विभक्त किया गया है- (i) एककोशिकीय प्राणी (Unicellular Animal) (ii) बहुकोशिकीय प्राणी (Multicellular Animal)।
- एककोशिकीय प्राणी एक ही संघ प्रोटोजोआ में रखे गये जबकि बहुकोशिकीय प्राणियों को 9 संघों में विभाजित किया गया है।
- स्टोरर व यूसिन्जर ने जन्तुओं का वर्गीकरण निम्न प्रकार से किया है-

1. संघ-प्रोटोजोआ (Protozoa)

- प्रोटोजोआ शब्द का प्रयोग सर्वप्रथम गोल्डफस (Goldfus) ने 1820 ई. में किया, जिसका अर्थ

है प्रथम जन्तु (First Animal)। ये एककोशिकीय (Unicellular) तथा सूक्ष्मदर्शी जन्तु हैं। इस संघ के जन्तुओं के प्रमुख लक्षण निम्नलिखित हैं-

(i) इनका शरीर केवल एककोशिकीय होता है।

(ii) इनके जीवद्रव्य में एक या अनेक केन्द्रक पाये जाते हैं।

(iii) प्रचलन पदाभों, पक्ष्मों या कशाभों के द्वारा होता है।

(iv) ये स्वतंत्रजीवी एवं परजीवी दोनों प्रकार के होते हैं।

(v) सभी जैविक क्रियाएँ (भोजन, पाचन, श्वसन, उत्सर्जन, जनन) एककोशिकीय शरीर के अंदर होती है।

(vi) श्वसन एवं उत्सर्जन कोशिका की सतह से विसरण के द्वारा होते हैं, प्रोटोजोआ एण्ट अमीबा हिस्टोलिटिका का संक्रमण मनुष्य में 0-40 वर्षों के लिए बना रहता है।

2. संघ-पोरिफेरा (Porifera)

➭ पोरिफेरा शब्द का प्रयोग सर्वप्रथम राबर्ट ग्राण्ट (Robert Grant) ने 1825 ई. में किया था। इनका सम्पूर्ण शरीर छोटे-छोटे छिद्रों से बना होता है। यह छिद्र इनकी क्रियात्मक सक्रियता की प्राथमिक संरचनाएँ हैं। इस संघ के जन्तुओं के प्रमुख लक्षण निम्नलिखित हैं-

(i) इस संघ के सभी जन्तु खारे जल में पाये जाते हैं।

(ii) ये बहुकोशिकीय (Multicellular) जन्तु हैं, परन्तु कोशिकाएँ नियमित ऊतकों का निर्माण नहीं करती हैं।

(iii) शरीर पर असंख्य छिद्र (Ostia) पाये जाते हैं।

(iv) शरीर में एक गुहा पायी जाती है, जिसे स्पंज गुहा कहते हैं।

उदाहरण : साइकन, मायोनिया, स्पंज आदि इस संघ के प्रमुख जन्तु हैं।

3. संघ सीलेन्ट्रेटा या निडेरिया (Coelenterata or Canidaria)

➭ सीलेन्ट्रेटा शब्द का प्रयोग सर्वप्रथम लूकर्ट (Leuckart) ने 1847 ई. में किया। ये बहुकोशिकीय (Multicellular) तथा अरीय सममित (Radially Symmetrical) जन्तु है। कुछ जातियाँ स्वच्छ जल एवं तालाबों में और अधिकांश समुद्री खारे पानी (Marine) में पायी जाती है। इस संघ के जन्तुओं के प्रमुख लक्षण निम्नलिखित हैं-

(i) प्राणी जलीय द्विस्तरीय होते हैं।

(ii) मुख के चारों ओर कुछ धागे की तरह की संचरनाएँ, पायी जाती हैं, जो भोजन आदि पकड़ने में मदद करती हैं।

उदाहरण : हाइड्रा, जेलीफिश, सी एनीमोन, मूँगा आदि इस संघ के प्रमुख जन्तु हैं।

4. संघ-प्लेटीहेल्मिन्थीज (Platyhelminthes)

➭ प्लेटीहेल्मिन्थीज शब्द का प्रयोग सर्वप्रथम गीगेनबार (Gegenbar) ने 1899 ई. में किया। इस संघ के अधिकांश जन्तु परजीवी होते हैं। इस संघ के जन्तुओं के प्रमुख लक्षण निम्नलिखित हैं-

(i) तीन स्तरीय शरीर परन्तु देहगुहा नहीं होती।

(ii) पृष्ठ आधार तल से शरीर चपटा होता है।

(iii) पाचन तंत्र विकसित नहीं होता है।

(iv) उत्सर्जन फ्लेम कोशिकओं द्वारा होता है।

(v) कंकाल, श्वसन अंग, परिवहन अंग आदि नहीं होते हैं।

(vi) ये प्राय: उभयलिंगी (Bisexual) जन्तु हैं।

उदाहरण : प्लेनेरिया, लिवर फल्यूक, फीता कृमि आदि इस संघ के प्रमुख जन्तु हैं।

5. संघ-निमैटोडा (Nematoda)

➩ इनको मुख्यतः गोलकृमि कहा जाता है। इस संघ के जन्तुओं के प्रमुख लक्षण निम्नलिखित हैं-

(i) लंबे, बेलनाकार, अखंडित कृमि होते हैं।

(ii) शरीर द्विपार्श्व सममित, त्रिस्तरीय होता है।

(iii) आहारनाल स्पष्ट होती है, जिनमें मुख तथा गुदा दोनों ही होते हैं।

(iv) परिवहन अंग तथा श्वसन अंग नहीं होते, परन्तु तंत्रिका तंत्र विकसित होता है।

(v) उत्सर्जन प्रोटोनफ्रीडिया द्वारा होता है।

(vi) एकलिंगी होते हैं।

उदाहरण : गोलकृमि जैसे- ऐस्कैरिस, थ्रेडवर्म, वुचरेरिया आदि इस संघ के प्रमुख जन्तु हैं।

नोटः (i) थ्रेडवर्म/पिनवर्म मुख्यतः छोटे बच्चों की गुदा में पाये जाते हैं। इससे बच्चों को वहां खुजली होती है, भूख कम लगती है और उल्टियाँ भी होती हैं।

(ii) वुचरेरिया (Wuchereria) द्वारा फाइलेरिया होता है।

6. संघ ऐनीलिडा (Annelida)

➩ ऐनीलिडा शब्द का सर्वप्रथम प्रयोग लैमार्क (Lamarck) ने किया था। इस संघ के जन्तुओं के प्रमुख लक्षण निम्नलिखित हैं-

(i) शरीर लंबा, पतला, द्विपार्श्व सममित तथा खंडों में बँटा हुआ होता है।

(ii) प्रचलन मुख्यतः काइटिन के बने सीटी (Setae) द्वारा होता है।

(iii) आहारनाल पूर्णतः विकसित होते हैं।

(iv) श्वसन प्रायः त्वचा के द्वारा कुछ जन्तुओं में क्लोम के द्वारा होता है।

(v) रुधिर लाल होता है एवं तंत्रिका तंत्र साधारण होता है।

(vi) उत्सर्जी अंग वृक्क के रूप में होते हैं।

(vii) एकलिंगी एवं उभयलिंगी दोनों प्रकार के होते हैं।

उदाहरण : केंचुआ, जोंक, नेरिस आदि इस संघ के प्रमुख जन्तु हैं।

नोटः केंचुए में चार जोड़ी हृदय होते है। इसके जीवद्रव्य में हीमोग्लोबिन का विलय हो जाता है।

7. संघ-आर्थोपोडा (Arthopoda)

➩ आर्थ्रोपोडा शब्द का प्रयोग सर्वप्रथम वान सीबोल्ड (Van Seibold) ने 1845 ई. में किया, जिसका अर्थ है संयुक्त उपांग। यह संसार का सबसे बड़ा संघ है। इस संघ का सबसे बड़ा वर्ग कीटवर्ग (Insecta) है। इस संघ के जन्तुओं के प्रमुख लक्षण निम्नलिखित हैं-

(i) शरीर तीन भागों में विभक्त होता है- सिर, वक्ष एवं उदर।

(ii) इनके पाद संधियुक्त होते हैं।

(iii) रुधिर परिसंचारी तंत्र खुले प्रकार का होता है।

(iv) इनकी देह गुहा हीमोसील कहलाती है।

(v) ट्रेकिया गिल्स, बुक लंग्स, सामान्य सतह आदि श्वसन अंग हैं।

(vi) यह प्रायः एकलिंगी होते हैं एवं निषेचन शरीर के अंदर होता है।

उदाहरण : तिलचट्टा, झींगा मछली, केकड़ा, खटमल, मक्खी, मच्छर, मधुमक्खी, टिट्डी आदि इस संघ के प्रमुख जन्तु हैं।

नोट :

(i) कीटों में छह पाद व चार पंख होते हैं।

(ii) कॉकरोच के हृदय में 13 कक्ष (Chamber) होते हैं।

जीव विज्ञान 141

(iii) चींटी एक सामाजिक जन्तु हैं, जो श्रम-विभाजन प्रदर्शित करती है।

(iv) दीमक (Termite) भी एक सामाजिक कीट है, जो बस्ती (Colony) में रहती है।

8. संघ-मोलस्का (Mollusca)

➪ मोलस्का अकशेरुकी का दूसरा सबसे बड़ा संघ है। मोलस्का शब्द का प्रयोग सर्वप्रथम अरस्तू (Aristotle) ने कटलफिश के लिए किया था। अधिकांश मोलस्का खारे जल में पाये जाते हैं, परन्तु इनमें से कुछ स्वच्छ जलीय एवं कुछ स्थलीय (Terrestrial) भी हो। इस संघ के जन्तुओं के प्रमुख लक्षण निम्नलिखित हैं-

(i) शरीर तीन भागों में विभक्त होता है- सिर, अंतरांग तथा पाद।

(ii) इनमें कवच सदैव उपस्थित रहता है।

(iii) आहारनाल पूर्ण विकसित होता है।

(iv) इनमें श्वसन गिल्स (Gills), टिनीडिया (Ctenidia) अथवा मेन्टल (Mantle) द्वारा होता है।

(v) रक्त रंगहीन होता है।

(vi) उत्सर्जन वृक्कों के द्वारा होता है।

उदारहण : घोंघा, सीपी आदि इस संघ के प्रमुख जन्तु हैं।

9. संघ-इकाइनोडर्मेटा (Echinodermata)

➪ इकाइनोडर्मेटा सर्वप्रथम जैकोब क्लिन (Jacob Klein) ने 1738 ई. में स्थापित किया जिसका अर्थ है कंटकीय त्वचा। इस संघ के जन्तुओं के प्रमुख लक्षण निम्नलिखित हैं-

(i) इस संघ के सभी जन्तु समुद्री होते हैं।

(ii) जल संवहन तंत्र पाया जाता है।

(iii) प्रचलन, भोजन ग्रहण करने हेतु नाल पाद होते हैं, जो संवेगी अंग का कार्य करते हैं।

(iv) तंत्रिका तंत्र में मस्तिष्क विकसित नहीं होता।

(v) पुनरुत्पादन की विशेष क्षमता होती है।

उदाहरण : तारा मछली (Star Fish), ब्रिटल स्टार (Brittle Star), समुद्री अरचिन (See Urchins), समुद्री खीरा (See Cucumber), कुकमेरिया (Cucumaria), थायोन (Thione) आदि इस संघ के प्रमुख जन्तु हैं।

10. संघ-कॉर्डेटा (Chordata)

➪ इस संघ के जीव समुद्रीय, कृमि के आकार के (Worm Like), जीभ-कृमि (Tongue Worms) होते हैं। ये समुद्र किनारे सुरंगें (Burrows) बनाकर रहते हैं। इस संघ के जन्तुओं के प्रमुख लक्षण निम्नलिखित हैं-

(i) इनमें नोटोकॉर्ड (Notochord) उपस्थित होता है।

(ii) इनमें क्लोम छिद्र (Gill Slits) अवश्य होते हैं।

(iii) इनमें नालदार तंत्रिका रज्जु अवश्य पाया जाता है।

संघ कॉर्डेटा के प्रमुख वर्ग

➪ कॉर्डेटा में वर्गीकरण के अनुसार 13 वर्ग हैं, किन्तु इनके सबसे प्रमुख वर्ग और उनके लक्षण निम्नलिखित हैं-

A. मत्स्य वर्ग (Pisces) और इनके लक्षण

(i) ये सभी असमतापी (Cold Blooded) जन्तु हैं।

(ii) इनका हृदय द्विवेशमी (Two Chambered) होता है और केवल अशुद्ध रक्त ही पंप करता है।

(iii) श्वसन गिल्स (Gills) के द्वारा होता है।

उदाहरण : रोहू, कतला, स्कोलियोडन, समुद्री घोड़ा तथा टारपीडो (Torpedo) आदि।

B. एम्फीबिया वर्ग (Amphibia) और इनके लक्षण

(i) ये सभी प्राणी जल और थल दोनों में पाये जाते हैं, इसलिए इन्हें एम्फीबिया या उभयचर कहा जाता है।

(ii) ये असमतापी (Cold Blooded) होते हैं।

(iii) श्वसन क्लोमों, त्वचा एवं फेफड़ों द्वारा होता है।

(iv) हृदय त्रिवेश्मी (Three Chambered) होता है, अर्थात् इनमें दो अलिन्द (Auricles) और एक निलय (Ventricle) होते हैं। **उदाहरण**- मेढक।

C. सरीसृप वर्ग (Reptiles) और इनके लक्षण

(i) ये साधारणतः स्थलवासी हैं, लेकिन कुछ जलवासी भी होते हैं।

(ii) ये असमतापी (Cold Blooded) होते हैं।

(iii) वास्तविक स्थलीय कशेरुकी जन्तु हैं।

(iv) दो जोड़ी पाद होते हैं।

(v) कंकाल पूर्णतः अस्थिल होता है।

(vi) त्वचा सूखी (Dry) और खुरदुरी होती है।

(vii) श्वसन फेफड़ों के द्वारा होता है।

(viii) इनके अंडे कैल्शियम कार्बोनेट की बनी कवच से ढके रहते हैं।

उदाहरण : छिपकली, साँप, घड़ियाल, कछुआ आदि इस वर्ग के प्रमुख जन्तु हैं।

सरीसृप वर्ग से सम्बन्धित अन्य बातें

(i) घोंसला बनाने वाला एकमात्र सर्प नागराज है, जिसका भोजन मुख्य रूप से अन्य सर्प है।

(ii) विश्व की एकमात्र जहरीली छिपकली हिलोडर्मा है।

(iii) समुद्री साँप जिसे हाइड्रोफिश कहते हैं, संसार का सबसे जहरीला साँप है।

(iv) मेबुईया बिल बनाने वाली छिपकली होती है, इसका प्रचलित नाम स्किंक है।

नोट : मीसोजोइक युग (Mesozoic Era) को सरीसृपों का युग (Era of Reptiles) कहा जाता है।

D. पक्षी वर्ग (Aves) और इनके लक्षण

(i) इसका अगला पाद उड़ने के लिए पंखों में रूपांतरित हो जाते हैं।

(ii) ये समतापी या गर्म रुधिर वाले (Warm Blooded) होते हैं, अर्थात् इनके शरीर का तापक्रम वातावरण के बदलने के साथ बदलता नहीं, बल्कि सदैव स्थिर होता है।

(iii) इसके हृदय में चार वेश्म (Four Chamber) होते हैं- दो आलिंद और दो निलय।

(iv) इनका श्वसन अंग फेफड़ा है।

(v) मूत्राशय अनुपस्थित रहता है।

उदाहरण : कौआ, मोर तथा तोता आदि इस वर्ग के प्रमुख जन्तु हैं।

पक्षी वर्ग से सम्बन्धित अन्य बातें

(i) कुछ पक्षियों जैसे- कीवी (Kiwi), ईमू (Emu) तथा शुतुरमुर्ग (Ostrich) में दौड़ने की क्षमता तो होती है लेकिन उड़ने की क्षमता नहीं होती।

(ii) सबसे बड़ा जीवित पक्षी शुतुरमुर्ग है।

(iii) सबसे छोटा पक्षी हमिंग बर्ड (Humming Bird or Sun Bird) है जबकि सबसे बड़ी पक्षी कन्डोर्स तथा एल्वाट्रासेस (Condors and Albatrosses) है।

(iv) तीव्रतम पक्षी अवावील है।

नोट: भारत का सबसे बड़ा चिड़ियाघर अलीपुर (कोलकाता) एवं विश्व का सबसे बड़ा चिड़ियाघर क्रूजर नेशनल पार्क दक्षिण अफ्रीका में है।

E. स्तनधारी वर्ग (Mammalia) और इनके लक्षण

(i) स्तनधारी शब्द का अर्थ स्तन ग्रन्थियाँ (Mammary Gland) है जिनसे उत्पन्न दुग्ध द्वारा इनके शिशु पोषण प्राप्त करते हैं।

(ii) ये मुख्यत: स्थलीय होते हैं तथा कुछ जलीय एवं वायुवीय भी होते हैं।

(iii) त्वचा पर स्वेद ग्रन्थियाँ (Sweat Gland) और तैल ग्रन्थियाँ (Oil gland) पायी जाती है।

(iv) इनके शरीर का तापमान बाहरी वातावरण के तापमान परिवर्तन के साथ नहीं बदलता।

(v) इनका हृदय चार वेश्मों (Four Chambered) वाला होता है।

(vi) इनमें दाँत जीवन में दो बार निकलते हैं। इसलिए इन्हें द्विबारदंती (Diophyodont) कहते हैं।

(vii) इनके लाल रुधिराणुओं में केन्द्रक नहीं होता (केवल ऊँट एवं लामा इसके अपवाद हैं)।

(viii) बाह्य कर्ण (Pinna) उपस्थित होता है।

स्तनधारी वर्ग के उपवर्ग

➩ स्तनधारी वर्ग को तीन उपवर्गों में बाँटा गया हैं-

(i) **प्राटोथीरिया (Prototheria) :** ये अण्डे देने वाले (Oviparous) जन्तु हैं जिनके अण्डे कवच-युक्त (Shelled) होते हैं।

उदाहरण : एकिडना (Echidna), ऑर्निथोरिका (Ornithorhynchus) या बत्तख चोंच (Duck Billed Platpus) इनके प्रमुख अंग है।

(ii) **मैटाथीरिया (Metatheria) :** ये अपरिपक्व बच्चे को जन्म देते हैं।

उदाहरण : ऑस्ट्रेलिया में पाया जाने वाला कंगारू इसका प्रमुख उदाहरण हैं।

(iii) **यूथीरिया (Eutheria) :** ये पूर्ण विकसित शिशुओं को जन्म देते हैं।

उदाहरण : मनुष्य इस उपवर्ग का प्रमुख उदाहरण है।

नोट : (i) स्तनधारी वर्ग में रक्त का सबसे अधिक तापमान बकरी का होता है। बकरी का औसत तापमान 39°C होता है।

(ii) डक विल्ड प्लैटीपस एकमात्र विषैला स्तनी है।

II. जन्तु कोशिका (Animal Tissue)

➩ कोशिकाओं के समूह को ऊतक कहते हैं। ऊतकों को चार श्रेणियों में बाँटा गया है- 1. उपकला ऊतक (Epithelial Tissue) 2. पेशीय ऊतक (Muscular Tissue) 3. संयोजी ऊतक (Connective Tissues) 4. तंत्रिका ऊतक (Nerve Tissue)।

1. **उपकला ऊतक (Epithelial Tissue) :** ये ऊतक शरीर की सुरक्षा का कार्य करते हैं। गैसीय विनिमय, अवशोषण और उत्सर्जन का भी काम करते हैं। इन ऊतकों द्वारा घाव भर जाता है, क्योंकि इनमें पुनरुत्पादन (Regeneration) की क्षमता बहुत ज्यादा होती है। शरीर की त्वचा, अमाशय, आँत, पित्ताशय, हृदय, जीभ आदि का बाहरी आवरण इन्हीं ऊतकों का बना होता है।

2. **पेशीय ऊतक (Muscular Tissue) :** इसे संकुचनशील ऊतक (Contractile Tissue) के नाम से भी जाना जाता है। शरीर की सभी पेशियाँ इसी ऊतक से मिलकर बनी होती है। पेशीय ऊतक तीन प्रकार के होते हैं-

(i) **रेखित (Striped) :** ये पेशियाँ शरीर के उन भागों में पायी जाती है जो इच्छानुसार गति करती हैं। प्राय: इन पेशियों के एक या दोनों सिरे रूपांतरित होकर टेण्डन के रूप में अस्थियों से जुड़े होते हैं।

(ii) **अरेखित (Unstriped) :** यह पेशी ऊतक उन अंगों की दीवारों पर पाया जाता है जो अनैच्छिक रूप से गति करते हैं, जैसे- आहारनाल, मलाशय, मूत्राशय, रक्त-वाहिनियाँ आदि। अरेखित पेशियाँ उन सभी अंगों की गतियों को नियंत्रित करती हैं जो स्वयंमेव गति करते हैं।

(iii) **हृदयक (Cardiac) :** ये पेशियाँ केवल हृदय की दीवारों में पायी जाती हैं। हृदय गति इन्हीं पेशियों के कारण होती है जो बिना रुके जीवनपर्यंत गति करती है। संरचना की दृष्टि से यह रेखित पेशी ऊतक से मिलती-जुलती है।

नोट : (a) मानव शरीर में मांसपेशियों की संख्या 639 होती है।

(b) मानव शरीर की सबसे बड़ी मांसपेशी ग्लूटियस मैक्सीमस (कूल्हा की मांसपेशी) तथा सबसे छोटी मांसपेशी स्टैपिडियस है।

3. **संयोजी ऊतक (Connective Tissue) :** यह ऊतक शरीर के सभी अन्य ऊतकों तथा अंगों को आपस में जोड़ने का कार्य करती है। तरल संयोजी ऊतक (जैसे-रक्त एवं लसिका) संवहन के कार्य में भी सहायक होता है। यह ऊतक शरीर के तापक्रम को नियंत्रित करता है तथा मृत कोशिकाओं को नष्ट करके मृत ऊतकों एवं कोशिकाओं की पूर्ति करता है। रक्त, लिम्फ, हड्डियाँ, प्रोटीन ऊतक आदि संयोजी ऊतक हैं।

4. **तंत्रिका ऊतक (Nerve Tissue)** - इसे चेतना ऊतक भी कहते हैं। जीवों का तंत्रिका-तन्त्र इन्हीं ऊतकों का बना होता है। यह दो विशिष्ट प्रकार की कोशिकओं का बना होता है- (a) तंत्रिका कोशिका या न्यूरॉन्स और (b) न्यूरोग्लिया। यह ऊतक शरीर में होने वाली सभी अनैच्छिक एवं ऐच्छिक क्रियाओं को नियंत्रित करता है। न्यूरोग्लिया कोशिकएँ मस्तिष्क की गुहा को आस्तिरित करती है।

जन्तु ऊतकों का संक्षिप्त विवरण				
क्र.	**ऊतक का नाम**	**स्थिति**	**रचना**	**कार्य**
1.	उपकला (Epithelial Tissues)	शरीर एवं आंतरांगों की सभी उघड़ी सतहों पर	आधार झिल्ली पर सधी एवं सटी कोशाओं की एक या अधिक पर्तें	सुरक्षात्मक, संवहन अवशोषण, उत्सर्जन संवदेना ग्रहण
2.	संयोजी ऊत (Connective Tissues)	ऊतकों एवं अंगों के बीच में संयोजन	अन्तराकोशिकीय पदार्थ अधिक, इसमें दूर-दूर कोशाएँ एवं तन्तु	आंतरांगों को रोगों से रक्षा, पदार्थो का संग्रह एवं संवहन, मरम्मत
	(i) वास्तविक संयोजी ऊतक	त्वचा के नीचे, अस्थियाँ उपास्थियाँ, नेत्रों पेशियों आदि की खोल, वसा पिण्ड, अस्थिमज्जा, प्लीहा, यकृत, वृक्क आदि में	जैली मैट्रिक्स कोलजन, इलास्टिन से बना हुआ	शरीर की सुरक्षा, ताप नियंत्रण, पेशी संकुचन इत्यादि।

	(ii) कंकालीय ऊतक	पैरों की हड्डियों में, कान का पिन्ना, कंकाल की सारी लंबी हड्डियाँ	मैट्रिक्स काण्ड्रिन का, खोल तन्तुमय झिल्ली का	कंकाल का अंश
	(iii) संवहनीय ऊतक	रुधिर एवं लसिका	तरल प्लाज्मा मैट्रिक्स	शरीर में संचरण का काम, रोग से बचाव, रक्तस्राव को रोकना
3.	पेशीय ऊतक	शरीर की सारी पेशियाँ	सकरी व लंबी, तन्तुनुमा संकुचनशील कोशाएँ	गति एवं गमन
	(i) रेखित	सारी कंकाल पेशियाँ	कोशाएँ बेलनाकार व जटिल	शरीर की गमन अंगों की ऐच्छिक गति
	(ii) अरेखित	आंतरांगों की दीवारों में	कोशाएँ तुर्करूप एवं सरल	आंतरांगों की अनैच्छिक गति
	(iii) हृदयक	हृदय की दीवारों में	रेखित पेशीय कोशाएँ, बेलनाकार	हृदय-स्पन्दन
4.	तंत्रिकीय ऊतक	सम्पूर्ण तंत्रिका तन्त्र	कोशाएँ बड़ी, जटिल, शाखान्वित	विद्युत-रासायनिक स्पन्दों का संवहन
5.	जनन ऊतक	जनन अंगों में	मुख्यतः जनित्र कोशाएँ	युग्मक कोशाओं का निर्माण

III. मानव रक्त (Human Blood)

- मानव शरीर में रक्त की मात्रा शरीर के भार का लगभग 7% होती है।
- रक्त एक क्षारीय विलयन है, जिसका pH मान 7.4 होता है।
- रक्त एक तरल संयोजी ऊतक (Connective Tissue) है।
- एक स्वस्थ्य वयस्क मनुष्य में औसतन 5-6 लीटर रक्त होता है।
- महिलाओं में पुरुषों की तुलना में आधा लीटर रक्त कम होता है।
- रक्त में दो तरह के पदार्थ पाये जाते हैं- 1. प्लाज्मा (Plasma) और 2. रुधिराणु (Blood Corpuscles)।

 1. **प्लाज्मा (Plasma)** : यह रक्त का अजीवित तरल भाग होता है।
    - रक्त का लगभग 60 प्रतिशत भाग प्लाज्मा होता है।
    - प्लाज्मा का 90% भाग जल, 7% प्रोटीन, 0.9% लवण और 0.1% ग्लूकोज होता है। शेष पदार्थ बहुत कम मात्रा में होता है।

- **प्लाज्मा के कार्य** : पचे हुए भोजन एवं हार्मोन का शरीर में संवहन प्लाज्मा के द्वारा ही होता है।

नोट : जब प्लाज्मा में से फाइब्रिनोजेन नामक प्रोटीन निकाल लिया जाता है, तो शेष प्लाज्मा को **सेरम** (Serum) कहा जाता है।

2. **रुधिराणु (Blood Corpuscles) :** यह रक्त का शेष 40% भाग होता है। इसे तीन भागों में बाँटते हैं- (a) लाल रक्त कणिकाएँ (RBCs-Red Blood Corpuscles) (b) श्वेत रक्त कणिकाएँ (WBCs- White Blood Corpuscles) (c) रुधिर बिम्बाणु या थ्राम्बोसाइट्स (Blood Platelets or Thrombocytes)

(a) लाल रक्त कणिकाएँ (RBCs- Red Blood Corpuscles or Erythrocytes)

- लाल रुधिराणु, रुधिराणु का 99% होती है।
- स्तनधारियों के लाल रक्त कण उभयावतल होते हैं।
- इसमें केन्द्रक नहीं होता है। केवल ऊँट और लामा नामक स्तनधारी के RBCs में ही अपवाद के रूप में केन्द्रक पाया जाता है।
- RBCs का निर्माण अस्थिमज्जा (Bonemarrow) में होता है।
- प्रोटीन, आयरन, विटामिन B_{12} एवं फोलिक अम्ल RBCs के निर्माण में मदद करते हैं।
- भ्रूण अवस्था में मदद करते हैं।
- RBCs का जीवनकाल 110-120 दिन का होता है।
- RBCs की मृत्यु यकृत (Liver) और प्लीहा (Spleen) में होती है। इसीलिए यकृत और प्लीहा को RBCs का कब्र कहा जाता है।
- RBCs में हीमोग्लोबिन (Haemoglobin) नामक प्रोटीन पायी जाती है, जिसमें हीम (Haem) नामक रंजक (Dye) होता है, जिसके कारण रक्त का रंग लाल होता है। ग्लोबिन (Globin) लौहयुक्त प्रोटीन है, जो ऑक्सीजन एवं कार्बन डाइऑक्साइड से संयोग करने की क्षमता रखता है।
- हीमोग्लोबिन में पाया जाने वाला लौह यौगिक हीमैटिन (Haematin) है।
- हीमीग्लोबिन बैंगनी (Viloet) रंग का होता है जबकि ऑक्सी-हीमोग्लोबिन (HbO_2) चमकदार लाल रंग का होता है। ऑक्सीजन (O_2) की कितनी मात्रा का संयोजन हीमोग्लोबिन से होगा, यह ऑक्सीजन के आंशिक दाब एवं रक्त pH पर आधारित होता है।

नोट : भ्रूण अवस्था में RBCs का निर्माण यकृत (Liver) तथा प्लीहा (Spleen) में होता है।

RBCs के मुख्य कार्य

- शरीर के हर कोशिका में ऑक्सीजन पहुँचाना और कार्बन डाइऑक्साइड को वापस लाना है।
- हीमोग्लोबिन की शरीर में कम मात्रा होने पर रक्तक्षीणता (Anaemai) रोग हो जाता है। अत्यधिक थकान का महसूस होना, आँखों के सामने अंधेरा छा जाना, चक्कर आना तथा भूख न लगना इत्यादि रक्तक्षीणता के लक्षण हैं।
- सोते समय RBCs 5% कम हो जाता है एवं जो लोग 4200 मीटर की ऊँचाई पर होते हैं उनकी RBCs में 30% की वृद्धि हो जाती है।।
- RBCs की संख्या हीमोसाइटोमीटर से ज्ञात की जाती है।

(b) श्वेत रक्त कणिकाएँ (WBCs-White Blood Corpuscles or Leucocytes)

- मनुष्य के शरीर में WBCs की संख्या 5 से 9 हजार तक होती है। इनमें इओसिनोफिल 1 से 4% तक होता है।
- WBCs शरीर की प्रतिरक्षा में महत्त्वपूर्ण भूमिका निभाते हैं।
- WBCs आकार और रचना में अमीबा (Amoeba) के समान होता है। इसमें केन्द्रक रहता है।
- WBCs का निर्माण अस्थिमज्जा (Bonemarrow), लिम्फ नोड (Lymphnode) और कभी-कभी यकृत (Liver) एवं प्लीहा (Spleen) में भी होता है।

- WBCs का जीवन काल 24-30 घंटा होता है। इसकी मृत्यु रक्त में ही हो जाती है।
- WBCs का मुख्य कार्य शरीर को रोगों के संक्रमण से बचाना है।
- WBCs का सबसे अधिक भाग (60-70%) न्यूट्रोफिल्स कणिकाओं का बना होता है। न्यूट्रोफिल्स कणिकाएँ रोगाणुओं तथा जीवाणुओं का भक्षण करती हैं।
- WBCs में अन्य पदार्थ, जैसे- बेसोफिल्स, हेटरोफिल्स, लिम्फोसाइट, मोनासाइट होते हैं। लिम्फोसाइट (Lymphocytes) WBCs की कुल संख्या का 20% से 40% तक होते हैं। मोनासाइट (Monacytes) सक्रिय भ्रमण और भक्षण का कार्य करते हैं।
- RBCs और WBCs का अनुपात 600:1 है।

(c) रुधिर बिम्बाणु (Blood Platelets or Thrombocytes)

- यह केवल मनुष्य एवं स्तनधारियों के रक्त में पाया जाता है।
- इनकी संख्या 2 से 5 लाख प्रतिघन मिमी. रक्त होती है।
- इनमें केन्द्रक नहीं होता है। इसका निर्माण अस्थिमज्जा (Bonemarrow) में होता है।
- इनका जीवनकाल 3 से 5 दिन का होता है। इनकी मृत्यु प्लीहा (Spleen) में होती है।
- इनका मुख्य कार्य रक्त के थक्का बनाने (Clotting) में मदद करना।

रक्त के मुख्य कार्य (Main Functions of Blood)

- शरीर के ताप का नियंत्रण तथा शरीर की रोगों से रक्षा करना।
- शरीर के वातावरण को स्थायी बनाये रखना तथा घावों को भरना।
- O_2, CO_2 पचा हुआ भोजन, उत्सर्जी पदार्थ एवं हार्मोन का संवहन करना।
- लैंगिक वरण में सहायता करना तथा विभिन्न अंगों में सहयोग स्थापित करना।
- रक्त का थक्का (Clot) बनाना।
- **रक्त का थक्का बनना (Clotting of Blood)** : रक्त का थक्का बनने के दौरान तीन महत्त्वपूर्ण प्रतिक्रियाएँ होती हैं। ये प्रतिक्रियाएँ निम्नलिखित हैं-

1.	थ्राम्बोप्लास्टिन (Thromboplastin)	+	प्रोथ्रोम्बिन (Prothrombin)	+	कैल्शियम$^{++}$ (Calcium^{++})	=	थ्रोम्बिन (Thrombin)
2.	थ्रोम्बिन (Thrombin)	+	फाइब्रिनोजोन (Fibrinogen)			=	फिबरीन (Fibrin)
3.	फिबरीन (Fibrin)	+	रक्त रुधिराणु (Blood Corpuscles)			=	रक्त का थक्का (Clot of Blood)

- रुधिर प्लाज्मा के प्रोथ्रोम्बिन (Prothrombin) तथा फाइब्रिनोजोन (Fibrinogen) का निर्माण यकृत में विटामिन K की सहायता से होता है। विटामिन K रक्त के थक्का बनाने में सहायक से होता है। सामान्यत: रक्त का थक्का 2-5 मिनट में बन जाता है।
- रक्त का थक्का बनाने के लिए अनिवार्य प्रोटीन फाइब्रिनोजोन (Fibrinogen) है।

मानव के रक्त-समूह (Blood Groups of Human)

- मानव रुधिर में चार प्रकार के रुधिर वर्ग होते हैं। इसकी खोज 1902 में कार्ल लैंडस्टीनर (Karl Landsteiner) ने की तथा इसके लिए इन्हें 1930 में नोबल पुरस्कार मिला।
- मानव समुदाय के रक्तों की भिन्नता का मुख्य कारण RBC में पायी जाने वाली ग्लाइको प्रोटीन है, जिसे एण्टीजन (Antigen) कहते हैं।
- एण्टीजन (Antigen) दो प्रकार के होते हैं- एण्टीजन A एवं एण्टीजन B।

- एण्टीजन या ग्लाइको प्रोटीन की उपस्थिति के आधार पर मनुष्य में चार प्रकार के रुधिर वर्ग होते हैं-
  - (i) जिनमें एण्टीजन (Antigen) A होता है- रुधिर वर्ग A।
  - (ii) जिनमें एण्टीजन (Antigen) B होता है- रुधिर वर्ग B।
  - (iii) जिनमें एण्टीजन (Antigen) A एवं B दोनों होते हैं- रुधिर वर्ग AB।
  - (iv) जिनमें दोनों में से कोई एण्टीजन (Antigen) नहीं होता है- रुधिर वर्ग O।

मानव में विभिन्न रुधिर वर्ग			
रुधिर वर्ग	**प्रतिरक्षी/एण्टीबॉडी (प्लाज्मा में)**	**प्रतिजन/एण्टीजन (RBC में)**	**भारतीयों में संख्या (% में)**
A	केवल b	केवल A	23.5
B	केवल a	केवल B	34.5
AB	अनुपस्थित	A,B दोनों	7.5
O	a तथा b दोनों	अनुपस्थित	34.5

- किसी एण्टीजन (Antigen) की अनुपस्थिति में एक प्रकार की प्रोटीन रुधिर प्लाज्मा में पायी जाती है। इसको एण्टीबॉडी (Antibody) कहते हैं। एण्टीबॉडी दो प्रकार की होती है- एण्टीबॉडी a एवं एण्टीबॉडी b।

रक्त का आधान (Blood Transfusion)

- एण्टीजन A एवं एण्टीबॉडी a, एण्टीजन B एवं एण्टीबॉडी b एक साथ नहीं रह सकते हैं। ऐसा होने पर ये आपस में मिलकर अत्यधिक चिपचिपे हो जाते हैं, जिससे रक्त नष्ट हो जाता है। इसे रक्त का अभिश्लेषण (Agglutination) कहते हैं। अतः रक्त आधान में एण्टीजन तथा एण्टीबॉडी का ऐसा तालमेल करना चाहिए जिससे रक्त का अभिश्लेषण न हो सके।
- 'O' रक्त समूह को सर्वदाता (Universal Donor) रक्त समूह कहते हैं, क्योंकि इसमें कोई एण्टीजन नहीं होता है एवं 'AB' रक्त समूह को सर्वग्राहक (Universal Recipitor) रक्त समूह कहते हैं, क्योंकि इसमें कोई एण्टीबॉडी नहीं होता है।
- **आर.एच. तत्त्व (Rh-Factor) :** 1940 ई. में लैंडस्टीनर और वीनर (Landsteiner and Wiener) ने रक्त में एक अन्य प्रकार के एण्टीजन (Antigen) का पता लगाया। इन्होंने रीसस बंदर (Rhesus Monkey) में इस तत्त्व का पता लगाया, इसलिए इसे Rh-Factor कहते हैं। जिन व्यक्तियों में यह तत्त्व पाया जाता है, उनका रक्त Rh सहित (Rh-positive) तथा जिसमें नहीं पाया जाता, उनका रक्त Rh रहित (Rh-negative) कहलाता है। भारत में 97% व्यक्ति Rh-positive रुधिर वर्ग वाले है, सिर्फ 3% व्यक्तियों में Rh-negtive रुधिर वर्ग पाया जाता है।
- रक्त देने-लेने अर्थात् आधान (Transfusion) के समय Rh-factor की जाँच पहले की जाती है। Rh-positive को Rh-positive का एवं Rh-negative को Rh-negative का रक्त दिया जाता है।
- यदि Rh-positive रक्त वर्ग का रक्त Rh-negative रक्त वर्ग वाले व्यक्ति को दिया जाता हो, तो प्रथम बार कम मात्रा होने के कारण कोई प्रभाव नहीं पड़ता किन्तु जब दोबारा इसी तरह रक्तधान किया गया हो तो अभिश्लेशण (Agglutination) के कारण Rh-negative वाले व्यक्ति की मृत्यु हो जाती है।

➪ **एरिथ्रोब्लास्टोसिस फीटेलिस (Erythroblastosis Fetalis)** : यदि पिता का रक्त Rh-सहित (Rh-positive) हो और माता का रक्त Rh-रहित (Rh-negative) हो तो जन्म लेने वाले शिशु की जन्म से पहले गर्भावस्था में अथवा जन्म के तुरंत बाद मृत्यु हो जाती है। (ऐसा प्रथम संतान के बाद की संतान होने पर होता है।)

माता एवं पिता के रक्त समूह के आधार पर बच्चों के संभावित रक्त समूह		
माता-पिता का रक्त समूह	**बच्चों में संभावित रक्त समूह**	**बच्चों में असंभावित रक्त समूह**
O × O	O	A, B, AB
O × A	O, A	B, AB
O × B	O, B	A, AB
O × AB	A, B	O, AB
A × A	A, O	B, AB
A × B	O, A, B, AB	None
A × AB	A, B, AB	O
B × B	B, O	A, AB
B × AB	A, B, AB	O
AB × AB	A, B, AB	O

9. मानव शरीर के प्रमुख तंत्र

➪ शरीर के अंगों को उनकी क्रियाओं का सामूहिक रूप से ध्यान रखते हुए कुछ प्रमुख तंत्रों (Systesms) में बाँटा गया है, जो निम्नलिखित रूप से हैं-

1. पाचन तंत्र (Digestive System)

➪ पाचन तंत्र में भोजन के पचने की क्रिया होती है। पाचन तंत्र में मुख, ग्रासनली, अमाशय, पक्वाशय, यकृत, ग्रहणी, छोटी आँत, बड़ी आँत इत्यादि होती है।

➪ भोजन के पाचन की सम्पूर्ण प्रक्रिया पाँच प्रावस्थाओं में होता है- 1. अन्तर्ग्रहण (Ingestion) 2. पाचन (Digestion) 3. अवशोषण (Absorption) 4. स्वांगीकरण (Assimilation) 5. मल परित्याग (Defecation)।

अमाशय (Stomach) में पाचन

➪ अमाशय में भोजन लगभग चार घंटे तक रहता है।

➪ भोजन के अमाशय में पहुँचे पर पाइलोरिक ग्रन्थियों से जठर रस (Gastric Juice) निकलता है। यह हल्का पीला रंग का अम्लीय द्रव होता है, जिसका pH 0.9-15 होता है।

➪ अमाशय के ऑक्सिन्टिक कोशिकाओं में हाइड्रोक्लोरिक अम्ल (HCl) निकलता है, जो भोजन के साथ आये हुए जीवाणुओं को नष्ट कर देता है तथा एन्जाइम की क्रिया को तीव्र कर देता है। हाइड्रोक्लोरिक अम्ल भोजन के माध्यम को अम्लीय बना देता है, जिससे लार के टायलिन की क्रिया समाप्त हो जाती है।

➪ अमाशय से निकलने वाले जठर रस में एन्जाइम होते हैं- पेप्सिन एवं रेनिन।

➪ पेप्सिन प्रोटीन को खंडित कर सरल पदार्थों (पेप्टोन्स) में परिवर्तित कर देता है।

➪ रेनिन दूध की धुली हुई प्रोटीन केसीनोजेन (Caseinogen) को ठोस प्रोटीन कैल्शियम पैरा केसीनेट (Casein) के रूप में बदल देता है।

पक्वाशय (Duodenum) में पाचन

- भोजन को पक्वाशय में पहुँचते ही सर्वप्रथम इसमें यकृत (Liver) से निकलने वाले पित्त रस (Bile Duct) आकर मिलता है। पित्त रस क्षारीय होता है और यह भोजन को अम्लीय से क्षारीय बना देता है।
- यहाँ अग्न्याशय (Pancreas) से अग्न्याशय रस आकर भोजन में मिलता है, इसमें तीन प्रकार के एन्जाइम होते हैं-
  - (i) **ट्रिप्सिन (Trypsin)** : यह प्रोटीन एवं पेप्टीन को पॉलीपेप्टाइड्स तथा अमीनों अम्ल में परिवर्तित करता है।
  - (ii) **एमाइलेज (Amylase)** : यह मांड (Starch) को घुलनशील शर्करा (Sugar) में परिवर्तित करता है।
  - (iii) **लाइपेज (Lipase)** : यह इमल्सीफाइड वसाओं को ग्लिसरीन तथा फैटी एसिड्स में परिवर्तित करता है।

छोटी आँत (Small Intestine) में पाचन

- पक्वाशय से भोजन छोटी आँत में आता है। छोटी आँत में पचे भोजन का अवशोषण तथा अनपचे भोजन का पाचन होता है।
- छोटी आँत की दीवारों से आंतरिक रस निकलता है। आंतरिक रस क्षारीय (pH_8) होता है। एक स्वस्थ मनुष्य में प्रतिदिन लगभग 2 लीटर आंतरिक रस स्रावित होता है। इस आंत्रिक रस में निम्न एन्जाइम होते हैं-
  - (i) **माल्टेज (Maltase)** : यह शर्करा को ग्लूकोज में बदलता है।
  - (ii) **सुक्रोज (Sucrose)** : यह शर्करा को फ्रक्टोज तथा ग्लूकोज में बदलता है।
  - (iii) **लैक्टोज (Lactose)** : यह शर्करा को ग्लैक्टोज तथा ग्लूकोज में बदलता है।
  - (iv) **लाइपेज (Lipase)** : यह इमल्सीफायड वसाओं को ग्लिसरीन तथा फैटी एसिड्स में परिवर्तित करता है।
  - (v) **इरेप्सिन (Erepsin)** : यह पोटीन के अनपचे भाग एवं पेप्टोन को अमीनों अम्ल में परिवर्तित करता है।
  - (vi) **अवशोषण (Absorption)** : पचे हुए भोजन का रुधिर में पहुँचना अवशोषण कहलाता है। पचे हुए भोजन का अवशोषण छोटी आँत की रचना उद्धर्घ (Villi) के द्वारा होती है।

स्वांगीकरण (Assimilation)

पाचन क्रिया में भाग लेने वाले प्रमुख अंग

यकृत (Liver)

- यकृत मानव शरीर की सबसे बड़ी ग्रन्थि है, जो उदर-गुहा (Abdominal Cavity) के ऊपरी भाग में दाहिनी ओर स्थित होता है।
- यकृत का वजन 1.5-2kg होता है तथा यह गहरे धूसर रंग का होता है।
- यकृत द्वारा ही पित्त स्रावित होता है। यह पित्त आँत में उपस्थित एन्जाइमों की क्रिया को तीव्र कर देता है।
- यकृत प्रोटीन उपापचय (Protein Metabolism) में सक्रिय रूप से भाग लेता है और प्रोटीन विघटन के फलस्वरूप उत्पन्न विषैले अमोनिया को यूरिया में परिवर्तित कर देता है।
- यकृत प्रोटीन की अधिकतम मात्रा को कार्बोहाइड्रेट में परिवर्तित कर देता है।
- कार्बोहाइड्रेट उपापचय के अन्तर्गत यकृत रक्त के ग्लूकोज (Glucose) वाले भाग को ग्लाइकोजिन (Glycogen) में परिवर्तित कर देता है और संचित पोषक तत्त्वों के रूप में यकृत कोशिका

जीव विज्ञान 151

(Hepatic Cell) में संचित कर लेता है। रक्त को विभिन्न अवयवों के लिए ग्लूकोज की आवश्यकता होने पर, यकृत संचित ग्लाइकोजिन को खंडित कर ग्लूकोज में परिवर्तित कर देता है।

- भोजन में वसा की कमी होने पर यकृत कार्बोहाइड्रेट के कुछ भाग को वसा में परिवर्तित कर देता है।
- **फाइब्रिनोजेन** (Fibrinogen) एवं **हिपैरीन** (Heparin) नामक प्रोटीन का उत्पादन यकृत द्वारा ही होता है। फाइब्रिनोजेन रक्त के थक्का बनाने में मदद करता है, जबकि हिपैरीन शरीर के अंदर रक्त को जमने से रोकता है।
- मृत RBC को यकृत के द्वारा ही नष्ट किया जाता है।
- यकृत थोड़ी मात्रा में लोहा (Iron), ताँबा (Copper) और विटामिन को संचित करके रखता है।
- यकृत शरीर के ताप को बनाये रखने में मदद करता है।
- भोजन में जहर (Poision) देकर मारे गये व्यक्ति की मृत्यु के कारणों की जाँच में यकृत एक महत्त्वपूर्ण सुराग का कार्य करता है।

पित्ताशय (Gall-Bladder)

- पित्ताशय नाशपाती के आकर की एक थैली होती है, जो यकृत के नीचे स्थित होती है। पित्त नालिका यकृत से जुड़ी होती है।
- यकृत में जो पित्त बनता है वह पित्त-नालिका के माध्यम से पक्वाशय (Duodenum) में आ जाता है।
- पित्त का पक्वाशय में गिरना प्रतिवर्ती क्रिया (Reflex Action) द्वारा होता है।
- पित्त (Bile) पीले-हरे रंग का क्षारीय द्रव (Alkaline Fluid) है, जिसका pH मान 7.7 होता है।
- पित्त में जल 85%, पित्त वर्णक (Bile Pigment) 12%, पित्त लवण 0.7%, कोलेस्ट्राल 0.28%, मध्यम वसाएँ 0.3% तथा लेसीथिन (Lecithin) 0.15% होते हैं।
- पित्त लवणों में सोडियम ग्लाइकोलेट तथा सोडियम टॉरोकोलेट नामक कार्बनिक लवण तथा सोडियम क्लोराइड एवं सोडियम बाईकार्बोनेट नामक अकार्बनिक लवण पाये जाते हैं।
- मनुष्य में 700-1000 मिली लीटर पित्त प्रतिदिन बनता है।

पित्त के कार्य (Functions of Bile)

- यह भोजन के माध्यम को क्षारीय (Alkaline) कर देता है ताकि अग्न्याशयी रस क्रिया कर सके।
- यह भोजन के साथ आये हानिकारक जीवाणुओं को नष्ट करता है। यह पित्त वसाओं का इमाल्सीकरण (Emulsification of Fat) करता है।
- पित्त आँत की क्रमाकुंचन गतियों को बढ़ाता है जिससे भोजन में पाचक रस भली-भाँति मिल जाते हैं।
- पित्त अनेक उत्सर्जी पदार्थों, विषैले पदार्थों तथ धातुओं के उत्सर्जन का कार्य करता है।
- पित्त वसा अवशोषण में भी सहायक होता है।
- पित्त विटामिन-K तथा वसाओं में घुले और विटामिनों के अवशोषण में सहायक होता है।

नोट : पित्तवाहिनी में अवरोध आ जाने पर यकृत कोशिकाएँ रुधिर से बिलिरुबिन (Bilirubin) लेना बन्द कर देती हैं। फलस्वरूप बिलिरूबिन सम्पूर्ण शरीर में फैल जाता है। इसे ही पीलिया (Jaundice) कहते हैं।

अग्न्याशय (Pancreas)

- अग्न्याशय शरीर की यकृत के बाद दूसरी सबसे बड़ी ग्रन्थि है।
- इसकी सबसे बड़ी विशेषता यह है कि यह एक साथ अंत:स्रावी (नलिकाहीन-Endocrine) और बहि:स्रावी (नलिकायुक्त-Exocrine) दोनों प्रकार की ग्रन्थि है।

- इससे अग्न्याशयी रस (Pancreatic Juice) निकलता है जिसमें 98% जल तथा शेष भाग में लवण तथा एन्जाइम होते हैं। यह क्षारीय द्रव होता है तथा pH मान 7.5–8.3 होता है। अग्न्याशयी रस में तीनों प्रकार के मुख्य भोज्य पदार्थों को पचाने के एन्जाइम होते हैं। इसलिए इसे 'पूर्ण पाचक रस' कहते हैं। इसमें मुख्यतः पाँच एन्जाइम- एमाइलेज, ट्रिप्सिन, कार्बोक्सिपेप्टिडेस लाइपेज तथा माल्टेज एवं रेनिन पाये जाते हैं। इसमें एमाइलेज और माल्टेज कार्बोहाइड्रट को, ट्रिप्सिन प्रोटीन को तथा लाइपेज वसा को पचाता है।

लैंगर हैंस की द्वीपिका (Islets of Langerhans)

- यह अग्न्याशय का ही एक भाग है।
- इसकी खोज लैंगर हैंस नामक चिकित्साशास्त्री ने की थी। उन्हीं के नाम पर इसका नाम लैंगर हैंस की द्वीपिका पड़ा। यह आमाशय में स्थित ऊतकों का समूह है जो इन्सुलिन (Insulin) और ग्लूकॉन (Glucagon) नामक हार्मोन का आंतरकि स्राव करती है। इसके α-कोशिका (α-Cell) से ग्लूकॉन (Glucagon), β–कोशिका (β-Cell) से इन्सुलिन (Insuline) एवं γ-कोशिका (γ-Cell) से सोमेटोस्टेटिन (Somatostatin) नामक हार्मोन निकलता है।

इन्सुलिन (Insuline)

- यह अग्न्याशय के एक भाग लैंगर हैंस की द्वीपिका के β-कोशिका (β-Cell) द्वारा स्रावित हार्मोन होता है।
- यह हार्मोन रक्त में शर्करा की मात्रा को नियंत्रित करता है।
- इसकी खोज वैटिंग एवं वेस्ट ने वर्ष 1921 ई. में की थी।
- इन्सुलिन के अल्प स्रवण से मधुमेह (Diabeteas) नामक रोग होता है। रुधिर में शर्करा की मात्रा बढ़ना मधुमेह कहलाता है। इन्सुलिन के अतिस्रावण से हाइपोग्लाइसीमिया (Hypoglycemia) नामक रोग हो जाता है जिसमें जनन क्षमता तथा दृष्टि ज्ञान कम होने लगता है।
- ग्लूकॉन (Glucagon), ग्लाइकोजिन (Glycogen) को पुनः ग्लूकोज में परिवर्तित कर देता है।
- सोमेटोस्टेटिन (Somatostatin), पॉलीपेप्टाइड (Polypeptide) हार्मोन होता है, जो भोजन के स्वांगीकरण (Assimilation) की अवधि को बढ़ाता है।

पाचन का सारांश					
क्र.	ग्रन्थि रस		एन्जाइम	भोज्य पदार्थ	प्रतिक्रिया के बाद
1.	लार	(i)	टायलिन	मॉड (श्वेत सार)	माल्टोस
		(ii)	माल्टेस	माल्टोस	ग्लूकोस
2.	जठर रस	(i)	पेप्सिन	प्रोटीन	पेप्टोन्स
		(ii)	रेनिन	केसीन	कैल्शियम पैराकैसीनेट
3.	अग्न्याशय रस	(i)	ट्रिप्सिन	प्रोटीन	पॉलीहेप्टाइड्स
		(ii)	एमाइलेज	मांड (Starch)	शर्करा
		(iii)	लाइपेज	वसा	वसा अम्ल एवं ग्लिसरॉल
4.	आन्त्रीय रस	(i)	इरेप्सिन	प्रोटीन	अमीनो अम्ल
		(ii)	माल्टेस	माल्टोस	ग्लूकोज
		(iii)	लैक्टेस	लैक्टोस	ग्लूकोज एवं फ्रुक्टोज
		(iv)	सुक्रेस	सुक्रोस	ग्लूकोज एवं ग्लैक्टोज
		(v)	लाइपेज	वसा	वसीय अम्ल एवं ग्लिसरॉल

2. परिसंचरण तंत्र (Circulatory System)

- शरीर के विभिन्न अंगों में रक्त विनिमय (Exchange) परिसंचरण-तंत्र के द्वारा होता है।
- रक्त परिसंचरण की खोज 1628 ई. में विलियम हार्वे ने किया था।
- रक्त परिसंचरण-तंत्र में हृदय (Heart), रक्तवाहिनी नलियाँ (Blood Vessels), धमनी (Artery), शिराएँ (Veins), कोशिकाएँ (Capillaries) आदि सम्मिलित हैं।
- हृदय (Heart), हृदयावरण (Pericardium) नामक थैली में सुरक्षित रहता है। इसका भार लगभग 400 ग्राम होता है।
- मनुष्य का सम्पूर्ण हृदय चार कक्षों (Chamber) में बँटा होता है। दायीं तरफ ऊपर वाला कक्ष दायाँ आलिंद (Right Atrium) तथा निचला कक्ष दायाँ निलय (Right Ventricle) कहलाता है। इसी प्रकार बायीं तरफ नीचे वाला कक्ष बायाँ निलय (Left Ventricle) तथा ऊपर वाला कक्ष बायाँ आलिंद (Left Atrium) कहलाता है।
- दायें आलिंद (Right Atrium) तथा दायें निलय (Right Ventricle) के बीच त्रिवलनी कपाट (Tricuspid Value) होता है।
- बायें आलिंद (Left Atrium) तथा बायें निलय (Left Ventricle) के बीच द्विवलनी कपाट (Biscuspid Valve) होता है।
- शरीर से हृदय की ओर रक्त ले जाने वाली रक्तवाहिनी को शिरा (Vein) कहते हैं।
- शिरा में अशुद्ध रक्त अर्थात् कार्बन डाइऑक्साइड युक्त रक्त होता है। इसका अपवाद है पल्मोनरी शिरा (Pulmonary Vein)।
- पल्मोनरी शिरा (Pulmonary Vein) फेफड़ा से रक्त को बाये आलिंद (Left Atrium) में पहुँचाता है। इसमें शुद्ध रक्त होता है।
- हृदय से शरीर की ओर ले जाने वाली रक्तवाहिनी को धमनी (Artery) कहते हैं।
- धमनी (Artery) में शुद्ध रक्त अर्थात् ऑक्सीजन युक्त रक्त होता है। इसका अपवाद है पल्मोनरी धमनी (Pulmonary Artery)।
- पल्मोनरी धमनी (Pulmonary Artery) रक्त को दायें निलय (Right Ventricle) से फेफड़ा में पहुँचाता है। इसमें अशुद्ध रक्त होता है।
- हृदय के दायें भाग में अशुद्ध रक्त अर्थात् कार्बन डाइऑक्साइड युक्त रक्त एवं बायें भाग में शुद्ध रक्त अर्थात् ऑक्सीजन युक्त रक्त रहता है।
- हृदय की मांसपेशियों को रक्त पहुँचाने वाली वाहिनी को कोरोनरी धमनी (Coronary Artery) कहते हैं। इसमें किसी प्रकार की रूकावट होने पर हृदयाघात (Heart Attack) होता है।
- हृदय के संकुचन (Systole) एवं शिथिलन (Diastole) को सम्मिलित रूप से हृदय का धड़कन/स्पंदन (Heart Beat) कहते हैं। सामान्य अवस्था में मनुष्य का हृदय एक मिनट में 72 बार (भ्रूण अवस्था में 150 बार) धड़कता है। हर एक स्पंदन में पहले आलिंदों (Atriums) का संकुचन (Systole) फिर निलयों (Ventricles) का संकुचन (Systole) होता है, फिर दोनों का एक साथ शिथिलन (Diastole) होता है।
- साइनो ऑरिकुलर नोड (SAN) दायें आलिंद (Right Atrium) की दीवार में स्थित तंत्रिका कोशिकाओं का समूह है, जिससे हृदय धड़कन की तरंग प्रारंभ होती है।
- थायरॉक्सिन एवं एड्रीनेलिन स्वतन्त्र रूप से हृदय की धड़कन को नियंत्रित करने वाले हार्मोन हैं।
- रुधिर में उपस्थित CO_2 रुधिर के pH को कम करके हृदय की गति को बढ़ाता है। अर्थात् अम्लीयता हृदय की गति को बढ़ाती हे तथा क्षारीयता हृदय की गति को कम करती है।

- नाड़ी (Pulse) शरीर में जीवन का लक्षण बताती है। जब हृदय काम करता है तो नाड़ी भी चलती है तथा हृदय के निष्क्रिय हो जाने पर नाड़ी का चलना बंद हो जाता है, यही मृत्यु का सूचक है।
- सामान्य व्यक्ति का रक्तदाब (Blood Pressure) 120/80 mmhg होता है। (Systolic-120/ Diastolic-80)।
- रक्तदाब स्फिग्मोमेनोमीटर (Sphygmomanometer) नामक यन्त्र से मापा जाता है।

भारतीयों के रक्तदाब के औसत		
उम्र वर्ष	प्रंकुचन	रक्तदाब (मिमी.) अनुशिथिलन
10	99	68
12	100	70
15	106	70
18	111	76
20	117	78
22	119	79
25	120	80
30	122	82
35	124	84
40	127	86
45	130	88
50	133	90
55	138	92

3. उत्सर्जन तंत्र (Excretory System)

- जीवों के शरीर की कोशिकाओं से अपशिष्ट पदार्थों (Waste Products) के निष्कासन की क्रियाविधि, उत्सर्जन (Excretory) कहलाता है। साधारणतः उत्सर्जन का तात्पर्य नाइट्रोजनी उत्सर्जी पदार्थों, जैसे- यूरिया, अमोनिया, यूरिक अम्ल आदि के निष्कासन से है।
- मनुष्य के प्रमुख उत्सर्जी अंग हैं- (i) वृक्क (Kidneys), (ii) त्वचा (Skin), (iii) यकृत (Liver), (iv) फेफड़ा (Lungs)।

(i) **वृक्क (Kidney) :** मनुष्य एवं अन्य स्तनधारियों में मुख्य उत्सर्जी अंग एक जोड़ा, सेम के बीज के आकार का लगभग 5 इंच लंबा वृक्क है। वृक्क का वजन 140 ग्राम होता है। वृक्क के दो भाग होते हैं, बाहरी भाग को कोर्टेक्स (Cortex)तथा भीतरी भाग को मेडुला (Medulla) कहते हैं। वृक्क की कार्यात्मक इकाई (Functional Unit) नेफ्रॉन (Nephron) या वृक्क नलिकाएँ (Uriniferous Tubules) होती है। प्रत्येक नेफ्रॉन द्विभित्ति (Doublelayer), प्याले के आकार के बोमन-सम्पुट (Bowman's Capsule) का बना होता है।

- बोमन-सम्पुट (Bowman's Capsule) में पतली रुधिर कोशिकाओं (Capillaries) का केशिकागुच्छ (Glomerulus) पाया जाता है, जो दो प्रकार की धमनिकाओं (Arterioles) से बनता है-

(a) **चौड़ी अभिवाही धमनिका (Afferent Arteriole)** : यह रुधिर को केशिकागुच्छ में पहुँचती है।

(b) **पतली अपवाही धमनिका (Efferent Arteriole)** : यह रक्त को केशिकागुच्छ से वापस लाती है।

- केशिकागुच्छ (Glomerulus) की कोशिकाओं से द्रव से छनकर बोमन-सम्पुट की गुहा में पहुँचने की प्रक्रिया को परानिष्यंदन (Ultrafiltration) कहते हैं।
- वृक्कों का प्रमुख कार्य रक्त की प्लाज्मा को छानकर शुद्ध बनाना अर्थात् इसमें से अनावश्यक और अनुपयोगी पदार्थों को जल की कुछ मात्रा के साथ मूत्र के द्वारा शरीर से बाहर निकालना है।
- वृक्कों के रुधिर की आपूर्ति अन्य अंगों की तुलना में बहुत अधिक होती है।
- वृक्क में प्रति मिनट औसतन 125 मिली अर्थात् दिन भर में 180 लीटर रक्त निष्यंद (Filtrate) होता है। इसमें से 1.45 लीटर मूत्र रोजाना बनता है, बाकी निष्यंद वापस रक्त में अवशोषित हो जाता है।
- सामान्य मूत्र में 95% जल, 2% लवण, 2.7% यूरिया एवं 0.3% यूरिक अम्ल होते हैं।
- मूत्र का रंग हल्का पीला उसमें उपस्थित वर्णक (Pigment) यूरोक्रोम (Urochrome) के कारण होता है। यूरोक्रोम हीमोग्लोबिन के विखंडन से बनता है।
- मूत्र अम्लीय होता है, इसका pH मान 6 होता है।
- वृक्क के द्वारा नाइट्रोजनी पदार्थों के अतिरिक्त पेनिसिलिन और कुछ मसालों का भी उत्सर्जन होता है।
- वृक्क के बनने वाला पथरी कैल्शियम ऑक्जलेट का बना होता है।

(ii) **त्वचा (Skin)** : त्वचा एक उत्सर्जी अंग के रूप में कार्य करती है। इसमें पायी जाने वाली तैलीय ग्रन्थियाँ एवं श्वेद ग्रन्थियाँ (Sweat Glands) क्रमशः सीबम एवं पसीने का स्रवण करती है।

(iii) **यकृत (Liver)** : यकृत कोशिकाएँ आवश्यकता से अधिक अमीनो अम्ल (Amino Acid) तथा रुधिर की अमोनिया को यूरिया (Urea) में परिवर्तित करके उत्सर्जन में मुख्य भूमिका निभाता है।

(iv) **फेफड़े (Lungs)** : फेफड़ा दो प्रकार के गैसीय पदार्थ कार्बन डाइऑक्साइड और जलवाष्प का उत्सर्जन करता है। कुछ पदार्थ जैसे- लहसुन, प्याज और कुछ मसाले जिसमें वाष्पशील घटक होते हैं, का उत्सर्जन फेफड़ों के द्वारा ही होता है।

विभिन्न जन्तु एवं उनमें उत्सर्जन

क्र. सं.	जन्तु	उत्सर्जन
1.	एक कोशिकीय जन्तु	विसरण के द्वारा
2.	पोरीफेरा संघ के जन्तु	विशिष्ट नलिकातंत्र द्वारा
3.	सीलेन्ट्रेट्स	सीधे कोशिकाओं द्वारा
4.	चपटे कृमि	ज्वाला कोशिकाओं द्वारा
5.	एनेलिडा संघ के जन्तु	वृक्क (Nephridia) द्वारा
6.	आर्थोपोड्स	मैल्पीधियन नलिकाओं द्वारा
7.	मोलस्का	मूत्र अंग द्वारा
8.	केशरुकी	मुख्यतया वृक्क द्वारा

4. श्वसन तंत्र (Respiratory System)

- मनुष्य के श्वसन तंत्र का सबसे महत्त्वपूर्ण अंग फेफड़ा या फुफ्फुस (Lungs) होता है, जहाँ पर गैसों का आदान-प्रदान होता है। इसलिए इसे फुफ्फुसीय श्वसन भी कहते हैं।
- श्वास के माध्यम से शरीर के प्रत्येक भाग में ऑक्सीजन पहुँचता है तथा कार्बन डाइऑक्साइड बाहर निकलता है। रक्त श्वसन तंत्र में सहायता करता है।
- श्वसन तंत्र के अन्तर्गत वे सभी अंग आते हैं, जिससे होकर वायु का आदान-प्रदान होता है। जैसे- नासामार्ग, ग्रसनी, लैरिंक्स या स्वर यंत्र, ट्रैकिया तथा फेफड़ा आदि।
- **नासामार्ग (Nasal Passage) :** इसका मुख्य कार्य सूँघने से सम्बन्धित है। यह श्वसन नाल के द्वार का भी कार्य करता है। इसके भीतर की गुहा म्यूकस कला (Mucous Membrane) में स्तरित होती है। यह स्तर लगभग 1/2 लीटर म्यूकस प्रतिदिन स्रावित करती है। यह स्तर धूल-कण, जीवाणु या अन्य सूक्ष्म जीव को शरीर के अंदर प्रवेश करने से रोकती है। यह शरीर में प्रवेश करने वाली वायु को नम एवं शरीर के ताप के बराबर बनाती है।
- **ग्रसनी (Pharynx) :** यह नासा गुहा के ठीक पीछे स्थित होता है।
- **लैरिंक्स या स्वर यंत्र (Larynx or Voice Box) :** श्वसन मार्ग का वह भाग जो ग्रसनी को ट्रेकिया (Trachea) से जोड़ता है, लैरिंक्स या स्वर यंत्र कहलाता है। इसका मुख्य कार्य ध्वनि उत्पादन है। लैरिंक्स प्रवेश द्वार पर एक पतला, पत्ती समान कपाट होता है जिसे इपिग्लॉटिस (Epiglottis) कहते हैं। जब कुछ भी निगलना होता है तो यह इपिग्लॉटिस द्वारा बंद कर देता है, जिससे भोजन श्वास नली में प्रवेश नहीं कर पाता।
- **ट्रैकिया (Trachea) :** यह वक्ष गुहा (Thoracic Cavity) में प्रवेश करती है। ट्रैकिया की दोनों प्रमुख शाखाओं को प्राथमिक ब्रोंकियोल कहते हैं। दायीं ब्रोंकियोल तीन शाखाओं में बँट कर दायीं ओर के फेफड़े में प्रवेश करती है। बायाँ ब्रोकियोल केवल दो शाखाओं में बँट कर बायें फेफड़े में प्रवेश करती है।
- **फेफड़ा (Lungs) :** वक्ष गुहा में एक जोड़ी फेफड़े होते हैं। इनका रंग लाल होता है और इनकी रचना स्पंज के समान होती है। दायाँ फेफड़ा बायाँ फेफड़ा की तुलना में बड़ा होता है। प्रत्येक फेफड़ा एक झिल्ली द्वारा घिरा रहता है, जिसे प्लूरल मेम्ब्रेन (Pleural Membrane) कहते हैं। फेफड़े में रुधिर कोशिकाओं का जाल बिछा रहता है। यहाँ O_2 रुधिर में चली जाती है और CO_2 बाहर आ जाती है।
- श्वसन की पूरी प्रक्रिया को चार भागों में बाँटा जा सकता है- 1. बाह्य श्वसन (External Respiration) 2. गैसों का परिवहन (Transportation of Gases) 3. आंतरिक श्वसन (Internal Respiration) 4. कोशिकीय श्वसन (Cellular Respiration)।

    1. **बाह्य श्वसन (External Respiration) :** स्तनधारियों में बाह्य श्वसन दो निम्न रूपों में होता है-

        (a) **श्वासोच्छ्वास (Breathing) :** फेफड़ों में निश्चित दर से वायु भरी तथा निकाली जाती है, जिसे साँस लेना अथवा श्वासोच्छ्वास कहते हैं। श्वास लेने की प्रक्रिया दो चरणों में पूरी होती है-

        (i) **निश्वसन (Inspiration) :** इस अवस्था में वायु वातावरण से वायु पथ द्वारा फेफड़े में प्रवेश करती है। फलतः वक्ष गुहा का आयतन बढ़ जाता है एवं फेफड़ों में एक निम्न दाब का निर्माण हो जाता है। यह हवा तब तक प्रवेश करती रहती है जब तक कि वायु का दाब शरीर के भीतर एवं बाहर बराबर न हो जाये।

(ii) **नि:श्वसन/उच्छ्श्वसन (Expiration) :** इसमें श्वसन के पश्चात् वायु उसी वायु पथ के द्वारा फेफड़े से बाहर निकलकर वातावरण में पुनः लौट जाती है, जिस पथ से वह फेफड़े में प्रवेश करती है।

श्वासोच्छ्वास में वायु का संगठन			
श्वास लेने की प्रक्रिया	**नाइट्रोजन**	**ऑक्सीजन**	**कार्बन डाइऑक्साइड**
अंदर ली गयी वायु (Inspired Air)	79%	21%	0.03%
बाहर निकाली गयी वायु (Expired Air)	79%	17%	4%

(b) **गैसों का विनिमय (Exchange of Gases) :** गैसों का विनिमय, फेफड़े (Lungs) के अंदर होता है। यह गैसीय विनिमय घुली अवस्था में या विसरण प्रवणता (Diffusion Gradient) के आधार पर साधारण विसरण (Simple Diffusion) द्वारा होती है। फेफड़े में ऑक्सीजन (O_2) तथा कार्बन डाइऑक्साइड (CO_2) गैसों का विनिमय उनके दाबों के अंतर के कारण होता है। अतः इन दोनों गैसों (O_2 एवं CO_2) की विसरण (Diffusion) की दिशा, एक-दूसरे के विपरीत होती है।

2. **गैसों का परिवहन (Transportation of Gases) :** गैसों का (CO_2 एवं O_2) फेफड़े से शरीर की कोशिकाओं तक पहुँचना तथा पुनः फेफड़े तक वापस आने की क्रिया को गैसों का परिवहन कहते हैं। इस प्रकार इन दोनों गैसों का परिवहन एक निश्चित क्रम में होता है।

➪ ऑक्सीजन का परिवहन मुख्यतः रुधिर में पाये जाने वाले लाल वर्णक (Pigment) हीमोग्लोबिन (Haemoglobin) के द्वारा होता है। हीमोग्लोबिन रक्त की लाल रक्त कोशिकाओं (RBC) के अंदर उपस्थित रहता है। इसकी अनुपस्थिति में श्वसन-क्रिया असंभव है।

➪ कार्बन डाइऑक्साइड का परिवहन कोशिकाओं से फेफड़े तक हीमोग्लोबिन के द्वारा केवल 10 से 20% तक ही हो पाता है। अतः कार्बन डाइऑक्साइड का परिवहन रक्त परिसंचरण के द्वारा अन्य प्रकारों से भी होता है, जो निम्न है-

(i) **प्लाज्मा में घुलकर (Dissolved in Plasma) :** CO_2 प्लाज्मा में घुलकर कार्बोनिक अम्ल (Carbonic Acid) बनाती है। कार्बोनिक अम्ल के रूप में CO_2 का लगभग 7% परिवहन होता है।

(ii) **बाईकार्बोनेट्स के रूप में (As Bicarbonates) :** बाईकार्बोनेट्स के रूप में CO_2 की अधिकांश मात्रा (लगभग 70%) का परिवहन होता है। यह रुधिर के पोटैशियम तथा प्लाज्मा के सोडियम के साथ मिलकर क्रमशः पोटैशियम बाईकार्बोनेट्स ($KHCO_3$) एवं सोडियम बाईकार्बोनेट्स ($NaHCO_3$) का निर्माण कराती है।

(iii) **कार्बोमिनों यौगिकों के रूप में (As Carbomino Compounds) :** कार्बन डाइऑक्साइड, हीमोग्लोबिन के अमीनों (NH_2) समूह से संयोजन के फलस्वरूप कार्बोऑक्सीहीमोग्लोबिन (Carboxy Haemoglobin) के रूप में तथा प्लाज्मा-प्रोटीन से संयोग कर कार्बोमीनोहीमोग्लोबिन (Carbomino-Haemoglobin) बनाती है। इस प्रकार यह लगभग 23% कार्बन डाइऑक्साइड ले जाती है।

3. **आंतरिक श्वसन (Internal Respiration) :** शरीर के अंदर रुधिर एवं ऊतक द्रव्य (Tissue-Fluid) के बीच गैसीय विनिमय होता है, उसे आंतरिक श्वसन कहते हैं।

नोट : फेफड़े में होने वाले गैसीय विनिमय को बाह्य श्वसन (External Respiration) कहते हैं, जबकि ऊतक द्रव्य या कोशिका द्रव्य में होने वाले गैसीय विनिमय को आंतरिक श्वसन (Internal Repiration) कहते हैं।

➩ आंतरिक श्वसन में निम्न क्रियाएँ सम्मिलित होती हैं-

(i) **ऑक्सीहीमोग्लोबिन का विघटन (Dissociation of Oxyhaemoglogin):** रक्त-परिसंचरण के फलस्वरूप ऑक्सीहीमोग्लोबिन कोशिकाओं में पहुँचता है, जहाँ पर ऑक्सीजन का दाब रुधिर के दाब से कम होता है। अत: ऑक्सी हीमोग्लोबिन का ऑक्सीजन में विघटन हो जाता है। इस प्रकार मुक्त हुई ऑक्सीजन ऊतक-द्रव्य तथा कोशिकाओं में पहुँच जाती है। इस प्रकार से लगभग 25% ऑक्सीजन ऊतकों में पहुँच जाती है।

(ii) **खाद्या पदार्थों का ऑक्सीकरण (Oxidation of Food Stuff) :** कोशिका द्रव्य में ऑक्सीजन की उपस्थिति में ऑक्सीकरण या जारण होता है, जिससे ऊर्जा मुक्त होती है। इस तरह प्राप्त ऊर्जा शरीर की विभिन्न क्रियाओं में प्रयोग की जाती है।

4. **कोशिकीय श्वसन (Cellular Respiration) :** भोज्य पदार्थों के पाचन के फलस्वरूप प्राप्त ग्लूकोज का कोशिका में ऑक्सीजन द्वारा ऑक्सीकरण (Oxidation) या जारण (Combustion) किया जाता है। इस क्रिया को कोशिकीय श्वसन कहते हैं। यह एक रासायनिक क्रिया है जिसके फलस्वरूप ऊर्जा मुक्त होती है। कोशिकीय श्वसन दो प्रकार के होते हैं- (i) अनॉक्सी श्वसन (Anaerobic Respiration) (ii) ऑक्सी श्वसन (Aerobic Respiration)।

(i) **अनॉक्सी श्वसन (Anaerobic Respiration) :** जो श्वसन ऑक्सीजन की अनुपस्थिति में होता है, उसे अनॉक्सी श्वसन कहते हैं। इसमें ग्लूकोज बिना ऑक्सीजन के मांसपेशियों में लैक्टिक अम्ल (Lactic Acid) और बैक्टीरिया एवं यीस्ट की कोशिकाओं में इथाइल अल्कोहल में विघटित हो जाता है। इसे शर्करा किण्वन (Sugar Fermentation) भी कहते हैं। इसके अन्तर्गत होने वाले पूरे प्रक्रम को ग्लाइकोलिसिस (Glycolysis) कहते हैं।

➩ अनॉक्सी श्वसन के अंत में पाइरूविक अम्ल (Pyruvic Acid) बनता है।

➩ अनॉक्सी श्वसन प्राय: जीवों में गहराई पर स्थित ऊतकों में अंकुरित होते बीजों में एवं फलों में थोड़ें समय के लिए होता है। परन्तु यीस्ट एवं जीवाणु में यह प्राय: पाया जाता है।

(ii) **ऑक्सी श्वसन (Aerobic Respiration) :** यह ऑक्सीजन की उपस्थिति में होती है। इसमें श्वसनी पदार्थ का पूरा ऑक्सीकरण होता है, जिसके फलस्वरूप CO_2 एवं H_2O बनते हैं तथा काफी मात्रा में ऊर्जा विमुक्त होती है। इसे निम्नलिखित सूत्र से व्यक्त किया जा सकता है-

$$C_6H_{12}O_6+6O_2 \rightarrow 6CO_2+6H_2O+2830KJ \text{ ऊर्जा}$$

➩ कोशिकीय श्वसन में होने वाली जटिल प्रक्रिया को दो भागों में बाँटा गया है- (a) ग्लाइकोलिसिस (Glycolysis) (b) क्रेब्स चक्र (Kreb's Cycle)।

(a) ग्लाइकोलिसिस (Glycolysis)
- इसका सर्वप्रथम अध्ययन एम्बडेन मेयरहाफ, पारसन (Embden-Meyerhof Parson) ने किया था। इसलिए इसे EMP पथ भी कहते हैं।
- इसको अनॉक्सी श्वसन (Anaerobic Respiration) या शर्करा किण्वन (Sugar Fermentation) भी कहा जाता है।
- इसमें ऑक्सीजन की अनुपस्थिति में ऊर्जा मुक्त होती है।
- यह अवस्था ऑक्सी (Aerobic) एवं अनॉक्सी (Anaerobic) दोनों प्रकार के श्वसन में उपस्थित रहती है।
- एक ग्लूकोज अणु के ग्लाइकोलिसिस में विघटन के फलस्वरूप पाइरूविक अम्ल (Pyruvic Acid) के दो अणु बनते हैं।
- इस अभिक्रिया को आरंभ करने के लिए 2 अणु ATP (Adinosin Triphosphate) व्यय होते हैं किन्तु प्रक्रिया के अंत में 4 अणु ATP के प्राप्त होते हैं। अतः ग्लाइकोलिसिस के फलस्वरूप 2 अणु ATP का शुद्ध लाभ होता है अर्थात् 16000 कैलोरी (2X8000) ऊर्जा प्राप्त होती है।
- इस अभिक्रिया में हाइड्रोजन के 4 परमाणु बनते हैं जो NAD को $2NADH_2$ में बदलने में काम आते हैं।
- इस अभिक्रिया में ऑक्सीजन का कहीं भी प्रयोग नहीं किया जाता, अतः यह अनॉक्सी (Anaerobic) अवस्था में होती है।

(b) क्रेब्स चक्र (Kreb's Cycle)
- इसका वर्णन हैन्स क्रेब (Hans A Krebs) ने 1937 ई. में किया था, इसलिए इसे क्रेब्स चक्र कहते हैं।
- इसे साइट्रिक अम्ल चक्र (Citric Acid Cycle) या ट्राइकार्बोक्सेलिक चक्र (Tricarboxylic Cycle) भी कहते हैं।
- यह पूरा चक्र माइटोकॉन्ड्रिया के अंदर विशेष एन्जाइम की उपस्थिति में ही सम्पन्न होता है।
- ADP के 2 अणु ATP के 2 अणु में बदलते हैं।
- इस चक्र में हाइड्रोजन के 2-2 परमाणु 5 बार मुक्त होते हैं।
- पूरे चक्र में दो अणु पाइरूलिक अम्ल (Pyruvic Acid) के होते हैं। अतः कुल 6 अणु कार्बन डाइऑक्साइड (CO_2) के बनते हैं।
- हमारे तंत्र में अधिकतम ATP अणुओं का निर्माण क्रेब्स चक्र के दौरान होता है।

श्वसन क्रिया से सम्बन्धित अन्य बातें
- कार्बोहाइड्रेट, वसा एवं प्रोटीन प्रमुख श्वसनी पदार्थ हैं। सबसे पहले कार्बोहाइड्रेट एवं वसा का भंडार समाप्त होने के बाद ही प्रोटीन का श्वसन होता है।
- श्वसन एक अपचयी क्रिया (Catabolic Process) है। इससे शरीर के भार में भी कमी होती है।

5. तंत्रिका तंत्र (Nervous System)
- तंत्रिका तंत्र शरीर में दूरसंचार की भाँति काम करता है। सारे शरीर में महीन धागे के समान तंत्रिकाएँ फैली होती हैं जो वातावरणीय परिवर्तनों की सूचनाओं को संवेदी अंगों से प्राप्त करके विद्युत आवेगों (Electrical Impulses) के रूप में इनका प्रसारण करती हैं साथ ही शरीर के विभिन्न भागों के बीच कार्यात्मक समन्वय स्थापित करती है।
- तंत्रिका तंत्र की क्रिया की प्रकृति प्रतिवर्त/प्रतिक्षेप (Reflex) प्रकार की होती है।
- मनुष्य के तंत्रिका तंत्र को तीन भागों में बाँटा गया है–

1. केन्द्रीय तंत्रिका तंत्र (Central Nervous Systeem)
2. परिधीय तंत्रिका तंत्र (Peripheral Nervous System)
3. स्वायत या स्वाधीन तंत्रिका तंत्र (Autonomic Nervous System)

1. केन्द्रीय तंत्रिका तंत्र (Central Nervous System)

➩ तंत्रिका तंत्र का वह भाग जो सम्पूर्ण शरीर तथा स्वयं तंत्रिका तंत्र पर नियंत्रण रखता है, केन्द्रीय तंत्रिका तंत्र कहलाता है। मनुष्य का केन्द्रीय तंत्रिका तंत्र दो भागों से मिलकर बना होता है- (i) मस्तिष्क (Brain) और (ii) मेरुरज्जु (Spinal Cord)।

(i) **मस्तिष्क (Brain)** : इसके तीन भाग होते हैं- (a) प्रमस्तिष्क या सेरिब्रम (Cerebrum) (b) अनुमस्तिष्क या सेरिबेलम (Cerebellum) और (c) अंतस्था या मेड्युला (Medulla)।

(a) **प्रमस्तिष्क (Cerebrum)** : मस्तिष्क के अगले भाग को प्रमस्तिष्क कहा जाता है। इसका आकार सबसे बड़ा तथा झुर्रियों (Wrinkles) और कुंडलियों (Convolution) से भरा होता है। इसका बाहरी भाग धूसर (Gray) और भीतरी भाग श्वेत पदार्थों का बना होता है। यह सभी संवेदनाओं, ऐच्छिक क्रियाओं और बुद्धि-विवेक आदि का नियंत्रण करता है।

(b) **अनुमस्तिष्क (Cerebellum)** : प्रमस्तिष्क के पिछले भाग को अनुमस्तिष्क कहा जाता है। उसमें प्रमस्तिष्क की अपेक्षा कम झुर्रियाँ रहती है तथा धूसर पदार्थ की मात्रा भी कम रहती है। यह मांसपेशी तंत्र और शरीर के संतुलन का भी नियंत्रण करता है। यह ऐसी क्रियाओं का भी नियंत्रण करता है जो आगे चलकर आदत का रूप ले लेती है।

(c) **अंतस्था (Medulla)** : मेरुरज्जु के सिरे पर एक छोटी-सी गाँठ जैसा अवयव है, जिसे अंतस्था कहते हैं। यह अनैच्छिक (Involuntary) और स्वचालित (Automatic) क्रियाओं को नियंत्रित करता है। इसका सम्बन्ध फुफ्फुस, हृदय, पाचन-तंत्र, रक्त प्रणाली आदि कार्यों से होता है।

(ii) **मेरुरज्जु (Spinal Cord)** : अंतस्था (Medulla) का पिछला भाग ही मेरुरज्जु बनता है। इसका मुख्य कार्य निम्नलिखित है-

(a) प्रतिवर्ती क्रियाओं (Reflex Action) का नियंत्रण एवं समन्वय करना अर्थात् यह प्रतिवर्ती क्रिया के केन्द्र का कार्य करता है।

(b) मस्तिष्क से आने-जाने वाले उद्दीपनों का संवहन करना।

नोट : मार्शल हाल नामक वैज्ञानिक ने सर्वप्रथम प्रतिवर्ती क्रियाओं (Reflex Actions) का पता लगाया था।

2. परिधीय तंत्रिका तंत्र (Peripheral Nervous System)

➩ परिधीय तंत्रिका तंत्र मस्तिष्क एवं मेरुरज्जु से निकलने वाली तंत्रिकाओं का बना होता है। इन्हें क्रमशः कपाल (Cranial) एवं मेरुरज्जु (Spinal Cord) तंत्रिकाएँ कहते हैं। मनुष्य में 12 जोड़ी कपाल तंत्रिकाएँ और 31 जोड़ी मेरुरज्जु तंत्रिकाएँ पायी जाती हैं।

➩ तंत्रिका ऊतक की इकाई को **न्यूरॉन (Neuron)** या तंत्रिका कोशिका (Nerve Cell) कहते हैं। न्यूरॉन दो भागों से मिलकर बना होता है। **पहला** साइटॉन (Cyton) जो गोल व अंडाकार तथा केन्द्रक सहित होता है। **दूसरा** एक्सॉन (Axon) जो लंबाई में काफी बड़ा होता है। एक्सॉन में भरा द्रव एक्सोप्लाज्म (Axoplasm) कहलाता है।

3. स्वायत्त तंत्रिका तंत्र (Autonomic Nervous System)

➩ स्वायत्त तंत्रिका तंत्र कुछ मस्तिष्क एवं कुछ मेरुरज्जु तंत्रिकाओं का बना होता है। यह शरीर के सभी आंतरिक अंगों व रक्त-वाहिनियों को तंत्रिकाओं की आपूर्ति करता है। स्वायत्त तंत्रिका

जीव विज्ञान 161

तंत्र की अवधारणा को सर्वप्रथम लैंगली ने 1921 ई. में प्रस्तुत किया। स्वायत्त तंत्र के दो भाग होते हैं- (i) अनुकंपी तंत्रिका तंत्र (Symphathetic Nervous System) (ii) परानुकंपी तंत्रिका तंत्र (Parasymphathetic Nervous System)।

अनुकंपी तंत्रिका तंत्र के कार्य

(a) यह त्वचा में उपस्थित रुधिर वाहिनियों को संकीर्ण करता है।
(b) इसकी क्रिया से बाल खड़ें हो जाते हैं।
(c) यह लार ग्रन्थियों के स्राव को कम करता है।
(d) यह हृदय स्पंदन को तेज करता है।
(e) यह श्वेद ग्रन्थियों (Sweat Glands) के स्राव को प्रारंभ करता है।
(f) यह आँख की पुतली को फैलाता है।
(g) यह मूत्राशय की पेशियों का विमोचन करता है।
(h) यह आँत्र में क्रमाकुंचन गति को कम करता है।
(i) इसके द्वारा श्वसन दर तीव्र हो जाती है।
(j) यह रक्त दाब को बढ़ाता है।
(k) यह रक्त में शर्करा के स्तर को बढ़ाता है।
(l) यह रक्त में लाल रुधिर कणिकाओं (RBC) की संख्या में वृद्धि करता है।
(m) यह रक्त के थक्का (Clotting) बनाने में मदद करता है।
(n) इसके सामूहिक प्रभाव से भय, पीड़ा तथा क्रोध पर प्रभाव पड़ता है।

परानुकंपी तंत्रिका तंत्र के कार्य

(a) यह रुधिर-वाहिनियों की गुहा को चौड़ा करता है, किन्तु कोरोनरी रुधिर वाहिनियों (Coronary Artery) को छोड़कर।
(b) यह लार के स्राव में तथा अन्य पाचक रसों में वृद्धि करता है।
(c) यह नेत्र की पुतली का संकुचन करता है।
(d) यह मूत्राशय की अन्य पेशियों में संकुचन उत्पन्न करता है।
(e) यह आंत्रीय भित्ति में संकुचन एवं गति उत्पन्न करता है।
(f) इस तंत्रिका तंत्र का प्रभाव सामूहिक रूप से आराम और सूख की स्थितियाँ उत्पन्न करना है।

6. विशिष्ट ज्ञानेन्द्रिय तंत्र (Special Sense Organs System)

➩ जिन अंगों से हमें पर्यावरण एवं बाहरी परिवेश का ज्ञान होता है।, वे विशिष्ट ज्ञानेन्द्रियाँ कहलाती हैं। इन ज्ञानेन्द्रियों का सम्बन्ध मस्तिष्क से बना रहता है। विशिष्ट ज्ञानेन्द्रियाँ पाँच हैं- (i) नेत्र (ii) कर्ण (iii) त्वचा (iv) नासिका (v) जिह्वा।

(i) **नेत्र (Eyes) :** पाँचों ज्ञानेन्द्रियों में नेत्र का स्थान सबसे महत्त्वपूर्ण है। नेत्र गोलाकार होता है तथा इसका व्यास लगभग एक इंच होता है। नेत्र के प्रमुख अंग अक्षिगोलक (Eyeball), दृष्टि तंत्रिका (Optic Nerve) और मस्तिष्क में स्थित दृष्टि-केन्द्र (Visual Centres) तथा कुछ और उपांग भी होते हैं। नेत्र के सहायक अंगों में भौं (Eye Brow), पलकें (Eye Lids), नेत्र श्लेष्मला (Conjuctiva), अश्रु उपकरण (Lacrimal Apparatus) तथा पेशियाँ होती हैं।

नोट : अश्रु का स्राव अश्रुवाहिनी (Lactrimal Duct) से होता है। अश्रु कुछ क्षारीय, सोडियम क्लोराइड (NaCl) युक्त जलीय द्रव है। अश्रु में लाइसोजाइम भी होता है।

(ii) **कर्ण (Ears) :** कर्ण से ध्वनि का बोध होता है। कर्ण के तीन भाग होते हैं- बाह्य कर्ण, मध्य कर्ण तथा अंतः कर्ण। बाह्य कर्ण ध्वनि तरंगों को एकत्रित करके आगे बढ़ाते हैं। डॉक्टर कर्णदर्शक यंत्र जिसे ऑरोस्कोप (Auroscope) कहते हैं से बाह्य में स्थित कर्ण पटल (Tympanic Membrane) देखते हैं। मध्य कर्ण कपाल के अंदर होता है। अंतः कर्ण ध्वनिग्राही अंग में स्थित होता है।

नोट : वृद्धावस्था में मध्य कर्ण की अस्थियाँ निष्क्रिय हो जाती हैं जिससे व्यक्ति को ऊँचा सुनायी देता है।

(iii) **त्वचा (Skin) :** त्वचा के द्वारा स्पर्श, ताप, पीड़ा, शीत, दबाव, भारी, हल्का, चिकना, खुरदरा आदि का बोध होता है। त्वचा के विभिन्न प्रकार की संवेदनाओं के लिए विशिष्ट प्रकार के संग्राहक अंग होते हैं। दाब के लिए विशिष्ट प्रकार के संग्राहक अंग होते हैं। दाब के लिए पेसिनी कणिका (Pacinian Corpuscies), स्पर्श के स्पर्श कणिका (Tactile Corpuscies), शीत के लिए क्रौजन्कन्द (Krausebulb), ताप के लिए गोल्गी मेजोनी तथा रफीनी (Golgi-Mazzoni and Ruffini) आदि कुछ विशिष्ट संग्राहक अंग हैं।

(iv) **नासिका** (Nose) : इसके द्वारा कोई भी गंधयुक्त पदार्थ जो गैस के रूप में हमारी नासिका में पहुँचकर स्थानीय स्राव में घुल जाता है और घ्राण-क्षेत्र की कोशिकाओं (Olfactory Cells) को उद्दीप्त करता है जिससे हमें उसकी गंध का अनुभव होता है।

(v) **जिह्वा (Tongue) :** स्वाद का बोध हमें स्वाद संवेदनाओं के माध्यम से होता है। स्वाद मुख्य रूप से चार प्रकार के होते हैं- मीठा, नमकीन, कड़वा तथा खट्टा। जिह्वा पर नन्हें उभार होते हैं जिन्हें जिह्वांकुर (Papillate) कहते हैं। इन्हीं के द्वारा स्वाद की अनुभूति होती है। हमारे शरीर में लगभग 10000 स्वाद कलिकाएँ होती हैं।

7. कंकाल-तंत्र (Skeleton System)

➩ मानव शरीर छोटी-बड़ी कुल 206 अस्थियों से मिलकर बना हुआ है। अस्थियों से बने ढाँचे को कंकाल-तंत्र कहते हैं। अस्थियाँ आपस में संधियों के द्वारा जुड़ी रहती हैं। सिर की हड्डी को कपाल गुहा कहते हैं। इन अस्थियों में 50% जल तथा 50% ठोस पदार्थ होता है। ठोस पदार्थ में 33% अकार्बनिक पदार्थ तथा 67% कार्बनिक पदार्थ पाये जाते हैं।

➩ मनुष्य का कंकाल-तंत्र दो भागों में बना होता है-

(i) अक्षीय कंकाल (Axial Skeleton)।

(ii) उपांगीय कंकाल (Appendicular Skeleton)।

(i) **अक्षीय कंकाल (Axial Skeleton) :** शरीर का मुख्य अक्ष बनाने वाले कंकाल को अक्षीय कंकाल कहते हैं। इसके अन्तर्गत खोपड़ी, कशेरुकदण्ड तथा छाती की अस्थियाँ आती हैं-

(a) **खोपड़ी (Skull) :** मनुष्य के सिर (Head) के अंतःकंकाल के भाग को खोपड़ी कहते हैं। इसमें 29 अस्थियाँ होती हैं। इनमें 8 अस्थियाँ संयुक्त रूप से मनुष्य के मस्तिष्क को सुरक्षित रखती हैं। इन अस्थियों से बनी रचना को कपाल (Cranium) कहते हैं। कपालों की सभी अस्थियाँ सियनों/टाँकों (Sutures) के द्वारा दृढ़ता से जुड़ी रहती हैं। इनके अतिरिक्त 14 अस्थियाँ चेहरे को बनाती हैं। 6 अस्थियाँ कान को। हॉयड नामक एक और अस्थि खोपड़ी में होती है।

(b) **कशेरुक दण्ड (Vertebral Column) :** कशेरुक दण्ड हमारे शरीर के कंकाल का मुख्य आधार है, जो मध्य में स्थित होता है। यह सिर को सहारा देता है। इसमें छोटी-छोटी 33 हड्डियाँ होती हैं, जिन्हें सामूहिक रूप से कशेरुक कहते हैं।

कशेरुक दण्ड के मुख्य कार्य

- यह सिर को साधे रहता है।
- यह गर्दन तथा धड़ को आधार प्रदान करता है।
- यह मनुष्य को खड़े होकर चलने, खड़े होने आदि में मदद करता है।
- यह गर्दन तथा धड़ को लचक प्रदान करते हैं, जिससे मनुष्य किसी भी दिशा में अपनी गर्दन और धड़ को मोड़ने में सफल होता है।
- यह मेरुरज्जु (Spinal Cord) को सुरक्षा प्रदान करता है।

(ii) **उपांगीय कंकाल (Appendicular Skeleton) :** इसके अन्तर्गत निम्नलिखित भाग आते हैं-

(a) **पाद अस्थियाँ :** दोनों हाथ और पैर मिलाकर 118 अस्थियाँ होती हैं।

(b) **मेखलाएँ :** मनुष्य के अग्रपाद तथा पश्चपाद को अक्षीय कंकाल पर साधने के लिए दो चाप पाये जाते हैं, जिन्हें मेखलाएँ (Girdles) कहते हैं।

- अग्रपाद की मेखला को अंश मेखला (Shoulder Girdle) तथा पश्च पाद की मेखला को श्रेणी मेखला (Pelvic Girdle) कहते हैं।
- अंश मेखला से अग्रपाद की अस्थि ह्यूमरस (Humerus) एवं श्रेणी मेखला से पश्च पाद की हड्डी फीमर (Femur) जुड़ी होती है।

कंकाल तंत्र के मुख्य कार्य

- शरीर को निश्चित आकार प्रदान करना।
- शरीर के कोमल अंगों की सुरक्षा प्रदान करना।
- पेशियों को जुड़ने का आधार प्रदान करना।
- श्वसन एवं पोषण में सहायता प्रदान करना।
- लाल रक्त कोशिकाओं का निर्माण करना।

कंकाल तंत्र से सम्बन्धित अन्य बातें

- मनुष्य के शरीर में कुल हड्डियों की संख्या-206
- बाल्यावस्था में कुल हड्डियों की संख्या-208
- सिर की कुल हड्डियों की संख्या-29
- रीढ़ की कुल हड्डियों की संख्या (प्रारंभिक काल में)-33
- रीढ़ की कुल हड्डियों की संख्या (विकसित होने पर)-26
- पसलियों की कुल हड्डियों की संख्या-24
- शरीर की सबसे बड़ी हड्डी-फीमर (Femur), जाँघ की हड्डी।
- शरीर की सबसे छोटी हड्डी-स्टेप्स (Steps), कान की हड्डी।
- मांसपेशी एवं अस्थि के जोड़ को टेण्डन (Tendon) कहते हैं।
- अस्थि से अस्थि के जोड़ को लिगामेंटस (Ligaments) कहते हैं।

कुछ विशेष स्थानों की अस्थियों के नाम एवं संख्या			
क्र.	**स्थान**	**अस्थियों के नाम**	**संख्या**
1.	कान	मैलियस	2
	अस्थियाँ	इन्कस	2
		स्टैप्स	2

2.	ऊपरी बाहु	ह्यूमरस	2
3.	अग्रबाहु	रेडियोअलना	2
4.	कलाई	कार्पल्स	16
5.	हथेली	मेटाकार्पल्स	10
6.	अँगुलियाँ	फैलेन्जेज	28
7.	जाँघ	फीमर	2
8.	पिंडली	टिबियो फिबुला	4
9.	घुटना	पटेला	2
10.	टखना	टार्सल	14
11.	तलवा	मेटाटार्सल्स	10

8. लसीका तंत्र (Lymphatic System)

- रक्त और ऊतकों (Tissues) के बीच पोषक तत्त्वों, ऑक्सीजन तथा कार्बन डाइऑक्साइड और अन्य अपशिष्ट पदार्थों (Waste Products) का आदान-प्रदान निरंतर चलता रहता है। लसीका का निर्माण इसी क्रिया (Metabolic Interchange) के क्रम में होता है।
- लसीका एक प्रकार का पीला द्रव्य है, जिसकी रचना लगभग रक्त प्लाज्मा जैसी ही होती है, जिसमें पौष्टिक पदार्थ ऑक्सीजन तथा कई अन्य पदार्थ मौजूद रहते हैं।
- लसीका में पायी जाने वाली कणिकाएँ लिम्फोसाइट्स (Lymphocytes) कहलाती हैं। ये वास्तव में श्वेत रुधिर कणिकाएँ (WBC) होती हैं।
- लसीका ऊतक से हृदय की ओर केवल एक ही दिशा में बहता है।

लसीका के मुख्य कार्य

- लसीका में उपस्थित लिम्फोसाइट्स हानिकारक जीवाणुओं का भक्षण करके रोगों की रोकथाम में सहायक होता है।
- लसीका, लिम्फोसाइट्स का निर्माण करती है।
- लसीका के नोड, जिन्हें लिम्फनोड कहते हैं, मनुष्य के शरीर में छन्ने का कार्य करते हैं। धूल के कण, जीवाणु कैंसर कोशिकाएँ इत्यादि लिम्फनोड में फँस जाते हैं।
- लसीका घाव भरने में सहायता करती है।
- लसीका ऊतकों से शिराओं में विभिन्न जन्तुओं का परिसंचरण करती है।

9. त्वचीय तंत्र (Cutaneous System)

- शरीर की रक्षा करने के लिए त्वचा से ढका सम्पूर्ण शरीर त्वचीय तंत्र कहलाता है। त्वचा का बाहरी भाग स्तरित उपकला (Stratified Epithelium) के कड़े स्तरों से बना रहता है। बाह्य संवेदनाओं का अनुभव करने के लिए तंत्रिका के स्पर्शकण (Tactile-buds) होते हैं।

10. पेशी तंत्र (Muscular System)

- पेशियाँ त्वचा के नीचे का मांस होती हैं। सम्पूर्ण शरीर में 500 से अधिक पेशियाँ हैं। पेशियाँ प्रेरक उपकरण (Motor Apparatus) का सक्रिय भाग हैं। इनके संकुचन के फलस्वरूप विभिन्न गतिविधियाँ होती हैं। कार्य के आधार पर पेशियाँ को दो वर्गों में बाँटा गया है-

  (i) **ऐच्छिक पेशियाँ (Voluntary Muscles) :** ये रेखित पेशी ऊतक (Striated Muscles Tissue) से बनी होती है तथा मनुष्य के इच्छानुसार संकुचित हो जाती हैं। इस वर्ग में

सिर, धड़, अग्रांगों (Extremities) की पेशियाँ अर्थात् कंकाल पेशियाँ (Skeleton Muscle) और शरीर के कुछ आंतरिक अंगों, जैसे- जीभ, स्वर यंत्र आदि की पेशियाँ आती हैं।

(ii) **अनैच्छिक पेशियाँ (Involuntary Muscles) :** ये पेशियाँ कोमल और आरेखित (Non-Striated) पेशी ऊतक की बनी होती हैं। ये आंतरिक अंगों, रुधिर वाहिकाओं तथा त्वचा की दीवारों में पायी जाती है। इन पेशियों का संकुचन मनुष्य की इच्छा द्वारा नियंत्रित नहीं होता है।

पेशियों के मुख्य गुण

- पेशी ऊतकों में अन्य ऊतकों की भाँति उत्तेजनशीलता अर्थात् उद्दीपन के प्रत्युत्तर में कार्य करने का गुण होता है।
- पेशी ऊतक की प्रमुख विशेषता इसकी संकुचन क्षमता है, जो इसे अन्य पेशियों से अलग करती है। पेशी संकुचित अवस्था में छोटी और मोटी हो जाती है। यह अपना कार्य संकुचन की अवस्था में ही करती है।
- केन्द्रीय तंत्रिका तंत्र प्रेरक तंत्रिकाओं के माध्यम से पेशियों को कार्य करने का आदेश, तंत्रिका-आवेग (Nerve Impulses) के रूप में देता है, जिसके फलस्वरूप पेशियाँ सक्रिय हो जाती हैं और अपना कार्य करने लगती हैं।
- रेखित पेशियों (Striated Muscles) का संकुचन ऐच्छिक क्रियाओं द्वारा और आरेखित पेशियों (Non-striated Muscles) का नियंत्रण अनैच्छिक क्रियाओं द्वारा होता है।
- पेशियों में एक निश्चित सीमा तक फैलाव होता है। पेशियों में जिस कारण से प्रसार होता है, उसके समाप्त होते ही, पेशियाँ पूर्व अवस्था में आ जाती हैं। इसे लोचकता का गुण कहा जाता है।

11. अंतःस्रावी तंत्र (Endocrine System)

- शरीर के विभिन्न भागों में उपस्थित नलिका विहीन (Ductless) ग्रन्थियों को अंतःस्रावी तंत्र कहते हैं। इनमें हार्मोन बनता है और शरीर की सभी रासायनिक क्रियाओं का नियंत्रण इन्हीं हार्मोनों द्वारा होता है। जैसे- पीयूष ग्रन्थि, अवटु ग्रन्थि, पराअवटु ग्रन्थि, थाइमस ग्रन्थि आदि।

1. पीयूष ग्रन्थि (Pituitory Gland)

- यह कपाल (Skull) की स्फेनॉयड (Sphenoid) हड्डी में सेलाटर्सिका (Sellaturcica) नामक गड्ढे में उपस्थित रहती है।
- इसका वजन लगभग 0.6 ग्राम होता है, लेकिन स्त्रियों में गर्भावस्था में यह कुछ बड़ी हो जाती है।
- पीयूष ग्रन्थि को मास्टर ग्रन्थि कहा जाता है, क्योंकि यह अन्य अंतःस्रावी ग्रन्थियों के स्रावण का नियंत्रण करती है। यह व्यक्ति के स्वभाव, स्वास्थ्य, वृद्धि एवं लैंगिक विकास को भी प्रेरित करती है। इसलिए पीयूष ग्रन्थि को मास्टर ग्रन्थि (Master Gland) कहा जाता है।

पीयूष ग्रन्थि से स्रावित हार्मोन एवं उनके कार्य

(i) **STH हार्मोन (Somatotrophic Hormone) :** इस हार्मोन को वृद्धि हार्मोन (Growth Hormone-GH) भी कहा जाता है। यह हार्मोन शरीर की वृद्धि, विशेषता हड्डियों की वृद्धि को नियंत्रित करती है। STH की अधिकता से भीमकायत्व/महाकायता (Gigantism) तथा एक्रोमिगेली (Acromegaly) नामक विकार उत्पन्न हो जाते हैं, जिसमें मनुष्य की लंबाई सामान्य से बहुत अधिक बढ़ जाती है। STH की कमी से मनुष्य में बौनापन (Dwarfism) होता है।

(ii) **TSH हार्मोन (Thyroid Stimulating Hormone) :** यह हार्मोन थाइरॉइड ग्रन्थि के कार्यों को उद्दीपित करता है। यह थॉइरॉक्सिन (Thyroxin) हार्मोन के स्रवण को भी प्रभावित करता है।

(iii) **ACTH हार्मोन (Adrenocorticotropic Hormone) :** यह हार्मोन एड्रीसन ग्रन्थि के कार्टेक्स को प्रभावित कर उससे निकलने वाले हार्मोन को भी प्रेरित करता है।

(iv) **GTH हार्मोन (Gonadotropic Hormone) :** यह जनन अंगों के कार्यों को नियंत्रित करता है। यह दो प्रकार का होता है-

(a) **FSH हार्मोन (Follicle Stimulating Hormone) :** पुरुषों में यह हार्मोन शुक्रकीट निर्माण (Spermatogenesis) को उद्देपित करता है, जबकि स्त्रियों में यह हार्मोन अण्डाशय से अण्डोत्सर्ग (Ovulation) को प्रेरित करता है।

(b) **LH हार्मोन (Luteiniging Hormone) :** पुरुषों में यह अंतराली कोशिकाओं (Interstial Cells) को प्रभावित कर नर हार्मोन (Testosteron) को प्रेरित करता है, जबकि स्त्रियों में यह कार्पस ल्यूटियम (Corpus Luteum) को प्रेरित करता है।

(v) **LTH हार्मोन (Lactogenic Hormone) :** यह हार्मोन स्तन वृद्धि एवं दुग्ध के स्राव को कायम रखता है। इस हार्मोन की कमी से दुग्ध-स्राव नहीं होता है।

(vi) **ADH हार्मोन (Antidiuretic Hormone) :** इसके कारण छोटी-छोटी रक्त धमनियों का संकीर्णन होता है एवं रक्तदाब बढ़ जाता है। यह शरीर के जल संतुलन में सहायक होता है।

2. अवटु ग्रन्थि (Thyriod Gland)

- यह ग्रन्थि मनुष्य में गर्दन के भाग में श्वासनली (Trachea) के दोनों ओर तथा स्वरयंत्र (Larynx) के जोड़ के अधर तल पर स्थित होती है। यह संयोजी ऊतक (Connective Tissues) की पतली अनुप्रस्थ पट्टी से जुड़ी रहती है, जिसे इस्थमस (Isthmus) कहते हैं।
- इस ग्रन्थि से निकलने वाले हार्मोन थाइरॉक्सिन (Thyroxine) एवं ट्रायोडोथाइरोनिन (Triodothyronine) हैं, जिनमें आयोडीन (Iodine) अधिक मात्रा में रहता है।

थाइरॉक्सिन (Thyroxine) के कार्य

- यह कोशिकीय श्वसन की गति को तीव्र करता है।
- यह शरीर की सामान्य वृद्धि विशेषत: हड्डियों, बाल इत्यादि के विकास के लिए अनिवार्य है।
- जनन अंगों के सामान्य कार्य इन्हीं की सक्रियता पर आधारित होते हैं।
- पीयूष ग्रन्थि के हार्मोन के साथ मिलकर यह शरीर के जल संतुलन का नियंत्रण करते हैं।

थाइरॉक्सिन (Thyroxine) की अधिकता से होने वाले रोग

(i) **एक्सोप्थैलमिक ग्वायटर (Exophthalmic Goitre) :** इसमें आँखें फूलकर नेत्र कोटर से बाहर आती हैं। नेत्र गोलक के नीचे श्लेष्मा जमा हो जाता है।

(ii) **ग्रेब्स रोग (Grave's Disease) :** इसमें थायरॉइड ग्रन्थि के आकार में वृद्धि हो जाती है।

(ii) **प्लूमर रोग (Plummer's Disease) :** इसमें थाइरॉइड ग्रन्थि में जगह-जगह गाँठें बन जाती हैं।

(iv) **टॉक्सिक ग्वायटर (Toxic Goitre) :** इसमें हृदय गति तीव्र हो जाती है, रक्तचाप बढ़ जाता है, श्वसन दर तीव्र हो जाती है।

थाइरॉक्सिन (Thyroxine) की कमी से होन वाले रोग

(i) **जड़वामनता (Cretinism) :** यह रोग बच्चों में होता है। ऐसे बच्चे बौने, कुरूप, पेट बाहर निकला हुआ, जीभ मोटी व बाहर निकली हुई, जननांग अल्पविकसित तथा त्वचा सूखी हुई होती है। ये मानसिक रूप से अल्प विकसित होते हैं।

(ii) **मिक्सीडेमा (Myxoedema) :** यौवनावस्था में होने वाले इस रोग में उपापचय भली-भाँति नहीं हो पाता, जिससे हृदय स्पंदन तथा रक्तचाप कम हो जाता है।

(iii) **हाशीमोटो रोग (Hashimoto's Disease) :** यह रोग शरीर में थाइरॉक्सिन की अत्यधिक कमी से हो जाता है।

(iv) **घेंघा (Goitre) :** थाइरॉक्सिन हार्मोन में अधिकांश मात्रा में आयोडीन (Iodine) होती है।

अतः आयोडीन की कमी से यह रोग हो जाता है। इस रोग में थाइरॉइड ग्रन्थि (Thyroid Gland) के आकार में बहुत वृद्धि होती है, जिसके फलस्वरूप गर्दन फूल जाती है।

3. पराअवटु ग्रन्थि (Parathyroid Gland)

➪ यह ग्रन्थि थाइरॉइड ग्रन्थि (Thyroid Gland) के ठीक पीछे अवस्थित होती है। इसका मुख्य कार्य रक्त में कैल्शियम की मात्रा को नियंत्रित करना है। इस ग्रन्थि से दो हार्मोन स्रावित होते हैं-

(i) **पैराथाइरॉइड हार्मोन (Parathyroid Hormone) :** यह हार्मोन तब स्रावित होता है, जब रुधिर में कैल्सियम की कमी हो जाती है। कैल्सियम की कमी से टिटनेस (Tetanus) तथा हाइपोकैल्सिमिया (Hypocalcemia) नामक रोग होते हैं।

(ii) **कैल्सिटोनिन हार्मोन (Calcitonin Hormone) :** जब रुधिर में कैल्सियम की मात्रा अधिक होती है, तब यह हार्मोन मुक्त होता है। कैल्सियम की अधिकता से ओस्टियोपोरोसिस (Osteoporosis), हाइपरकैल्सिमिया (Hyporcalcemia) तथा गुर्दे की पथरी (Kidney Stonel) नामक रोग होते हैं।

4. एड्रीनल ग्रन्थि (Adrenal Gland)

➪ यह ग्रन्थि प्रत्येक वृक्क के ऊपरी सिरे पर अंदर की ओर स्थित रहती है। यह वृक्क (Kidney) की टोपी के समान गाढ़े भूरे रंग की होती है। एड्रीनल ग्रन्थि के **दो भाग** होते हैं- (i) बाह्य भाग **कार्टेक्स** (Cortex) (ii) आंतरिक **भाग मेडुला** (Medulla)।

कार्टेक्स (Cortex) से स्रावित हार्मोन एवं उनके कार्य

(i) **ग्लूको कॉर्टिक्वायड्स (Gluco Corticoids) :** यह हार्मोन कार्बोहाइड्रेट, प्रोटीन एवं वसा के उपापचय का नियंत्रण करते हैं।

(ii) **मिनरेलो कॉर्टिक्वायड्स (Mineralo Corticoids) :** ये हार्मोन्स शरीर में खनिज आयनों (Mineral Ions) की मात्रा का नियंत्रण करते हैं, जिससे सोडियम, पोटैशियम, क्लोराइड आयन तथा जल की उपयुक्त मात्रा बनी रहती है।

(iii) **एड्रीनल लिंग-हार्मोन्स (Adrenal Sex Hormones) :** यह हार्मोन पेशियों तथा हड्डियों के परिवर्द्धन, बाह्यलिंग, बालों के उगने एवं यौन-आचरण का नियंत्रण करते हैं। ये हार्मोन मुख्यतः नर हार्मोन एन्ड्रोजन्स (Androgens) तथा मादा हार्मोन (Estrogen) होते हैं।

नोट : कार्टेक्स (Cortex) जीवन में नितांत आवश्यक है। यदि इसे शरीर से बिल्कुल निकाल दिया जाये तो मनुष्य केवल एक या दो सप्ताह ही जीवित रह सकेगा। कार्टेक्स (Cortex) के विकृत हो जाने पर उपापचयी प्रक्रमों (Metabolism Process) में गड़बड़ी उत्पन्न हो जाती है। इस रोग को एडीसन रोग (Addison's Disease) कहते हैं।

मेडुला (Medulla) से स्रावित हार्मोन एवं उनके कार्य

(i) **एड्रीनेलीन (Adrenaline) :** यह हार्मोन मेडुला से स्रावित हार्मोन का अधिकांश भाग होता है। यह हार्मोन क्रोध, डर, मानसिक तनाव, अपमान एवं व्यग्रता की अवस्था में अत्यधिक स्रावित होने लगता है, जिससे इन संकटकालीन परिस्थितियों में उचित कदम उठाने का निर्णय लिया जा सकता है। यह हृदय स्पंदन (Heart Beat) की दर को बढ़ाता है, रोंगटे खड़े होने के लिए प्रेरित करता है तथा आँख की पुतलियों को फैलाता है। यह एक एमीनो अम्ल है।

(ii) **नॉरएपीनेफ्रीन (Norepinephrine) :** यह हार्मोन शरीर की समस्त रुधिर वाहिनियों को संकुचित करता है, जिससे रुधिर दाब बढ़ जाता है। यह भी एक एमीनो अम्ल है।

नोट : उपर्युक्त दोनों हार्मोनों के समान कार्य हैं। ये सामान रूप से हृदयपेशियों की उत्तेजनशीलता एवं संकुचनशीलता में वृद्धि करते हैं, फलस्वरूप रक्तचाप बढ़ जाता है।

➩ एपीनेफ्रीन (Epinephrine) हृदय स्पंदन (Heart Beat) एकाएक रूक जाने पर उसे पुनः चालू करने में सहायक है।

➩ एड्रीनल ग्रन्थि (Adrenal Gland) से निकलने वाले हार्मोन को लड़ों एवं उड़ो (Fight and Fleight) हार्मोन कहा जाता है।

➩ उत्तेजना के समय (क्रोध, भय एवं खतरे के समय) एड्रीनेलीन हार्मोन (Adrenaline Hormone) अधिक मात्रा में उत्सर्जित होता है।

5. थाइमस ग्रन्थि (Thymus Gland)

➩ यह ग्रन्थि वक्ष में हृदय से आगे स्थित होती है। यह वृद्धावस्था में लुप्त हो जाती है। यह गुलाबी, चपटी, द्विपालित (Bilobed) ग्रन्थि है। इस ग्रन्थि से निम्न हार्मोन स्रावित होते हैं- (i) थाइमोसीन (Thymosin) (ii) थाइमीन-I (Thymine-I) (iii) थाइमीन-II (Thymine-II)।

थाइमस ग्रन्थि से स्रावित हार्मोन के कार्य

➩ ये हार्मोन शरीर में लिम्फोसाइट कोशिकाएँ (Lymphocytes Cells) बनाने में सहायक होता है। ये इन लिम्फोसाइट को जीवाणुओं (Bacteria) तथा एंटीजन्स (Antigens) को नष्ट करने के लिए प्रेरित करते हैं।

➩ यह हार्मोन शरीर में एंटीबॉडी (Antibody) बनाकर शरीर को सुरक्षा तंत्र स्थापित करने में सहायता करते हैं।

6. जनन-ग्रन्थि (Gonads)

➩ जनन-ग्रन्थियाँ, जनन कोशिकाओं के निर्माण के अतिरिक्त अंत:स्रावी ग्रन्थियों के रूप में भी कार्य करती हैं, जो निम्नलिखित है-

(i) **अंडाशय (Ovary) :** यह मादा के उदर गुहा में स्थित होता है। इनके द्वारा स्रावित हार्मोन निम्नलिखित है-

(a) **एस्ट्रोजन (Estrogen) :** यह यौवनावस्था में यौन लक्षणों, जैसे- गर्भाशय, योनि, भगशिशन व स्तनों के विकास को प्रेरित करता है।

(b) **प्रोजेस्ट्रॉन (Progesterone) :** इसका स्राव कार्पस ल्यूटियम (Corpus Luteum) द्वार होता है। यह स्तन के विकास एवं दुग्ध ग्रन्थियों को सक्रिय करता है। यह हार्मोन गर्भधारण के निर्धारण वाला हार्मोन कहलाता है। यह गर्भावस्था एवं प्रसवपीड़ा में होने वाले परिवर्तनों से भी सम्बद्ध है।

(c) **रिलैक्सिन (Relaxin) :** यह हार्मोन भी कार्पस ल्यूटियम (Corpus Luteum) द्वारा स्रावित होता है। इसका निर्माण बच्चे के जन्म के समय होता है। यह हार्मोन प्यूबिक संध ान (Pubic Symphysis) नामक जोड़ तथा यहाँ की पेशियों को लचीला बनाता है, जिससे जनन नाल (Birth Canal) चौड़ी हो जाती है। इससे बच्चे के जन्म में सहायता होती है।

(ii) **वृषण (Testes) :** यह नर जनन अंग है। यह शरीर से बाहर स्क्रोटल कोष (Scrotal Sec) में स्थित होते हैं। वृषण के अंदर अंतराली कोशिकाओं (Interstitial Cells) या लीडिंग कोशिकाओं (Leyding Cells) से नर हार्मोन स्रावित होते हैं, जिन्हें एन्ड्रोजन्स (Androgens) कहते हैं।

(iii) **एन्ड्रोजन्स (Androgens) :** यह हार्मोन नर के गौण लैंगिक लक्षणों के लिए उत्तरदायी होते हैं। यह शिशन (Penis), अधिवृषण (Epididymis), शुक्रवाहिनी (Vasdeferens) तथा शुक्राशय (Seminalvesicle) के विकास को प्रेरित करते हैं। इसके साथ ही ये गौण लैंगिक लक्षणों के विकास का नियंत्रण करते हैं।

12. प्रजनन तंत्र (Reproduction System)

1. **पुरुष प्रजनन तंत्र (Male Reproduction System) :** पुरुष के प्रजनन अंग में अधिवृषण (Epididymis), वृषण (Testes), शुक्रवाहिका (Vasdeferens), शुक्राशय (Seminalvesicle), पुर:स्थ (Prostate), शिशन (Penis) आदि प्रमुख हैं।

(i) **वृषण (Testes) :** वृषण नर जनन ग्रन्थियाँ हैं, जो अंडाकार होती हैं। इनकी संख्या दो होती है। वृषण का कार्य शुक्राणु (Sperms) उत्पन्न करना है। एक औसतन स्खलन में लगभग एक चम्मच शुक्र का स्राव होता है। इसमें शुक्राणुओं की संख्या 20 से 20 लाख तक होती है।

(ii) **शुक्राणु (Sperm) :** शुक्राणु की लंबाई 5 माइक्रान होती है। यह तीन भाग में बँटा रहता है- सिर, ग्रीवा और गुच्छ। शुक्राणु शरीर में 30 दिन तक जीवित रहते हैं, जबकि मैथुन के बाद स्त्रियों में केवल 72 घंटे तक जीवित रहते हैं।

(ii) **शिशन (Penis) :** शिशन पुरुषों का संभोग करने वाला अंग है। शिशन के माध्यम से शुक्राणु स्त्री के प्रजनन तंत्र में पहुँचते हैं। शिशन हर्षण ऊतक का बना होता है। शिशन के तीन भाग होते हैं- शिशनमुण्ड (Glans), पिण्ड (Body) और मूल (Root) शिशन में खाली स्थान होता है, जिसमें कोशिकाएँ और सूक्ष्म धमनियाँ रहती हैं। खाली स्थानों में रक्त भरने से शिशन फूल जाता है।

2. **स्त्री प्रजनन तंत्र (Female Reproductive System) :** स्त्री के प्रजनन तंत्र में शर्त शेल (Mons Veneris), वृहत् भगोष्ठ (Labia Majora), लघु भगोष्ठ (Labia Minora), भगशिशन (Clitoris), योनि (Vagina), अंडाशय (Ovaries), डिम्बवाहिनी नली (Fallopian Tube) तथा गर्भाशय (Uterus) आदि प्रमुख हैं।

(i) **अंडाशय (Ovaries) :** स्त्रियों में दो अंडाशय बादाम के आकार के भूरे रंग के होते हैं। इनका मुख्य कार्य अंडाणु (Ovum) पैदा करना है। अंडाशय से दो हार्मोन एस्ट्रोजन (Estrogen) तथा प्रोजेस्ट्रॉन (Progesterone) का स्राव होता है, जो ऋतुस्राव (Menstruation) को नियत्रित करते हैं।

(ii) **अंडाणु (Ovum) :** अंडाणु स्थिर, गोलाकार एवं निष्क्रिय होता है। इसकी परिधि 100-125 मिमी तक होती है।

(iii) **डिम्बवाहिनी नली (Fallopian Tube) :** इस नली से डिम्ब (Ovum) अंडाशय से गर्भाशय में जाता है। इसकी संख्या दो होती है।

(iv) **गर्भाशय (Uterus) :** गर्भाशय मूत्राशय के पीछे और मलाशय के आगे स्थिर होता है। यह नाशपाती के आकार का होता है। गर्भाशय की पेशी को गर्भाशय पेशी (Myometrium) तथा श्लेष्मिक कला को इन्डोमेट्रियम (Endometrium) कहते हैं। गर्भाशय में निषेचित डिम्ब का विकास होता है।

(v) **निषेचन (Fertilization) :** शुक्राणु (Sperm) और डिम्ब (Ovum) के मिलने को निषेचन कहते हैं। इसके फलस्वरूप युग्मनज (Zygote) बनता है। बाद में चलकर यही युग्मनज भ्रूण (Foetus) के रूप में परिवर्तित हो जाता है, जो एक नये बच्चे के रूप में जन्म लेता है।

(vi) **अपरा (Placentra) :** भ्रूण और स्त्री के गर्भाशय की दीवार के बीच रक्तधनी तंतुओं जैसी रचना को अपरा कहते हैं। इन्हीं अपरा कोशिकाओं के द्वारा भ्रूण को गर्भाशय में अपना पोषक तत्त्व प्राप्त होता है। बच्चा पैदा होने के बाद अपरा को काटकर अलग किया जाता है।

(vii) **ऋतुस्राव (Menstruation) :** इसे ऋतुकाल, रजोधर्म, आर्तव या मासिक धर्म भी कहते हैं। यह स्त्रियों में प्राय: 12-14 वर्ष की अवस्था में शुरू होकर 45-50 वर्ष की आयु तक होता है। संगर्भता में ऋतुस्राव नहीं होता है। इसमें स्त्री को प्रजनन काल में प्रति 26 से 28 दिनों की अवधि पर गर्भाशय से श्लेष्मा तथा रक्त का स्राव होता है। यह स्राव 3-4 दिनों तक होता है।

10. पोषण एवं स्वास्थ्य

➩ पोषक तत्त्व भोज्य पदार्थों में निहित उपयोगी रासायनिक घटक होते हैं, जिनका उपयुक्त मात्रा में उपलब्ध होना शरीर को स्वस्थ्य रखने के लिए परम आवश्यक है। रासायनिक आधार पर पोषक तत्त्वों को **दो** वर्गों में बाँटा गया है- 1. कार्बनिक पोषक तत्त्व एवं 2. अकार्बनिक पोषक तत्त्व।

1. **कार्बनिक पोषक तत्त्व**

- इसमें प्रमुख पाँच तत्त्व होते हैं, जो निम्नलिखित हैं-

(i) **कार्बोहाइड्रेट (Carbohydrates) :** यह हमारे शरीर के लिए आवश्यक तत्त्व है। हमारे आहार में इनकी मात्रा 65% ऊर्जा का आयोजन करने वाली होनी चाहिए। ये रासायनिक यौगिक होते हैं जिनमें कार्बन, हाइड्रोजन तथा ऑक्सीजन होते हैं।

कार्बोहाइड्रेट के प्रमुख कार्य :

- ये शरीर को ऊर्जा प्रदान करते हैं।
- शरीर में वसा के उपयोग के लिए ये जरूरी होते हैं।
- ये प्रोटीन को शरीर के निर्माणकारी कार्यों के लिए सुरक्षित रखते हैं और बदले में शरीर की ऊर्जा की माँग पूरी करते हैं। एक ग्राम कार्बोहाइड्रेट लगभग चार कैलोरी ऊर्जा उत्पन्न करती है।
- ये विटामिन C का निर्माण करते हैं।

कार्बोहाइड्रेट का महत्त्व

- कार्बोहाइड्रेट की अधिकता से शरीर का वजन बढ़ता है, तथा मोटापे से सम्बन्धित रोग हो जाते हैं।
- कार्बोहाइड्रेट की कमी से शरीर का वजन कम हो जाता है, कार्यशक्ति घट जाती है और प्रोटीन ऊर्जा उत्पन्न करने हेतु प्रयुक्त होने लगती है, जिससे यकृत एवं नाड़ी संस्थान के क्रिया-कलापों में शिथिलता आ जाती है।
- **कार्बोहाइड्रेट के प्रमुख स्रोत :** गेहूँ, मक्का, चावल, बाजरा, जौ, शक्कर, गुड़, शहद, सूखे फल, अंजीर, दूध, पके फल, आलू, शकरकंद, चुकंदर, रसीले फल आदि।

(ii) **प्रोटीन (Protein) :** प्रोटीन अत्यंत जटिल तथा नाइट्रोजन युक्त पदार्थ होते हैं। इसकी रचना लगभग 20 अमीनों अम्लों (Amino Acids) के भिन्न-भिन्न संयोगों से हुआ है। ये अमीनो अम्ल शरीर के उचित पोषण के लिए नितांत आवश्यक होते हैं और किसी भी आहार में इनकी व्यवस्था पर्याप्त तथा उचित मात्रा में होना आवश्यक है। मानव शरीर का लगभग 20% भाग प्रोटीन से ही निर्मित होता है।

प्रोटीन के प्रमुख कार्य

ये कोशिकाओं की वृद्धि एवं मरम्मत का कार्य करती हैं।

- अनेक जटिल प्रोटीन उपापचयी प्रक्रमों (Metabolic Processes) में एन्जाइम का कार्य करती हैं।
- कुछ प्रोटीन हार्मोन संश्लेषण में भाग लेते हैं।
- ये हीमोग्लोबिन के रूप में शरीर में गैसीय संवहन का कार्य करती है।
- ये एण्टीबॉडीज (Antibodies) के रूप में शरीर की सुरक्षा करती है।

प्रोटीन का महत्त्व

- प्रोटीन की कमी से शरीर की मांसपेशियाँ कमजोर हो जाती है, भौतिक, शारीरिक तथा मानसिक विकास रुक जाता है एवं रोग-प्रतिरोधी शक्तियाँ कम हो जाती है।
- प्रोटीन की कमी से बच्चों में क्वाशियोर्कर (Kwashiorkor) नामक रोग होता है। इस रोग में बच्चों का हाथ-पाँव दुबला-पतला हो जाता है एवं पेट बाहर की ओर निकल आता है।
- प्रोटीन की ही कमी से बच्चों में मरास्मस (Marasmus) नामक रोग होता है। इस रोग में बच्चों की मांपपेशियाँ ढीली हो जाती है।
- **प्रोटीन के प्रमुख स्रोत :** दूध, अंडा, फली, बादाम, दाल, सोयाबीन, पनीर, खोया, मांस, मछली आदि।

(iii) **वसा (Fat)** : वसा शरीर को ऊर्जा प्रदान करने वाले प्रमुख खाद्य पदार्थ हैं पर ये सांद्र (Concetrated) स्रोत हैं। एक ग्राम वसा लगभग 9 कैलोरी ऊर्जा प्रदान करती है। सामान्यत: एक वयस्क व्यक्ति को 20-30% ऊर्जा वसा से प्राप्त होनी चाहिए। शरीर में वसा का संश्लेषण माइटोकॉण्ड्रिया में होता है। वसा सामान्यत: 20°C ताप पर ठोस अवस्था में होते हैं, परन्तु यदि वे इस ताप पर द्रव अवस्था में हों तो उन्हें 'तेल' कहते हैं।

वसा के प्रमुख कार्य

यह खाद्य पदार्थों में स्वाद उत्पन्न करती हैं और आहार को रुचिकर बनती है।

- यह ठोस रूप में शरीर को ऊर्जा प्रदान करती है। एक ग्राम वसा में 9 कैलोरी ऊर्जा होती है।
- यह त्वचा के नीचे जमा होकर शरीर के ताप को बाहर नहीं निकलने देती।
- यह शरीर के विभिन्न अंगों को चोटों से बचाती है।
- प्रोटीन के स्थान में जलकर शरीर को ऊर्जा प्रदान करती है।

वसा का महत्त्व

- वसा की कमी से त्वचा रूखी हो जाती है, वजन में कमी हो जाती है तथा शरीर का विकास रूक जाता है।
- वसा की अधिकता से शरीर स्थूल हो जाता है तथा हृदय की बीमारी, रक्तचाप का बढ़ना आदि रोग हो जाते हैं।
- **वसा के प्रमुख स्रोत** : दूध, मांस, मछली, मक्खन, मूँगफली के तेल एवं अन्य तेल, घी आदि।

(iv) **जल (Water)** : शरीर के भार का लगभग 70% पानी होता है। यह शरीर की सभी कोशिकाओं का एक महत्त्वपूर्ण घटक है।

जल का महत्त्व

- शरीर में सम्पूर्ण रासायनिक अभिक्रियाएँ तथा प्रक्रमण पानी के माध्यम से ही होते हैं। अत: शरीर में प्रतिदिन पर्याप्त मात्रा में पानी का पहुँचना आवश्यक है।
- सामान्यत: स्वस्थ्य व्यक्ति को औसतन 4-5 लीटर पानी पीना चाहिए।

(v) **विटामिन (Vitamins)** : 1911 ई. में फंक (Funk) ने विटामिन का आविष्कार किया था।

विटामिन का महत्त्व

- विटामिन एक प्रकार का कार्बनिक यौगिक है जो शरीर की सामान्य वृद्धि तथा रोगों से रक्षा के लिए अत्यंत ही आवश्यक है। इसकी कमी के कारण शरीर किसी न किसी रोग का शिकार हो जाता है।
- विटामिन से कोई कैलोरी नहीं प्राप्त होती, परन्तु ये शरीर के उपापचय (Metabolism) में रासायनिक प्रतिक्रियाओं के नियमन के लिए अत्यंत आवश्यक है।
- विटामिनों को रक्षात्मक खाद्य (Protective Foods) कहते हैं।
- रासायनिक बनावट और किये गये शारीरिक कार्यों के अनुसार विटामिन को A,B, C, D, E एवं K अक्षरों के नाम से जाना जाता है।
- विटामिनों को घुलनशीलता के आधार पर दो भागों में बाँटा गया है-
  (a) **जल में घुलनशील विटामिन**-विटामिन-B एवं विटामिन-C।
  (b) **वसा में घुलनशील विटामिन**- विटामिन-A, विटामिन-D, विटामिन-E तथा विटामिन-K।

विटामिन की कमी से होने वाला रोग एवं उसके स्रोत			
विटामिन	**रासायनिक नाम**	**कमी से होने वाला रोग**	**स्रोत**
विटामिन–A	रेटिनॉल	रतौंधी, संक्रमणों का खतरा, जीरोप्थैलमिया	दूध, अंडा, पनीर, हरी साग-सब्जी, मछलीयकृत तेल
विटामिन–B_1	थायमिन	बेरी-बेरी	मूँगफली, तिल, सूखी मिर्चे, बिना घुली दाल, यकृत, अंडा एवं सब्जियाँ
विटामिन –B_2	राइबोफ्लेविन	त्वचा का फटना, आँखों का लाल होना, जिह्वा का फटना	खमीर, कलेजी, मांस, हरी सब्जियाँ, दूध
विटामिन –B_3	पैन्टोथेनिक अम्ल	बाल सफेद होना, मंद बुद्धि होना	मांस, दूध, मूँगफली, गन्ना, टमाटर
विटामिन –B_5	निकोटिनैमाइड या नियासिन	पेलाग्रा (त्वचा दाद) या 4-D सिंड्रोम	मांस, मूँगफली, आलू, टमाटर, पत्ती वाली सब्जियाँ
विटामिन –B_6	पाइरीडॉक्सिन	एनीमिया, त्वचा रोग	यकृत, मांस, अनाज
विटामिन –B_7	बायोटीन	लकवा, शरीर में दर्द, बालों का गिरना	मांस, अंडा, यकृत, दूध
विटामिन–B_{12}	साएनोकोबालमिन	एनीमिया, पांडुरोग	मांस, कलेजी, दूध
फॉलिक अम्ल	टेरोईल ग्लूटैमिक	एनीमिया, पेचिश रोग	दाल, यकृत, सब्जियाँ, अंडा, सेम
विटामिन–C	एस्कार्बिक एसिड	स्कर्वी, मसूड़े का फूलना	नींबू, संतरा, नारंगी, टमाटर, खट्टे पदार्थ, मिर्च, अंकुरित अनाज
विटामिन–D	कैल्सिफेरॉल	रिकेट्स (बच्चो में) ऑस्टियोमलेशिया (वयस्क में)	मछली, यकृत, तेल, दूध, अंडे
विटामिन–E	टोकोफेरॉल	जननशक्ति का कम होना	पत्ती वाली सब्जियाँ, दूध, मक्खन, अंकुरित गेहूँ, वनस्पति तेल
विटामिन–K	फिलोक्विनोन	रक्त का थक्का न बनना	टमाटर, हरी सब्जियाँ, आँतों में भी उत्पन्न

2. अकार्बनिक पोषक तत्त्व

➩ शरीर में कुछ अकार्बनिक रसायन तत्त्व भी विद्यमान रहते हैं। ये रचनात्मक तत्त्व कहे जाते हैं, क्योंकि ये हमारे शरीर को रोगों से बचाते हैं तथा उसके विकास में सहयोग देते हैं। औसतन मनुष्य को प्रतिदिन 20-30 ग्राम इन अर्काबकिन तत्त्वों (खनिज लवणों) का उपयोग करना चाहिए। मुख्य अकार्बनिक तत्त्व निम्नलिखित हैं-

(i) **कैल्सियम (Calcium) :** इसके मुख्य कार्य निम्नलिखित हैं-

➩ यह अस्थि एवं दाँत का निर्माण करता है।

➩ यह हृदय की धड़कन को संचालित करता है।

➩ यह रक्त के जमने (Clotting) की क्रिया में सहायता करता है। इस प्रकार यह विटामिन K के रूप में कार्य करता है।

➩ यह नाड़ियों को स्वस्थ्य रखता है।

➩ यह एन्जाइमों के स्रावित होने में सहायता करता है।

कैल्सियम का महत्त्व

➩ कैल्सियम की कमी से अस्थियों का ठीक से निर्माण नहीं होता तथा दाँत विलम्ब से निकलते हैं एवं जल्दी टूटते हैं।

- वयस्क एवं गर्भवती स्त्रियों की हड्डियों में बनावट की प्रक्रिया रुक जाती है जिससे हड्डियों के विकास में असंतुलन आ जाता है।

- **कैल्सियम के प्रमुख स्रोत :** दूध, दूध से निर्मित वस्तुएँ, हरी पत्तेदार सब्जियाँ, चावल को छोड़कर, बाजरा, रागी, मक्का आदि जैसे अनाज।

(ii) **फॉस्फोरस (Phosphorus) :** इसके मुख्य कार्य निम्नलिखित हैं-

- यह कैल्सियम के साथ संयुक्त होकर अस्थि एवं दाँतों का निर्माण करता है।
- यह वसा (Fats) एवं कार्बोहाइड्रेट के पाचन में सहायता करता है।
- रक्त में इसकी उपस्थिति से शारीरिक अम्ल-क्षार संतुलन ठीक रहता है।

- **फॉस्फोरस के प्रमुख स्रोत :** दूध, पनीर, अंडे का पीला भाग, मांस, मछली, दाल, मेवे तथा सम्पूर्ण धान्य आदि।

(iii) **लोहा (Iron/Ferrum) :** इसके मुख्य कार्य निम्नलिखित हैं-

- लौह लवण की कमी प्रमुखतया बालकों एवं महिलाओं में पायी जाती है। लौह लवण से रक्त का हीमोग्लोबिन बनता है जो शरीर में ऑक्सीजन का संवाहक होता है।

लोहा का महत्त्व

- लोहे की कमी से रक्त के ऑक्सीजन संवहन की क्षमता कम हो जाती है, जिसे अरक्तता (Anaemia) कहते हैं।
- लोहे की कमी से शरीर की शक्ति में क्षीणता आती है। थकान अत्यधिक महसूस होती है।
- एक व्यक्ति को एक दिन में लगभग 20 मिलग्राम लोहा आवश्यक होता है। लोहा का अधिशोषण केवल 10% ही होता है।

- **लोहा के प्रमुख स्रोत :** यकृत इसका सर्वोत्तम स्रोत है। इसके अतिरिक्त अंडा, पालक मेथी, अनाज तथा मेवा आदि।

विभिन्न भोज्य पदार्थों में लोहे (%) की मात्रा	
भोज्य पदार्थ	**लोहा (मिलीग्राम)**
मेथी (सब्जी)	16.9
पुदीना	15.6
पालक	10.9
तिल	10.5
हरी धनिया	10.8
चना	9.8
पोहा	8.0
आटा	5.3
मूँगफली (छिलके वाली)	8.5

(iv) **आयोडीन (Iodine) :** इसके मुख्य कार्य निम्नलिखित हैं-

- थाइरॉइड ग्रन्थि से उत्पन्न होने वाला हार्मोन थाइरॉक्सिन (Thyroxin) कहलाता है जिसमें आयोडीन बहुत अधिक होता है। भोजन और पानी में थाइरॉक्सिन के उत्पादन के लिए आयोडीन अनिवार्य है।

आयोडीन का महत्त्व

- आयोडीन की कमी से थाइरॉइड ग्रन्थि बड़ी हो जाती है। इससे प्रभावित व्यक्ति के गर्दन की बीच सूजन आ जाती है। इस बीमारी को घेंघा (Goitre) कहते हैं।

- **आयोडीन के प्रमुख स्रोत :** आयोडीन, समुद्री वनस्पति, मछली, आयोडीनयुक्त नमक आदि।

(v) **सोडियम (Sodium) :** इसके मुख्य कार्य निम्नलिखित हैं-

- यह रक्त दाब नियंत्रित करने में सहायक होता है।
- यह जल का संतुलन बनाये रखता है।

(vi) **पोटैशियम (Potassium) :** इसके मुख्य कार्य निम्नलिखित हैं-

- यह हृदय की धड़कन एवं नाड़ी संस्थान के कार्यों को संचालित करता है।

- **पोटैशियम के प्रमुख स्रोत :** मांस, मछली, अनाज, फल, सब्जियाँ आदि।

महत्त्वपूर्ण खनिज पदार्थ तथा उनके कार्य			
खनिज	**दैनिक मात्रा**	**मुख्य स्रोत**	**कार्य**
सोडियम (सोडियम क्लोराइड के रूप में)	2-5 g	साधारण नमक, मछली, मांस, अंडे, दूध।	यह सामान्यतः कोशिका बाह्य द्रव में धनायन के रूप में होता है तथा निम्न कार्यों में सम्बद्ध है- पेशियों का संकुचन, तंत्रिका तंतु में तंत्रिका आवेग का संचरण, शरीर में धनात्मक विद्युत अपघट्य संतुलन बनाये रखना।
पोटैशियम	1 g	लगभग सभी खाद्य पदार्थों में होता है।	सामान्यतः कोशिका द्रव में धनायन के रूप में पाया जाता है। यह निम्न अभिक्रियाओं के लिए आवश्यक है- कोशिकाओं में होने वाले अनेक रासायनिक अभिक्रियाएँ, पेशीय संकुचन, तंत्रिका आवेग का संचरण, शरीर में विद्युत-अपघट्य संतुलन बनाये रखना।
कैल्सियम	लगभग 1.2 g	दूध, पनीर, अंडे, चना, हरी सब्जियाँ, साबुत अन्न, रागी, मछली।	यह विटामिन के साथ हड्डियों तथा दाँतों को दृढ़ता प्रदान करता है। रुधिर के स्कंदन (clotting) एवं पेशीय संकुचन प्रक्रिया से सम्बद्ध।
फॉस्फोरस	1.2 g	दूध, पनीर, हरी पत्तेदार सब्जियाँ, बाजरा, रागी, गिरी, जई, आटा, कलेजी तथा गुर्दे।	कैल्शियम से सम्बद्ध होकर दाँतों तथा हड्डियों को दृढ़ता प्रदान करना। यह शरीर के तरल पदार्थों के संरचनात्मक संतुलन बनाये रखने में सहायक है।
लौह	25 mg (बालक) 35 mg (बालिका)	कलेजी, गुर्दे, अंडे का पीतक, चोकरयुक्त आटे की रोटी, बाजरा, रागी, सेव, केला, पालक एवं अन्य हरी सब्जियाँ तथा गुड़।	लोहा लाल रुधिर कणिकाओं में हीमोग्लोबिन के बनने के लिए आवश्यक है। यह ऊतक में ऑक्सीकरण के लिए आवश्यक है।
आयोडीन	20 mg	मछली, भोजन (समुद्री), हरी पत्तेदार सब्जियाँ, आयोडीन नमक।	यह थॉइराइड ग्रन्थि द्वारा स्रावित थॉइरॉक्सिन हार्मोन के संश्लेषण के लिए आवश्यक है।
मैग्नीशियम	अत्यल्प	सब्जियाँ	पेशी तंत्र एवं तंत्रिका तंत्र की क्रिया हेतु।
जस्ता	अत्यल्प	यकृत एवं मछलियाँ	इन्सुलिन कार्यिकी के लिए।
ताँबा	अत्यल्प	मांस, मछली, यकृत एवं अनाज	हीमोग्लोबिन तथा अस्थियों के निर्माण एवं इलेक्ट्रॉन संवाहक के रूप में
कोबाल्ट	अत्यल्प	मांस, मछली एवं जल	RBC तथा विटामिन B_{12} के संश्लेषण हेतु।
नोट : गर्भवती स्त्रियों में प्रायः कैल्सियम और आयरन की कमी हो जाती है।			

आहार में पोषक तत्त्वों की आवश्यकता										
खाद्य पदार्थ	**वयस्क पुरुष**			**वयस्क महिला**			**बच्चे**		**बालक**	**बालिका**
	सामान्य	**मध्यम**	**कठोर**	**सामान्य**	**मध्यम**	**कठोर**	**1-3**	**4-6**	**10-18**	**10-16**
अन्न (गेहूँ, चावल)	400	520	670	410	440	575	175	270	420	380
दालें	40	50	60	40	45	50	35	35	45	45
पत्तेदार सब्जियाँ	40	40	40	100	100	50	40	50	50	50

सब्जियाँ (अन्य)	60	70	80	40	40	100	20	30	50	50
दूध	150	200	250	100	150	200	300	250	250	250
कंदमूल	50	60	80	50	50	60	10	20	30	30
गुड़ या शक्कर	30	35	55	20	20	40	30	40	45	45
वसा व तेल	40	45	65	20	25	40	15	25	40	35

नोट : संतुलित पोषण : वह पोषण जिससे जीव के लिए आवश्यक सभी पोषक पर्याप्त मात्रा में उपलब्ध हों, संतुलित पोषण कहलाता है। संतुलित पोषण संतुलित आहार से प्राप्त होता है। आजकल दूध को संतुलित आहार नहीं माना जाता है, क्योंकि इसमें आयरन एवं विटामिन C का अभाव होता है।

मानव शरीर की कैलोरी सम्बन्धी आवश्यकताएँ		
कार्य की प्रकृति	**पुरुष**	**स्त्री**
हल्का कार्य करने वाले	2000 कैलोरी	2100 कैलोरी
आठ घंटा कार्य करने वाले	3000 कैलोरी	2500 कैलोरी
कठिन परिश्रम करने वाले	3600 कैलोरी	3000 कैलोरी

11. प्रमुख रोगों और उनसे प्रभावित शरीर के अंग

रोग	अंग	रोग	अंग
न्यूमोनिया	फेफड़े	पैरालिसिस	नाड़ी
केटरेक्ट	आँखें	पोलियो	नाड़ी, हाथ पैर
ट्रेकोमा	आँखें	टाइफाइड	आँत
डिप्लोपिया	आँखें	स्कर्वी	दाँत, मसूढ़े
कंजक्टिवाइटिस	आँखें	ग्वाइटर (soitre)	गला
कोलाइटिस	छोटी व बड़ी आँत	मोतियाबिन्द	आँख
मिर्गी (Epilepsy)	नाड़ी तंत्र	आर्थराइटिस	जोड़
रिकेट्स	हड्डियाँ	डिप्थीरिया	गला
टी.बी.	फेफड़े	मैनिन्जाइटिस	मस्तिष्क
पीलिया	यकृत	पायरिया	दाँत
डायबिटिज	अग्नाशय	इन्सेफेलाइटिस	मस्तिष्क
एक्जिमा	त्वचा	रतौंधी	आँख
अस्थमा	श्वासनली		

12. महत्त्वपूर्ण तंत्र एवं सम्बद्ध रोग

तंत्र	अंगों के नाम	रोगों के नाम
श्वसन तंत्र	नाक, ग्रसनी, गला, स्वर यंत्र, श्वासनली, श्वसनियाँ, फेफड़े, जीभ, टान्सिल, प्लूरा आदि।	खाँसी, रक्तनिष्ठिवन, कफ, वेदना, कष्ट श्वास, जुकाम, ग्रसनीशोथ, स्वरयंत्रशोथ, श्वसनीशोथ, श्वसनी विकार, न्यूमोनिया, फ्लूरिसिस, दमा, इंफ्लूएंजा, काली खाँसी, डिप्थीरिया आदि।
पाचन तंत्र	दाँत, मुख, लारग्रन्थि, ग्रसनी, ग्रसिका, आमाशय, यकृत, पित्ताशय, अग्न्याशय, ग्रहणी, छोटी आँत, बड़ी आँत, कोलन, मलाशय आदि।	वेदना, कब्ज, डायरिया, आध्यान, निगरण कष्ट, रक्त वमन, पीलिया, वमन, वृहादांत्रशोथ, अल्सर आदि।

परिसंचरण तंत्र	हृदय, धमनी, सिरा, सेरेब्रल, रेनल, अलनर, पल्मोनरी ट्रंक, आलिंद, निलय, कपाट आदि।	नील शिशु, सिफलिस, अंतर्हृदयशोथ, रक्त दाब, मधुमेह, चिरकारी पित्ताशय रोग, एथिरोमा, हृदशूल, हृदपात, रक्ताघात, अति निकासी पात, अवटु, अतिक्रियता आदि।
तंत्रिका तंत्र	मस्तिष्क, मेरुरज्जु तंत्रिका तंतु, तंत्रिका कोशिका, पार्श्व तंतु, प्रमस्तिष्क, अनुमस्तिष्क, मेडुला आदि।	सिरदर्द, मिर्गी, लकवा, पक्षाघात, अधरांगघात, मेनिनजाइटिस,तंत्रिकाशोथ, तंत्रकीर्ति, पार्किन्सन रोग, माइग्रेन, इन्सेफिलाइटिस आदि।
मूत्र तंत्र	वृक्क, गवीनी, मूत्राशय, मूत्रमार्ग, वृक्क धमनी, वृक्क शिरा, वृक्काणु, मैल्पिधियन बॉडी आदि।	वृक्क शोथ, मूत्र तंत्र संक्रमण, सिस्टीटिस, नेफ्रीटिस, यूरेब्रिटिस आदि।
अंत:स्रावी तंत्र	पीयुषिका, अग्रपालि, पश्चपाली, थाइराइड, पैरा-थाइराइड, अधिवृक्क, अग्न्याशय, अंडाशय, वृषण आदि।	घेंघा, महाकायता, वामनता, स्त्रीभवन, बालारोग, सिमोड रोग, उदकमेह मिक्सिडीमा, मधुमेह, एडिसन रोग, बंध्यता आदि।
कंकाल तंत्र	हड्डियाँ, जोड़, स्नायु, उपस्थि, कंडरा, पेशियाँ आदि।	क्लब फुट, रिकेट्स, स्कर्वी, तीव्र अस्थिमज्जा शोथ, पोलियो, मोच, रुमेटाइड संधि शोथ, ग्रीवा अपकशेरुता, अस्थिभंग आदि।
आँख	कोर्निया, रेटिना, लेंस, श्वेत मंडल, कोराइड, तारा, स्कलेरा, पेशी, बिंब,पलक, कंजक्टिाइवा आदि।	निकट दृष्टि दोष, दूर दृष्टि दोष, दृष्टि वैमस्य, भेंगापन, नेत्रश्लेष्माशोथ, मोतियाबिंद, रतौंधी, वर्णान्धि ता, गलोकोमा आदि।
दाँत	रदनक, कृंतक, चर्वणक, अग्र चर्वणक, इनेमल, मसूढ़ा आदि।	दंतक्षय, लाला, फलोरोसि, मसूढ़ाशोथ, पायरिया, दुर्गन्धी प्रश्वन, अनियमित दाँत आदि।
कान	कर्णपटल, कर्णवर्त, श्रवण, तंत्रिका, कर्ण तंत्रिका आदि।	बहरापन, चालन-बहरापन, तंत्रिका वधिरता, वेदना आदि।
नाक	ग्रसनी, मूस्टेशी नली, जतूक वायु विहार, ध्राणतंत्रिका आदि।	वायु विवरशोथ, असामान्य पट आदि।
गला	नासागुहा, टांसिल, एडिनाइड	टांसिल शोथ, स्वरतंत्र शोथ, एडिनाडटीस आदि।
त्वचा	बाह्य त्वचा, अन्त: त्वचा अधसत्वक ऊतक, शल्क स्तर स्वेद वाहिनी, मूलरोम, वसामय ग्रन्थियाँ, स्वेद ग्रन्थि आदि।	पिटिका, रूसी, इम्पेटाइगो, फोड़ा, स्केबीज या खुजली, भूपोक सर्ग, अंधौरी, एक्जीमा, कुष्ठ आदि।

13. मानव रोग

(i) परजीवी (Protozoa) के द्वारा होने वाले रोग

रोग	प्रभावित अंग	परजीवी	वाहक मच्छर	लक्षण
मलेरिया	तिल्ली एवं RBC	प्लाज्मोडियम	मादा एनाफ्लीज	ठंड के साथ बुखार
पायरिया	मसूड़	एन्ट अमीबा जिन्जिवेलिस	–	मसूड़ों से रक्त का निकलना
सोने की बीमारी	मस्तिष्क	ट्रिपेनोसोमा	सी-सी मक्खी (Tse–Tse)	बहुत नींद के साथ बुखार
पेचिस	आँत	एन्ट अमीबा हिस्टोलिटिका	–	श्लेष्मा एवं खून के साथ दस्त
काला जार	अस्थिमज्जा	लीशमैनिया डोनावानी	बालू-मक्खी	तेज-बुखार

(ii) जीवाणु (Bacteria) के द्वारा होने वाले रोग			
बीमारी	**प्रभावित अंग**	**जीवाणु के नाम**	**लक्षण**
टिटनेस	तंत्रिका तंत्र	क्लांस्ट्रीडियम टेटेनी	तेज बुखार, शरीर में ऐंठन, जबड़ा बन्द होना
हैजा	आँत	विब्रिओ कालेरी	लगातार दस्त और उल्टियां
टायफायड	आँत	सालमोनेला टाइफी	तेज बुखार, सिरदर्द
क्षय रोग (टी.बी)	फेफड़ा	माइकोबैक्टिरियम	बार-बार खाँसी के साथ कफ, रक्त निकलना
डिप्थीरिया	श्वास नली	कोरोनी बैक्टीरियम डिप्थीरी	साँस लेने में कठिनाई एवं दम घुटना
प्लेग	फेफड़ा	पाश्चुरेला पेस्टिस	बहुत तेज बुखार, शरीर पर गिल्टियाँ
काली खाँसी	श्वसन तंत्र	हीमोफिलस परटूसिस	लगातार खाँसी आना
निमोनिया	फेफड़ा	डिप्लोकोकस न्यूमोनी	तेज बुखार, फेफड़ों में सूजन
कोढ़	तंत्रिका तंत्र त्वचा	माइकोबैक्टिरियम लेप्री	शरीर पर चकत्ते, तंत्रिकाएँ प्रभावित
गोनोरिया	मूत्र मार्ग	नाइसेरिया गोनोरियाई	मूत्र-मार्ग में सूजन
सिफलिस	शिशन	ट्रैपोनमा पैलिडम	शिश्न में घाव

- **नोट :** सन् 1882 ई. में जर्मन वैज्ञानिक रॉबर्ट कोच ने कॉलरा एवं टी.बी. के जीवाणुओं की खोज की।
- लुई पाश्चर के रेबीज का टीका एवं दूध के पाश्चुराइजेशन की खोज की।
- बच्चों को DPT टीका उन्हें डिप्थीरिया, काली खाँसी एवं टिटनेस रोग प्रतिरक्षीकरण (Immunization) के लिए दिया जाता है।

(iii) विषाणु (Virous) के द्वारा होने वाले रोग			
बीमारी	**प्रभावित अंग**	**विषाणु के नाम**	**लक्षण**
एड्स (AIDS)	प्रतिरक्षा प्रणाली (WBC)	HIV	रोग प्रतिरोधक क्षमता का नष्ट होना
डेंगूज्वर (हड्डी तोड़ बुखार)	सम्पूर्ण शरीर खासकर सिर, आँ एवं जोड़	अरबो वायरस	आँखों, पेशियों, सिर तथा जोड़ों में दर्द
पोलियो	गला, रीढ़, नाड़ी संस्थान	पोलियो	ज्वर, बदन में दर्द, रीढ़ की हड्डी आँत कोशिकाएँ
इन्फ्लूएंजा	सम्पूर्ण शरीर	मिक्सो वाइरस (A.B.C.)	गलशोथ, छींक, बैचेनी
चेचक	सम्पूर्ण शरीर	वैरिओला वायरस	तेज-बुखार, शरीर पर लाल- लाल दाने
छोटी माता	सम्पूर्ण शरीर	वैरिसेला वायरस	हल्का बुखार, शरीर पर पित्तिकाएँ
गलशोथ	पैराथाइराइड ग्रन्थि	–	ज्वर के साथ मुँह खोलने में कठिनाई

खसरा	सम्पूर्ण शरीर	मोर्बिली वायरस	शरीर पर लाल दाना
ट्रेकोमा	आँख	–	आँख लाल होना, आँख में दर्द
हिपैटाइटीस या पीलिया	यकृत	–	पेशाब पीला, आँख एवं त्वचा पीला हो जाता है।
रेबीज	तंत्रिका तंत्र	रैब्डो वायरस	रोगी पागल हो जाता है, जीभ बाहर निकालता है
मेनिनजाइटिस	मस्तिष्क	–	तेज बुखार
हर्पीस	त्वचा	हरपीस	त्वचा में सूजन हो जाती है

नोट : (i) AIDS– Acquired Immuno Deficiency Syndrome)

(ii) ELISA– Enzyme Linked Immune Solvent Assy — यह HIV वायरस की जाँच करने की एक प्रणाली है। इससे पता चलता है कि व्यक्ति एड्स पीड़ित है या नहीं। इसे एलिसा टेस्ट कहते हैं। वर्तमान में एड्स के उपचार के लिए एजिडोथाईमिडिन (AZT) औषधि का प्रयोग किया जा रहा है।

हैल्मिन्थस (Helminthus) द्वारा होने वाली बीमारी

(i) **अतिसार (Diarrhoea) :** इस रोग का कारण आँत में मौजूद एस्केरिस लुम्ब्रीकॉइडीज नामक अंत:परजीवी प्रोटोजोआ (निमेटोड) है, जो घरेलू मक्खी द्वारा प्रसारित होता है। इसमें आँत में घाव हो जाता है। इसमें प्रोटीन पचाने वाला एन्जाइम ट्रिप्सिन नष्ट हो जाता है। यह रोग बच्चों में अधिक पाया जाता है।

(ii) **फाइलेरिया (Filaria) :** यह रोग फाइलेरिया बैन्क्रोफ्टाई नामक कृमि से होता है। इस कृमि का संचारण क्यूलेक्स मच्छरों के दंस से होता है। इस रोग में पैरों, वृषणकोषों तथा शरीर के अन्य भागों में सूजन हो जाता है। इस रोग को हाथीपाँव (Elephantiasis) भी कहते हैं।

कवक/फफूँद (Fungus) द्वारा होने वाली बीमारी

(i) **दमा (Asthma) :** मनुष्य के फेफड़ों में **ऐस्पर्जिलस फ्यूमिगेटस** नामक कवक स्पोर में पहुँचकर वहाँ जाल बनाकर फेफड़े का काम अवरुद्ध कर देते हैं। यह एक संक्रामक रोग है।

(ii) **एथलीट फुट (Athlets's Foot) :** यह रोग **टीनिया पेडिस** नामक कवक होता है। यह त्वचा का संक्रामक रोग है, जो पैरों की त्वचा के फटने-कटने और मोटे होने से होता है।

(iii) **खाज (Scabise) :** यह रोग **एकेरज स्केबीज** नामक कवक से होता है। इसमें त्वचा में खुजली होती है तथा सफेद दाग पड़ जाते हैं।

(iv) **गंजापन (Baldness) :** यह **टिनिया केपिटिस** नामक कवक से होता है। इसमें सिर के बाल गिर जाते हैं।

(v) **दाद (Ringworm) :** यह रोग **ट्राइकोफायटान लेरूकोसस** नामक कवक से फैलता है। यह संक्रामक रोग है। इसमें त्वचा पर लाल रंग के गोले पड़ जाते हैं।

मनुष्यों में होने वाला आनुवंशिक रोग

(i) **वर्णान्धता (Colourblindness) :** इसमें रोगी को लाल एवं हरा रंग पहचानने की क्षमता नहीं होती है।

➯ इस रोग से मुख्य रूप से पुरुष प्रभावित होता है। स्त्रियों में यह तभी होता है जब इसके दोनों गुणसूत्र (XX) प्रभावित हों।

➯ इस रोग की वाहक स्त्रियाँ होती है।

(ii) **हीमोफीलिया (Haemophilia)**

➯ इस रोग में व्यक्ति में चोट लगने पर आधा घंटा से 24 घंटे (सामान्य समय औसतन 2–5 मिनट) तक रक्त का थक्का (clotting) नहीं बनता है।

- यह मुख्यतः पुरुषों में होता है। स्त्रियों में यह रोग तभी होता है, जब इसके दोनों गुणसूत्र (XX) प्रभावित हों।
- इस रोग की वाहक स्त्रियाँ है।
- हेल्डेन का मानना है कि यह रोग ब्रिटेन की महारानी विक्टोरयिा से प्रारंभ हुआ।

(iii) **टर्नर सिन्ड्रोम (Turner's Syndrome)**
- यह रोग स्त्रियों में होता है। इस रोग से ग्रसित स्त्रियों में गुणसूत्रों की संख्या 45 होती है।
- इसमें शरीर अल्पविकसित, कद छोटा तथा वक्ष चपटा होता है। जननांग प्रायः अविकसित होता है, जिससे वे बाँझ (Sterile) होती हैं।

(iv) **क्लीनेफेल्टर सिन्ड्रोम (Klinefelter's Syndrome)**
- यह रोग पुरुषों में होता है।
- इस रोग से ग्रसित पुरुषों में गुणसूत्रों की संख्या 47 होती है।
- इसमें पुरुषों का वृषण अल्पविकसित एवं स्तन स्त्रियों के समान विकसित हो जाता है।
- इस रोग से ग्रसित पुरुष नपुंसक होता है।

(v) **डाउन्स सिन्ड्रोम (Down's Syndrome)**
- इस रोग से ग्रसित रोगी मन्द बुद्धि, आँखें टेढ़ी, जीभ मोटी तथा अनियमित शारीरिक ढाँचा वाला होता है।
- इसे मंगोलिज्म (Mangolism) भी कहते हैं।

(vi) **पटाऊ सिन्ड्रोम (Patau's Syndrome)**
- इसमें रोगी के ऊपर का ओठ बीच से कट जाता है। तालु में दरार (Cleft Plate) हो जाता है।
- इस रोग में रोगी मन्द बुद्धि, नेत्ररोग आदि से प्रभावित हो सकता है।

कुछ अन्य रोग

1. **पक्षाघात या लकवा (Paralysis) :** इस रोग में कुछ ही मिनटों में शरीर के आधे भाग को लकवा मार जाता है। जहाँ पक्षाघात होता है, वहाँ की तंत्रिकाएँ निष्क्रिय हो जाती है। इसका कारण अधिक रक्तदाब के चलते मस्तिष्क की कोई धमनी का फट जाना अथवा मस्तिष्क को पर्याप्त रक्त की आपूर्ति का न हो पाना है।
2. **एलर्जी (Allergy) :** कुछ वस्तु जैसे- धूल, धुआ, रसायन, कपड़ा, सर्दी किन्हीं विशेष व्यक्तियों के लिए हानिकारक हो जाते हैं और उनके शरीर में विपरीत क्रिया होने लगती है, जिससे अनेक बीमारियाँ हो जाती हैं। खुजली, फोड़ा, फुन्सी, शरीर में सूजन आ जाना, काला दाग, एक्जिमा आदि एलर्जी के उदाहरण हैं।
3. **साइजोफ्रेनिया (Schizophrenia) :** यह मानसिक रोग है। जो प्रायः युवा वर्ग में होता है। ऐसा रोगी कल्पना को ही सत्य समझता है, वास्तविकता को नहीं। ऐसे रोगी आलसी, अलगावहीन, आवेशहीन होते हैं। विद्युत आक्षेप चिकित्सा इसमें काफी सहायक होती है।
4. **मिर्गी (Epilepsy) :** इसे अपस्मार रोग कहते हैं। यह मस्तिष्क के आंतरिक रोगों के कारण होती है। इस रोग में जब दौरा पड़ता है, तो मुँह से झाग निकलता है और मल-पेशाब भी निकलता है।
5. **डिप्लोपिया (Diplopia) :** यह रोग आँख की मांसपेशियों के पक्षाघात (Paralysis) के कारण होती है।
6. **कैंसर (Cancer) :** मनुष्य के शरीर के किसी भी अंग में, त्वचा से लेकर अस्थि तक, यदि कोशिका वृद्धि अनियंत्रित हो, तो इसके परिणामस्वरूप कोशिकाओं में अनियमित गुच्छा बन जाता है, इन अनियमित कोशिकाओं के गुच्छे को कैंसर कहते हैं। कैंसर को स्थापित होने में जो समय लगता हैं, उसे लैटेण्ट पीरियड कहते हैं।

➡ कैंसर मुख्यत: चार प्रकार के होते हैं-

(i) **कार्सीनोमास :** इसकी उत्पत्ति उपकला ऊतकों से होती है।

(ii) **सार्कोमास :** यह कैंसर संयोजी ऊतकों, अस्थियों, उपास्थियों एवं पेशियों में होता है।

(iii) **ल्यूकीमियास :** यह ल्यूकोमाइट्स में असामान्य वृद्धि के कारण होता है।

(iv) **लिम्फोमास :** यह कैंसर लसीका गाँठों एवं प्लीहा में होता है।

14. विज्ञान की प्रमुख शाखाएँ

एनाटोमी (Anatomy)	यह जीव विज्ञान की वह शाखा है, जो शरीर की आंतरिक संरचना से सम्बन्धित है।
एन्थ्रोपोलोजी (Anthropology)	यह विज्ञान की वह शाखा है जिसमें मानव के विकास, रीति-रिवाज, इतिहास, परम्पराओं से सम्बन्धित विषयों का अध्ययन किया जाता है।
एस्ट्रोलोजी (Astrology)	यह विज्ञान मानव के जीवन पर विभिन्न नक्षत्रों के प्रभावों का अध्ययन करता है, इसे ज्योतिषशास्त्र भी कहते हैं।
एस्ट्रोनोमी (Astronomy)	यह खगोलीय पिण्डों का अध्ययन करने वाला विज्ञान है।
सिरेमिक्स (Ceramics)	यह टेक्नोलॉजी की वह शाखा है जो चीनी मिट्टी के बर्तन तैयार करने से सम्बन्धित है।
कीमोथिरेपी (Chemotheraphy)	यह चिकित्सा विज्ञान की वह शाखा है जिसमें रासायनिक यौगिकों से उपचार किया जाता है।
कोस्मोलोजी (Cosmology)	यह समस्त ब्रह्माण्ड का अध्ययन करने वाली विज्ञान की एक शाखा है।
क्रायोजेनिक्स (Cryogenics)	यह निम्न ताप के विभिन्न प्रयोगों तथा नियंत्रणों का अध्ययन करने वाला विज्ञान है।
इकोलोजी (Ecology)	यह विज्ञान वनस्पतियों तथा प्राणियों के पर्यावरण (Environment) या प्रकृति से सम्बन्धों का अध्ययन करता है।
एन्टोमोलोजी (Entomology)	जन्तु विज्ञान की यह शाखा कीट-पतंगों का व्यापक अध्ययन करती है।
एपीडीमियोलोजी (Epidemiology)	चिकित्सा विज्ञान की यह शाखा महामारी और उनके उपचार से सम्बन्धित है।
एक्स-बायोलोजी (Ex-Biology)	इस विज्ञान के द्वारा पृथ्वी को छोड़कर अन्य ग्रहों व उपग्रहों पर जीवन की संभावनाओं का अध्ययन किया जाता है।
जियोलॉजी (Geology)	भूगर्भ सम्बन्धी अध्ययन, उसकी बनावट, संरचना आदि का अध्ययन इस विज्ञान के द्वारा किया जाता है।
जिरोन्टोलॉजी (Gerontology)	वृद्धावस्था से सम्बन्धित तथ्यों का अध्ययन इस विज्ञान के द्व ारा किया जाता है।
हॉर्टीकल्चर (Horticultrue)	फल-फूल व साग-सब्जी उगाने, बाग लगाने, पुष्प उत्पादन का अध्ययन इस विज्ञान के द्वारा किया जाता है।
हाइड्रोपैथी (Hydropathy)	इस विज्ञान के द्वारा पानी से रोगों की चिकित्सा होती है।
हाईजीन (Hygiene)	यह स्वास्थ्य की देखभाल करने वाला विज्ञान है।

होलोग्राफी (Holography)	यह लेसर पुंज की सहायता से त्रिविमीय चित्र बनाने वाली एक विधि है।
होरोलोजी (Horology)	यह समय मापने वाला विज्ञान है।
मैमोग्राफी (Maemmography)	यह स्त्रियों में पाये जाने वाले ब्रेस्ट कैंसर की जाँच करने वाले चिकित्सा विज्ञान की शाखा है।
मीट्रियोलोजी (Meteorlogy)	मौसम की दशाओं में होने वाली क्रियाओं तथा परिवर्तनों का अध्ययन इस विज्ञान के द्वारा किया जाता है।
मौरफोलोजी (Morphology)	पृथ्वी पर पाये जाने वाले प्राणियों तथा पौधों की संरचना, रूप, प्रकार आदि का अध्ययन इस विज्ञान के द्वारा किया जाता है।
न्यूरोलोजी (Neurology)	मानव शरीर की नाड़ियों या तंत्रिकाओं का अध्ययन तथा उपचार इस विज्ञान के द्वारा किया जाता है।
ओडोन्टोग्राफी (Odontography)	दाँतों का अध्ययन करने वाली चिकित्सा विज्ञान की यह एक शाखा है।
ऑप्टिक्स (Optics)	प्रकाश के प्रकार व गुणों का अध्ययन करने वाले भौतिकशास्त्र की यह एक शाखा है।
ऑरनीथोलॉजी (Ornithology)	इस विज्ञान में पक्षियों से सम्बन्धित अध्ययन किया जाता है।
पोमोलॉजी (Pomology)	यह विज्ञान फलों के अध्ययन से सम्बन्धित है।
सिस्मोलॉजी (Seismology)	विज्ञान की इस शाखा द्वारा भूकम्पों का अध्ययन किया जाता है।
एरोनॉटिक्स (Aeronautics)	इस विज्ञान की शाखा के अन्तर्गत वायुयान सम्बन्धी तथ्यों का अध्ययन होता है।
एस्थेटिक्स (Asethetics)	इस शाखा के अन्तर्गत सौन्दर्य (ललित कला) शास्त्र का अध्ययन होता है।
एग्रोस्टोलॉजी (Agrostology)	यह घासों से सम्बन्धित विज्ञान की शाखा है।
अरबोरी कल्चर (Arbori Culture)	यह वृक्ष उत्पादन सम्बन्धी विज्ञान की शाखा है।
आरकियोलॉजी (Archaeology)	यह पुरातत्त्व सम्बन्धी विज्ञान की शाखा है।
एस्ट्रोफिजिक्स (Astrophysics)	यह नक्षत्रों के भौतिक रूप से सम्बन्धित खगोलीय अर्थात् खगोल भौतिकी विज्ञान की शाखा है।
कैलिस्थेनिक्स (Calisthenics)	इस शाखा के अन्तर्गत शारीरिक सौन्दर्य एवं शक्तिवर्द्धक व्यायामों की विधियों सम्बन्धी ज्ञान का अध्ययन होता है।
कान्कोलॉजी (Conchologoy)	इस शाखा के अन्तर्गत शंखविज्ञान (मोलस्का विज्ञान) का अध्ययन होता है।
कास्मोगोनी (Cosmogony)	इस शाखा के अन्तर्गत ब्रह्माण्डोपत्ति सिद्धान्त का अध्ययन होता है।
कास्मोग्राफी (Cosmography)	इस शाखा के अन्तर्गत विश्व-रचना सम्बन्धी ज्ञान का अध्ययन होता है।
क्रिप्टोग्राफी (Cryptography)	इस शाखा के अन्तर्गत गूढ़लेखन या बीजलेखन सम्बन्धी ज्ञान का अध्ययन होता है।

एपीग्राफी (Epigraphy)	इस शाखा के अन्तर्गत शिलालेख सम्बन्धी ज्ञान का अध्ययन होता है।
एथनोग्राफी (Ethnography)	इस शाखा के अन्तर्गत मानव जाति का अध्ययन होता है।
इथोलोजी (Ethology)	इस शाखा के अन्तर्गत प्राणियों के आचार तथा व्यवहार का अध्ययन होता है।
जेनीकोलॉजी (Genecology)	इस शाखा के अन्तर्गत जीवों की जातियों के विभेदों का अध्ययन होता है।
जियोडेसी (Geodesy)	इस शाखा के अन्तर्गत भूगणित ज्ञान का अध्ययन किया जाता है।
जियोमेडीशिन (Geomedicine)	यह औषधि शास्त्र की वह शाखा है, जो जलवायु तथा वातावरण का स्वास्थ्य पर प्रभाव का अध्ययन करती है।
हीलियोथिरेपी (Heliotherapy)	यह सूर्य के प्रभाव से चिकित्सा करने की एक प्रक्रिया है।
हाइड्रोपोनिक्स (Hydroponics)	इस शाखा के अन्तर्गत जल संवर्धन का अध्ययन किया जाता है।
हाइड्रोस्टेटिक्स (Hydrostatics)	इस शाखा के अन्तर्गत द्रवस्थैतिक का अध्ययन होता है।
लेक्सीकोग्राफी (Lexicography)	यह शब्दकोश संकलन तथा लिखने की कला है।
न्यूमरोलॉजी (Numerologoy)	यह विज्ञान की वह शाखा है, जिसमें अंकों का अध्ययन किया जाता है।
न्यूमिसमेटिक्स (Numismatics)	विज्ञान की इस शाखा के अन्तर्गत पुराने सिक्कों (Coins) का अध्ययन होता है।
फिकोलॉजी (Phycology)	इन के अन्तर्गत शैवालों (Algae) का अध्ययन होता है।
सेलीनोलॉजी (Selinology)	इस के अन्तर्गत चन्द्रमा के मूल स्वरूप तथा गति के वर्णन का अध्ययन किया जाता है।
सेरीकल्चर (Sericulture)	इस शाखा के अन्तर्गत चन्द्रमा के मूल स्वरूप तथा गति के वर्णन का अध्ययन किया जाता है।
टेलीपेथी (Telephathy)	इस शाखा के अन्तर्गत मानसिक संक्रमण की प्रक्रिया का अध्ययन होता है।
हिप्नोलॉजी (Hypnology)	नींद का अध्ययन।
टॉक्सीकोलॉजी (Toxicology)	इस शाखा के अन्तर्गत विषों के बारे में अध्ययन होता है।

15. विविध तथ्य

जीव-जंतुओं से संबद्ध महत्त्वपूर्ण जानकारियाँ

सबसे बड़ा जीवित पक्षी	शुतुरमुर्ग	सबसे बड़ा सर्प	पाइथन
सबसे बड़ा कपि	गोरिल्ला	सबसे छोटा पक्षी	हमिंग पक्षी
सबसे छोटा स्तनी	छछुंदर	सबसे बड़ा अंडा	शुतुरमुर्ग
अंड जरायुज स्तनी	कंगारू	सबसे ऊँचा स्तनी	जिराफ (अफ्रीका)
सबसे व्यस्त मानव अंग	हृदय	सबसे बड़ा तथा भारी स्तनी	नीली ह्वेन
सबसे बड़ा स्थली स्तनी	अफ्रीकी हाथी	सबसे बड़ा जीवित सरीसृप	टरटॉस (समुद्री कछुआ)

सबसे तेज उड़ने वाला पक्षी	कटिपुंज पक्षी (स्थाइनी टेल्ड स्वीफ्ट)	अंडप्रजक स्तनी	ऐकडिना तथा डकबिल्प्लेटीपस
सबसे तेज दौड़ने वाला जन्तु	चीता	—	—

चिकित्सा सम्बन्धी आविष्कार

आविष्कार	आविष्कारक	आविष्कार	आविष्कारक
विटामिन	फंक	विटामिन 'ए'	मैकुलन
विटामिन 'बी'	मैकुलन	विटामिन 'सी'	होल्कट
विटामिन 'डी'	हॉपकिन्स	सल्फा ड्रग्स	डागमैंक
स्ट्रैप्टोमाइसिन	बॉम्समैन	हृदय प्रत्यारोपण	क्रिश्चियन बर्नार्ड
होम्योपैथी	हैनीमैन	लिंग हार्मोन	स्टेनाच
ओपन हार्ट सर्जरी	वाल्टलिलेहल	गर्भनिरोधक गोलियाँ	पिनकस
प्रथम परखनली शिशु	एडवर्डस एवं स्टेप्टो	इलेक्ट्रोकार्डियोग्राफ	आइन्योवन
एंटीजन	लैंडस्टीनर	इंसुलिन	बेटिंग
क्लोरोफार्म	हैरिसन तथा सिम्पसन	चेचक का टीका	एडवर्ड जेनर
टेरामाइसिन	फिनेल	टी.बी. बैक्टीरिया	रॉबर्ट कोच
डायबिटीज	बेटिंग	पेनिसलीन	अलेक्जेंडर फ्लेमिंग
पोलियो वैक्सीन	जॉन इ. साल्क	बी.सी.जी.	यूरिन कालमेट
बैक्टीरिया	ल्यूवेनहॉक	रक्त परिवर्तन	कार्ल-लैंडस्टीनर
आर.एन.ए.	जेम्स वाटसन तथा आर्थर अर्ग	डी.एन.ए.	जेम्स वाटसन तथा क्रिक
मलेरिया परजीवी व चिकित्सा	रोनाल्ड रास	पेचिश तथा प्लेग की चिकित्सा	किटाजाटोज

प्रमुख चिकित्सा उपकरण

1.	पेसमेकर	हृदय गति कम हो जाने पर इसे सामान्य अवस्था में लाने हेतु इसका प्रयोग किया जाता है।
2.	कम्प्यूटेड टोमोग्राफी स्कैन (CT Scan)	सम्पूर्ण शरीर में किसी असामान्य या विकृति का पता लगाने हेतु इसका प्रयोग किया जाता है।
3.	इलैक्टोकार्डियोग्राफ (ECG)	हृदय सम्बन्धी असामान्यताओं का पता लगाने के लिए।
4.	ऑटो एनालाइजर	ग्लूकोज, यूरिया, कोलेस्ट्रॉल इत्यादि की जाँच के लिए।
5.	इलैक्ट्रोइन्सेफैलोग्राफ	मस्तिष्क की विकृतियों का पता लगाने के लिए।

विज्ञान एवं प्रौद्योगिकी

1. भारतीय अंतरिक्ष अनुसंधान

- भारतीय राष्ट्रीय अंतरिक्ष अनुसंधान समिति का गठन 1962 में प्रसिद्ध अंतरिक्ष वैज्ञानिक डॉ. विक्रम साराभाई (भारतीय अंतरिक्ष कार्यक्रम के जनक) की अध्यक्षता में किया गया, जिसने परमाणु ऊर्जा विभाग के अंतर्गत कार्य करना प्रारंभ किया।
- भारतीय राष्ट्रीय अंतरिक्ष अनुसंधान समिति का पुनर्गठन करके 15 अगस्त, 1969 को भारतीय अंतरिक्ष अनुसंधान संगठन (ISRO) की स्थापना की गई।
- भारतीय अंतरिक्ष कार्यक्रमों को सुचारु रूप से संचालित करने के लिए अंतरिक्ष आयोग और अंतरिक्ष विभाग का 1972 में गठन किया गया तथा इसरो को अंतरिक्ष विभाग के नियंत्रण में रखा गया ।
- वस्तुतः भारतीय अंतरिक्ष कार्यक्रम की शुरुआत नवम्बर, 1963 में तिरुवनंतपुरम स्थित सेंट मेरी मैकडेलेन चर्च के एक कमरे में हुई थी। 21 नवम्बर, 1963 को देश का पहला साउंडिंग रॉकेट 'नाइक एपाश' (अमेरिका निर्मित) को थुम्बा भूमध्य रेखीय रॉकेट प्रक्षेपण केन्द्र (TERLS) से प्रक्षेपित किया गया ।

अंतरिक्ष विज्ञान के क्षेत्र की कुछ महत्त्वपूर्ण घटनाएँ

दिनांक	अंतरिक्षयान	उपलब्धि
04.10.1957	स्पूतनिक-I	पूर्व सोवियत संघ द्वारा अंतरिक्ष में प्रमोचित सबसे पहला उपग्रह।
03.11.1957	स्पूतनिक-II	अंतरिक्ष में जीवित कुत्ते लाइका को ले जाने वाला पहला उपग्रह।
18.12.1958	स्कोर (Score)	अंतरिक्ष में स्थापित किया हुआ पहला संचार उपग्रह।
04.10.1959	लूना-3 (Luna-3)	पहला अंतरिक्षयान जिसने चन्द्रमा के उस पृष्ठ के चित्र भेजे जो पृथ्वी से दिखाई नहीं पड़ते हैं।
12.04.1961	वोस्टॉक-I (Vostok-I	मानव द्वारा पहली अंतरिक्ष यात्रा। पूर्व सोवियत संघ के यूरी गागरिन ने पृथ्वी का एक परिक्रमण 12 अप्रैल, 1961 में किया।
04.12.1963	वोस्टॉक-6 (Vostok-6	पूर्व सोवियत संघ की वेलेनटाइना टेरिशकोवा प्रथम महिला अंतरिक्ष यात्री बनी।
06.04.1965	इंटेलॅसेट (Intelset)	व्यावसायिक उपयोग के लिए पहला संचार उपग्रह।
16.11.1965	वेनेरा-3 (Venera-3)	पहला अंतरिक्षयान जो किसी अन्य ग्रह अर्थात् शुक्र ग्रह पर उतरा।

21.10.1968	लूना-9 (Luna–9)	चन्द्रमा तल पर सफलतापूर्वक उतरने वाला पहला अंतरिक्षयान।
14.11.1969	सोयूज-4 (Soyuz–4)	सबसे पहला प्रयोगात्मक अंतरिक्ष केंद्र।
16.07.1969	अपोलो–11 (Apollo–11)	नील आर्मस्ट्राँग चन्द्रमा पर कदम रखने वाला पहला मानव बना। इसके बाद एडविन एल्डरिन चन्द्रमा की धरती पर उतरा।
19.05.1971	मार्स-2 (Mars–2)	मंगल ग्रह पर पहली बार अंतरिक्षयान का उतरना।

अंतरिक्ष केंद्र और इकाइयाँ

- विक्रम साराभाई अंतरिक्ष केंद्र, तिरुवनंतपुरम (VSSC) : यह केंद्र रॉकेट अनुसंधान तथा प्रक्षेपण-यान विकास परियोजनाओं को बनाने और उन्हें क्रियान्वित करने में अग्रणी भूमिका निभाता है। अभी तक के सभी प्रक्षेपण यानों यथा-एस.एल.वी.-3, ए.एस.एल.वी., पी.एस.एल.वी. एवं जी.एस.एल.वी. को इसी केंद्र में विकसित किया गया है।
- इसरो उपग्रह केंद्र, बंगलुरु (ISAC): इस केंद्र में उपग्रह परियोजनाओं के डिजाइन, निर्माण, परीक्षण और प्रबंध कार्य सम्पन्न किये जाते हैं।
- अंतरिक्ष उपयोग केंद्र, अहमदाबाद (SAC) : इस केंद्र के प्रमुख कार्यों में दूरसंचार व टेलीविजन में उपग्रह का प्रयोग, प्राकृतिक संसाधनों के सर्वेक्षण और प्रबंध के लिए दूरसंवेदन, मौसम विज्ञान, भू-मापन, पर्यावरण पर्यवेक्षण आदि शामिल हैं।
- **शार (SHAR) केंद्र, श्रीहरिकोटा** : यह इसरो का प्रमुख प्रक्षेपण केंद्र है, जो आन्ध्रप्रदेश के पूर्वी तट पर स्थित है। इस केंद्र में भारतीय प्रक्षेपण यान के ठोस ईंधन रॉकेट के विभिन्न चरणों का पृथ्वी पर परीक्षण तथा प्रणोदक का प्रसंस्करण भी किया जाता है।
- **द्रव प्रणोदक प्रणाली केंद्र (LPSC)** : तिरुवनंतपुरम, बंगलुरु और महेन्द्रगिरि (तमिलनाडु) में इस केंद्र की शाखाएँ हैं। यह केंद्र इसरो के उपग्रह प्रक्षेपण यानों और उपग्रहों के लिए द्रव ईंधन से चलने वाली चालक नियंत्रण प्रणालियों और इंजनों के डिजाइन, विकास और आपूर्ति के लिए कार्यरत है। महेन्द्रगिरि में द्रव ईंधन से चलने वाले रॉकेट इंजनों की परीक्षण सुविधा उपलब्ध है।
- इसरो टेलीमेट्री निगरानी एवं नियंत्रण नेटवर्क (ISTRAC): इस नेटवर्क का मुख्यालय तथा उपग्रह नियंत्रण केंद्र बंगलुरु में स्थित है। श्रीहरिकोटा, तिरुवनंतपुरम, बंगलुरु, लखनऊ, पोर्ट ब्लेयर और मॉरीशस में इसके भू-केंद्र हैं। इसका प्रमुख कार्य इसरो के प्रक्षेपण यानों एवं उपग्रह मिशनों तथा अन्य अंतरिक्ष एजेंसियों को टेलीमेट्री, निगरानी और नियंत्रण सुविधाएँ प्रदान करना है।
- **मुख्य नियंत्रण सुविधा, हासन (MCE):** इनसैट उपग्रह के प्रक्षेपण के बाद की सभी गतिविधियों यथा-उपग्रह की कक्षा में स्थापित करना, केंद्र से उपग्रह का नियमित सम्पर्क स्थापित करना तथा कक्षा में उपग्रह की सभी क्रियाओं पर निगरानी एवं नियंत्रण का दायित्व कर्नाटक के हासन स्थित मुख्य नियंत्रण सुविधा के पास है। इसरो का दूसरा 'मुख्य नियंत्रण सुविधा केंद्र' मध्य प्रदेश के भोपाल में 11 अप्रैल, 2005 को स्थापित किया गया।
- **इसरो जड़त्व प्रणाली इकाई, तिरुवनंतपुरम (IISU)** : इसरो की इस इकाई का प्रमुख कार्य प्रक्षेपण यानों और उपग्रहों के लिए जड़त्व प्रणाली का विकास करना है।
- **भौतिक अनुसंधान प्रयोगशाला, अहमदाबाद (PRL)** : अंतरिक्ष विभाग के अन्तर्गत कार्यरत यह संस्थान अंतरिक्ष और संबद्ध विज्ञान में अनुसंधान एवं विकास करने वाला प्रमुख राष्ट्रीय केंद्र है।

- **राष्ट्रीय दूरसंवेदी एजेंसी, हैदराबाद (NRSA) :** अंतरिक्ष विभाग के अन्तर्गत कार्यरत यह एजेंसी उपग्रह से प्राप्त आँकड़ों का उपयोग करके पृथ्वी के संसाधनों की पहचान, वर्गीकरण और निगरानी करने की जिम्मेदारी निभाती है, इसका प्रमुख केंद्र बालानगर में है। इसके अतिरिक्त देहरादून स्थित भारतीय दूरसंवेदी संस्थान भी राष्ट्रीय दूरसंवेदी एजेंसी का ही एक अंग है।

प्रमुख भारतीय उपग्रह

- **आर्यभट्ट :** स्वदेशी तकनीक से निर्मित प्रथम भारतीय उपग्रह 'आर्यभट्ट' को 19 अप्रैल, 1975 को पूर्व सोवियत संघ के बैकानूर अंतरिक्ष केंद्र से इंटर कॉस्मोस प्रक्षेपण यान द्वारा पृथ्वी के निकट वृत्तीय कक्षा में 594 किमी की ऊँचाई पर सफलतापूर्वक स्थापित किया गया। इसका वजन 360 किग्रा था। इस अभियान के तीन प्रमुख लक्ष्य थे-वायु विज्ञान प्रयोग, सौर भौतिकी प्रयोग तथा एक्स-किरण खगोलिकी प्रयोग। इस उपग्रह में संचार व्यवस्था से जुड़े कुछ प्रयोग किये गये। विशुद्ध रूप से वैज्ञानिक उपग्रह के रूप में विकसित 'आर्यभट्ट' को सक्रिय कार्य विधि मात्र 6 माह निर्धारित की गयी थी, परन्तु इसने मार्च, 1980 तक अंतरिक्ष से आँकड़े भेजने का कार्य किया।
- **भास्कर-I :** प्रायोगिक पृथ्वी पर्यवेक्षण उपग्रह 'भास्कर-I' को 7 जून, 1979 को पूर्व सोवियत संघ के प्रक्षेपण केंद्र बैकानूर से इंटर कॉस्मोस प्रक्षेपण यान द्वारा पृथ्वी से 525 किमी की ऊँचाई पर पूर्व निर्धारित कक्षा में सफलतापूर्वक स्थापित किया गया। इसका लक्ष्य जल विज्ञान, हिम गलन, समुद्र विज्ञान एवं वानिकी के क्षेत्र में भू-पर्यवेक्षण अनुसंधान करना था। इसने 1 अगस्त, 1981 को कार्य करना बंद किया ।
- **भास्कर-II :** भास्कर-I के संशोधित प्रतिरूप 'भास्कर-II' को भी रूसी प्रक्षेपण केंद्र, बैकानूर से ही 20 नवम्बर, 1981 की पृथ्वी से 525 किमी की ऊँचाई पर स्थापित किया गया तथा इसका घूर्णन कक्षा तल के लम्बत् रखा गया। समीर उपकरण के कारण भास्कर-II द्वारा समुद्री सतह का ताप, सामुद्रिक स्थिति, बर्फ गिरने व पिघलने आदि जैसी अनेक घटनाओं का व्यापक विश्लेषण किया गया।
- **रोहिणी श्रृंखला :** रोहिणी उपग्रह श्रृंखला के अंतर्गत भारतीय प्रक्षेपण केंद्र (श्रीहरिकोटा) से भारतीय प्रक्षेपण यान (एस.एल.वी-3) द्वारा चार उपग्रह प्रक्षेपित किए गए। इस श्रृंखला के उपग्रहों के प्रक्षेपण का मुख्य उद्देश्य भारत के प्रथम उपग्रह प्रक्षेपण यान एस.एल.वी.-3 का परीक्षण करना था। इस अभियान का प्रथम एवं तृतीय प्रायोगिक परीक्षण असफल रहा था। इस अभियान के द्वितीय प्रायोगिक परीक्षण में रोहिणी आरएस-I को 18 जुलाई, 1980 को श्रीहरिकोटा से एस.एल. वी-3 प्रक्षेपण यान से सफलतापूर्वक प्रक्षेपित किया गया। इस प्रकार रोहिणी आर.एस.-I भारतीय भूमि से भारतीय प्रक्षेपण यान द्वारा प्रक्षेपित प्रथम भारतीय उपग्रह बना। चतुर्थ प्रायोगिक परीक्षण में रोहिणी आर.एस.डी-2 को 17 अप्रैल, 1983 को श्रीहरिकोटा से एस.एल.वी.-3 डी.-2 द्वारा सफलतापूर्वक प्रक्षेपित किया गया। इस सफलता ने एस.एल.वी-3 को एक प्रामाणिक प्रक्षेपण यान सिद्ध कर दिया तथा भारत को छोटे प्रक्षेपण यानों को विकसित करने वाले देशों की श्रेणी में ला दिया।
- **प्रायोगिक संचार उपग्रह, एप्पल :** एप्पल भारत का पहला संचार उपग्रह था, जिसे भूस्थैतिक कक्षा में स्थापित किया गया। भारत के प्रथम प्रायोगिक संचार उपग्रह 'एप्पल' को 19 जून, 1981 को फ्रेंच गुयाना के कोरु अंतरिक्ष प्रक्षेपण केंद्र से यूरोपीय अंतरिक्ष एजेंसी के एरियन-4 प्रक्षेपण यान द्वारा भू-स्थिर कक्षा में लगभग 36,000 किमी की ऊँचाई पर स्थापित किया गया। इस उपग्रह डाटा संप्रेषण, दूर-दराज के क्षेत्रों में संचार व्यवस्था स्थापित करने, भू-स्थैतिक कक्षा में उपग्रहों के प्रक्षेपण की तकनीक का ज्ञान प्राप्त करने तथा संचार के लिए प्रयुक्त सी-बैंड

ट्रांसपोडर के प्रयोग आदि में किया गया। एप्पल से प्राप्त तकनीकी अनुभव ने इनसैट शृंखला के निर्माण एवं विकास में महत्त्वपूर्ण भूमिका निभायी।

सफलतापूर्वक प्रक्षेपित भारतीय उपग्रह (2010 से)

उपग्रह	तिथि	प्रक्षेपण यान	प्रक्षेपण केन्द्र	कार्यप्रणाली
कार्टोसैट-2बी	12.07.2010	पीएसएलवी-सी 15	श्रीहरिकोटा	दूरसंवेदी
स्टडसैड	12.07.2010	पीएसएलवी-सी 15	श्रीहरिकोटा	शैक्षणिक
रिसोर्ससैट-2	20.04-2011	पीएसएलवी-सी 16	श्रीहरिकोटा	दूरसंवेदी
जीसैट-8	21.05.2011	एरियन	कोरु	संचार
जीसैट-12	15.07.2011	पीएसएलवी-सी 17	श्रीहरिकोटा	संचार
मेघा-ट्रॉपिक्स	12.10.2011	पीएसएलवी-सी 18	श्रीहरिकोटा	मौसम संबंधी
रीसैट-1	26.04.2012	जीएसएलवी-सी 19	श्रीहरिकोटा	राडार इमेजिंग
जीसैट-10	29.09.2012	एरियन 5	कोरु	संचार
सरल	25.02.2013	पीएसएलवी-सी 20	श्रीहरिकोटा	नेविगेशन
जीसैट-14	05.01.2014	जीएसएलवी-डी 5	श्रीहरिकोटा	संचार
IRNSS-1B	04.04.2014	पीएसएलवी-सी 24	श्रीहरिकोटा	नेविगेशन
5 विदेशी उपग्रह	30.06.2014	पीएसएलवी-सी 23	श्रीहरिकोटा	–
IRNSS-1C	16.10.2014	पीएसएलवी-सी 26	श्रीहरिकोटा	नेविगेशन
जीसैट-16	07.12.2014	एरियन 5	कोरु	संचार
IRNSS-1D	28.03.2015	पीएसएलवी-सी 27	श्रीहरिकोटा	नेविगेशन

यह स्वदेशी क्रायोजनिक इंजन से लैस है।

नोट : भारत द्वारा छोड़ा गया प्रथम उपग्रह आर्यभट्ट था, जो 19.04.1975 को कॉस्मोस प्रक्षेपण यान से बैकानूर (पूर्व सोवियत संघ) प्रक्षेपण केन्द्र से छोड़ा गया था।

- **विस्तारित रोहिणी उपग्रह शृंखला (स्रास—SROSS)** : इस शृंखला का उद्देश्य 100 से 150 किग्रा वर्ग के उपग्रहों का निर्माण करना था, जिन्हें संवर्द्धित उपग्रह प्रक्षेपण यान (Augmented Satellite Launch Vehicle–ASLV) द्वारा छोड़ा गया था। इस शृंखला के तहत चार उपग्रह स्रास–I, स्रास–II, स्रास–III एवं स्रास–IV प्रक्षेपित किया गया। स्रास–I एवं स्रास–II असफल रहा।
- **भारतीय राष्ट्रीय उपग्रह (इनसैट) प्रणाली** : भारतीय राष्ट्रीय उपग्रह प्रणाली अर्थात् इनसैट प्रणाली एक बहुउद्देशीय कार्यरत उपग्रह प्रणली है, जो एशिया-प्रशांत क्षेत्र में सबसे बड़ी घरेलू संचार उपग्रह प्रणालियों में से एक है। इसका उपयोग लम्बी दूरी के घरेलू दूरसंचार, ग्रामीण क्षेत्रों में उपग्रह के माध्यम से सामुदायिक दूरदर्शन के सीधे राष्ट्रव्यापी प्रसारण को बेहतर बनाने, भू स्थित ट्रांसमीटरों के माध्यम से पुनः प्रसारण हेतु आकाशवाणी तथा दूरदर्शन कार्यक्रमों को देशभर में प्रसारित करने, मौसम संबंधी जानकारी, वैज्ञानिक अध्ययन हेतु भू-सर्वेक्षण तथा आँकड़ों के संप्रेषण में किया जाता है। इनसैट प्रणाली अंतरिक्ष विभाग, दूरसंचार विभाग, भारतीय मौसम विभाग, आकाशवाणी तथा दूरदर्शन का संयुक्त प्रयास है, जबकि इनसैट अंतरिक्ष कार्यक्रमों की व्यवस्था, निगरानी और संचालन का पूर्ण दायित्व अंतरिक्ष विभाग को सौंपा गया है। इनसैट प्रणाली के प्रथम पीढ़ी में चार उपग्रह (इनसैट-1A, 1B, IC 1D)। द्वितीय पीढ़ी में पाँच उपग्रह (इनसैट 2A, 2B, 2C, 2D, 2E), तृतीय पीढ़ी में भी पाँच उपग्रह (3A, 3B, 3C, 3D, 3E)

तथा चौथी पीढ़ी में सात उपग्रहों के प्रक्षेपण की योजना बनायी गयी है। चौथी पीढ़ी के उपग्रह 4A, 4C, 4B तथा 4CR का प्रक्षेपण हो चुका है ।

- **भारतीय दूरसंवेदी उपग्रह प्रणाली :** भारत में राष्ट्रीय प्राकृतिक संसाधन प्रबंध प्रणाली की सहायता के लिए 'भारतीय दूरसंवेदी उपग्रह प्रणाली' (Indian Remote Sensing Satellite–IRS) का विकास किया गया है। इसका मुख्य उद्देश्य प्राकृतिक संसाधनों (मृदा, जल, भू-जल, सागर, वन आदि) का सर्वेक्षण और सतत् निगरानी करना है। दूरसंवेदी उपग्रह प्रणाली के अन्तर्गत पृथ्वी के गर्भ में छिपे संसाधनों को स्पर्श किए बिना प्रकीर्णन विधि द्वारा विश्वसनीय और प्रामाणिक जानकारी उपलब्ध करायी जाती है। इसके तहत उपग्रह में लगे इलेक्ट्रॉनिक कैमरों से पृथ्वी पर स्थित वस्तुओं का चित्र लेते हैं और उन चित्रों के विश्लेषण से जानकारी प्राप्त करते हैं। दूरसंवेदी उपग्रह के उपयोग से सुदूर संवेदन की प्रक्रिया को एक निश्चित अंतराल के बाद दुहराकर किसी स्थान विशेष पर समयानुसार हो रहे परिवर्तनों को बारीकी से अध्ययन किया जा सकता है। वर्तमान में आई.आर.एस. उपग्रह किसी विशेष स्थान पर लगभग प्रत्येग तीन सप्ताह के बाद गुजरता है। इस प्रणाली के तहत प्रक्षेपित किए गए उपग्रह हैं : I.R.S-1A, I.R.S.–1B, I.R.S.1E, I.R.S.–P_2. I.R.S.–1C, I.R.S. P_4, I.R.S.–P_6 कार्टोसैट–I एवं II आदि।
- **मैटसैट :** भारतीय अंतरिक्ष कार्यक्रम के तहत भारतीय अंतरिक्ष अनुसंधान संगठन (ISRO) ने 12 सितम्बर, 2002 को श्री हरिकोटा (आन्ध्रप्रदेश) के सतीश धवन अंतरिक्ष केद्र से ध्रुवीय उपग्रह प्रक्षेपण यान-सी 4 (Polar Satellite Launch Vehicle-PSLV-C4) के माध्यम से देश के पहले मौसम संबंधी विशिष्ट उपग्रह 'मैटसैट' (Metasat) को भूस्थैतिक स्थानांतरण कक्षा (Geostationary Transfer Orbit–GTO) में सफलतापूर्वक स्थापित किया। यह पहला मौका था, जब किसी भारतीय अंतरिक्ष यान ने 1000 किग्रा से अधिक भार के उपग्रह को भूस्थैतिक कक्षा (भूस्थैतिक कक्षा से तात्पर्य है कि जिस गति से पृथ्वी घूमती है, उसी कोणीय गति से उपग्रह भी घूमेगा जिसके कारण उपग्रह सदा पृथ्वी की एक विशेष स्थान के ऊपर स्थिर नजर आएगा) में स्थापित किया। इससे पूर्व सभी उपग्रह केवल ध्रुवीय कक्षा में ही स्थापित किए गए हैं। मैटसैट की कक्षा दीर्घवृताकार है, जिसमें पृथ्वी से निकटतम बिन्दु 250 किमी की दूरी पर स्थित है, जबकि अधिकतम दूरी पर स्थित बिन्दु 36,000 किमी की दूरी पर है। यह पहला अवसर था, जब भारत ने मौसम संबंधी जानकारियाँ प्राप्त करने के लिए स्वदेशी प्रक्षेपण यान से विशेष मौसम उपग्रह प्रक्षेपित किया। इससे पूर्व मौसम संबंधी जानकारियाँ इनसैट श्रेणी के उपग्रहों से प्राप्त की जाती थी।
- **एजुसैट :** 20 सितम्बर, 2004 को सतीश धवन अंतरिक्ष केंद्र, श्री हरिकोटा से शिक्षा कार्य के लिए समर्पित दुनिया के पहले उपग्रह 'एजुसैट' को सफलतापूर्वक भू-स्थैतिक कक्षा में स्वदेश निर्मित भू-समस्थानिक उपग्रह प्रक्षेपण यान (GSLV F–07) की सहायता से स्थापित किया गया। एजुसैट में समावेश की गई नई प्रौद्योगिकी को आई-2 नाम दिया गया है। इसकी जीवन अवधि 7 वर्ष निर्धारित है। एजुसैट के माध्यम से शिक्षा से जुड़े कार्यक्रम प्रसारित किए जा रहे हैं।
- **नोट :** एजुसैट को प्रक्षेपित करने वाले प्रक्षेपण यान का निमणि विक्रम साराभाई स्पेस सेन्टर, तिरुवनंतपुरम में किया गया तथा एजुसैट का निर्माण इसरो के बंगलुरु स्थित कद्र में किया गया है। जीएसएलवी की यह पहली कार्यात्मक उड़ान थी।
- **हैमसैट :** पीएसएलवी-सी 6 द्वारा कार्टोसैट-I के साथ ही संचार उपग्रह 'हैमसैट' को एक अतिरिक्त उपग्रह के रूप में 5 मई, 2005 को छोड़ा गया। हैमसैट एक छोटे आकार का उपग्रह है, जिसका उद्देश्य देश और विश्व के शौकिया रेडियो (हैम) ऑपरेटरों को उपग्रह आधारित रेडियो सेवा मुफ्त उपलब्ध कराना है। इसकी जीवन अवधि लगभग दो वर्ष है।

अंतरिक्ष में प्रथम भारतीय

- 3 अप्रैल, 1984 को स्क्वाड्रन लीडर राकेश शर्मा अंतरिक्ष में जाने वाले प्रथम भारतीय बने। वे दो अन्य सोवियत अंतरिक्ष यात्रियों के साथ सोयुज टी-2 अंतरिक्ष यान में कजाखस्तान में बैंकावूर कोस्मोड्रोम से अंतरिक्ष में गए। स्क्वाड्रन लीडर राकेश शर्मा 11 अप्रैल, 1984 को सुरक्षित पृथ्वी पर वापस लौट आए।
- तत्कालीन प्रधानमंत्री श्रीमती इंदिरा गाँधी ने सोवियत अंतरिक्ष केंद्र पर स्क्वाड्रन लीडर राकेश शर्मा से बातचीत की। उन्होंने पूछा- अंतरिक्ष से भारत कैसा दिखता है? शर्मा का उत्तर था 'सारे जहां से अच्छा।'
- अंतरिक्ष में मानव भेजने वाला भारत 14वाँ राष्ट्र बना और स्क्वाड्रन लीडर राकेश शर्मा अंतरिक्ष में जाने वाले 139 वे अंतरिक्ष यात्री थे।
- अंतरिक्ष में जाने वाली भारतीय मूल की प्रथम महिला कल्पना चावला थी। इनकी मृत्यु 1 फरवरी, 2003 को अंतरिक्ष यान कोलम्बिया के मिशन एसटीएस-107 के वातावरण में पुनः प्रवेश के कुछ देर पश्चात् नष्ट हो जाने से हो गयी।

चन्द्रयान-I

- चन्द्रमा के लिए भारत का पहला मिशन 'चन्द्रयान-I' है। यह विश्व का 68वाँ चन्द्र अभियान है।
- भारत ने अपने पहले चन्द्रयान का प्रक्षेपण श्रीहरिकोटा के सतीश धवन अंतरिक्ष केंद्र से 22 अक्टूबर, 2008 को ध्रुवीय उपग्रह प्रक्षेपण वाहन (PSLV–C11) के जरिए किया।
- प्रथम चन्द्रमा अभियान सोवियत संघ ने 2 जनवरी, 1959 को भेजा था और द्वितीय चन्द्रमा अभियान 3 मार्च, 1959 को अमरीका ने भेजा।
- अमरीका, यूरोपीय संघ, रूस, जापान व चीन के बाद भारत छठा ऐसा देश है, जो चन्द्रमा के लिए यान भेजने में सफल हुआ।
- 11 पेलोड युक्त चन्द्रयान-I से सिगनल प्राप्त करने के लिए 32 मीटर व्यास के एक विशाल एंटीना की स्थापना कर्नाटक में बंगलौर से 40 किमी दूर ब्यालालू में की गई है। यह प्रथम अवसर था जब एक साथ 11 उपकरण विभिन्न अध्ययनों के लिए किसी यान के साथ भेजे गये हैं।
- भारत का पहला चन्द्र अभियान चन्द्रयान-I अपने साथ राष्ट्रीय ध्वज तिरंगा भी लेकर गया है, जिसे मून इम्पेक्टर प्रोब चन्द्रमा की सतह पर स्थापित करेगा।

चन्द्रयान – II

- भारत सरकार द्वारा 18 सितम्बर, 2008 को चन्द्रयान–II अभियान को अपनी स्वकृति प्रदान कर दी गई। यह अभियान 2011-12 में सम्पन्न होगा।
- इस अभियान हेतु 'इसरो' तथा रूस की अंतरिक्ष ऐजेंसी 'ग्लावकास्मॉस' के बीच समझौता हुआ।
- इस अभियान के अन्तर्गत चन्द्रमा की सतह का अध्ययन होगा, जिससे रासायनिक तत्वों की सही स्थिति को ज्ञात किया जा सकेगा। ब्यालालू स्थित एंटीना चन्द्रयान-II को कमाण्ड एवं उसकी स्थिति का पता लगाने में सहायता करेगा।
- नोट : इसरो की योजना वर्ष 2015 तक चन्द्रमा पर मानव अभियान भेजने की है।

प्रक्षेपण यान प्रौद्योगिकी

- **एस.एल.वी-3 (Satellite Launch Vehicle, SLV–3)** : साधारण क्षमता वाले एस.एल.वी.-3 के विकास से भारत ने प्रक्षेपण यान प्रौद्योगिकी के क्षेत्र में कदम रखा तथा 18 जुलाई, 1980 को SLV-3 का सफल प्रायोगिक परीक्षण करके अपनी योग्यता को सिद्ध करते हुए स्वयं को अंतरिक्ष क्लब का छठा सदस्य बना लिया। इस क्लब के अन्य पूर्व पाँच सदस्य थे-रूस,

अमेरिका, फ्रांस, जापान एवं चीन। SLV-3 एक चार चरणों वाला साधारण क्षमता का उपग्रह प्रक्षेपण यान था, जो 40 किलोग्राम भार वर्ग के उपग्रहों को पृथ्वी की निचली कक्षा में स्थापित कर सकता था। इसका ईंधन (प्रणोदक) ठोस था। SLV-3 का कुल चार प्रायोगिक परीक्षण प्रक्षेपण किए गए, जिनमें द्वितीय तथा चतुर्थ प्रक्षेपण पूर्णतः सफल रहा। 17 अप्रैल, 1983 की SLV-3 की चतुर्थ एवं अंतिम उड़ान द्वारा 'रोहिणी आर एस डी-2' को सफललतापूर्वक निर्धारित कक्षा में स्थापित करने के बाद इस उपग्रह प्रक्षेपण यान का कार्यक्रम बंद कर दिया गया।

➪ **ए.एस.एल.वी. (Augmented Satellite Launch Vehicle, ASLV):** संवर्द्धित उपग्रह प्रक्षेपण यान अर्थात् ए.एस.एल.वी. वास्तव में एस.एल.वी.-3 का ही संवर्द्धित रूप है। इसे 100 से 150 किग्रा. भार वर्ग के उपग्रहों को पृथ्वी की निचली कक्षा में स्थापित करने के उद्देश्य से विकसित किया गया था। यह एक पाँच चरणों वाला संवद्धित उपग्रह प्रक्षेपण यान था । ठोस प्रणोदक (ईंधन) से चलने वाले ए.एस.एल.वी के स्ट्रैप आन प्रथम एवं द्वितीय चरण के लिए स्वदेशी तकनीक से विकसित हाइड्रॉक्सिल टर्मिनेटेड पॉलि ब्यूटाडाइन (NTPB) प्रणोदक तथा तृतीय एवं चतुर्थ चरण के लिए एच.ई.एफ.-20 प्रणोदक का प्रयोग किया गया था। ए.एस.एल. वी. के कुल चार प्रक्षेपण कराए गए, जिनमें से ए.एस.एल.वी-डी1 (24 मार्च, 87) एवं ए.एस. एल.वी-डी-2 (13 जुलाई, 88) के प्रथम दोनों प्रक्षेपण असफल सिद्ध हुए।

➪ **पी.एस.एल.वी. (Polar Satellite Launch Vehicle PSLV):** 1200 किग्रा. भार वर्ग तक के दूरसंवेदी उपग्रहों को 900 किमी ऊँचाई तक की ध्रुवीय सूर्य तुल्यकालिक/समकालिक कक्षा में स्थापित करने के उद्देश्य से पी.एस.एल.वी. का देश में विकास किया गया। पी.एस.एल.वी. एक चार चरणों वाला ध्रुवीय उपग्रह प्रक्षेपण यान है, जिसके प्रथम व तृतीय चरण में ठोस प्रणोदकों तथा द्वितीय व चतुर्थ चरण में द्रव प्रणोदकों का उपयोग किया जाता है। ठोस प्रणोदकों के अन्तर्गत हाईड्रॉक्सिल टर्मिनेटेड पॉली ब्यूटाडाइन (HTPB) का ईंधन के रूप में तथा अमोनिया परक्लोरेट का ऑक्सीकारक के रूप में प्रयोग किया जाता है, जबकि द्रव प्रणोदक के रूप में मुख्य रूप से अनसिमेट्रिकल डाइ मिथाइल हाइड्राजाइन एवं N_2O_4 का प्रयोग किया जाता है, जो कमरे के ताप पर द्रवीभूत रहता है।

➪ पी.एस.एल.वी की कुल तीन उड़ान कराई गई, जिसमें प्रथम उड़ान असफल तथा द्वितीय एवं तृतीय उड़ान पूर्णतः सफल सिद्ध हुई।

➪ **नोट** : पी.एस.एल.वी.–सी 3 द्वारा प्रक्षेपित भारतीय दूरसंवेदी प्रौद्योगिकी परीक्षण उपग्रह 'टीईएस' भारत का पहला सैनिक उपग्रह है, जो देश के समुद्री इलाकों और विशेषकर चीन एवं पाकिस्तान से लगी अन्तरराष्ट्रीय सीमा और नियंत्रण रेखा पर किसी घुसपैठ पर प्रभावी नजर रख सकेगा।

➪ **जी.एस.एल.वी. (Geo Stationary or Geosynchronous Satellite Launch Vehicle-GSLV)** : जी.एस.एल.वी एक शक्तिशाली तीन चरणों वाला 'भू-तुल्यकालिक या भू-स्थिर उपग्रह प्रक्षेपण यान है। जी.एस.एल.वी. के प्रथम चरण में ठोस प्रणोदक, द्वितीय चरण में द्रव प्रणोदक तथा तृतीय चरण में क्रायोजेनिक इंजन का उपयोग किया गया है। ठोस प्रणोदकों के अन्तर्गत हाईड्रॉक्सिल टर्मिनेटेड पॉली ब्यूटाडाइन (HTPB) का ईंधन के रूप में तथा अमोनियम परक्लोरेट का ऑक्सीकारक के रूप में प्रयोग किया जाता है। द्रव प्रणोदकों के अन्तर्गत मुख्य रूप से अनसिमेट्रिकल डाई मिथाइल हाइड्रोजाइन (UDMH) एवं N_2O_4, का प्रयोग किया जाता है, जो कमरे के ताप पर द्रवीभूत रहता है। क्रायोजेनिक तकनीक में प्रणोदक के रूप में अत्यन्त निम्न ताप पर द्रव हाइड्रोजन (-250°C) एवं द्रव ऑक्सीजन (-183°C) का प्रयोग होता है। जी.एस.एल.वी. की पहली विकासात्मक परीक्षण उड़ान 28 मार्च, 2001 असफल रहा था। जी.

एस.एल.वी. डी 1 ने भी प्रायोगिक संचार उपग्रह 'जीसैट-1' को 36,000 किमी की ऊँचाई पर स्थित भू-स्थैतिक स्थानांतरण कक्षा में स्थापित नहीं कर सका और लगभग 1000 किमी नीचे रह गया। लेकिन जी.एस.एल.वी.-डी 2 ने प्रायोगिक संचार उपग्रह 'जीसैट-2 (वजन 1800 किग्रा) को पृथ्वी की समानांतर कक्षा से 36,000 किमी ऊपर स्थापित कर दिया तथा इसका इंडोनेशिया के 'बिआक' और कर्नाटक के 'हासन' स्थित मुख्य नियंत्रण प्रणाली से सम्पर्क हो गया। जी.एस. एल.वी-डी 2 को श्रीहरिकोटा स्थित सतीश धवन अंतरिक्ष केंद्र से 8 मई, 2003 को सफलतापूर्वक प्रक्षेपित किया गया। इस सफलता के बाद भारत उन पाँच देशों (अमेरिका, रूस, यूरोपीय संघ, जापान और चीन) के 'एलीट ग्रुप' में शामिल हो गया जो भू-स्थैतिक प्रक्षेपण में अपनी योग्यता सिद्ध कर चुके हैं।

- **क्रायोजेनिक प्रौद्योगिकी :** क्रायोजेनिक का शाब्दिक अर्थ निम्नतापिकी है। यह ग्रीक भाषा के बाद क्रायोस से बना है जो बर्फ के समान शीतलता के लिए प्रयुक्त होता है। निम्नतापिकी विज्ञान में 0°C से 150°C नीचे के तापमान को क्रायोजेनिक ताप कहा जाता है। निम्न ताप अवस्था (क्रायोजेनिक अवस्था) वाले इंजनों में अतिनिम्न ताप (-250°C) पर हाइड्रोजन का ईंधन के रूप में तथा ऑक्सीजन (-183°C) का ऑक्सीकारक के रूप में प्रयोग होता है। इस प्रौद्योगिकी में इन प्रणोदकों को तरल अवस्था में ही प्रयोग किया जाता है। इसमें ईंधन को परम तापीय अवस्था में प्रयोग करने की विशेषता के कारण इसे क्रायोजेनिक इंजन कहते हैं। इस इंजन की प्रमुख विशेषता है- 1. क्रायोजेनिक इंजन में प्रयोग होने वाले द्रव हाइड्रोजन एवं द्रव ऑक्सीजन के दहन से जो ऊर्जा पैदा होती है, वह ठोस ईंधन आधारित इंजन से प्राप्त ऊर्जा से कई गुना अधिक होती है। 2. इसमें ईंधन के ज्वलन की दर को नियंत्रित किया जा सकता है जबकि ठोस ईधन से परिचालित होने वाले इंजन की ज्वलन की दर को नियंत्रित करना कठिन होता है। 3. इस प्रौद्योगिकी से युक्त इंजन में प्रणोदक की प्रति इकाई भार में अधिक बल पैदा होता है, जिससे यान को अधिक बल (थर्स्ट) मिलता है।
- **नोट :** क्रायोजेनिक इंजन का पहली बार प्रयोग अमेरिका द्वारा एटलांस संटूर नामक रॉकेट में किया गया था।
- 28 अक्टूबर, 2006 को तमिलनाडु के महेन्द्रगिरि में पूर्ण निम्नताप (क्रायोजेनिक) अवस्था का भारत ने सफल परीक्षण किया । भारत पूर्ण निम्नताप अवस्था का सफल परीक्षण करने वाला छठा देश है। भारत से पूर्व यह क्षमता अमेरिका, रूस, चीन, जापान एवं यूरोपीय अंतरिक्ष एजेंसी ने प्राप्त की है।

2. भारतीय परमाणु अनुसंधान

- डॉ. होमी जे. भाभा की अध्यक्षता में 10 अगस्त, 1948 को परमाणु ऊर्जा आयोग की स्थापना के साथ ही परमाणु ऊर्जा अनुसंधान की भारतीय यात्रा आरंभ हुई।
- भारत के प्रधानमंत्री की अध्यक्षता में परमाणु ऊर्जा कार्यक्रमों के कार्यान्वयन हेतु अगस्त, 1954 में परमाणु ऊर्जा विभाग की स्थापना की गयी। परमाणु ऊर्जा के सभी कार्यक्रम प्रधानमंत्री के तत्वावधान में किए जाते हैं।

परमाणु-अनुसंधान एवं विकास के प्रमुख केंद्र

1. भाभा परमाणु अनुसंधान केंद्र (BARC): ट्राम्बे (मुम्बई) में स्थापित भाभा परमाणु अनुसंधान केंद्र (BARC) परमाणु विज्ञान एवं सम्बद्ध क्षेत्र में कार्यरत देश का प्रमुख अनुसंधान केंद्र है। BARC परमाणु विद्युत कार्यक्रम तथा उद्योग एवं खनिज क्षेत्र की इकाइयाँ अनुसंधान एवं विकास में सहायता प्रदान करता है। इस केंद्र ने उद्योग, औषधि तथा कृषि के क्षेत्र में रेडियो, आइसोटोप के चिकित्सीय

उपयोगों सहित परमाणु ऊर्जा के शान्तिपूर्ण कार्यों में उपयोग की प्रौद्योगिकी का विकास किया है।

- प्रायोगिक रिएक्टरों को 'जीरो पावर' रिएक्टर भी कहते हैं, क्योंकि इसका इस्तेमाल ऊर्जा प्राप्ति की अपेक्षा नाभिकीय अनुसंधान के लिए खासतौर से किया जाता है।
- कनाडा के सहयोग से बार्क (BARC) में स्थापित साइरस तापीय रिएक्टर का मुख्य उद्देश्य रेडियो आइसोटोप का उत्पादन एवं उनके प्रयोग को प्रोत्साहित करना है।
- ध्रुव अनुसंधान रिएक्टर में रेडियो आइसोटोप तैयार करने के साथ-साथ परमाणु प्रौद्योगिकियों व पदार्थों में शोध पर कार्य किया जाता है।

BARC के परमाणु रिएक्टर

रिएक्टर	निर्माण वर्ष	क्षमता (मेगावाट में)
अप्सरा	1956	1
साइरस	1960	40
जरलीना	1961	00
पूर्णिमा-I	1972	00
पूर्णिमा-II	1984	00
पूर्णिमा-III	1990	00
ध्रुव	1985	100

2. इंदिरा गांधी परमाणु अनुसंधान केन्द्र (IGCAR) : वर्ष 1971 में कलपक्कम (तमिलनाडु) में इस केन्द्र की स्थापना की गयी। इस केन्द्र का प्रमुख कार्य फास्ट ब्रीडर रिएक्टर के संबंध में अनुसंधान एवं विकास करना है। इस केन्द्र में स्थित फास्ट ब्रीडर टेस्ट रिएक्टर विश्व में अपनी तरह का पहला रिएक्टर है, जो प्लूटोनयिम, यूरेनियम मिश्रित कार्बाइड ईंधन को काम में लाता है। फास्ट ब्रीडर टेस्ट रिएक्टर की कुछ विशेषताएँ निम्न है-

1. इसमें शृंखलागत अभिक्रिया को तीव्र न्यूट्रॉनों के माध्यम से निरंतर जारी रखा जाता है। ताप रिएक्टर की अपेक्षा इसमें विखंडित न्यूट्रॉनों की संख्या अत्यधिक होती है।
2. फास्ट ब्रीडर टेस्ट रिएक्टर में प्राकृतिक यूरेनियम का प्रयोग ताप रिएक्टर की अपेक्षा 60 से 70 गुणा ज्यादा होता है।
3. इसमें रेडियोधर्मिता का उत्सर्जन अल्प मात्रा में होता है।
4. इसमें शीतलक के रूप में सोडियम का प्रयोग किया जाता है, जबकि ताप रिएक्टर में जल का।
5. फास्ट ब्रीडर टेस्ट रिएक्टर की रूपरेखा फ्रांस की रैपसोडी रिएक्टर पर आधारित है।

कामिनी : कामिनी संक्षिप्त रूप है, कलपक्कम मिनी रिएक्टर का। कामिनी ने 17 सितम्बर, 1997 से काम करना शुरू कर दिया है। इस रिएक्टर का महत्त्व इस ईंधन के रूप में यूरेनियम या प्लूटोनियम का उपयोग किया जाता है, वहीं कामिनी थोरियम-31 का उपयोग ईंधन के रूप में करेगा। स्मरणीय है कि कामिनी थोरियम, यूरेनियम-233 ईंधन चक्र का उपयोग करने वाला विश्व का प्रथम रिएक्टर है। इस रिएक्टर का उपयोग अनुसंधान के अतिरिक्त अपराधियों को पकड़ने में भी किया जायेगा, क्योंकि इसके द्वारा फिंगर प्रिंटों का मिलान करना बड़ा सरल हो जायेगा।

3. उच्च प्रौद्योगिकी केन्द्र (CAT) : 1984 में इंदौर में स्थापित उच्च प्रौद्योगिकी केन्द्र का मुख्य कार्य लेसर एवं त्वरकों के क्षेत्र में प्रौद्योगिकी का विकास करना है।

नोट : लेसर (LASER) अक्षर समूह का निर्माण लाइट एम्प्लिफिकेशन बाई स्टीमुलेटेड एमिशन ऑफ रेडिएशन के संक्षिप्तीकरण से जुड़ा है जिसका अर्थ होता है, विकिरण उर्त्सजन के द्वारा प्रकाश का प्रवर्द्धन। लेसर एक ऐसी युक्ति है, जिसमें विकिरण ऊर्जा के उत्सर्जन के द्वारा एकवर्णी प्रकाश प्राप्त किया जाता है। लेसर की खोज अमेरिका की हेजेज प्रयोगशाला में थियोडोर मेमैन के द्वारा 1960 में की गयी थी। 1964 में BARC ने गैलियम-आर्सेनिक अर्द्धचालक लेसर का निर्माण किया।

4. परिवर्तनीय ऊर्जा साइक्लोट्रॉन केन्द्र (VECC) : यह केन्द्र परमाणु भौतिकी, परमाणु रसायन शास्त्र विभिन्न उद्योगों के लिए रेडियो समस्थानिकों के उत्पादन एवं रिएक्टरों को विभिन्न स्तरों से होने वाली क्षति के उच्च अध्ययन का राष्ट्रीय केन्द्र है। इसका मुख्यालय कोलकाता में है।

भारत के परमाणु विद्युत गृह

- परमाणु विद्युत उत्पादन के प्रबंधन के लिए, 1987 में भारतीय परमाणु विद्युत निगम लिमिटेड की स्थापना की गयी।
- तारापुर परमाणु विद्युत गृह संयुक्त राज्य अमरीका की सहायता से स्थापित भारत का पहला परमाणु विद्युत संयंत्र है। यहाँ अमेरिका से आयातित व संवर्द्धित यूरेनियम का ईंधन के रूप में प्रयोग होता है। इस विद्युत गृह के लिए आवश्यक ईंधन की आपूर्ति अंतिम समय तक संयुक्त राज्य अमेरिका द्वारा की जाएगी।
- रावतभाटा परमाणु विद्युत गृह प्रारंभ में कनाडा के सहयोग से शुरू किया गया था। बाद में यह परियोजना स्वदेशी तकनीक से पूरी की गई। वर्तमान में यह भारत का सबसे बड़ा 'न्यूक्लियर पार्क' है।

परमाणु ऊर्जा विभाग की अन्य प्रमुख इकाइयाँ	
संस्थान का नाम	**स्थिति**
परमाणु पदार्थ निदेशालय	हैदराबाद
गुरु जल बोर्ड	मुम्बई
नाभिकीय ईंधन परिसर	हैदराबाद
भारतीय नाभिकीय ऊर्जा कॉरपोरेशन लिमिटेड	मुम्बई
भारत यूरेनियम निगम लि०	जादूगोड़ा
विकिरण और आइसोटोप प्रौद्योगिकी बोर्ड	मुम्बई

भारत के परमाणु विद्युत गृह

	परमाणु विद्युत ग्रह	स्थिति	निर्माण वर्ष	क्षमता (मेगावाट)
	कार्यरत			
1.	तारापुर परमाणु विद्युत गृह 1 व 2	महाराष्ट्र	1972	320
2.	राजस्थान परमाणु विद्युत गृह 1, 2 व विद्युत गृह-3	रावतभाटा (राजस्थान)	1972 1999	440 220
3.	मद्रास परमाणु विद्युत गृह 1 व 2	कलपक्कम (तमिलनाडु)	1983	470
4.	नरोरा परमाणु विद्युत गृह 1 व 2	बुलंदशहर (उत्तर प्रदेश)	1991	470
5.	काकरापार परमाणु विद्युत गृह 1 व 2	सूरत (गुजरात)	1993	220
6.	कैगा परमाणु विद्युत गृह 1 व 2	कर्नाटक	1999	440
	निर्माणाधीन			
1.	काकरापार परमाणु विद्युत गृह-3	सूरत (गुजरात)	–	440
2.	राजस्थान परमाणु विद्युत गृह-4	रावतभाटा (राजस्थान)	–	440
3.	कुडनकुलम परमाणु विद्युत गृह-1 व 2	कन्याकुमारी (तमिलनाडु)	–	2000
	निर्माण हेतु संस्तुति			
1.	तारापुर परमाणु विद्युत गृह-3 व 4	महाराष्ट्र	–	1000
2.	राजस्थान परमाणु विद्युत गृह-5, 6, 7 व 8	रावतभाटा (राजस्थान)	–	2000

नोट : विश्व का पहला परमाणु बिजलीघर रूस में स्थापित किया गया था। (दूसरा-USA में)

परमाणु परीक्षण

- 18 मई, 1974 में पोखरण (जैसलमेर-राजस्थान) में भारत ने स्वदेशी पहला परीक्षणीय परमाणु विस्फोट किया। यह बम 12 किलोटन क्षमता का था।
- पहले परीक्षण के 24 वर्षों के बाद पोखरण में दूसरी बार 11 मई व 13 मई, 1998 को परमाणु परीक्षण किया गया, जिसे शक्ति-98 नाम दिया गया।
- सब किलोटन (अर्थात् 1 किलोटन से कम) विस्फोटों का सबसे बड़ा लाभ यह है कि यदि भारत ने समग्र परमाणु परीक्षण निषेध संधि (सी.टी.बी.टी.) पर हस्ताक्षर कर भी दिए, तो इस विस्फोटक तकनीक के माध्यम के बाद प्रयोगशाला में भी परीक्षणों को जारी रखा जा सकता है ।

'शक्ति-98' के अन्तर्गत परमाणु परीक्षण

परीक्षण तिथि	प्रक्रिया	क्षमता
11 मई 1998	थर्मोन्यूक्लियर	43 किलोटन
11 मई 1998	विखण्डन	15 किलोटन
11 मई 1998	लो यील्ड	0.2 किलोटन
13 मई 1998	लो यील्ड	0.3 किलोटन
13 मई 1998	लो यील्ड	0.5 किलोटन

- 'शक्ति 98' योजना की सफलता का श्रेय तीन वैज्ञानिकों को संयुक्त रूप से जाता है : 1. आर चिदम्बरम् 2. ए.पी.जे. अब्दुल कलाम 3. अनिल काकोदकर।
- 1974 के परमाणु परीक्षण में मात्र प्लूटोनिक ईंधन का उपयोग हुआ था, जबकि वर्ष 1998 में परिशोषित यूरेनियम से लेकर ट्रीटियम, ड्यूटेरियम तक का उपयोग किया गया।
- ट्रीटियम ईंधन परमाणु ऊर्जा रिएक्टरों में प्रयोग में लाए जाने वाले भारी जल से प्राप्त किया जाता है।
- **नोटः** संयुक्त राज्य अमेरिका ने जुलाई 1945 में पहला नाभिकीय विस्फोट ह्वाइट सैंडस में किया था।

3. भारतीय रक्षा प्रौद्योगिकी

- रक्षा क्षेत्र में अनुसंधान एवं विकास के लिए रक्षा अनुसंधान एवं विकास संगठन की स्थापना वर्ष 1958 में की गई। इस समय इसे कुछ अन्य प्रौद्योगिकीय संस्थानों के साथ मिलाकर स्थापित किया गया था ।
- 1980 में स्वतंत्र रक्षा अनुसंधान एवं विकास विभाग को गठित किया गया।
- रक्षा अनुसंधान एवं विकास संगठन (DRDO) के प्रमुख एवं महानिदेशक रक्षा मंत्री के वैज्ञानिक सलाहकार होते हैं। इस संगठन का मुख्यालय नई दिल्ली में है।
- रक्षा उत्पादन विभाग एवं रक्षा आपूर्ति विभाग का 1984 में विलय करके 'रक्षा उत्पादन एवं आपूर्ति विभाग' की स्थापना की गयी।

भारतीय प्रक्षेपास्त्र कार्यक्रम

- भारत की तत्कालीन प्रधानमंत्री श्रीमती इन्दिरा गाँधी ने जुलाई, 1983 में 'समेकित निर्देशित प्रक्षेपास्त्र विकास कार्यक्रम' (Integrated Guided Missile Development Programme–IGMDP) की नींव रखी। इस कार्यक्रम के संचालन का भार रक्षा अनुसंधान एवं विकास संगठन (DRDO) को सौंपा गया। इस कार्यक्रम के अन्तर्गत विकसित प्रक्षेपास्त्रों का संक्षिप्त विवरण इस प्रकार है–

1. पृथ्वी (Prithvi) : यह जमीन से जमीन पर मार करने वाला कम दूरी का बैलिस्टिक प्रक्षेपास्त्र है। 'पृथ्वी' प्रक्षेपास्त्र का प्रथम परीक्षण फरवरी, 1998 को चाँदीपुर अंतरिम परीक्षण केंद्र से किया गया। पृथ्वी की न्यूनतम मारक क्षमता 40 किमी तथा अधिकतम मारक क्षमता 250 किमी है।

2. त्रिशूल (Trishul) : यह कम दूरी का जमीन से हवा में मार करने वाला प्रक्षेपास्त्र है। इसकी मारक क्षमता 500 मी से 9 किमी तक है। यह मैक-2 की गति से निशाने को बेध सकता है।

रक्षा उत्पादन एवं आपूर्ति विभाग से जुड़े सार्वजनिक संस्थान		
संस्थान	**मुख्यालय**	**स्थापना वर्ष**
हिन्दुस्तान एरोनॉटिक्स लि०	बंगलुरु	1964
भारत इलेक्ट्रॉनिक्स लि०	बंगलुरु	1954
भारत अर्थ मूवर्स लि०	बंगलुरु	1964
मझगांव डॉक लि०	मुम्बई	1960
गोवा शिपयार्ड लि०	वास्को-डि-गामा	–
भारत डायनामिक्स लि०	हैदराबाद	1970
मिश्र धातु निगम लि०	हैदराबाद	1973
गार्डन रीच वर्क शॉप लि०	कलकत्ता	1934

3. आकाश (Aakash) : यह जमीन से हवा में मार करने वाला मध्यम दूरी का बहुलक्षीय प्रक्षेपास्त्र है। इसकी मारक क्षमता लगभग 25 किमी है। आकाश पहली ऐसी भारतीय प्रक्षेपास्त्र है, जिसके प्रणोदक में रामजेट सिद्धांतों का प्रयोग किया गया है। इसकी तकनीक को दृष्टिगत करते हुए इसकी तुलना अमरीकी पैट्रियाट मिसाइल से की जा सकती है। यह परम्परागत एवं परमाणु आयुध को ढोने की क्षमता रखता है तथा इसे मोबाइल लांचर से भी छोड़ा जा सकता है।

4. अग्नि (Agnt) : अग्नि श्रेणी में तीन प्रक्षेपास्त्र हैं : अग्नि-I, अग्नि-II एवं अग्नि-III । अग्नि जमीन से जमीन पर मार करने वाली मध्यम दूरी की बैलिस्टक मिसाइल है। अग्नि-III की मारक क्षमता 3000 किमी से 3500 किमी तक है। अग्नि-III को पाकिस्तान की हत्फ-3 तथा इजराइल की जेरिकी-2 की श्रेणी में रखा जा सकता है। अग्नि-III परम्परागत तथा परमाणु दोनों प्रकार के विस्फोटकों को ढ़ोने की क्षमता रखती है।

5. नाग (Nag) : यह टैंक रोधी निर्देशित प्रक्षेपास्त्र है। इसकी मारक क्षमता 4 किमी है। इसका प्रथम सफल परीक्षण नवम्बर, 1990 में किया गया। इसे 'दागो और भूल जाओ' टैंक रोधी प्रक्षेपास्त्र भी कहा जाता है, क्योंकि इसे एक बार दागे जाने के पश्चात पुनः निर्देशित करने की आवश्यकता नहीं पड़ती।

कुछ अन्य भारतीय प्रक्षेपास्त्र

1. धनुष (Dhanush) : यह जमीन से जमीन पर मार करने वाले प्रक्षेपास्त्रों में से एक है। यह 'पृथ्वी' प्रक्षेपास्त्र का ही नौसैनिक रूपान्तरण है। इसकी मारक क्षमता 150 किमी तथा इस पर लगभग 500 किग्रा आयुध प्रक्षेपित किया जा सकता है।

2. सागरिका (Sagrika) : यह सबमेरीन लाँच बैलिस्टिक मिसाइल है। समुद्र के भीतर से इसका पहला परीक्षण फरवरी, 2008 में किया गया। यह परम्परागत एवं परमाणु दोनों ही तरह के आयुध ले जाने में सक्षम है। इसे रक्षा अनुसंधान एवं विकास संगठन के द्वारा तैयार किया गया है। भारत ऐसा पाँचवाँ देश है, जिसके पास पनडुब्बी से बैलिस्टिक मिसाइल दागने की क्षमता है। (चार अन्य देश हैं : यू. एस. ए. फ्रांस, रूस एवं चीन)।

3. अस्त्र (Astra) : यह मध्यम दूरी का हवा से हवा में मार करने वाला और स्वदेशी तकनीक से विकसित प्रक्षेपास्त्र है। इसकी मारक क्षमता 10 से 25 किमी है। यह भारत का प्रथम हवा से हवा में मार करने वाला प्रक्षेपास्त्र है ।

4. ब्रह्मोस (Brahmos) : यह भारत एवं रूस की संयुक्त परियोजना के तहत विकसित किया जाने वाला प्रेक्षपास्त्र है। इसका नाम ब्रह्मोस (Brahmos) भारत की नदी ब्रह्मपुत्र (Brahmaputra) के Brah तथा रूस की नदी मस्कवा (Moskva) के Mos से मिलकर बना है। यह सतह से सतह पर मार करने वाला मध्यम दूरी का सुपरसोनिक क्रूज मिसाइल है। इसका प्रथम सफल परीक्षण जून, 2001 में

किया गया था। इसका तीसरा सफल परीक्षण मार्च 2009 में किया गया। यह भी दागी और भूल जाओ (Fire and Forget) की पद्धति पर ही विकसित किया गया है। इस क्रूज मिसाइल को जून, 2007 में भारतीय थल सेना में सम्मिलित किया गया। लगभग 290 किमी तक 200 किलोग्राम वजनी परमाणु बम ले जाने में सक्षम ब्रह्मोस ध्वनि की लगभग तीन गुना तेज गति से चलती है।

बैलिस्टिक मिसाइल : बैलिस्टिक से आशय ऐसे प्रक्षेपण से है, जिसमें किसी वस्तु को प्रक्षेपित करने में आवश्यक बल लगाया जाये किन्तु जमीन पर स्थित लक्ष्य पर गिरने के लिए उसे गुरुत्वाकर्षण के सहारे छोड़ दिया जाये।

क्रूज मिसाइल : इस श्रेणी की मिसाइल अपने लक्ष्य को खोज कर प्रहार करती है।

5. प्रद्युम्न (Pradhuman) : यह प्रक्षेपास्त्र दुश्मन के प्रक्षेपास्त्र को हवा में बहुत ही कम दूरी पर मार गिराने में सहायक है। यह एक इंटरसेप्टर प्रक्षेपास्त्र है। भारत ने स्वदेश निर्मित एडवांस्ड एयर डिफेंस (AAD-02) मिसाइल का परीक्षण ओडिशा के पूर्वी तट पर स्थित एकीकृत परीक्षण रेंज से 6 दिसम्बर, 2007 को किया।

युद्धक टैंक अर्जुन : इसका विकास रक्षा अनुसंधान एवं विकास संगठन के द्वारा किया गया है। इस युद्धक टैंक की गति अधिकतम 70 किमी प्रति घंटा तक हो सकती है। यह रात के अंधेरे में भी काम कर सकता है। इस टैंक में लगा एक विशेष प्रकार का फिल्टर जवानों को जहरीली गैसों एवं विकिरण प्रभाव से रक्षा करता है। इस फिल्टर का निर्माण बार्क (BARC) ने किया है। अर्जुन टैंक को विधिवत रूप से भारतीय सेना में शामिल कर लिया गया है।

T-90 एस. भीष्म टैंक : इसका निर्माण चेन्नई के समीप आवडी टैंक कारखाने में किया गया है। यह चार किमी के दायरे में प्रक्षेपास्त्र दाग सकता है। यह दुश्मन की प्रक्षेपास्त्र से स्वयं को बचाने की क्षमता रखता है तथा जमीन में बिछाई गयी बारूदी सुरंगों से भी अपनी रक्षा करने की क्षमता रखता है।

हल्के लड़ाकू विमान-तेजस (Tejas) : यह स्वदेश निर्मित प्रथम हल्का लड़ाकू विमान है। इसके विकास में हिन्दुस्तान एरोनॉटिक्स लिमिटेड (HAL) की महत्वपूर्ण भूमिका रही। इसमें अभी जी.ई.-404 अमेरिकी कपनी जनरल इलेक्ट्रॉनिक का इंजन लगा है, जिसे भविष्य में स्वदेश निर्मित कावेरी इंजन लगाकर हटाया जाएगा। विश्व के सबसे कम वजन वाले बहुआयामी सुपर सोनिक लड़ाकू विमान 600 किमी/घंटे से उड़ान भरती है और हवा से हवा में, हवा से धरती पर तथा हवा से समुद्र में मार करने में सक्षम है।

पायलट रहित प्रशिक्षण विमान-निशांत : यह स्वदेशी तकनीक से निर्मित पायलट रहित प्रशिक्षण विमान है। इसे जमीन से 160 किमी के दायरे में नियंत्रित किया जा सकता है। इस विमान का मुख्य उद्देश्य युद्ध क्षेत्र में पर्यवेक्षण और टोह लेने की भूमिकाओं का निर्वाह करना है।

पायलट रहित विमान-लक्ष्य : इसका विकास रक्षा अनुसंधान एवं विकास संगठन के द्वारा किया गया है। इसका उपयोग जमीन से वायु तथा वायु से वायु में मार करने वाले प्रक्षेपास्त्रों से तथा तोपों से निशाना लगाने के लिए प्रशिक्षण देने हेतु एक लक्ष्य के रूप में प्रयोग किया जाता है। यह जेट इंजन से चलता है तथा 10 बार प्रयोग में लाया जा सकता है। 100 km के दायरे में इसे रिमोट से नियंत्रित किया जा सकता है। इसका प्रयोग तीनों सेनाओं द्वारा किया जा रहा है।

एडवांस लाइट हेलीकॉप्टर-ध्रुव : इसे डी.आर.डी.ओ. द्वारा विकसित किया गया है। अधिकतम 245 किमी/घंटे की गति से उड़ान भरने वाला यह हेलीकॉप्टर 4 घंटे तक आकाश में रहकर 800 किमी की दूरी तय कर सकता है। यह दो इंजन वाला हेलीकॉप्टर है जिसमें दो चालकों सहित 14 व्यक्तियों को ले जाया जा सकता है।

आई.एल.-78 : यह आसमान में उड़ान के दौरान ही लड़ाकू विमानों में ईंधन भरने वाला प्रथम विमान है जिसे भारत ने मार्च, 2003 में उज्बेकिस्तान से प्राप्त किया है। इस विमान में 35 टन वैमानिकी

ईंधन के भण्डारण की सुविधा है। आगरा के वायु सैनिक अड्डे पर इन विमानों को रखने की विशेष व्यवस्था है।

काली-5000 : काली-5000 का विकास बार्क (BARC) द्वारा किया जा रहा है। यह एक शक्तिशाली बीम अस्त्र है जिसमें कई गीगावाट शक्ति की माइक्रोवेव तरंगे उत्सर्जित होंगी, जो शत्रु के विमानों एवं प्रक्षेपास्त्रों पर लक्षित करने पर उनकी इलेक्ट्रॉनिक प्रणालियों और कम्प्यूटर चिप्स को समाप्त करके उन्हें ध्वस्त करने में सक्षम होंगी।

पिनाका : यह मल्टी बैरल रॉकेट लांचर है। स्वदेशी तकनीक से डी.आ.डी.ओ. द्वारा विकसित इस रॉकेट प्रक्षेपक को ए.आर.डी.ई. पूणे में निर्मित किया गया है तथा इसका नाम भगवान शंकर के धनुष 'पिनाक' के नाम पर 'पिनाका' रखा गया। इसके द्वारा मात्र 40 सेकंड में ही 100-100 किग्रा वजन के एक के बाद एक 12 रॉकेट प्रक्षेपित किए जा सकते हैं, जो कम से कम 7 और अधिक से अधिक 39 किमी दूर तक दुश्मन के खेमे में तबाही मचा सकते हैं।

विविध :

- वैज्ञानिक तथा औद्योगिक अनुसंधान परिषद (CSIR) के अध्यक्ष भारत के प्रधानमंत्री होते हैं। CSIR (Council of Scientific and Industrial Research) की स्थापना हुई थी। इसका मुख्यालय नई दिल्ली में है।
- विक्रम साराभाई अंतरिक्ष केन्द्र की स्थापना तिरुवनंतपुरम (थुम्बा गाँव) में 1963 ई० में की गयी थी। इस स्थान का चुनाव करने का प्रमुख कारण यह है कि यह केन्द्र भू-चुम्बकीय विषुवत् रेखा पर स्थित है।
- पृथ्वी पश्चिम से पूर्व की ओर घूर्णन करती है, इसी का लाभ उठाने के लिए कृत्रिम उपग्रहों को पश्चिमी दिशा से पूर्वी दिशा में प्रक्षेपित किए जाते हैं।
- 'परखनली शिशु के मामले में निषेचन परखनली के अन्दर होता है, इसके बाद भ्रूण को माता के गर्भ में रखा जाता है।
- 25 जुलाई, 1978 ई० को ग्रेट ब्रिटेन में श्रीमती लेस्ली ब्राउन ने विश्व के प्रथम परखनली शिशु लुइस ब्राऊन को जन्म दिया। भारत में जन्म लेने वाला प्रथम परखनली शिशु विवादित है। डॉ० सुभाष मुखोपाध्याय के देखरेख में कानूप्रिया ने प्रथम परखनली बेबी दुर्गा का जन्म 3 अक्टूबर 1978 ई० को दिया, जिसे उस समय स्वीकृति नहीं मिली। 16 अगस्त, 1986 को मुम्बई के K.E.M. अस्पताल में इंदिरा हिन्दूजा की देखरेख में भारत के दूसरे परखनली शिशु हर्षा का जन्म हुआ। मुखोपाध्याय के साथ हुए विवाद के कारण कुछ रिकॉर्ड हर्षा को भारत का प्रथम परखनली शिशु मानता है।
- इयान विल्मुट, जो रोजलिंग इन्स्टीच्यूट (स्कॉटलैंड) के वैज्ञानिक थे, ने 5 जुलाई, 1996 को सर्वप्रथम एक वयस्क भेड़ से कोशिका लेकर 'डॉली' नामक क्लोन का निर्माण किया था।
- 1953 ई० में सर्वप्रथम बाईपास सर्जरी का प्रयोग यू०एस०ए० में हुआ था।
- 3 दिसम्बर, 1967 ई० को हृदय का प्रथम प्रत्यारोपण दक्षिण अफ्रीका के डॉक्टर क्रिश्चियन बनार्ड ने किया था ।
- अपरूपान्तरण (Metastasis) एक प्रक्रिया है जिसके द्वारा कैंसर कोशिकाओं में और अधिक विभाजन का सफलतापूर्वक संदामन किया जाता है।
- मौसम संबंधी परिवर्तनों के बारे में जानकारी प्राप्त करने लिए हीलियम गैस से भरे गुब्बारें प्रयोग में लाये जाते हैं।
- किसी वस्तु के त्रिविमिय प्रतिरूप को अंकित तथा पुनरावृत्ति करने की तकनीक का नाम

होलोग्राफी है। यह लेसर किरणों द्वारा की गई फोटोग्राफी है जिसमें वस्तु का चित्र त्रिआयामी हो जाता है ।

- विज्ञान का क्षेत्र जो मानव एवं यन्त्र के मध्य स्वचलन एवं संचार का अध्ययन करता है, साइबर्नेटिक्स (cybernatics) कहलाता है। यह विज्ञान की आधुनिकतम शाखा है, इसकी परिकल्पना 1949 ई० सर्वप्रथम नारबर्ट वीनर ने की थी। इसे नियंत्रण का विज्ञान भी कहते हैं।
- 19 दिसम्बर, 1945 में मुम्बई से टाटा इन्स्टीट्यूट ऑफ फण्डामेन्टल रिसर्च की स्थापना की गयी थी ।
- नेशनल स्कूल आफ डिजाइन पुणे में है।
- एडमिरल गोरशोकोव एक विमान-वाहक पोत है, जिसे भारत ने रूस से खरीदा है। यह विमानवाहक पोत विराट का स्थान ग्रहण करेगा। यह हिन्द महसागर में भारत की उपस्थिति को मजबूती प्रदान करेगा।
- आई० सी० चिप्स सिलिकॉन की बनी होती है। इसका निर्माण 1958 ई० में जे० एस० किल्वी० ने किया था।
- **के० कम्प्यूटर :** जापान द्वारा विकसित सर्वाधिक तीव्रता के साथ चलने वाला कम्प्यूटर है। इसकी गति 8.3 पेंटाफ्लाप्स/सेकंड है।
- **सागा-220 :** इसरो द्वारा विकसित भारत का सर्वाधिक तेज गति से चलने वाला सुपर कम्प्यूटर जिसे 02 मई 2011 को विक्रम साराभाई अन्तरिक्ष केन्द्र स्थित सतीश धवन सुपर कम्प्यूटिंग प्रयोगशाला में स्थापित किया गया।
- **कोरोनोग्राफ :** अंतरिक्ष में उठने वाले तूफानों की पूर्व जानकारी उपलब्ध कराने वाला उपकरण कोरोनोग्राफ कहलाता है। इस उपकरण की सहायता से सूर्य में नौ बड़े तूफानों का पता लगाया गया है, जिन्हें कोरोनल मास इंजेक्शन कहा जाता है।
- **पालीग्राफ :** झूठ पकड़ने वाली मशीन को पालीग्राफ कहते हैं। यह मशीन शरीर में होने वाली चार भौतिक गतिविधियों का एक साथ ग्राफिक्स तैयार करता है। यह मशीन इस सिद्धान्त पर आधारित है कि मनुष्य के दिमाग में जो कुछ होता है उसका प्रभाव भौतिक गतिविधियों पर अवश्य पड़ता है।
- **फैक्स :** इसका पूरा नाम फारअवे जेरॉक्स है। इससे एक स्थान से दूसरे स्थान पर जेरॉक्स कॉपी भेजा जा सकता है।
- **रेवा :** भारत की प्रथम बैटरी से चलने वाली कार है।
- **री एजेंट :** यह एक प्रकार का रसायन है जिसका उपयोग दूध में मिलावट का पता लगाने हेतु

कंपनी	मुख्यालय
वोडाफोन	यूनाइटेट किंगडम, लंदन
एडोब सिस्टम	कैलीफोर्निया (अमेरिका)
सैमसंग	सियोल द. कोरिया
हेवलेट पैकर्ड	पालो अल्टो, अमेरिका
हिटाची	चियोडा, टोक्यो, जापान
आईबीएम	अरमान्क, अमेरिका
सोनी	मिनाटो, जापान
तोशिबा	मिनाटो, जापान
पैनासोनिक	काडोमा, जापान
डेल	राउंड रॉक, अमेरिका
वालमार्ट	अमेरिका
नोकिया	इसपू, फिनलैंड
माइक्रोसॉफ्ट	रेडमांड, अमेरिका
एप्पल इंक	कूपरटीनो, अमेरिका
कैनन इंक	ओताकू, जापान
इंटेल	सैन्टा क्लारा, अमेरिका
फुजीफिल्म	टोक्यो, जापान
कोडक	रोचेस्टर, अमेरिका
मीत्सुविशी	टोक्यो, जापान
गूगल	माउन्टेनव्यू, अमेरिका
याहू	सन्नीवेल, अमेरिका
एसेर इंक	न्यू ताइपेई, ताइवान
फिलीप्स	एमसटर्डम्, नीदरलैंड
लेनोवो	बीजिंग, चीन

किया जाता है। इस रसायन की एक बूँद का प्रयोग करके मात्र कुछ सेकेण्ड में यह पता चल जाता है कि दूध 'प्राकृतिक' है अथवा 'सिंथेटिक' है।

- **सीडी स्ट्रिप :** यह सरसों के तेल में 'बटर यलो' की मिलावट की जाँच के लिए विकसित एक तकनीक है। इस तकनीक के तहत मिलावट की जाँच हेतु रसायन-युक्त एक छोटे कागज पर एक बूँद तेल डालने के बाद यदि वह गुलाबी हो जाए, तो तेल में बटर यलो की मिलावट की पुष्टि हो जाती है।
- **सार्स :** रहस्यमय निमोनिया के रूप में चर्चित घातक बीमारी सार्स यानी 'सीवियर एक्यूट रेस्पिरेटरी सिन्ड्रॉम' के विषाणु को 'पैरामिक्सोवायरस' के रूप में चिह्नित किया गया है, जो कोरोनोवायरस परिवार से सम्बन्धित है। इसके रोगी में निमोनिया जैसे लक्षण दिखाई देते हैं। लगातार खाँसी आने और सांस में तकलीफ बने रहने के कारण रोगी की मृत्यु तक हो जाती है।
- **नैवीरेपीन :** वैज्ञानिकों ने एड्सग्रस्त महिलाओं के गर्भस्थ शिशु को इस जानलेवा बीमारी से सुरक्षित रखने के लिए एक सस्ती दवा 'नैवीरेपीन' का विकास किया है। इस दवा की मात्र दो खुराकों से ही प्रतिवर्ष लाखों शिशुओं को एड्स बीमारी से बचाया जा सकता है। शिशु को यह दवा 18 माह की आयु तक दी जाती है।
- अमेरिकी बहुराष्ट्रीय कम्पनी मोनोसांटो ने कृषि जगत में विकास के लिए कीटप्रतिरोधी क्षमता वाले कपास का बीज तैयार किया है। उसने वैसीलस थुरिजिएनसिस (B.T.) जीवाणुओं को इसके लिए कपास में अंतरित किया। इस बायोटेक्निोलॉजिकल रिसर्च की मदद से आलू, टमाटर तथा सरसों के कीट प्रतिरोधी बीज तैयार कर लिए गए हैं।
- हाइब्रिडोमा तकनीक का विकास 1975 ई० में डॉ० मिलस्टोन कोस्लर एवं जर्मे द्वारा किया गया। इस तकनीक द्वारा एक क्लोनी प्रतिरक्षियों का वाणिज्यिक उत्पादन किया जाता है।
- टर्मिनेटर बीज जेनेटिक इंजीनियरों द्वारा तैयार किया गया ऐसा बीज है, जिनके अंकुरण से पौधे तो तैयार होते हैं, किन्तु उनसे अंकुलक्षण बीज का उत्पादन नहीं होता है।
- ईकोमार्क उन भारतीय उत्पादों को दिया जाता है, जो पर्यावरण के लिए अनुकूल होते हैं। यह भारत सरकार के पर्यावरण एवं वन मंत्रालय द्वारा दिया जाता है।
- टेस्ट ट्यूब बेबी तकनीक के जनक प्रो० सर रॉबर्ट एडवर्ड्स (1925-2013) थे जिन्होंने कैम्ब्रिज विश्वविद्यालय के एक प्रयोगशाला में 1968 में इस तकनीक का आविष्कार किया था। तत्पश्चात् 1978 में इनके निरंतर प्रयासों के फलस्वरूप ओल्डहैड जनरल अस्पताल में लुइस ब्राऊन नामक प्रथम टेस्ट ट्यूब बेबी का जन्म संभव हुआ। इसके लिए एडवर्ड्स को 2010 में चिकित्सा के क्षेत्र में नोबेल पुरस्कार से सम्मानित किया गया।

www.ingramcontent.com/pod-product-compliance
Lightning Source LLC
Chambersburg PA
CBHW070648160426
43194CB00009B/1626
9789357941532